리더와 리더십

주요 이슈 따라잡기

이 종 호 저

도서출판 상 학 당

欲爲大者 當爲人役

크고자 하거든 남을 섬기라

머리말

우리 사회는 여전히 사적, 지역적, 계층적, 집단적 이익을 앞세운 채 대립과 반목, 그리고 갈등이 지속되고 있다. 물론 이런 상황이 연출되지 않는 사회와 국가는 실제 존재하지 않는다. 문제는 이런 상황이 지속될 뿐만 아니라 갈수록 심화되고 있다는 데 그 심각성이 있다. 가히 정치와 경제 리더십의 실종이라 표현하지 않을 수 없다.

언제부터인지는 몰라도 우리 사회에서 리더십의 부재, 진정 표상이 될 리더십을 가진 리더를 찾아보기 어렵다는 말을 듣는 것이 자연스럽고 당연한 것이 된지 오래되었다. 그만큼 국민들 마음속에는 현재의 답답하고 어지럽고 복잡한 현안들을 해결해 줄 참된 리더의 등장을 갈망한 지 오래 됐다는 반증이 아닌가 싶다.

정치, 경제, 사회 등 모든 분야에서 여전히 대립과 갈등이 지속되고 있는 우리 사회를 목도하면서 국민들 모두 걱정과 불안이 밀려오고 있음은 부인하기 어렵다. 더구나 지금은 대내적 문제뿐만 아니라 대외적 문제, 즉 북한 문제를 비롯하여 주변 강대국들과의 경제 및 외교 현안들로 인해 그 어느 때보다 복잡하고 힘든 시간이 지속되고 있다.

이렇듯 대내외적 어려움과 함께 4차 산업혁명으로 대표되는 급변하는 시대환경에 직면하면서 이를 슬기롭게 헤쳐 나갈 수 있는 참된 리더의 출현을 세대와 계층, 조직을 망라한 채 다수의 구성원들이 진정 바라고 있다. 그러나 어찌 보면 아직도 참된 리더의 등장을 기대하는 절박감이 크지 않은 탓인지도 모르겠다. 여전히 많은 현안들이 해결되지 않고 우리의 마음을 답답하게 만들고 있으니 말이다.

리더십이란 누구나 편하게 언급하는 단어로 우리에게는 친숙한 말임에 틀림없다. 리더십은 위기 때 그 빛을 발하는 속성이 있는데, 이에 관한 역사적 사례는 무수히 많다. 패색이 짙던 임진왜란을 승전으로 이끈 이순신 장군의 리더십은 대표적 사례다.

나폴레옹은 "오늘 내가 겪는 불행은 과거 언젠가 내가 잘못 보낸 시간의 복수"라는 말을 남겼다. 가슴에 와 닿는 말이다. 이 말은 모든 경제주체에게 적용될 수 있다고 보는데, 특히 책임 있는 자리에 있는 리더들은 더욱 가슴에 새겨야 할 말이 아닌가 싶다.

실패를 두려워하는 약한 모습을 보이는 리더도 문제이지만, 실패에 대비하지 못하는 리더는 더 큰 문제다. 그렇기 때문에 훌륭한 리더는 언제나 최악의 시나리오가 무엇일지를 생각하고, 그 최악을 준비해야 한다. 여기에 덧붙여 설사 인기가 없더라도 조직과 사회, 국가의 미래를 위해 멀리 내다보는 정책을 선택하는 효과적인 리더십의 발휘 또한 중요하다

훌륭한 리더는 구성원에게 권한을 부여하고, 스스로 춤추게 해야 한다. 리더의 진심은 구성원의 감동을 부르고, 그 감동은 조직의 기적을 만든다. 참된 리더십은 사람을 사랑하고 사람을 위하여 최선을 다하고자 하는 마음을 기초로 할 때 가능한 것이다.

효과적인 리더십의 발휘를 통한 참된 리더의 등장을 바라는 마음에서 본서를 집필하게 되었다. 본서는 리더십에 관한 다양한 논의 및 견해를 제시함으로써 독자 자신의 성장과 발전은 물론, 조직과 사회, 그리고 국가의 발전과 번영을 위해 스스로 어떤 자세와 마음가짐으로 이 시대를 살아가야 할 것인지, 생산적인 생각을 해 보도록 유도해 보고자 집필하게 되었다.

이 책은 리더십에 관한 이론서는 아니다. 리더십에 관한 이슈별 접근을 통해 기초적이고 상식적인 수준에서 리더십을 이해하고 관련 이슈를 살펴봄으로써 각자 주어진 여건과 환경 속에서 시대정신에 맞는 효과적인 리더십을 발휘하는데 조금이나마 도움이 됐으면 하는 생각에 집필하게 되었다. 이를 위해 리더십 관련 시사적인 자료와 문헌을 중심으로 쉽게 이해할 수 있도록 내용을 구성하였다.

아무쪼록 이 책을 통해 어려움이 지속되고 있는 가운데 급변하는 시대환경의 소용돌이 속에서 참된 리더와 바람직한 팔로워의 모습과 역할은 무엇인지, 자신은 어떤 마음자세로 임해야 할 것인지, 그리고 다양한 리더십 관련 내용 등을 접하면서 스스로 어떤 노력과 실천을 해야 할 것인지, 성찰의 시간을 지나 각자 주어진 위치에서 효과적인 리더십이 발휘될 수 있기를 기대해본다. 여러 가지로 부족하고 미흡한 면이 많이 있지만, 독자 여러분의 많은 성원과 격려, 그리고 아낌없는 조언을 부탁드린다.

끝으로 이 책의 출판을 흔쾌히 허락해 주신 남두도서 · 상학당의 남승우 사장님 이하 출판사 관계자 분들에게 깊은 감사를 드린다.

2019년 10월
저자 올림

차례

제 1 장 리더와 리더십의 이해 : 개념적 접근 / 11

제 2 장 리더와 리더십의 이해 : 이슈별 접근 / 27

제 3 장 전통적 리더십 이론 / 59

제 7 장 현대적 리더십 이론Ⅳ : 진정성 리더십 / 133

제 8 장 현대적 리더십 이론Ⅴ : 감성 리더십 / 161

제 9 장 리더십의 성공 사례 / 181

Chapter

01 리더와 리더십의 이해 : 개념적 접근

1. 리더의 개념
2. 리더십의 개념
3. 리더십의 본질과 구성요소
4. 리더십과 영향력
5. 리더의 역할
6. 리더와 관리자, 리더와 보스의 차이
7. 리더십 연구

01 리더의 개념[1]

리더(leader, 지도자)는 lead(앞선다, 앞지른다, 지도한다, 선도한다)의 명사형으로 앞선 사람, 지도하는 사람, 선도하는 사람이란 뜻이다. 리더란 엄밀한 의미로 집단에서의 리더십(지도적 기능)이라는 관점에서 규정되어야 하며, 어떤 인기 있는 사람이나 대표자, 또는 문화영역의 권위자 등과는 구별되어야 한다.

일반적으로 리더는 목표관리, 종업원의 동기부여 및 목표설정 시 조언, 조직 구성원들의 지속적인 행동을 이해해야 한다. 즉 리더란 목표를 제시하고, 이 목표에 대해 구체적으로 설명하고 왜 이 목표를 달성해야 하는가를 의사소통을 통해 설득하고 납득시키며, 리더 자신이 그 목표달성을 위하여 솔선수범하여 열심히 일하는 것이라는 뜻이다.

리더십을 사용하는 리더에 대한 정의는 다양하다. 먼저 해이스와 토나스는 리더란 "타인을 통솔하는 데 필요한 여러 가지 기술을 소유한 자"[2]라고 하였고, 캐틀은 "집단의 임무를 수행하는 데 있어서 가장 효과적인 변화를 만들어내는 자"[3]라고 리더를 정의하였다. 리더란 상황과 역할에 따라 규정되는 것이며 시간의 흐름에 따라 지도자와 피지도자, 즉 상하의 위치가 바뀌기도 한다.[4]

리더란 "다른 사람들을 이끌어 줄 수 있는 존재"이다. 그 규모가 크건 작건 하나의 공동체를 운영하면서 그 유지와 발전을 도모해 나가는 인물이다. 그리하여 공동체와 구성원의 운명에 결정적인 영향을 끼치는 사람이다. 리더는 팔로워들을 행복하게 만들기고 하고 불행의 길로 잘못 인도하기도 한다. 리더는 팔로워의 존재를 전제로 한다. 리더란 따르는 사람들이 있을 때에만 그 존재의미가 있다. 맥스웰(Maxwell)은 "이끈다고 생각하나 따르는 사람이 없다면 그는 보통 사람이지, 리더가 아니다"라고

---

1) 국민안전처, 리더와 리더십의 개요, 사이버 콘텐츠 교안.
2) 김명훈(1975), 리더십론, 대왕사, p. 71.
3) Cattell R. B. and Stice G. F.(1953), The Dimensions of Syntality in Small Groups, Human Relations, 6, 331-356.
4) 리더는 구체적인 집단의 종류와 그 성격에 따라 Oxford 사전에서 다음과 같이 여러 가지로 분류하고 있다. ① 지휘관 : 목표달성을 위해 지휘, 명령, 통제, 처치하는 권위를 가진 자 ② 사령관 : 계급과 관계없이 독립적으로 행정과 작전에 대한 권한을 부여 받은 자 ③ 우두머리 : 정치, 사회단체의 우두머리 ④ 장 : 공식집단 내에서 가장 높은 계급을 차지하고 있는 자 ⑤ 관리자 : 기업에서 특수한 기능을 수행하는 자 ⑥ 집행자 : 정부 각 부처에서 법을 집행하는 자 ⑦ 중심인물 : 기업체나 연극 등에서 중요한 역할을 담당하는 자 ⑧ 오피니언 리더 : 어떤 집단의 여론을 조성하고 선도하는 자 ⑨ 엘리트 : 어떤 집단에서 지도적인 역할을 담당하고 훌륭한 인격과 뛰어난 지성을 가진 자

하였다. 리더란 사람이 따르는 사람이요, 리더십이란 사람을 따르게 하는 기술이다.[5]

최근에 강조되는 리더십의 선택이론에서는 “리더는 팔로워의 선택이다”라는 구호를 제시한다.[6] 팔로워가 인정해주고 스스로 추종하고자 하는 리더만이 진정한 리더라고 하는 것이다. 그리하여 리더의 중요한 정의의 하나는 “조직과 집단 내에서 따르는 사람들을 가진 인물”이라고 할 수 있다. 추종하는 팔로워들이 있다면, 그 사람은 자신의 위치나 의사에 상관없이 저절로 리더가 되는 것이다. 즉 자생적 리더가 진정한 리더일 수도 있다.

리더는 조직이나 집단의 가치를 달성하고 구성원에게 올바른 사고를 심어주는 정신적 지주로서의 역할을 하게 된다. 그리고 팔로워들을 하나의 통일된 방향으로 이끌어주는 나침반이 될수 있다. 리더는 구성원들의 행동을 오케스트라의 화음처럼 조율해주는 지휘자의 역할도 하게 된다. 그리고 공동체의 어려운 과제를 해결하고, 난관에 부딪친 위기상황을 앞장서서 극복하는 책임을 지게 된다. 또한 리더는 조직과 집단 내에서 함께 일하는 구성원들을 인간적으로 사랑하면서, 그들의 만족과 행복감을 높이는 일도 하게 된다. 아울러 구성원 간의 복잡 미묘한 이해관계와 갈등을 조정하여 화합과 단결을 이끌어내야 한다. 리더는 외부환경의 변화를 읽어내고 새로운 변화에의 대응을 주도하면서, 조직과 집단을 혁신하는 일도 하게 된다. 리더는 새로운 창조를 주도하는 힘을 가져야 한다. 리더는 궁극적으로 조직과 집단의 성공을 이끌어내는 주체가 되어야 하는 존재이다.[7]

한편 한국 록의 간판 밴드 ‘산울림’의 리더 김창완(64). 그는 대한민국에서 보기 드문 ‘멀티 엔터테이너’다. 왕성한 음악활동은 물론 TV 드라마나 영화에서 개성 넘치는 명품 연기를 선보이는 연기자이자 베스트셀러 작가, 인기 라디오 프로그램 진행자다. 그의 리더관을 한 번 살펴보자.

그는 리더를 “윤리적으로 도덕적으로 무장하고 무한 책임을 질 수 있는 사람”으로 정의했다. 최근 국내 사회지도층 인사들이 성추행·성폭행 등과 같은 비도덕적인 일들에 연루되면서 잇달아 추락하고 있는 점을 감안할 때 깊은 울림이 있는 지적이다. 그는 또 ‘삶의 향기’를 리더가 갖춰야 할 덕목으로 꼽았다. 진심을 전하는 인간적인 매력이 있어야 한다는 뜻이다. “은은히 퍼지는 삶의 향기는 위대한 설득이며 감동을 담을 수 있는 그릇이라고 생각한다. 거대한 디지털 문명이 지배하는 세계에서 그 향기는 일종의 비상구이며 리더는 탈출구의 안내자가 될 수 있다.”고 말한다. ‘사이클 마니아’인 그는 여럿이 함께하는 자전거 타기에서 리더십을 찾기도 했다. 먼 길을 갈 때 처음부터 끝까지 한 사람이 선두에 서서 달리기엔 체력적으로나 정신적으로 힘들다. 상황에 따라 여러 사람이 번갈아 가며 선두에 서서 다른 이들을 이끌어줘야 한다.

---

5) 정우일 외(2017), 리더와 리더십, 박영사, 2017.01.
6) 김재득(2012), 리더십 : 수신제가치국평천하의 길, 대영문화사.
7) 하미승(2018), 리더십 : 이론과 개발, 도서출판 윤성사, 2018.01.

"제왕적 인물만으로는 부족하다. 서로 다른 사회적 가치를 배우고 채우는 과정이 중요하다고 본다. 이때 각각의 리더는 다른 가치, 삶의 향기를 갖고 있어야 한다."고 말하고 있다.

그는 '뒷방노인(모든 것을 잃고 물러난 노인)'처럼 묵묵히 사람들을 배려하고 도와주는 리더십의 중요성도 강조했다. "과거 남존여비 시대에도 앞으로 나서지 않는 할머니의 존재감은 컸다. 힘없는 손, 희미한 미소만으로도 우리에게 용기를 주었다. 세상에 나폴레옹(같은 영웅)이 들끓어도 조용히 갑옷을 입혀주던 할머니가 소중한 것이다. 이런 점에서 모든 어머니는 훌륭한 리더인 셈이다."라고 말한다. 어머니 같은 리더십은 어쩌면 그가 진정 원하는 리더의 참모습일지 모른다.[8] 여러분들도 리더와 리더십의 의미를 각자 나름대로 생각해 보기 바란다.

02 리더십의 개념[9]

리더십은 오늘날 사회 모든 분야에서 이슈가 되고 있고, 또한 그 역할이 강조되고 있다. 이렇게 리더십이 강조되고 요청되고 있음에 비하여 그 정의나 개념이 명확하게 정립되고 있지 못한 것도 또한 사실이다.

콜린슨(Collinson, 2011)[10]은 '최근 리더십에 대한 정의나 리더십이 배울 수 있는 것인지, 또는 어떻게 리더십이 효과적인가에 대한 합의는 없으면서도, 수많은 발간물들에서 훌륭한 리더십에 대한 필요성이 강조되고 있다'고 지적하고 있다. 피들러(Fiedler, 1971)[11]는 '리더십에 대한 정의는 리더십 이론만큼이나 많고, 그리고 리더십 이론은 리더십 연구 분야에서 연구하는 심리학자 수만큼이나 있다'고 하였다. 한편 길(Gill, 2006)[12]은 그의 신간 서적의 서문에서 책을 집필하게 된 동기가 리더십을

---

8) 동아일보(2018.03.), 김창완 "리더란 도덕적으로 무장하고 무한책임을 지는 사람", 2018.03.24.
9) 네이버 블로그(m.blog.naver.com/jdyi8589/220494254175), 리더십의 개념과 이론들, 2015.09.29.
10) Collinson D.(2011), Critical leadership studies, In: Bryman A, Collinson D, Grint K and Jackson B(eds), The Sage Handbook of Leadership, London: Sage, 179-192.
11) Fiedler, F.E.(1971), A note on the methodology of the Graen, Alvares. and Orris studies testing the contingency model, Journal of Applied Psychology, 55, 202-204.

설명하는 이론들이나 모델들이 본질적으로 서로 다른 데 대한 불만이었다고 하며, '각종 이론이나 모델들이 마치 복잡하고 혼동하기 쉬운 어린이 장난감 그림 맞추기(jigsaw puzzle)의 한 조각과도 같다'고 했다.

이처럼 리더십에 대한 정의나 이론이 복잡하고 다양한 것은 첫째 리더십에 대한 접근방법의 차이, 둘째는 연구자들의 단편적인 연구 초점, 그리고 이러한 연구들을 통합할 수 있는 보편적인 이론의 결핍 때문이라고 유클 등(Yukl 등, 1992)[13]은 지적하고 있다.

노트하우스(Northouse, 2004)[14]는 첫째 리더십을 집단과정에 초점(the focus of group process)을 두고 그 개념을 파악하는 경우, 이 같은 시각으로 보면 리더가 집단 변화와 집단 활동의 중심에 위치하게 되고 집단의 의지를 통합하는 지위에 서게 된다. 둘째 리더십을 성격의 시각(personality perspectives)에서 개념화를 하는 경우로 이때는 리더십이 다른 사람들로 하여금 과업을 완성하도록 유도하는 성격특성이나 그 밖의 특성의 조합이라고 본다. 셋째 리더십을 행위 혹은 행동(an act or behavior), 즉 집단 내의 변화를 도모하기 위해 리더가 취하는 행동이라고 정의하는 경우, 넷째 리더십을 리더와 추종자 간의 권력관계로 보는 경우, 다섯째 리더십을 목표달성의 수단(an instrument of goal achievement)으로 보고 리더를 집단성원들을 도와 그들의 목표와 욕구를 성취, 충족시키는 사람으로 보며, 마지막으로 리더의 역량의 시각(a skills perspective)에서 리더십을 정의하는 경우 등으로 분류할 수 있다고 하며, 이렇게 리더십을 개념화하는 여러 가지 다양한 정의가 있으나 그 속에는 몇 가지 중심이 되는 요소가 있다고 했다. 즉 그 요소가 ① 리더십은 과정이다(leadership is a process), ② 리더십 과정은 영향을 미치는 과정이다(leadership involves influence), ③ 리더십은 집단상황에서 일어나는 현상이다(leadership occurs within a group context), ④ 리더십은 목표 달성을 위한 과정이다(leadership involves goal attainment) 등이다.

이 같은 리더십의 구성요소들을 기초로 하여 노트하우스는 리더십을 '공동목표를 달성하기 위하여 한 개인이 집단 성원들에게 영향을 미치는 과정'이라고 정의하였다. 여기서 과정으로서의 리더십 정의가 의미하는 것은 리더십이 리더가 가지고 있는 성격이나 특성이 아니라 리더와 그 추종자들 간에 일어나는 하나의 거래적 사건(a transactional event)이라는 의미이고, 과정이란 일방적인 것이 아닌 상호작용적(an interactive event)인 것이다.

---

12) Gill Roger(2006), Theory and Practice of Leadership, Pine Forge Press, 2006.02.08.

13) Yukl, G., & van Fleet, D. D.(1992), Theory and Research on Leadership in Organisations, In M. D. Dunnette, & L. M. Hough (Eds.), Handbook of Industrial and Organizational Psychology, Vol. 3 (pp. 147-197), Palo Alto, CA: Consulting Psychologists Press.

14) Northouse, P.G.(2004), Leadership: Theory and Practice (3rd Edition), London: Sage Publications Ltd.

유클(Yukl, 2002)[15]은 '현재로서는 리더십을 어떻게 정의해야 적절한가하는 논쟁을 해결하려는 시도는 가능하지도, 그리고 적절하지도 않다. 모든 사회과학의 구성개념과 마찬가지로 리더십의 정의는 임의적이고 매우 주관적이다. 좀 더 유용한 정의는 있겠지만 단 하나의 올바른 정의는 있을 수 없다.'고 하며 리더십을 '무엇을 해야 할 필요가 있으며, 어떻게 하면 그것을 효과적으로 할 수 있는지를 이해하고 합의하기 위해 타인에게 영향을 미치는 과정이며, 공유하는 목표를 달성하기 위해 개인의 노력과 집합된 노력을 촉진하는 과정'이라고 정의하며, 위의 정의에는 '집단이나 조직이 현재 하고 있는 일에 영향을 미치고 촉진하는 노력뿐만 아니라 미래의 도전과제들에 대응을 준비하는 노력도 포함된다'고 말한다.

안토나키스(Antonakis, 2004)[16] 등은 '리더십은 현장에서 확인하는 일은 매우 쉬우나 명료하게 정의하는 일은 매우 어렵다. 리더십의 아주 복잡한 성질을 감안하면, 명확하고 널리 수용될 수 있는 리더십의 정의는 없거나, 아니면 결코 발견할 수 없을 것'이라고 하며, 거의 모든 리더십 관련 학자들이 '리더십이란 리더와 그 추종자들 간에 일어나는 영향력의 과정-그리고 그 결과를 포함해서-이다'라는 정의에 대해서는 동의할 것이라고 주장하였다. 그리고 리더십을 정의할 때는 권력(power)과 관리(management)와는 개념적으로 다르게 설정해야 한다고 말한다.

이상과 같은 리더십에 관한 여러 가지 정의에서 다음과 같은 공통점과 의미를 찾아볼 수 있다. 첫째 리더와 추종자들은 상호작용을 필요로 하는 공유된 목적 중심으로 조직화되어 있다. 둘째 리더가 그에게 주어진 권한을 통해 부하에게 조직목표 달성을 위한 영향력을 행사하는 과정이다. 셋째 이 과정에서 추종자의 수용을 필요로 하며, 추종자의 의사에 반하여 행사되는 영향력은 리더십 개념 속에 포함되지 않는다. 넷째 리더십은 집단현상으로 이해할 수 있다. 리더는 부하들 없이는 리더십이 존재하지 않기 때문이다.

결론적으로 기존 리더십 이론을 한마디로 요약하면, 리더십이란 리더와 추종자 간의 상호과정에서 리더의 공식적인 권한 및 잠재능력을 활용하여 추종자가 수용 가능하도록 영향력을 행사하는 과정이라고 정의할 수 있다. 아니면 리더십이란 리더가 일정한 상황에서 다른 구성원들로 하여금 조직이나 집단의 공통목표를 달성하는 데 영향력을 행사하는 모든 과정이라고 정의할 수 있다.

---

15) Yukl, G.A.(2002), Leadership in Organizations: Fifth Edition, Upper Saddle River, NJ, Prentice-Hall.

16) Antonakis John, Cianciolo Anna T., Sternberg Robert J.(2004), The Nature of Leadership, SAGE.

03 리더십의 본질과 구성요소

리더십의 본질은 그 성과에 달려있다. 리더십은 그 자체로서는 좋은 것 또는 바람직한 것도 아니고 하나의 수단이다. 그러므로 어떤 목적을 위한 리더십인가? 하는 것이 중요한 문제이다. 결론적으로 리더십의 본질은 공동 목표를 달성하기 위하여 리더가 집단 또는 조직의 구성원들에게 영향을 미치는 과정이다. 이러한 리더십의 정의가 실현되려면 리더는 조직의 구성원들이 자원하여 목표 성취에 헌신하도록 동기를 부여해야 한다. 또한 리더는 구성원들에게 활력소를 불어 넣으며, 탁월성을 추구하고, 조직을 발전시켜 나가야 한다.

따라서 '리더십이란 리더, 추종자(구성원) 그리고 상황적 변수에 의해 영향을 받는, 즉 리더십은 이들 변수의 함수이다.'라고 말할 수 있다.[17] 다시 말해 리더십은 리더와 그 대상이 되는 부하, 그리고 그들이 공존하는 조직적 상황에 의해 조합되는 복합적 산물이다. ▲리더 : 리더십 스타일은 리더의 배경이나 특성에 의해 영향을 받는다. 일례로 리더의 종교적 신념, 인간관, 성격, 일에 대한 긴장 및 몰입 정도가 리더십 스타일에 영향을 미칠 수 있다. 리더가 부하의 능력과 태도에 대해 신뢰하는 정도도 리더십에 영향을 미친다. ▲부하 : 부하의 특성도 리더의 행동에 영향을 미치게 된다. 일례로 부하의 가치 체계, 인간관, 문화적 배경, 안정감, 스트레스 등에 따라 적합한 리더십 스타일이 달라진다. ▲상황 : 어떤 상황에서 효과적인 리더십이 다른 상황에서도 반드시 효과적일 수는 없다. 리더십이 행사되는 상황특성에 대해 충분히 고려해야 조직 관리를 합리적으로 행할 수 있다. 일례로 조직의 규모, 역사, 업종, 구성원의 특성, 업무의 성격, 외부요인 등을 들 수 있다.[18]

리더십 = Function (Leader, Follower, Situation)

---

17) 국민안전처, op. cit.

18) 네이버 블로그(m.blog.naver.com/selli508/30153538040), [조직행동] 리더십-특성이론, 행동이론, 2012.12.10.

04 리더십과 영향력[19)]

어떤 사람은 영향력을 독점하면서 지배하는 역할만 맡고 어떤 사람은 복종하는 역할만 맡는 것이 아니라, 상대방에게 영향력을 발휘하면서 또 한편으로는 함께 동조하고 서로 밀어주고 이끌어가기도 하면서 조직목표를 달성해야 한다.

진정한 리더는 권위와 직책을 뛰어넘어 사람을 포용하며, 직위로 사람들을 압박하지 않고 인격적으로 많은 이들을 품는다. 따라서 리더의 영향력은 관계에서 비롯된다고 할 수 있다.

05 리더의 역할[20)]

사람은 자신의 노력을 통해서 성공할 수 있지만, 그렇지 못한 사람은 윗사람의 리더십에 의해서 성공할 수 있다. 이와 같이 윗사람이 가지고 있는 자질을 '리더십'이라고 표현하는데, 잘 이끌어주고 지도해준다는 의미이다. 전통적으로 리더십은 '윗사람이 아래 사람을 다스리는 방식'으로 이해되었지만 오늘날은 다른 의미로 변화하고 있다.

리더의 역할에 대해서는 '한 마리의 사자가 이끄는 양 떼는 한 마리의 양이 이끄는 사자 떼를 이긴다'는 말에서도 찾아볼 수 있다. 이 경우 리더는 방향감각, 정보감각, 지혜로움 등이 남보다 뛰어나야만 한다. 즉 많은 추종자들을 올바로 끌고 갈만한 능력이 있어야 한다. ▲대인관계의 역할에서 조직의 대표로서의 역할, 리더로서의 역할, 연결자로서의 역할을 담당 ▲리더로서의 역할은 조직을 관리하고 조직의 목표를 수행 ▲연결자(liaison)로서의 역할로는 외부와의 관계에서 조직의 내부와 연결을 수행 ▲

19) 국민안전처, op.cit.
20) 국민안전처, op. cit.

정보처리의 역할로는 정보를 모니터링 하는 역할, 정보를 확산시키는 역할, 내부의 정보를 외부로 전할 때 대변인의 역할을 수행 ▲의사결정 시 리더의 역할은 기업가의 역할, 문제해결자의 역할, 자원분배자의 역할, 중재자의 역할을 수행

21세기 새로운 시대, 새로운 노동자를 이끌 리더의 새로운 덕목은 무엇인가? 변화된 시대에 맞는 새로운 비전을 제시할 수 있는 리더가 필요하다. 갈수록 조직은 거대해지고 글로벌화 되어가며 업무는 전문화되고 직원들은 개인화가 심해지고 있다. 이러한 상황에서 조직을 하나로 모아서 조직이 달성하고자 하는 방향으로 이끌어줄 리더라는 구심점이 필요한 것이다. 또한 자기철학의 리더십을 갖춘 리더가 필요하다. 자신만의 원칙과 기준을 세우고 실천한 사람은 과정 속의 고난을 극복한 사람이기에 그들의 경험은 다른 사람들에게도 영향력을 미치기 때문이다. 그리고 혁신에 도전하는 용기와 행동을 갖춘 리더가 필요하다. 오늘날과 같은 불확실성의 시대는 새로운 것에 도전하는 용기를 갖추고 위기에 대처할 수 있는 리더가 필요한 때라고 할 수 있다.

06 리더와 관리자, 리더와 보스의 차이[21)]

6.1 리더와 관리자

관리와 리더십의 차이는 무엇인가? 이 두 개념은 근본적으로 동일한가 아니면 이들 사이에 본질적인 차이가 존재하는가? 관리(management)와 리더십(leadership)의 개념에 대해서는 학자들 사이에도 혼동이 있는 것 같다.

자주 인용되는 개념으로서 베니스와 나누스(Bennis & Nanus, 1985)[22)]는 '관리자는 일을 올바르게 하는 사람이고, 리더는 올바른 일을 하는 사람(managers are people who do things right, leaders are people who do the right things)'이라고 정의하였다. 예컨대 리더는 전략에 대해 올바른 질문을 하고, 또한 올바른 대답이

21) 네이버 블로그(m.blog.naver.com/jdyi8589/220494254175), op. cit.
22) Bennis, Warren G., Nanus, Burt(1985), Leaders: the strategies for taking charge, 1st ed., New York: Harper & Row, 1985.

제대로 수행되도록 하는 것이다.

또한 라잔(Rajan, 2000)[23]은 관리와 리더십을 다음과 같이 비교하였다. ▲관리는 길(path)을 따라가는 것이고, 리더십은 길을 찾는 것 ▲관리는 일을 올바르게 하는 것이고, 리더십은 올바른 일을 하는 것 ▲관리는 계획하고 예산을 집행하는 것이고, 리더십은 방향을 잡는 것 ▲관리는 통제하고 문제해결을 하는 것이고, 리더십은 동기부여를 하는 것

코터(Kotter, 1990)[24]는 관리는 어떤 일이 효과적으로, 그리고 지속적으로 진행될 수 있도록 하여 결과를 산출하는 것이고, 리더십은 유용한 변화를 창출하는 것이라 하였다. 하지만 어느 것이 반드시 더 좋다고 하거나 다른 것으로 대체할 수 있는 것이 아니고 조직이 잘 운영되고 번창하려면 두 가지 모두가 필요하다고 하였다.

이처럼 리더십과 관리, 그리고 리더와 관리자간에는 명백한 차이가 있기는 하지만, 역시 상당부분 겹치는 부분이 있다. 예컨대 관리자가 조직의 목표를 달성하기 위해 그 구성원들에게 영향을 미치고 있다면 그는 리더십을 발휘하고 있는 것이고, 리더가 계획, 조직화, 통제활동에 개입하고 있으면 이는 관리를 하고 있는 것이다.

끝으로 리더와 관리자의 차이를 다음과 같이 설명하기도 한다. 리더는 혁신하고 관리자는 관리한다. 리더는 사람들에게 집중하고 관리자는 시스템과 조직에 집중한다. 리더는 영감을 주고 관리자는 통제한다. 리더는 주체적인 사람이지만 관리자는 훌륭한 군인이다. 리더는 장기적인 안목을 가지지만 관리자는 단기적으로 본다.[25]

6.2 리더와 보스[26]

흔히들 쉽게 하는 오류 중 하나가 바로 리더와 보스의 개념을 동일시하는 것이다. 보스는 구성원들과 뜻은 같이 하지만 자발성 대신 명령이 앞선다. 그러나 리더는 구성원들과 함께 목표를 향해 자발적인 참여를 이끌게 한다. 리더는 '우리'라고 말하고, '가자'라고 말하지만 보스는 '나'라고 말하며, '가라'라고 말한다. 사전의 뜻을 빌리면, 보스는 '실권을 쥐고 있는 책임자'이고, 리더는 '조직을 이끌어가는 중심적인 위치에 있는 사람'이다. 모든 보스가 리더를 의미하지는 않는다. 물론 리더십에 대해 끊임없이

23) Rajan, A.(2000), How Can Leaders Achieve Successful Culture Change?, Centre for Research in Employment & Technology in Europe, Tonbridge, Kent.

24) Kotter, J. P.(1990), A Force for Change: How Leadership Differs from Management, Free Press, New York.

25) 삼성경제연구소(2016), 어제와 다른 리더십이 필요한 시대, 열린지식존, 얼무리 322호, 2016.06.27.

26) 국민안전처, op. cit. 네이버블로그(m.blog.naver.com/mr16ms1/220211414841), 리더십의 종류와 사례 조사, 2014.12.16.

고민하고 계발한 보스들은 좋은 리더일 확률이 높겠지만, 많은 보스들은 그저 직급이 높을 뿐일 수도 있다. 반면 리더는 앞장서서 팀원들을 이끌면서 임무를 완성한다.

보스와 리더의 차이를 부연 설명해 보면 다음과 같다.

보 스

- 명령하고 평가하기를 좋아한다.
- 조직을 움직이기 위하여 자극제로서 '두려움'을 사용한다.
- 자신은 큰 그림을 그린다고 생각하지만 직접 나서는 경우가 드물다.
- 구성원들에게 대우 받기를 원한다.
- 회의를 하거나 행사에 참여 시, 동석자의 '급'에 대해 민감하다.
- 최종 의사결정권자가 자신이라는 것을 모두에게 인식시키고자 노력한다.

좋은리더

- 자신이 직접 일을 추진하고, 일이 잘 안되었을 때의 모든 책임을 자신에게 돌린다.
- 한 사람 한 사람이 조직을 위해 최선을 다하도록 열정을 불어넣는다.
- 자신의 대우에 신경 쓰기보다는 팀원들의 마음이 불편한 것이 없는지 살핀다.
- 구성원들의 결과에 대해, 잘못된 것을 지적하기보다는 합리적으로 교정해준다.

6.3 사례로 바라본 CEO와 두목의 차이[27)]

창립 이래 단 한 번도 직원을 해고하지 않은 국내 메이저 여행사 여행박사와 일본 도요타자동차의 딜러기업인 '넷츠도요타난고쿠'에는 한 가지 공통점이 숨겨져 있다. 두 회사 모두 직원을 수단이나 도구로 여기지 않고 '직원의 행복'을 목적으로 두고 있으며, 직원들이 회사의 이익이 아니라 스스로를 위해 일한다는 점이다. 직원들의 지적 창의성이 그 어느 때보다 중요한 생산수단이 된 지금, 우리는 이제 도구적 인간관에서 벗어나 '사람'에 집중해야 한다.

---

27) 안병민(2017), CEO와 두목은 뭐가 다를까, DBR 229호(2017년 7월 Issue 2), 2017.07. 참조.

리더십과 신뢰에 대한 얘기를 말하기 위해 기업의 경영현장으로 옮겨보겠다. B기업의 핵심 인재 A부장에게 C기업에서 유혹의 손길을 뻗친다. 어차피 B기업에 계속 있어봤자 이용만 당하고 제대로 대접은 못 받을 거라고, 우리 C기업으로 오면 고위 임원 자리를 보장하겠다고 말이다. 여기서 A부장은 어떤 결정을 내릴까? 만약 A부장이 평소 대표와 충분한 신뢰 관계를 구축한 상황이라면 C기업의 유혹은 '소귀에 경 읽기'일 것이다. 그런데 B기업의 대표가 달면 삼키고 쓰면 버리는 리더라면, 실제로 그렇게 버려진 직원들이 많다면 결론은 뻔하다. 회사가 나를 '목적'이 아니라 '수단'으로 여긴다면 직원도 회사를 그렇게 대할 수밖에 없다.

불황의 길고 긴 터널, 그 끝이 안 보이는 요즘이다. 그래서인지 여기저기서 구조조정의 칼바람이 매섭다. 사실 해고는 많은 기업들이 경영 위기 때마다 손쉽게 꺼내 드는 '전가의 보도'이다. 하지만 국내 메이저 여행사 중 하나인 여행박사에는 창립 이래 해고가 없다. 여행박사라고 위기가 왜 없었을까? "직원이 잘못해서 회사가 위기에 처했다는 말은 동의하기 힘들다. 그 직원은 누가 뽑았나? 그 직원이 했던 일은 누가 시킨 건가? 잘못이 있다면 모두 경영진의 잘못이다. 그런데 왜 직원들을 해고하나? 즐길 때 함께했던 것처럼 고통 또한 함께 나누면 이겨낼 수 있다." 경영진의 책임은 도외시한 채 애꿎은 직원들에게만 눈을 부라리던 수많은 기업들을 향해 여행박사 신창연 창업주는 일갈한다. 해고는 답이 아니라고, 꼭 해고해야 한다면 그 대상 또한 잘못됐다고 말이다.

여기 또 다른 사례가 있다. '넷츠도요타난고쿠'이다. 넷츠도요타난고쿠는 도요타의 딜러기업으로 13년 연속 고객만족도 1위를 차지한 회사이다. 무려 300개가 넘는 도요타 딜러회사들 사이에서 이룬 쾌거이다. 판매 실적도 항상 상위 10위권 안에 들 정도로 탁월하다. 이 회사 요코타 히데키 창업자가 이야기하는 비결은 단순하기 짝이 없다. 직원 만족을 통한 고객 감동이다. 사실 수많은 기업들이 내세우는 얘기다. 하지만 관건은 직원을 바라보는 관점의 차이다. 직원을 '도구'가 아니라 '목적'으로 대해야 한다는 이야기다. 요코타 히데키 회장은 회사의 목적은 이익이 아니라고 역설한다. 직원 한 사람 한 사람이 그들의 인생에서 승리자가 되도록 하는 게 경영의 목적이란다.

여기 중요한 포인트가 숨어 있다. 여행박사나 넷츠도요타난고쿠의 직원들은 회사를 위해 일하지 않는다는 것이다. 그들은 스스로를 위해 일하고 회사도 이를 권장한다. 여행박사 신창연 창업주나 넷츠도요타난고쿠의 요코타 히데키 회장의 경영철학은 그래서 '3.0'이다. '경영1.0'은 산업화 시대, 나를 따르라는 카리스마로 무장한 리더들이 각종 규정과 방침, 통제로 회사를 경영하던 개념이다. 경영 1.0이 직선적이라면 '경영 2.0'은 은근하다. 스스로 열정을 불태울 수 있도록 직원들을 격려하고 사기를 진작시킨다. 무게중심이 채찍보다는 당근에 가 있다. 하지만 경영 2.0의 중심에도 1.0과 마찬가지로 '회사'가 있다. 회사의 매출과 수익을 제고하기 위한 방법으로서의 '버전 업'일 뿐이다. 하지만 '경영 3.0'에서의 중심은 '회사'가 아니라 '직원'이다. 회사 이전에 직원들을 먼저 행복하게 만들어주자는 것이다. 경영 3.0, 위 두 기업의 사례를 보면 그 의미는 뚜렷해진다.

얼마 전 시중 기업들이 직원들의 행복 관리에 팔을 걷어붙였다는 기사를 접했다. 휴가 장려, 심리상담 도입, 스트레스 관리 등 반길만한 프로그램이 많다. 하지만 목적은 하나다. 실적 개선이다. 스트레스를 줄여주면 생산성이 올라갈 거라는 믿음 때문이다. 물론 안 하는 것보다는 훨씬 낫다. 하지만 문제는 여전히 직원을 수단으로 대하는 '도구적 인간관'에 있다.

세상이 급변하고 있다. 과거 경영의 생산수단이 물적 요소들이었다면 지금은 지적 창의성이다. 과거 경영의 목적이 돈이었다면 이제는 사람이다. 인간이 더 이상 수단이 돼서는 안 되는 이유이다. '천망회회 소이불실(天網恢恢 疎而不失)'이라 했다. 사람이란 존재는 아무리 촘촘하게 그물을 쳐도 작정하면 다 빠져나간다. 하늘의 그물을 쳐야 한다. 관건은 신뢰와 자존감이다. 부하들을 늘 도구로 여기던 영화 속 조폭 두목들은 모두 파멸했다. 리더가 되시겠습니까, 아니면 두목이 되시겠습니까?

07 리더십 연구

리더십은 인류의 보편적인 관심사였기 때문에 그에 대한 연구는 이미 오래 전부터 진행되어 왔으나, 1900년대 초반에 위인(great man) 관점에서 리더십에 대한 과학적이고 체계적인 연구가 시작된 것이 그 시초라 하겠다.[28)]

리더십에 대한 체계적이고 과학적인 연구가 이루어지지 않았던 20세기 초반까지의 리더십 연구는 다분히 사색적이고 주관적인 것이었다. 20세기 중반에 접어들면서 리더십은 과학적으로 연구되기 시작하였고, 지금까지 리더십에 관련된 연구와 이론은 그 수를 헤아리기 힘들 정도다. 하지만 다양한 리더십 이론들도 어느 정도 일정한 틀 내에서 발전되어 왔다. 리더십에 대한 연구는 경영학 및 다른 학문분야의 발전에 민감하게 반응하면서 전개되어 왔다.[29)]

---

28) 네이버 블로그(m.blog.naver.com/jdyi8589/220494254175), op. cit.
29) 이하의 내용은 주로 황국현(2014), CEO의 소명의식과 진정성 리더십이 구성원의 조직유효

초기 리더십(1980년 이전) 연구의 특성은 이론적 접근 태도를 통해 설명할 수 있다. 1980년대 이전까지의 리더십 이론들은 유능한 리더를 정의하고 이론적 토대를 제공하기 위해 리더의 특성, 행동, 상황 등에 초점을 둔 리더십을 설명하고자 하였다. 즉 기존 리더의 행위를 정당화 시켜줄 수 있는 연구(귀납적 방법)가 주류였다. 이러한 리더십의 이론에는 특성이론, 행동이론, 상황이론 등이 있다.

리더와 리더가 아닌 사람을 구분시켜 주는 어느 정도 고정적인 일반 특성을 연구했던 특성이론(1930~1950년대에 주목받은 리더십 이론)은 조직 구성원을 대체 가능한 부속품처럼 생각했던 과학적 관리법(scientific management)의 사조와 무관하지 않다. 또한 효과적인 리더와 비효과적인 리더의 관찰 가능하고 개발 가능한 행동을 파악하고자 했던 행동이론(1950~1960년대 리더십 연구에서 주종을 이루었던 행위이론)은 행동주의 심리학의 발전 및 인간관계 운동(human relations movement)의 전개와 그 맥을 같이한다. 그리고 리더십 유효성(leadership effectiveness)은 상황에 따라 달라진다는 명제 하에 개발된 상황이론 또는 상황적합적이론은 1960년대부터 시작된 경영학의 상황적합적(contingency) 연구사조의 틀 안에서 전개되어 온 것이다.

전통적인 리더십 이론(traditional leadership theories)에 추가적으로 1980년대 초반부터는 소위 신조류 리더십 이론(new leadership theories)이라고 불리는 현대적 리더십 이론들이 소개되었다. 이들 이론은 카리스마적 리더십, 변혁적 리더십,[30] 비전적 리더십,[31] 문화적 리더십[32] 등 여러 가지 명칭으로 소개되었다. 이러한 이론

성에 미치는 영향, 숭실대학교 대학원 경영학과, 박사학위논문, 2014.12. 부산외국어대학교 국제통상지역원(GLE), 리더십의 개념과 리더십 연구의 전개과정(available at gle.bufs.ac.kr/Addons/WebUI_Board/handler/Download.ashx?cid...file=/...). 참조.

30) Lowe & Gardner(2001)는 변혁적 리더십이 카리스마적(charismatic) 리더십과 비전적(visionary) 리더십 개념을 포괄한 것으로 보고 있다. 출처 : Lowe, K. B., & Gardner, W. L.(2001), Ten years of The Leadership Quarterly : Contributions and challenges for the future, The Leadership Quarterly, 11(4), 648-657.

31) 비전적 리더십이란 미래에 대한 타당한 비전을 제시함으로서 리더와 구성원이 동일한 방향으로 뛰는 것을 의미한다. 또한 조직의 방향에 대한 자기의 비전을 맞추고 조직문화를 혁신하는데 주된 관심을 지니는 리더십이다. 이러한 리더십은 개인이 현재 가지고 있는 역량이나 능력보다는 미래의 개발 가능성에 초점을 맞추며, 조직원들의 동기를 유발시켜 조직의 변화를 리드하고 조직 전체에 목표를 제시함으로써 조직원들의 힘을 밀집시키게 한다(김혜리·이정원, 2011). Sully de Luque et al.(2008)은 비전적 리더십의 정의를 기업환경에 대한 탐색을 바탕으로 구성원들에게 미래에 대한 비전을 제시하는 리더십이라고 했다. 비전적 리더십이 그 영향력을 발휘할수록 부하직원들은 조직의 목적과 자신의 목적을 하나로 일치시키게 된다. 그 결과, 조직시민행동과 같은 직무 외 활동을 보임으로써 조직에 긍정적인 기여를 하고자 할 것이다(Podsakoff et al., 2000). 또한 비전적 리더가 제시한 고무적 비전을 함께 공유하는 구성원들 간에 유대감이 형성되어 서로 도와주는 행위가 증가할 수 있고, 이러한 비전을 통해 하나가 된 조직에 대해서도 이로운 행위가 발생할 수 있다(Collins, 1989). 출처 : 김혜리·이정원(2011), 이미지경영론, 신아사. Sully de Luque, M., Washburn, N. T., Waldman, D. A., & House, R. J.(2008), Unrequited profit : How stakeholder and economic values relate to subordinates' perceptions of leadership and firm performance, Administrative Science Quarterly, 53, pp.26-654.

들은 분석수준이나 내용 면에서 조금씩 차이를 보이고는 있으나 변화를 핵심주제로 다루고 있다는 공통점을 지니고 있으며, 리더십이 하위자에게 미치는 실재적이고 현실적이며 강력한 영향을 강조하는 성격을 지니고 있다. 또한 신조류(현대적) 리더십 이론은 전통적인 연구에서 리더십의 유효성에 대한 판단기준으로서 활용하지 못했던 변수들을 분석하고 있다. 이를 통해 신조류 리더십 이론은 전통적 리더십 이론 내에서는 충분히 연구되지 못했던 내용들을 다룸으로써 기존의 리더십 이론들을 보완시켜 주고 있다.

리더십에 대한 논의와 관심이 폭발적으로 증가한 것은 1980년대에 들어서이다. 이때를 즈음하여 새로운 형태의 리더십 이론들이 발표되기 시작하였다. 앞서 언급된 변혁적 리더십, 카리스마적 리더십을 비롯하여 거래적 리더십, 서번트 리더십, 감성 리더십, 팔로워십, 셀프 리더십, 코칭 리더십 등이 바로 그것이다. 그 후 최근에 이르러 소위 '미래의 리더십'이라고 하여 시대를 반영한 리더십 이론, 즉 4차 산업혁명 시대의 리더십, 민첩한 리더십, 밀레니얼 리더십 등이 제시되고 있다.

이상 언급된 리더십 이론들을 중심으로 앞으로 순차적으로 논의가 진행될 것이다. 단, 각 이론들이 연구된 시점은 정확한 시간대로 나누어지는 것이 아니기 때문에 각 이론들이 주로 개발된 기간은 엄밀하게 구분된다기보다 중복될 수 있다는 점에 유의해주기 바란다.

Podsakoff, P.M., MacKenzie, S. B., Paine, J. B., & Bachrach, D. G.(2000), Organizational citizenship behaviors: A critical review of the theoretical and empirical literature and suggestions for future research, Journal of Management, 26(3), pp.513-563. Collins, R.(1989), Toward a neo-meadian sociology of mind, Symbolic Interaction, 12(1), pp.132.

32) Culture and Leadership(문화와 리더십): 문화와 리더십 연구는 2차 세계대전 이후 급증한 세계화에 따라 다른 문화에 대한 이해를 통한 효율적 소통과 실행에 관한 요구에 의해 진행되었다. 문화란 공통된 믿음, 가치, 관습이라 정의되는데, 큰 두 가지 요인은 민족과 편견에 대한 문화적 자각이다. 민족 중심주의란 자기가 속한 민족 중심적으로 세계를 바라보는 것이며, 이는 종종 큰 문제를 야기하곤 한다. 따라서 리더는 다른 민족과 세계에 대한 충분한 이해를 통해 이러한 민족 중심적 사고를 방지해야 한다. 편견은 고정된 태도와 사실에 기반하지 않은 판단을 말하는데, 이 또한 자기중심적 사고에 바탕을 둔 부정적 행동을 유발하게 되므로 리더는 다른 세계에 대한 다면적 이해와 특성에 대한 충분한 관찰을 해야 한다. 출처: Leadership Center(2008), 리더십 이론 요약, https://leadershipcenter.tistory.com/7, Dr. Choi's Integral Leadership Center(iLC), 2008.07.17.

Chapter

02

리더와 리더십의 이해 : 이슈별 접근

1. 리더십의 부재 : 1997년 외환위기
2. 리더십의 본질 : 2014년 세월호 사건
3. 밀레니얼 리더십 : 2019년 U-20 월드컵 대회
4. 직장인의 시각에서 바라본 유능한 리더의 조건
5. 사례로 살펴본 CEO의 가치
6. 리더십에 대한 오해

[부 록] 영국, 프랑스, 독일 Top Manager의 리더십 특징

01 리더십의 부재 : 1997년 외환위기[33)]

1997년 외환위기 당시 한국경제를 가장 힘들게 했던 것 중의 하나는 바로 달러의 고갈이었다. 정부나 기업 모두 보유하고 있던 달러가 바닥이 났고, 부채 상환과 외환 결제를 위해 온 나라가 발을 동동 구르고 있었다. 하지만 아시안월스트리트저널(AWSJ)은 한국경제 위기의 근본 원인이 무엇인지를 명확히 지적하는 다음과 같은 기사를 실었다. "한국의 경제위기는 리더십 부재에서 시작되었으며 현재 한국의 리더십은 달러보다 더 고갈되어 있다"

한민족 특유의 끈기와 응집력으로 경제위기는 잘 극복되었고, 한국경제는 그 후 나름 순항했다. 2008년 월가로부터 불어온 금융위기는 다시 한 번 한국경제를 위기로 몰아넣었지만, 세계 어느 나라보다 가파른 회복세를 보이면서 잘 이겨냈다.

하지만 외환위기 당시 바닥을 드러낸 대한민국의 외환보유고는 이제 가득 차 있으나, 달러보다 더 고갈되었다고 했던 리더십은 사회와 기업에 아직도 채워지지 않은 것 같아 마음이 편치 않다. 더 큰 문제는 리더와 리더십의 부재에 대해 고민하는 사람들이 많지 않아 보인다는 사실이다.

대한민국은 연예인 공화국이란 말이 있다. 청소년들이 가장 닮고 싶어 하고 존경하는 인물 중 대부분이 연예인이기 때문에 생긴 말이다. 실제로 이들 연예인이 한 말, 행동, 옷차림 등은 금방 유행이 되어 사회에 큰 영향을 미친다. 이들의 철없음을 탓하기 전에 우리 사회의 리더와 리더십 부재에 대해 기성세대의 반성이 먼저 이루어져야 한다고 생각한다. 믿고 따르고 싶은 롤 모델과 리더가 많지 않기 때문에 우리 아이들은 연예인들의 말과 몸짓 하나하나에 열광하고 있는 것이다.

그렇다면 리더십이 가득 찬 사회와 기업을 만들기 위해 우리는 어떤 노력이 필요한가?

첫째 리더십은 기업이나 조직의 적당한 위치에 오르기만 하면 누구나 자동적으로 가질 수 있는 것이 아니라는 것을 깨달아야 한다. 리더십에서 가장 중요한 것은 리더의 긍정적인 영향과 이를 통한 부하들의 자발적인 추종이다. CEO인 당신이 회사에서 이야기할 때 직원들이 열심히 듣는 것은, 당신의 리더십이 뛰어나서라기보다는 열심히 듣지 않을 때 생길 수 있는 부작용 때문일 가능성이 높다는 사실을 하루라도 빨리 깨달아야 한다. 당신의 리더십은 당신이 가지고 있는 타이틀보다 행동으로부터 나온

33) 정동일(2010.01.), [정동일 교수의 리더십 이야기] 꿈은 CEO 된 후에 꾼다고? 꿈꾸지 않는 리더 따윈 가라, 조선일보 Weekly Biz, 2010.01.23.

다는 사실을 명심해야 한다.

둘째 진정한 리더십은 미래에 대한 고민과 성찰로부터 나온다는 사실을 기억해야 한다. 단기간의 실적만을 위해 부하 직원들에게 고통과 희생을 강요하고 미래의 성장을 희생시킨다면 당신은 리더가 아닌 매니저라고 불려야 할 것이다. 진정한 리더십은 조직의 미래에 대한 꿈을 꾸고 이를 통해 만들어진 비전을 어떻게 부하들과 공유하고 이룰 것인가를 고민하는 과정에서 만들어진다. 꿈꾸지 않는 리더는 리더로서의 존재 가치가 없다. 마틴 루터 킹이 미국 역사상 위대한 리더가 될 수 있었던 것도 그의 흔들리지 않는 미래에 대한 꿈과 헌신 때문이었다. 대기업의 CEO만이 꿈을 꿀 수 있는 것은 아니다. 팀장이든 부서장이든 누구나 꿈은 꿀 수 있고 작은 꿈이 모여 큰 꿈이 된다는 사실을 명심해야 한다. 나중에 CEO가 되면 그때 가서 꿈을 꾸겠다는 당신에게 이야기하고 싶다. 꿈은 CEO가 된 후에 꾸는 것이 아니라, CEO가 되기 위해서 꾸어야 한다는 것을.

셋째 리더는 다른 사람을 통해 목적을 달성하는 사람이란 사실을 명심해야 한다. 목표가 생겼을 때 '내가 이걸 어떻게 달성할까'에 초점을 맞춘다면 당신은 리더라 할 수 없다. 리더란 '이걸 가장 잘할 수 있는 사람이 누구이며, 그 사람이 최고의 성과를 달성할 수 있게 내가 어떻게 지원해야 할까'를 고민하는 사람이다. 아직도 당신의 시각이 '나(I)'에 맞추어져 있다면 하루라도 빨리 탈피하라 권하고 싶다. 진정한 리더는 부하의 역량을 계발하여 어려운 목표를 달성 가능케 하는 자(영어로 'enabler'란 표현이 더 명확할 것 같다)인 것이다.

당신의 리더십은 우수한 인재들과 함께 월등한 성적을 낼 때보다, 평범한 인재가 당신과 같이 일하면 우수한 인재로 변화해갈 때 더 빛을 발한다는 사실을 기억하라.

02 리더십의 본질 : 2014년 세월호 사건[34)]

세월호 사건 이후 리더십에 대한 사회적 관심이 뜨겁다. 많은 사람이 비슷한 상황

34) 정동일(2014.05.), [정동일의 '사람이 경영이다'] CEO라는 단어에서 리더십의 본질을 읽자, 조선일보 Weekly BIZ, 2014.05.17.

에서 타이태닉호나 버큰헤드호 선장이 보여준 리더십을 이야기하며 분노한다. 여기에서는 리더십의 본질을 'CEO'란 단어를 통해 살펴보기로 하자. CEO는 'Chief Executive Officer'의 약자이다. 위키피디아에 따르면 CEO는 조직의 운영을 총책임지는 사람이다. 좀 추상적으로 느껴진다. 그러나 CEO란 용어를 구성하는 세 단어가 가지는 의미를 생각해 보면 놀랍게도 리더십의 본질이 무엇인지 명확하게 드러난다.

2.1 C=Chief=의사결정을 내리고 책임지는 존재

'Chief'란 우두머리란 뜻이고, 이는 의사결정을 내리고, 이에 대한 무한책임을 지는 존재를 의미한다. 그래서 리더로서 산다는 건 항상 두렵고 불안하다. 이 길로 가야 할지, 저 길로 가야 할지 막막하기만 하다. 숨 막힐 듯 두렵고 결정을 하는 순간까지 확신이 서질 않는다. 숨고 싶지만 숨을 곳도 없다! 때로는 내가 어디로 가야 할지에 대해 누군가 이야기를 해주었으면 하는 생각도 든다. 하지만 누구도 나대신 결정을 내려줄 수 없다. 왜냐하면 내가 최종 결정권자이기 때문이다. 이게 리더십의 첫째 본질이다.

어떤 사람은 내가 내리는 결정이 옳은지 불안해하고 그 결과에 대한 책임을 지지 않으려고 권한 위임이란 미명 아래 부하들에게 의사결정을 할 것을 강요한다. 하지만 그 순간 리더로서 존재 가치는 사라지고 만다. 결국 최종적으로 의사결정을 내리는 것은 누구에게도 양보할 수 없는 리더만의 고유한 권한이자 책임이라 할 수 있다.

2.2 E=Executive=앞장서서 실행하는 존재

'Executive'란 실행을 하는 사람을 의미한다. 리더십의 본질은 한번 의사결정을 내리면 이를 떠들어만 대는 것이 아니라 앞장서서 실행하는 데에 있다. 훌륭한 리더가 되기 위해서는 위대한 사상가(thinker)나 달변가(talker)보다 행동가(doer)가 되는 게 더 중요하다. 기업이 실패하는 이유도 뛰어난 전략이 없어서가 아니라 실행력이 없어서일 때가 훨씬 더 많다.

실행을 잘하는 리더가 되기 위해 무엇보다 기억해야 할 두 단어가 '솔선수범'과 '자기희생'이다. 솔선수범하지 않는 리더는 결정적인 순간 부하들의 지지와 협조를 얻지 못하고, 자기희생이 바탕이 되지 않은 리더십은 영감을 자아내지 못해 실행에 필요한 응집력을 만들어 내지 못한다. 요즘 많은 사람이 비전의 중요성을 이야기하지만, 성공한 리더와 실패한 리더의 가장 큰 차이는 누가 더 위대한 비전을 생각해 내었느냐보다 얼마나 이를 앞장서서 실행했느냐에 있다.

2.3 O=Officer=높은 기준과 가치를 지키는 존재

'Officer'란 의사결정을 내리고 실행하는 과정에서 일정한 기준과 가치를 지켜야 하는 의무가 있는 사람이란 뜻이다. 동시에 자신의 이익보다는 타인과 조직의 성공을 위해 노력하는 책임을 지닌 사람이라 할 수 있다. 경찰이나 장교를 칭할 때도 우리는 officer란 단어를 사용한다.

타이태닉이나 버큰헤드의 선장이 진정한 리더가 될 수 있었던 가장 중요한 이유는, 배가 침몰하는 위기 상황에서 선장에게 요구되는 가장 중요한 원칙과 가치를 지키고 이에 따라 행동했기 때문이다.

리더가 원칙을 세우고 이에 따라 행동하는 모습을 보일 때 리더로서 권위가 선다. 아무리 평등과 수평적 소통이 중요해진 시대라지만, 리더로서 행동과 말에 권위가 없어진다면 부하들을 이끌어 나가는 건 불가능해진다. 그래서 리더는 부하들과 동고동락할지언정 자신만의 원칙을 지키며 심리적인 선을 어느 정도는 유지하는 게 좋다. 원칙과 가치를 지키기 위해 노력하고 때로는 이를 위해 목숨을 걸어야 하는 것은 리더이기 때문에 감수해야 할 고통인 동시에 부하들과 다른 존재라는 자부심의 원천이기도 하다.

2.4 결 론

세월호 선장은 리더로서 이 중요한 책임을 모두 망각했다. 승객들을 어떻게 탈출시킬 것인가란 의사결정을 내리지 않았고, 앞장서서 실행하기보다는 자기 한 몸 살리기에 급급했으며, 애초부터 승무원들과 차별화된 자신만의 원칙이나 자부심도 없었다. 결국 그는 리더라기보다 단순한 고용인이었다.

문제는 리더십 부재가 비단 세월호만의 문제가 아니라는 사실이다. 직원과 부하들에게 온갖 비윤리적 방법을 동원해 성과만 높이려 하는 경영자, 자리보전에만 급급해 사명감이나 영혼 없이 눈치나 보고 자기 실속만 차리려는 정부 관료, 표만 얻을 수 있다면 수단 방법 가리지 않고 무엇이든 하는 정치인…. 그래서 대한민국은 지금 총체적 리더십 부재의 위기 한가운데 있다.

03 밀레니얼 리더십 : 2019년 U-20 월드컵 대회

무명 선수로 은퇴한 뒤 한국축구의 미래를 조련해 온 정정용 감독. 정 감독이 이끄는 한국 20세 이하(U-20) 대표팀이 폴란드 루블린에서 열린 2019 국제축구연맹(FIFA) U-20 월드컵 대회에서 한국 남자 축구 역사상 최고의 성적인 준우승을 하였다. 이를 두고 정정용 감독의 리더십이 세간의 주목을 받고 있다. 정 감독의 리더십을 통해 진정한 리더와 리더십이란 무엇인지 생각해 보기로 하자.

3.1 신뢰와 긍정의 리더십, 그리고 자율적 헌신[35)]

스타플레이어 출신도 아니고 축구지도자로서 혁혁한 성과를 낸 적도 없는, 무명의 유소년 지도자가 이끄는 팀인데 어떻게 이렇게 감동적인 경기를 펼칠 수 있었을까? 그 원동력은 무엇일까? 답은 정 감독의 '신뢰의 리더십'과 팀원들의 '자율적 헌신'에 있었다.

한국 축구는 전통적으로 투혼과 정신력, 체력을 강조했다. 1983년 박종환 감독 시절의 4강 신화는 '스파르타식' 훈련으로 선수들을 강하게 몰아붙이면서 나왔다. 일부 선수들은 나이를 줄여서라도 출전하는 등 우격다짐식의 승리 지상주의가 용인됐다. 지금은 시대가 바뀌었다. 정정용 감독은 수평적 소통과 동기 유발, 자율성을 바탕으로 팀을 조련했다. 죽음의 F조 첫 경기에서 포르투갈에 졌지만(0-1) "선수들의 자신감을 믿는다"며 다독였고, 2차전 남아공전 승리(1-0) 때는 "아르헨티나전에서도 신나게 즐겨라"라며 긍정의 마인드를 심어주었다.[36)]

그가 매 경기마다 선수들에게 가장 많이 한 말은 "멋지게 놀고 나와라"였다고 한다. 어느 스포츠 칼럼니스트가 팀 훈련장을 찾았더니 아이돌 그룹의 인기곡이 운동장이 떠나갈 정도로 울려 퍼지고 있었다고 한다. 정 감독에게 연유를 물으니 "아이들이 좋아하고 경기장 소음에도 미리 대비하기 위해서"라고 했다 한다. 정 감독은 팀을 이끌며 최대한 수평적이고 자율적인 분위기가 연출되도록 했다. 유럽파 출신 '막내' 이

---

35) 박성태(2019.06.), [칼럼] 정정용 감독의 리더십을 배우자, 시사뉴스, 2019.06.12.
36) 한겨레(2019.06.), 정정용 리더십과 선수단의 투혼, 2019.06.10.

강인(발렌시아)이 2살이나 많은 형들 사이에서 오히려 '막내형'이라고 불리며 마음껏 자기 기량을 뽐낼 수 있었던 것도 이러한 정 감독의 지휘방식에 기인했다고 본다.

정 감독은 대회 시작 전부터 '어디까지 올라가겠다'는 목표를 공개적으로 밝힌 적이 없다. '4강'이나 '우승' 등의 목표는 막내 이강인이 '진짜' '진짜'를 외치며 큰소리 친 내용이었다. 오세훈, 조영욱 등도 이에 질세라 자신감을 표했고 정 감독은 "선수들이 원하는 것을 이루도록 도와주고 싶다"고만 반복했을 뿐이다.

중、고、대학、실업무대를 거치며 무명선수로 29살에 선수 생활을 마감한 정 감독은 10년 이상 유소년 지도자로 일하면서 '어린 선수들은 지시가 아니라 이해를 시켜야 한다'는 철학을 갖게 됐다고 한다.[37] 강압적이지 않더라도 선수들 스스로 최선을 다하도록 동기를 부여하면 성과가 나오리라고 확신했다. 그것이 신뢰의 리더십이고 자율적 팀 운영방식인 것이다.

정 감독은 이번 대표팀을 '꾸역꾸역 팀' '모두가 하나 된 팀(원팀)'이라고 스스로 평가하며 어떠한 경우라도 만만하게 물러나지 않을 팀이라고 인터뷰에서 밝히기도 했다.[38]

이러한 정 감독의 신뢰의 리더십은 마냥 "니들 믿으니까 니들 마음대로 하라"는 아

37) '지시가 아닌 이해시키는 것의 힘'의 사례 : 벼락 스타가 된 정정용 감독(U-20 축구 대표팀)이 세상에 이름을 처음 알린 건 2016년이다. 2017년 U-20 월드컵 출전을 준비하던 대표팀이 2016년 10월 아시아 대회에서 조별 예선에서 탈락했다. 이승우(이탈리아 베로나), 백승호(스페인 지로나) 등 특급 선수들을 보유한 팀이었으니, 청천벽력이 따로 없었다. 패배에 따른 책임으로 사령탑은 공석이 됐고, 무명 정정용 감독이 구원투수로 긴급 호출됐다. 임시 수장으로 팀을 이끈 정 감독은 그해 11월 수원컵 국제대회에서 우승컵을 들어올렸다. 불과 한 달 만의 반전이었다. 드라마틱했다. 선수 구성이 달라진 건 아니었고, 활용이 달랐을 뿐이다. 특히 개성 강한 이승우가 마음껏 기량을 발휘하게 하고, 또 다른 선수들과도 잘 어울리게 했다. 서로 겉돌던 팀이 한 덩어리가 됐다. 그가 들려준 에피소드가 있다. 2013년, 정 감독은 이승우에게 등번호 20번을 줬다. 스트라이커의 번호인 10번을 당연히 받을 줄 알았던 이승우는 불만스러운 듯 투덜거렸다. 정감독이 왜 그러냐고 했더니, 등 번호가 마음에 안 든다고 답했다. 정감독이 과거 지도자처럼 "지시한대로 하라"고 했다면, 아마도 오해와 반발만 컸을 것이다. 정감독의 대처는 달랐다. "네가 9번(공격수 등 번호)을 달고 수비를 할 수 있겠니. 아니면 5번(수비수 등 번호)을 달고 공격을 할 수 있겠니. 20번을 달면 어디서든 뛸 수 있다." 설명을 듣고 난 이승우는 "아, 그런 의미가 있네요"라고 바로 수긍했다. 나중에 정감독이 20번 달고 뛰는 게 어떠냐고 묻자 "(숫자가 커서) 조금 무겁긴 해요"라며 씩 웃었단다. 정 감독은 그 때 개성 강한 어린 선수들에게 이해(납득)시키는 과정이 중요한 걸 깨달았고, 그 경험을 통해 2016년에 반전 스토리를 쓸 수 있었다고 밝혔다. 물론 이승우에게만 해당된 얘기는 아니었을 것이다. 윤승옥(2019.06.), 기적 일궈낸 정정용 감독의 '특별한 리더십' 비법은?, 채널A, 2019.06.13. 참조.

38) 정 감독은 '무명 리더십'에 비유할 수 있다. 무명 시절의 경험을 바탕으로 '조연'을 자처, 주연인 선수단을 돕는다. 자유방임형 스타일로 선수 개개인의 개성을 존중하지만, '독주'는 허락하지 않는다. 무명으로 지냈기에 선수단 내 차별이나 차이는 결코 용납하지 않는다. 그래서 특정 선수 의존도를 줄이고 조직력을 앞세운다. 원맨이 아닌 원팀이 정 감독의 모토이다. 문화일보(2019.06.), '무명 리더십' 정정용 감독 누구? 상대 분석 철저·전략 다채로운 학구파, 2019.06.05.

니었던 것 같다. 나름 정확한 분석과 신뢰를 바탕으로 팀을 이끌어가는 카리스마도 겸비했다. 적시의사결정(Timely Make Decision) 능력은 현대사회 리더의 기본 덕목 중의 하나다. 정 감독은 이러한 적시의사결정 능력을 바탕으로 스타플레이어 이강인을 에콰도르 전에서 후반 28분 과감하게 교체할 수 있었고, 팀 최고의 골잡이 조영욱을 선발에서 제외시킬 수 있었던 것이다. 스타 출신 감독들이 눈치 보느라 실행에 옮기지 못한 과감한 결정을 적시에 내렸던 것이다. 이러한 용병에 대해 선수들은 정말 아무런 불만이 없었고 "감독님이 다 알아서 하신 것"이라고 수긍하는 모습들이었다.

여기서 주목할 것은 우리 정치·경제·사회 지도자들과 구성원들은 정 감독의 신뢰의 리더십과 U-20팀 선수들의 정신자세를 배워야 한다는 것이다. 정치는 당리당략에 따라 사분오열(四分五裂)되어 있고 경제주체들은 각자도생(各自圖生)하기에 급급하며 사회 각 주체들은 자기 이익을 찾기에 혈안이 되어 있으니 국민들의 삶은 점점 황폐화되어가고 힘들어지고 있다.

제대로 된 목표와 가치에 대해 신뢰를 바탕으로 리더와 구성원이 공유할 때 지향하는 바를 이룰 수 있다. 국민들이나 조직의 구성원들이 리더가 추구하는 방향과 방법에 대해 납득하고 인정할 때 비로소 강압적이고 지시일변도의 원팀이 아니라 자율적인 원팀이 이루어지는 것이다.

결과적으로 이번 U-20월드컵대회는 스포츠대회로서의 가치뿐만 아니라 이 대회를 통해 진정한 신뢰의 리더십이 어떤 것인지, 자율적인 원팀은 어떠한 결과를 생성해 내는지를 우리 국민 모두에게 똑똑히 인식시켜 주었다.

3.2 이해와 믿음의 리더십[39)]

사실 정 감독은 선수 시절 무명이었다. 청구중·고와 경일대를 졸업한 그는 1992년 실업 축구 이랜드 푸마의 창단 멤버로 참여해 6년 동안 센터백으로 뛰었다. 하지만 팀이 프로로 전향하려는 움직임이 있었던 1997년 부상이 겹치면서 28세의 이른 나이에 선수 생활을 접어야만 했다.

이후 그는 용인 태성중 감독으로 지도자의 길에 들어섰고, 해외 연수 등을 통해 경험을 쌓으면서 2006년부터 대한축구협회 전임지도자로 활동했다. 고향 팀인 대구FC 수석 코치를 지냈던 2014년을 제외하고는 2019년 현재까지 12년 동안 14세 이하(U-14) 팀을 시작으로 연령대 대표팀을 지도하며 한국축구의 미래들을 키워왔다. 대구 수석 코치 시절에도 구단의 U-18팀인 현풍고 감독을 맡는 등 꿈나무 육성과는 인연을 놓지 않았다.

39) 헤럴드경제(2019.06.), '이해 리더십' U-20 정정용 감독, 알고 보니…, 2019.06.05.

이번 월드컵에 참가한 U-20 대표팀은 정 감독이 지난 몇 년간 꾸준히 지도하며 함께 성장해 온 선수들이다. 이 연령대 선수들에게는 '지시가 아니라 이해를 시켜야 한다'는 지도 철학을 가진 정 감독은 이번 대표팀 선수 개개인의 장단점을 꿰뚫고 있었다. 선수들도 정 감독의 축구 철학을 이해하며 원팀으로 녹아들었다. 이번 대회에서 정 감독이 선수들을 적재적소에 활용하며 '팔색조 전술'을 구사할 수 있었던 것도 이 때문이었다. 가게야마 마사나가 일본 감독이 16강전에서 패배한 뒤 한국의 후반전 전술 변화에 제대로 대응하지 못한 것을 패인으로 꼽았을 정도다.

본래 정 감독은 장래 교수가 되고 싶어 선수 시절부터 공부를 게을리 하지 않았던 학구파였다. 이랜드에 있을 때도 팀의 허락을 받아 명지대 대학원에 다녔고, 훗날 지도자를 하면서는 한양대 대학원에서 박사과정도 이수했다. 전공은 스포츠생리학이다.[40]

정 감독은 이번 대회에서 조별리그 3경기와 16강전까지 4경기를 치르며 매번 다른 전략, 전술을 준비해 강팀들과 맞섰다.[41] 포메이션이 같더라도 포지션별 역할을 다르게 부여하면서 경기 중에도 상대에 따른 과감한 전술 변화를 펼치는 밑바탕이 됐다.[42] 정 감독은 선수들의 전술적 이해도를 높이고 경기력을 강화하기 위해 '전술 노트'를 만들 정도로 열정적인 모습을 보이기도 했다. 지난해 2018 아시아축구연맹(AFC) 19세 이하(U-19) 챔피언십에서 지휘봉을 잡았던 정 감독은 상대 전술과 경기 운영 방식에 따른 한국의 포메이션, 세트피스, 콤비네이션 플레이 등이 담긴 노트를 선수들에게 나눠줬다.[43]

단 한 명의 부상자 없이 대회를 마무리한 정 감독의 선수단 관리 능력도 주목받는

40) 정 감독은 학구파였기에 늘 연구하는 자세를 보였다. 지도자로선 상대 분석에 많은 시간을 투자했다. 스타 출신이 아니었기에 감이 아닌 데이터를 중시했다. 그래서 다채로운 전술·전략을 구사했다. 문화일보(2019.06.), op. cit.

41) 객관적 전력이 강하다고 평가받는 아르헨티나, 세네갈을 상대로 일부러 라인을 내린 후 '선수비, 후역습' 전술로 득점을 노린 것이 대표적이다.

42) 이승우 대신 이강인이 주축이 된 이번 U-20 대표팀은 더욱 진화한 모습이다. 정 감독은 이해의 과정을 정서적 목적에만 한정하지 않고, 전술적인 부분까지 확장했다. 이번 대표팀은 경기마다 카멜레온처럼 변신했다. 전반에는 3-5-2 포메이션을 썼다가, 후반에는 4-3-3으로 전환했다. 매 경기 다른 전술을 가동했다. 정 감독은 다채로운 전술을 위해 2018년 아시아 챔피언십 때 전술 노트를 나눠줬다. 포메이션을 왜 바꿔야 하는지, 또 포메이션에 맞게 어떻게 움직여야 하는지 이해시켰다. 과거 지도자처럼 "시키는 대로 하라"고 지시하지 않았다. 포메이션이 같더라도, 포지션별 역할도 다르게 부여했으니 상당히 복잡한 공정이었다. 너무 복잡하면 실전에서 자칫 부작용만 크다. 하지만 이해를 기반으로 한 의사소통 덕인지, 우리 대표팀은 오차 없이 움직였다. 그의 '이해'는 단순한 소통 방식이 아니다. 실질적인 내용을 동반한다. 무명이었던 정 감독은 실업무대에서 선수로 뛸 때부터 대학원에 다니며 축구 이론을 공부했다. 박사과정 때는 스포츠생리학을 전공했다. 현란한 전술을 펼치고, 트레이닝 전문 코치와 함께 선수들의 컨디셔닝을 최적의 상태로 이끈 밑천이었다. 선수들은 증명이 돼야 진정으로 따른다. 그는 증명했다. 이름값을 앞세워 '지시'만으로 리더십을 행사한 이들보다 더 큰 성취를 한 이유다. 윤승옥(2019.06.), op. cit.

43) 매일경제(2019.06.), 韓축구 새 역사 뒤엔…정정용 '믿음의 리더십', 2019.06.16.

다. 한국은 약 3주 동안 7경기를 치르는 등 강행군을 펼쳤고, 지난 세네갈과의 8강전에선 120분의 연장 혈투까지 치렀다. 하지만 선수들은 경기 때마다 변함없는 활기찬 모습을 보여줬다. 정 감독은 경기 후마다 "다음 경기에서 선수들을 다시 뛸 수 있는 상태로 만드는 게 가장 중요하다"고 직접 말하기도 했다. 전반전이 끝난 후 선수들은 후반에 다시 힘을 낼 수 있도록 흡수가 빠른 에너지 제품을 섭취했다. 경기 후에는 손상된 근육을 빠르게 회복하기 위해 효능이 입증된 체리주스를 먹는 등 꼼꼼한 관리를 받았다. 결승전 패배 후 정 감독은 "우리 선수들은 90분간 최선을 다해 전략을 수행했다. 감독인 내가 부족했고, 더 잘할 수 있었는데 못해 아쉽다. 최선을 다해 뛰어준 선수들에게 고맙다"며 끝까지 선수들을 대표하는 책임감 있는 모습을 보였다.

대회 이전만 해도 일각에서는 무명선수 출신에 큰 대회 경험도 없이 유소년 지도만 해온 정 감독의 지도력에 반신반의했다. 하지만 오랜 기간 어린 선수들의 재능을 찾아 키우는 데 힘을 쏟아온 정 감독의 부단한 노력이 한국축구를 새로운 반석 위에 올려놓았다.

3.3 겸손과 소통의 리더십[44)]

자신을 낮추고 소통을 중시하면서, 속내를 감추는 '자기 통제의 승부사'가 바로 정정용 감독이다. 질의응답을 통해 그의 실체를 확인해 보자.

▮질의 : 정정용 리더십의 실체는 뭡니까?

☞ 응답 : "허허, 별거 없어요. 그저 내 스타일대로 할 뿐이지요. 주변에선 수평적 리더십이라고 하는데 뭔가 이론적인 배경이 있는 것도 아니에요. 내가 코치로도 지내봤는데 권위적인 건 안 맞아요. 예를 들어 내가 식당에 도착할 때까지 선수들이 밥을 먹지 않고 기다리는 건 나와 안 맞는단 말이에요. 의전 같은 것도 별로 안 좋아해요. 선수들과 소통하는 방법을 찾으려고 노력할 뿐이지요."

▮질의 : 선수들과 소통한다는 게 말은 쉬운데, 화가 나거나 울컥할 때 어떻게 하나요?

☞ 응답 : "그 울컥은 전제조건이 있어야 해요. 예를 들어 축구에서는 볼을 받

44) 중앙일보(2019.06.), [서소문 포럼] 정정용 감독의 사마의 리더십, 2019.06.24.

기 전에 상황 인식이 먼저 이뤄져야 하는데, 그런 부분을 모르면 일단 가르쳐 줘야 합니다. 볼이 오기 전에는 먼저 주변을 살피라고. 그렇게 했는데도 똑같은 상황이 반복된다면 그땐 이유가 생기는 거죠. '내가 이렇게 가르쳐줬는데도 안 되는 건 네가 충분히 할 수 있는데도 안 하는 것'이란 사실을 정확히 지적해주는 거죠."

▌질의 : 요즘 휴대전화를 많이 쓰는데 "핸드폰 써도 좋다"고 하셨다면서요.

☞ 응답 : "호텔 방으로 들어가면 룸메이트 두 명뿐이잖아요. 그런데 밥 먹을 땐 모두가 다 모이는 시간이니, 그때도 핸드폰 보면서 시간을 보내는 건 좋지 않다고 생각했지요. 아이들에게 식사시간을 정해 줬어요. 아침은 20분, 점심과 저녁때는 30분. 그 전에 밥을 다 먹더라도 먼저 일어나지 말고 선수들끼리 이야기를 나누도록 한 거지요. 처음엔 좀 서먹서먹했지만 모두 잘 따라줬어요. 물론 식탁 밑으로 핸드폰 훔쳐보다 들킨 친구도 있었지만 그건 눈감아 줬어요."

▌질의 : 대회 내내 스포트라이트가 18세 이강인에게 쏠렸습니다. 한 선수에게만 관심이 쏠려 팀워크가 깨질 수도 있었을 텐데요.

☞ 응답 : "이런 선수를 컨트롤하는 게 쉬운 건 아니에요. 심리를 먼저 정확히 아는 게 중요하다고 생각했어요. 2018년 (19세 이하 대표팀에선) 심리학 교수님을 모시고 와서 우리 선수들의 전체적인 심리상태를 파악해달라고 부탁한 적도 있어요. 스타급 선수들은 다른 선수들과는 조금씩 다른 부분이 있는데, 결국은 관심이 가장 중요해요. 좀 더 관심을 갖고 지켜봐 주니 좋아하면서 스스로 달라지더군요." 팀 분위기는 18살의 '슛돌이' 이강인(발렌시아)과 선배들과의 관계에서 드러난다. 유럽 무대에서 일취월장한 그는 공수 연결의 핵심 미드필더다. 세네갈전 후반 페널티킥 동점포로 추격의 실마리를 제공할 때는 선배 조영욱에게 "내가 차겠다"고 말하는 당돌한 면도 있다. 하지만 경기장 안팎에서 "형들과 같이 차서 기쁘다" "벤치에 있는 선배들의 응원이 큰 힘이다"라고 하는 등 팀의 일원으로 행동한다. 축구 천재라도 겸손하지 않으면 롱런할 수가 없는데, 선배들을 보면 두 살 어린 '막내 동생'을 마음으로 받아들인다.[45] 정정용 감독, 겉으론 웃고 있는데 눈매가 서늘했다. 그는 축구는 전략이나 피지컬 못지않게 심리가 중요하다고 주장했다.

비단 이것이 축구에만 해당되는 것일까? 조직과 팀을 이끄는 모든 리더들이 되새겨 볼 만한 내용 아니겠는가. 더 나아가 정 감독의 리더십은 밀레니얼 세대(1980년대 초반~2000년대 초반 출생 세대)를 탐색중인 우리 사회에도 적잖은 시사점을 준다. 기성세대와 많이 다른 밀레니얼 세대가 주축이 되면서, 조직마다 소통에 애를 먹고 있다. 그래서 새로운 리더십에 대한 고민이 많다.

2016년부터 17세 이하(U-17) 대표팀 지휘봉을 잡으며 유소년 지도자로 맹활약한 정 감독은 어린 선수들의 패기 넘치는 에너지를 어떻게 끌어내고, 경기에 활용할 것인지에 대한 이해도가 높다. 그가 라커룸이나 훈련장에서 신나는 음악을 트는 것과 휴대전화 사용을 허용한 것도 개인주의 성향을 가진 선수들의 특성을 고려한 것이다. 하지만 팀을 위해 개인이 알아서 책임져야 하는 부분은 확실하게 챙겼다. 자유와 원칙 두 마리 토끼를 모두 잡은 셈이다. 정 감독은 선수들과 수시로 대화하고, 포옹을 하는 등 스스럼없는 스킨십도 보여줬다.[46)]

3.4 칭찬과 배려의 리더십[47)]

사상 첫 국제축구연맹(FIFA) 주관 남자대회 준우승이란 대기록을 세운 한국의 기적은 어린 선수들의 특징과 성향을 이해하고 '원팀'으로 만든 정 감독의 용병술과 리더십이 있었기에 가능했다. 특히 선수들을 최우선으로 한 '배려의 리더십'은 한국이 끈끈한 조직력을 가질 수 있도록 한 원동력이었다. 한국은 대회 엔트리 21명 중 후보 골키퍼 2명(박지민·최민수)을 제외한 모든 선수들이 최소 한 번씩은 그라운드를 밟았다. 선발과 벤치 멤버들이 모두 하나가 되어 정 감독이 구상한 전술에 따라 움직였다.[48)]

이번 2019 국제축구연맹(FIFA) 월드컵 결승행은 강압적인 분위기가 아닌 수평적 문화 속에서 '즐기는 축구'를 통해 거둬낸 성과라 의미가 더 크다는 평가다.

'정정용 리더십'의 성공은 단순히 감독 개인과 대표팀에 성과만 안겨준 게 아닌 한국 축구계, 더 나아가선 사회조직 내 지도자상에도 변화를 이끌 의미 있는 현상이다. 정 감독은 선수들을 윽박지르고, 성적에 대한 압박을 주기보다 매 경기 선수들이 최상의 능력을 발휘하는 데 초점을 둔다. 여기엔 국내 축구지도자들이 좀처럼 꺼내지 않는 칭찬과 격려가 큰 비중을 차지한다. 지도자와 선수가 수직적 관계에서 오직 '승리'만 바라보고 스파르타식 훈련을 펼쳐 일궈낸 36년 전 이 대회 '박종환호'의 4강

45) 한겨레(2019.06.), op. cit.
46) 매일경제(2019.06.), op. cit.
47) 한국일보(2019.06.), [U20월드컵] 권위·강압 대신 칭찬·배려… 정정용 리더십의 승리, 2019.06.12.
48) 매일경제(2019.06.16.), op. cit.

신화보다 훨씬 더 큰 의미를 건져 올릴 수 있다.

정 감독은 젊은 선수들 사이에 소문난 덕장이다. 이번 대회에서도 성적에 대한 목표를 정하기보단 "선수들이 원하는 것을 이루도록 도와주고 싶다"고만 했다. 어릴 적부터 스페인에서 축구를 배워온 이승우(21, 베로나)가 가장 존경하는 국내 축구지도자로 꼽을 정도인데다, 이강인(18, 발렌시아) 역시 정 감독의 조련에 금세 적응해 팀에 녹아들었다. 다소 서툰 한국말로 형들에게 '페널티 킥을 내가 차겠다'거나, '애국가를 크게 불러 달라'고 하는 막내의 요구도 정 감독 체제에서의 수평적 분위기였기에 가능했다. 4강전을 마친 뒤 이강인은 "여기까지 오는 데 감독님이 정말 선수들에게 배려를 많이 해주셨다"며 "절대 못 잊을 감독님이자, 완벽하신 분"이라며 고마움을 전하기도 했다.

또한 2018년 자카르타-팔렘방 아시안게임 남자축구 금메달을 이끈 김학범(59) U-23 대표팀 감독에 이은 비주류 선수출신 지도자의 '연전연승'에서 의미를 찾는 이들도 많다. 이번 성과로 한국 축구계에 뿌리 깊게 자리했던 특정 계파 출신이나 이름값 높은 지도자들 사이에서 철저한 실력파들이 대접받을 길도 넓어졌다는 얘기다.

3.5 정정용표 밀레니얼 리더십[49)]

밀레니얼 세대와의 소통이 기업마다 주요 화두다. '갑질 상사' 근절을 목표로 내걸고 '직장 내 괴롭힘 금지법'이 2019년 7월부터 시행된다. 밀레니얼 세대에 대한 이해의 중요성이 상승했음은 당연한 이치. 어린 선수들을 성공적으로 이끈 '정정용표 밀레니얼 리더십'에 눈길이 가는 이유다. 리더십 전문가의 분석, 밀레니얼 직장인의 경험담을 곁들여 기업에 적용할 수 있는 포인트를 살펴보자.

3.5.1 'I' 아닌 'they' … 3인칭 리더십

"목표는 우승이 아닙니다. 우리 아이들이 한 경기라도 더 뛰게 하는 것입니다." 정 감독이 말할 때 눈여겨볼 부분이 있다. '내'가 아니라 '선수' 중심 사고가 몸에 뱄다. 정동일 연세대 경영대학 교수는 "성공하는 리더는 자기중심적으로 생각하는 '1인칭 리더십'이 아니라 조직원의 관점에서 이해하는 '3인칭 리더십'을 보인다. 리더십을 객관화해서 보는 태도"라고 말했다. '저 직원에게 임무를 맡겨 최대한의 성과를 끌어올리기 위해 내가 뭘 도와야 하는가' 고민하는 자세다.

백기복 국민대 경영대학 교수는 "현대판 덕장(德將)은 위에서 아래로 덕을 베푸는

49) 조선일보(2019.06.), '베푼다'에서 '함께 즐긴다'로… 덕장의 의미가 달라졌다, 2019.06.22.

리더라기보다 기쁨과 아픔을 '공감'하는 리더"라며 "정 감독처럼 (선수나 직원으로서) 좌절이나 실패를 경험해본 이들이 특히 공감 능력이 뛰어나다"고 설명했다. 구체적으로 "뛰는 사람인 선수가 주인공이고 자신은 도와주는 서포터"라는 정 감독의 포지셔닝을 꼽아 "젊은 세대에게 효과적으로 동기를 부여하는 방식"이라고 분석했다. 그렇다고 착하기만 한 리더는 만만하게 보이기 쉽다. 백 교수는 "밀레니얼 세대는 지적인 정보나 전문성을 가진 사람들에게 권위를 준다"며 "정보·지식을 갖추고 인간성까지 좋은 리더를 따르지 실력 없고 성격만 좋은 리더는 인기가 없다"고 했다. 고재현 선수를 통해 알려진 '마법의 전술 노트'가 여기 해당한다. 정 감독이 직접 제본해 상황별로 어떻게 움직이라는 글과 그림이 꼼꼼하게 적혀 있는 노트였다. 선수들이 감독을 믿고 따르는 데엔 전략가로서의 면모도 컸다. 정 감독도 한 인터뷰에서 "굳이 분류하자면 지장(智將)으로 불리고 싶다"고 했다.

3.5.2 진심 리더십

"애들한테 지시하기보다는 이해를 시키려고 해요. 일단 때리지 않고 욕을 안 하려 하고. 선수들이 지도자를 신뢰할 수 있으면 운동장에서 모든 것을 신나게 다 드러낼 수 있다고 생각합니다." 투박한 말투로 정 감독이 밝힌 지도 철학. "전술·전략보다 신뢰를 바탕으로 선수들이 운동장에서 90분을 신나게 뛸 때 발전할 수 있다고 본다"고 소신을 밝혔다.

정 감독이 자체 분석한 성과의 바탕은 '신뢰'였다. 신뢰를 쌓는 힘은 뭘까. 정동일 교수는 '진정성(authentic) 리더십'에 주목했다. "밀레니얼은 원대한 비전을 말하면서 '나를 따르라'고 말하는 카리스마형 리더보다 진정성을 가지고 일관되게 행동하는 리더를 신뢰한다"며 "감독을 위해 뛰겠다는 선수들의 말은 감독의 진심이 낳은 결과"라고 했다.

밀레니얼은 가식을 귀신같이 가려내고 혐오한다. 정보 공유에 익숙한 세대이기 때문이다. 정 교수는 "1990~2000년대 리더십 키워드는 '이미지 메이킹'이었다. 가짜가 통하는 시대였다. 지금은 모든 정보가 공유되고 낱낱이 까발려지는 시대다. 밀레니얼에게 어설픈 이미지 메이킹은 먹히지 않는다. 잘 숨기는 법을 찾는 시대에서 숨기지 않는 게 전략이 된 시대로 바뀌었다"고 말했다.

"젊은 척, 유행 아는 척하는 상사는 '극혐'이에요. 격의 없이 친한 척하는데 막상 직원들이 격의 없이 대하려 하면 기분 나빠해요. '척'하는 거지 진심이 아닌 거죠." 유통회사에 근무하는 3년 차 직장인 윤모(26)씨 얘기다. '진심 리더십'의 지렛대는 일관되고 예측 가능한 태도다.

3.5.3 경청의 힘 : '스펀지 리더십'

곁에서 지켜본 이들은 정 감독을 어느 지도자보다 '잘 듣는 지도자'로 평한다. 원기 회복용으로 먹어 화제가 된 체리주스가 상징적인 예. 오성환 피지컬코치 아이디어였다. 한 스포츠 전문가는 "스타 선수 출신 감독들은 자기 확신이 강해 코치진 의견을 잘 안 듣는 편인데 정 감독처럼 비주류 출신은 코치진의 전문성을 확실히 인정하고 귀담아듣는 편"이라고 했다. 주변의 얘기를 쭉 빨아들이는 '스펀지형 리더'란 얘기다.

정 감독은 "2010년 남아공월드컵에서부터 TSG(technical study group: 기술연구그룹)에 있었는데 팀 분석 이후 소통이 아쉬웠다. 발전하고 싶어 이번엔 3명의 TSG 의견을 적극적으로 받아들였다"고 했다. 아무리 실무진에서 전략 보고서를 내놔도 결국 자기 뜻대로 밀어붙이는 '답정너(답은 정해져 있고 너는 대답만 해)' 스타일 경영자들이 새겨들어야 할 대목이다.

최철규 HSG 휴먼솔루션그룹 대표는 "성과 내는 리더는 대화의 절반을 듣고 질문하고, 성과 못 내는 리더는 대화의 5%만 듣고 질문한다"며 "수평적 관계를 중시하는 밀레니얼과의 소통에선 달변보다 경청이 더 힘을 발휘한다"고 했다. 헤드헌팅업체 콘페리 인터내셔널 김기연 전무는 "임원급을 뽑을 때 비즈니스 감각 못지않게 '리스닝 스킬(듣는 능력)'을 중요하게 보는 추세"라고 했다. "과거엔 조직원을 이끌어 성과를 올리는 리더를 원했지만, 요즘은 젊은 직원들과 눈높이를 맞춰 '원팀'으로 만들 수 있는 리더를 원하기 때문"이란다.

3.5.4 '밀당' 리더십

"멋지게 놀고 나와라." 정 감독이 경기마다 했다는 말이다. 밀레니얼이 가치 있게 생각하는 두 요소 '재미'와 '의미'를 절묘하게 관통했다. 강요하지 않고 스스로 몰입해 의미를 찾게 하라. 밀레니얼 리더십의 핵심이다. BTS를 다른 아이돌과 달리 길러낸 것도 자율성을 강조한 연습 시스템이었다.

최철규 대표는 "밀레니얼의 가장 큰 특징은 자기애(自己愛)다. 과거처럼 절대 권위를 가진 리더가 위에서 아무리 눌러도 효과가 없다. 박종환·김성근식 '스파르타 리더십'이 더는 먹히지 않는다"고 했다. 그는 "국가대표처럼 구성원의 의욕과 역량이 뛰어난 경우엔 자율권을 주는 것이 좋지만 권한 위임을 제대로 하려면 '자율 속 규율'이 중요하다"고 했다. 자율과 규율로 밀고 당기는 '밀당' 리더십이 중요하다는 얘기다.

정 감독은 대회 기간 중 스마트폰 사용을 허용했지만 예외가 있었다. 식사 시간엔 스마트폰을 닫고 동료의 눈을 보며 대화하도록 했다. 전설의 메이저리그 감독인 토미 라소다 전 LA 다저스 감독은 "선수 관리는 손안에 비둘기를 잡고 있는 것 같다. 너무 꽉 쥐면 압사하고 너무 느슨하게 잡으면 날아가 버린다"고 했다. 정 감독은 최대한 느슨하게 선수들을 쥐었지만 최소한 지켜야 할 선(線)은 확실히 했다.

"정 감독이 어린 친구들을 다그쳐서 주눅이 들게 하는 게 아니라 '배려'로써 최대한 기량을 발휘할 수 있게 하는 부분이 눈에 띄었어요. 그걸 보니 사소한 지시를 할 때도 '미안하다'며 배려부터 하는 우리 팀장님이 떠올랐어요." 가전회사 1년 차 직원 이모(26)씨는 "팀장이 알아서 불쾌할 일을 안 만드니 자발적으로 열심히 일하게 된다"고 했다. 정동일 교수는 "밀레니얼은 별종일 거라 생각하지만 인간 본성은 결국 같다. 아무리 자기중심적이라 해도 '상식'과 '진심'은 통한다"고 했다. 정정용 리더십의 주춧돌이다.

04 직장인의 시각에서 바라본 유능한 리더의 조건[50)]

회사 생활을 하면서 좋은 리더만 만날 수 있을까? 회사 생활을 하다 보면 다양한 유형의 리더를 만나게 된다. 직원들이 잠재력을 발휘하도록 영감을 주는 리더가 있는가 하면, 결단력을 갖고 과감하게 의사결정을 하는 리더도 있다. 그렇다면 어떤 리더가 바람직한 리더일까? 경험상 리더들에게는 몇 가지 특징이 있었다. 그분들은 모두 'L.E.A.D.E.R'에 능하고 그것을 잘 활용하는 분들이었다.

4.1 L : Well Listen(잘 들어 준다)

듣는다는 것은 어떤 의미이고, 특히 잘 듣는다는 것은 어떻게 듣는 것일까? 수천 년을 내려오는 표의문자인 한자에 그 뜻이 고스란히 들어 있어 대신한다. 들을 '청'과 들을 '문'이 그 의미를 포함하고 있고, '聽'이라고 쓰고, '聞'이라고 쓴다. 청(聽)을 가만히 뜯어보면 귀 '이(耳)', 임금 '왕(王)', 열 '십(十)', 눈 '목(目)', 하나 '일(一)', 마음 '심(心)'으로 되어 있다. 들을 때는 임금님의 말씀을 듣는 것처럼 귀를 쫑긋 세우고, 열 개의 눈을 모으고, 하나의 마음으로 듣는 것. 그것이 바로 듣는 것의 진수를 보여

50) 박헌건(2014.07.), 최고의 리더는 L.E.A.D.E.R.에 강하다, LG전자 공식 블로그, 2014.07.25.

주는 것이다. 문(聞)은 문 '문(門)'과 귀 '이(耳)'로 되어 있다. 듣는다는 것은 마음의 문을 활짝 열고 귀를 기울이는 것을 의미한다는 설명이다. 어려운 뜻이 아니더라도 잘 들어주는 것은 세 가지만 하면 된다. 말하는 사람 쪽으로 몸을 돌리고 눈을 응시한다. 그리고 가끔은 고개를 끄덕이고, 추임새도 넣어주면 더 좋다. 마지막으로 가장 중요한 것은 열린 마음, 긍정의 마음으로 들어주는 것이다.

4.2 E : Extreme Experience(극한 경험을 잘 극복한다)

직장에서의 극한 경험은 사람을 성장시킨다. 그 어려움을 극복한 사람이 좋은 리더가 될 수 있는 자격을 갖춘 사람이다. 까탈스럽고, 항상 도전적이고, 혁신적인 리더를 보스가 좋아하는 이유가 무엇인지 아는가? 독하고 강한 리더가 있어서 프로젝트의 성공 확률이 높아지는 것도 있지만, 그렇게 성장한 구성원들이 일당백의 전사로 성장하기 때문이기도 하다. 그 조직의 DNA가 혁신과 도전과 성공으로 바뀌기 때문이다. 마라톤 완주를 해 본 사람은 10km, 하프 코스를 두려워하지 않는다. 2천 미터 등산을 경험한 사람은 천 미터 등산에 대해 두려움이 없다. 1~4개 프로젝트를 병행해 운영해 본 리더는 프로젝트를 새롭게 시작하는 것에 머뭇거리지 않는다. 극한의 경험을 많이 해 본 리더, 성공만 경험한 리더보다는 실패도 많이 겪어본 리더가 좋은 리더가 될 가능성이 높다. 좋은 리더는 평상시가 아니라 어려움이 닥쳤을 때 더 눈에 띄기 때문이다.

4.3 A : Polite Attitude(좋은 태도를 가지고 있다)

회사에서 필요한 역량은 KSA이다. K는 Knowledge, S는 Skill, 그리고 A는 Attitude이다. 예전에는 K를 매우 중요하게 여겼다. Knowledge로 대표되는 항목은 학교 순위, 대학교 학점, 영어점수 등등등 그래서 좋은 학교 들어가려고 하고, 학점 좋게 받으려고 하고, 특히 어학성적 미리 따고 등등등 그런 것들이 곧 회사에서 필요한 역량이라 생각했기 때문이다. 그러다 회사에서 정작 필요한 것은 K가 아니라 S가 더욱 필요하다는 것을 느끼고, 회사에서 바로 쓰일 수 있는 Skill이 각광받는 시기가 있었다. 대학교 보다는 특화된 학과가, 대학 성적보다는 전공 성적이, 영어성적보다는 말하기 능력이, 회사에서 필요한 Six sigma Belt까지 스킬이 가치를 인정받는 시대가 있었다. 하지만 인생은 성적순이 아니듯이, 회사의 성과도 성적순이 아니라는 것이 이제 일반화 되었다. 그래서 가장 필요한 덕목은 바로 Attitude, 태도라는 것이 요즘의 트렌드이자 꼭 필요한 항목이 되었다. 개인이 가진 역량은 KSA의 곱인 K×S×A

로 나타내게 된다. 여기서 중요한 것은 K와 S는 0~100까지 움직이는 것에 비해, A는 0~100까지 움직이는 것과 함께 '+' 와 '-' 도 결정을 한다는 것이다. 능력이 아무리 뛰어나도 태도가 '-'로 향한다면 어떻게 되겠는가? 끔찍하지 않는가? 좋은 리더란, 역량도 충분히 갖추면 좋겠지만 항상 긍정적이고 조직에 플러스가 되는 태도를 가진 그런 리더이다.

4.4 D : Popular Drama(좋은 드라마 속 주인공의 굴곡을 이해하고 있다)

'회사 생활은 20부작 드라마와 같은 것이다'라는 것을 이해하는 리더이다. 유명한 드라마를 생각해보라. 20부작의 드라마가 진행되며 온갖 고통과 괴로움을 겪는 사람이 누구인지 보시면 된다. 바로 주인공이다. 가장 어려운 고통과 어려움을 겪으며 그것을 멋지게 헤치고 우뚝 서는 사람이 주인공이다. 여러분이 드라마의 주인공이다. 지금 내가 겪고 있는 어려움은 주인공이 되기 위한 관문이고, 드라마의 재미를 더하고 내 인생을 더욱 풍요롭게 해주는 필수 요소이다. 지금 어렵고 힘든가? 내 인생이, 내 직장 생활이, 내 리더십이 더욱 성장하는 시기라고 생각하면 편하지 않을까 한다. 그리고 힘들면 힘들수록 드라마의 하이라이트로 향해 가고 있구나, 그 고비를 넘기면 평화로운 해피엔딩을 맞을 수 있구나, 행복하지 않아도 내가 그렇게 만들어서 드라마를 해피엔딩으로 종료하면 되겠구나~라고 생각하면 되지 않을까?

4.5 E : Overcome Emergency(응급상황 같은 어려움을 극복하고 다시 태어난다)

의사들이 처음 필수로 근무해야 하는 곳이 응급실이라고 한다. 가장 힘들고 가장 많은 환자 유형과 긴급 환자를 대하면서, 병원에 오는 환자의 유형을 파악하고 자신의 역량을 극적으로 끌어올리는 과정을 겪게 하는 것이다. 응급실에서 잘 이겨낸 의사가 훌륭한 의사가 될 수 있듯이, 위급 상황을 겪으며 긴급한 문제를 많이 풀어본 사람이 좋은 리더가 될 가능성이 높다. 회사에서 긴급한 상황이 발생했을 때 그 문제를 중심에서 끌고 가는 사람이 좋은 리더일 가능성이 크다고 보면 되겠다.

4.6 R : Crazy Reader(책을 읽어 좋은 리더의 경험을 간접적으로 흡수한다)

인생에서, 직장에서 가장 중요하고 파워풀한 지식은 직접 체험하는 것이다. '보고할 때, 경험상 결과로 보면, 직접 현장을 보고난 후의 결과는'이라는 수식어가 앞에 붙으면 거의 모든 결과들이 술술 풀려 나가는 경우를 보게 된다. 그만큼 경험의 위력이 대단하다는 것을 의미하기 때문이다. 그런데 모든 리더가 모든 것을 더 많이 경험할 수는 없다. 새로운 부서에 배치 받을 수도 있고, 새로운 지역에 부임할 수도 있고, 생판 모르는 일을 풀어 나가야 할 경우도 생기고, 전문가들을 이끌어가야 할 경우도 생기기 때문이다. 이럴 경우 직접 체험 다음으로 효과적인 체험이 바로 간접 경험이다. 새로운 부서로 배치되거나 새로운 일을 하게 될 경우 가장 좋은 방법으로 선배들의 보고서를 리뷰하거나, 구성원들의 경험을 많이 듣고 간접 체험하는 것이다. 일반적이기는 해도 어려운 경우를 어떻게 헤쳐 나갔는지에 대한 경험을 축적한 좋은 리더에 대한 책을 읽는 것도 강력히 추천하는 방법이기도 하다. 이와 같이 직접 체험을 하고, 간접 체험을 듣기도 하고, 책을 읽으면서 정신적인 체험도 겸비하는 그런 리더가 좋은 리더일 가능성이 크다고 본다.

이 모든 것을 한 문장으로 정리하면, Good Leader is good at L.E.A.D.E.R.이다.

05 사례로 살펴본 CEO의 가치[51)]

사례 #1

1997년 미국 최대 전화회사 AT&T의 CEO로 마이클 암스트롱(Michael Armstrong)이 취임했다. 당시 AT&T는 최대의 위기에 빠져 있었다. 미국 장거리 전화시장 자율화 여파로 버라이존(Verizon)과 같은 새로운 경쟁회사들이 출현하고, 수익률이 크게 줄어들었기 때문이다. 그러나 암스트롱이 온다는 소식에 회사의 가치가 하루 만에 40억 달러 증가했다.

51) 정동일(2008.04.), 기업에서 CEO의 가치는 얼마나 될까?, 조선일보 Weekly Biz. 2008.04.25.

사례 #2

2008년 1월 8일 미국 주식시장은 하락세를 보였지만, 스타벅스의 주가는 무려 10.3%나 폭등했다. 왜 그랬을까? 그 이유는 회사의 창업주인 하워드 슐츠(Howard Schultz)가 다시 CEO로 복귀해 경영에 참여하기로 결정했다는 뉴스 때문이었다.

사례 #3

2007년 11월 서브프라임 모기지(비우량주택담보대출) 쇼크로 위기를 겪고 있던 시티그룹의 척 프린스(Chuck Prince) 회장은 회사 순이익이 57% 격감한 책임을 지고 사임했다. 또 흑인으로서는 처음으로 월스트리트 투자은행의 최고 경영자에 올라 화려한 스포트라이트를 받았던 스탠리 오닐(Stanley O'Neal) 전 메릴린치 회장 역시 서브프라임 투자로 80억 달러에 이르는 손실을 낸 책임을 지고 비슷한 시기에 퇴임했다.

5.1 CEO의 리더십이 기업 성과에 실제 영향을 미칠까?

위 3가지 사례의 공통점은 무엇일까? 주식시장과 주주가 CEO에 거는 기대가 그만큼 크다는 점일 것이다. 유능한 CEO가 취임을 한다는 소식에 회사 가치가 하루 만에 몇 십 퍼센트가 올라간다. 반대로 회사의 상황이 나빠지고 실적이 기대치를 충족 못하면 이 모든 잘못이 CEO에 있는 것처럼 희생양으로 삼는다. 매년 미국 포춘(Fortune)지 선정 500대 기업의 CEO 중 20% 정도가 회사 실적이 시장의 기대에 못 미친 데 대한 책임을 지고 물러난다는 통계도 있다.

리더십에 조금이라도 관심이 있는 사람이라면 한번쯤 해보았을 법한 질문 중 하나가 바로 CEO의 가치에 관한 의문이다. 과연 CEO의 리더십이 조직의 성과에 직접적인 영향을 미칠까? 그렇다면 그 영향력은 얼마나 될까?

CEO가 가진 조직에서의 상징적 위치를 생각한다면 쉽게 "yes"란 대답이 나올 수 있겠지만, CEO의 리더십과 조직의 성과를 실증적으로 입증하기란 생각보다 쉽지 않다. 왜냐하면 조직의 성과에 영향을 미치는 변수는 너무나 많기 때문이다. 또한 조직이 크면 클수록 이들 간의 상관관계가 복잡해진다. 오죽하면 CEO를 '조직의 성공과 실패에 모든 책임을 지지만, 성공과 실패를 결정하는 요인들에 대한 통제력은 조금도 없는 사람들'로 정의하기도 하겠는가?

5.2 리더십의 로맨스?

그래서 소수이기는 하지만 몇몇 리더십 학자들은 리더십이란 개념 자체가 너무 과장되거나 남용되어 사용돼 왔다고 비판한다. 이러한 시각을 '리더십의 로맨스(romance)'라고 부른다. 사람들은 심리적으로 어떠한 사건이나 현상에 대해 뭔가 원인을 찾는 경향이 강하다. 그런데 어떤 기업의 실적이 아주 뛰어나거나 혹은 나쁘게 되면, 리더십은 사람들에게 아주 편리한 '설명거리'를 제공해 준다는 것이다. "역시 능력 있는 CEO가 오니까 이 회사 실적이 좋아지는군!" 내지는 "작년에 CEO가 새로 추진했던 그 형편없던 신사업 때문에 올해 우리 회사 실적이 이렇게 형편없어졌군!"과 같은 말들이다.

실제로 이런 경향이 있는지 입증하기 위해서 재미있는 연구를 진행했다. 즉 1972년부터 1982년까지 미국을 대표하는 기업 34개를 표본 추출, 이들 기업의 CEO에 대한 기사가 월스트리트저널에 몇 번 나왔는가를 조사했다. 그리고 기사의 빈도수를 매년 각 기업의 경영 성과와 비교 분석했다. 흥미롭게도 기업의 실적이 매우 좋았던 해와 매우 나빴던 해의 기사 건수가 실적이 평균 수준이었던 해에 비해 월등히 많았다는 사실이다. 또 1929년부터 1983년까지 매해 미국 대학에서 출간된 리더십과 관련된 박사학위논문의 편수를 조사해 보았더니 미국의 경제가 월등히 좋거나 혹은 월등히 나빴을 때 논문의 숫자가 훨씬 더 많았다고 한다.

그렇다면 이러한 사실들이 CEO의 리더십과 조직성과 간에는 아무 상관관계가 없다는 것을 입증하는 것일까? 물론 그렇지 않다. 오히려 그 반대라고 생각한다.

리더에 대한 기사가 늘어나고 리더십에 대한 연구가 더 활발해지는 것은, 단지 우리가 어떤 현상을 설명하기 위해 적당한 구실을 찾는 것만은 아니다. 그것보다는 조직의 최고 리더로서 CEO가 하는 모든 결정이 조직의 성과에 막대한 영향을 미친다는 우리의 신념이자 현실의 표현일 뿐이다.

최근 연구에 의하면 한 조직이 얼마나 효율적으로 업무를 수행하며 효과적으로 목표를 달성하는가의 20~40% 정도는 그 조직의 CEO가 어떤 리더십을 가지고 있는가에 기인한다고 한다. CEO가 경영 성과에 미치는 영향을 이야기할 때 자주 인용되는 리더가 애플의 스티브 잡스(Steve Jobs)이다. 1997년 9월 CEO로 복귀한 잡스는 탁월한 창의력과 비전으로 5달러 남짓하던 주가를 10년 만에 150 달러 이상으로 끌어올렸다. 잡스가 CEO로 복귀한 직후에 애플의 주식에 100만원을 투자했다면 현재 3600만원을 쥐게 됐을 것이다. 이에 따라 애플은 포춘으로부터 '미국에서 가장 존경받는 기업'으로 선정됐는데, 거기에 흥미로운 부연 설명이 달려 있었다. 역대 1위 기업 중 CEO에 대한 의존도가 가장 높은 기업이라는.

스티브 잡스에 대한 애플의 의존도가 얼마나 높은가는 잡스가 희귀한 췌장암에 걸렸다는 뉴스가 보도된 다음 날 여실히 입증됐다. 애플의 주가가 2.4%나 하락했기 때문이다. 월가의 한 유명한 투자분석가는 "만약 어떤 이유든지 스티브 잡스가 애플을 떠난다면 애플의 주가는 하루 밤 사이에 20% 정도 폭락할 것"이라고 예언한 바 있다.

5.3 CEO의 세 가지 역할

그렇다면 수만 명의 종업원을 거느린 거대한 조직의 CEO가 어떻게 기업 성과에 적게는 20%에서 많게는 40%까지 영향을 미칠 수 있을까? 다름 아닌 조직의 최고경영자로서 CEO가 수행해야 할 세 가지 역할 때문이다.

첫째가 '꿈꾸기(dreaming)'이다. 꿈꾸지 않는 리더는 죽은 리더라고 이야기해도 과언이 아닐 만큼 꿈꾸기는 조직의 미래를 책임지는 CEO로서 가장 중요한 역할이다. 한마디로 꿈꾸기는 우리 회사가 미래에 어떤 모습으로 소비자와 주주들에게 비칠 것인가에 관한 포괄적인 고민과 노력의 과정이다.

CEO의 두 번째 역할은 '실행하기(executing)'이다. 역사적으로 탁월한 비전으로 유명한 CEO는 많았어도, 효과적인 실행으로 유명한 CEO는 그리 많지 않았다. 왜냐하면 비전을 이야기하는 것이 비전을 달성하기 위해 장기간 묵묵히 여러 가지 필요한 일들을 실천하는 것보다 더 신나고 명예로운 일이기 때문이다. 하지만 진정한 CEO의 가치는 꿈꾸기보다 실행하기에서 빛이 난다. 비전을 달성하기 위해 실현 가능한 목표는 무엇이고, 이를 위해 어떤 우선순위에 따라 회사의 소중한 자원을 배분할 것인가? 포지셔닝(positioning)과 리포지셔닝(repositioning)을 통해 어떻게 경쟁기업보다 효율적으로 시장의 변화에 적극 대처할 것인가? 오랫동안 탁월한 경영 성과를 유지한 CEO들의 비결 역시 꿈꾸기 능력보다 비전과 전략을 탁월하게 수행하는 능력에 있었음을 잊지 말아야 할 것이다.

셋째가 '격려하기(motivating)'이다. 마이크로소프트(MS)의 CEO인 스티브 발머(Steve Ballmer)의 원숭이 춤을 본적이 있는가? 전 사원 앞에서 원숭이처럼 소리 지르며 "나는 이 회사를 정말 사랑해요"라고 외치는 스티브 발머의 모습에서 리더의 진정한 치어리딩의 모습을 보았다. 숨이 넘어갈 듯 고함을 지르며 격려하는 CEO를 보며 MS의 종업원들은 '구글의 도전을 물리치기 위해 내가 가진 모든 것을 바쳐야겠구나'라는 생각을 할 것이다.

5.4 CEO는 외로움을 감수해야

조직의 정점에 서 있는 CEO는 근본적으로 외로운 존재이다. 그렇기에 많은 CEO

들이 본능적으로 화려한 스포트라이트를 찾아다니는 것인지도 모른다. 하지만 CEO로서 최고의 가치를 창출하길 원한다면 두 가지 사실을 명심해야 한다.

첫째 자신에 대한 평가 기준이 '현재'가 아닌 '미래'라는 사실을 기억해야 한다. '지금 당장'보다는 '앞으로'가 CEO로서 갖는 모든 고민의 출발점이 되어야 한다. 둘째 CEO의 목표가 조직의 모든 사람으로부터 사랑 받는 것이 되어서는 안 된다. 앞서 격려하기가 CEO의 세 가지 역할 중 하나라고 이야기했지만, 이는 직원들로부터 사랑받기 위해 그들이 원하는 걸 모두 해줘야 한다는 의미는 아니다.

또 외적으로도 주주가 원하는 것과 회사의 전략적 방향이 단기적으로 충돌한다면, 단기성과를 바라는 주주에게 '노(No)'를 외칠 수 있어야 한다. 과거 포춘(Fortune)의 표지에 인드라 누이(Indra Nooyi) 펩시 CEO가 "만약 여러분(주주)이 원하는 유일한 것이 회사의 두 자리 수치의 성장이라면 나는 여러분이 원하는 CEO가 아닙니다"라고 외친 것을 곰곰이 생각해 보라. 조직에 반드시 필요한, 가치 있는 CEO가 되기 위해서는 진정한 용기와 자신만의 핵심가치가 반드시 필요하다.

06 리더십에 대한 오해[52]

리더는 한 쪽으로 치우친 리더십 주장들을 잘 살펴야 효과적인 리더십을 발휘할 수 있다. 일선 현장에서 자칫 빠질 수 있는 리더와 리더십 관련 오해들을 좀 더 자세히 살펴보자.

6.1 리더가 관리자보다 낫다?

리더가 관리자보다 '낫다'는 식의 개념이 소개된 이후 현장의 관리자들은 한 순간에 천덕꾸러기 신세가 되고 말았다. 경기 불황이라도 겹치면 가장 먼저 효율화 대상으로 거론될 정도다. 『초우량 기업의 조건』의 저자인 톰 피터스가 "중간 관리자의 90%가

52) 강진구(2014), 리더가 빠지기 쉬운 리더십 오해, LG경제연구원, 2014.05.19.

현상 유지에 급급해 조직의 변화와 소통을 방해하는 요소가 되고 있다"라며 관리자를 비판하면서 '매니저가 되지 말고 리더가 되어야 한다'는 강박관념은 이미 공공연하다. 과연 관리자들은 모두 '리더'가 되어야 하는 것일까?

경영학의 파괴적 선구자로 불리는 헨리 민츠버그 교수는 2003년 하버드 비즈니스 리뷰에 기고한 글에서 "이제 모두가 리더가 되기만을 바랄 뿐 훌륭한 관리자가 되려는 사람은 없다"고 한탄하였다. 글로벌 인력채용 전문기업 랜드스태드 테크놀로지는 직원들이 관리자가 되기를 거부하는 지금과 같은 상황을 볼 때, 머지않아 '관리자 결핍의 시대'가 도래할 것이라 예측한다.

관리와 리더십은 직접 같은 선상에서 비교하기 어려운 전혀 다른 차원의 개념이다. 스티븐 코비 박사는 정글을 헤쳐 나가는 한 무리가 있다고 할 때, 한 발 앞서 나무위로 올라가 멀리 방향을 내다보고 가야 할 길을 지시하는 사람이 리더로, 사람들 속에서 덤불을 헤치도록 도구를 만들어주며 독려하는 이를 관리자로 비유했다. 조직 이론가인 워렌 베니스는 "리더는 올바른 일을 하는 사람이며, 관리자는 주어진 일을 올바르게 하는 사람"이라는 유명한 구분을 내린 바 있다. 모두 다른 점을 명쾌하게 설명하고 있지만 결코 어느 쪽이 더 낫다고는 하지 않는다.

따라서 관리를 일상적이며 흔해빠진 것으로, 리더십을 그 반대 선상에서 고상하고 고귀한 것으로 여기는 태도는 잘못된 것이다. 헨리 민츠버그 교수는 "리더십 없는 매니지먼트는 직원들에게 동기부여를 하지 못하며 매니지먼트 없는 리더십은 근거도 없는 오만을 조장한다"고 리더십과 관리 중 어느 하나만을 취할 때 수반되는 위험을 경고한다. 조직에는 관리가 필요한 장소와 때가 있고 리더십 역시 마찬가지다.

리더십만 추종하는 것도 문제지만, 무리하게 동시에 두 가지 역할을 다하려는 것도 바람직하지 않다. 피터 드러커는 소위 관리적 리더십(Managerial Leadership)에 대해서도 그저 '뒤죽박죽일 뿐'이라 비판했다. 일과 사람의 특성에 따라 관리 또는 리더십의 필요성은 수시로 변한다는 사실을 잘 이해하고 대처하는 지혜가 필요하다.

6.2 리더십은 훈련으로 개발된다?

리더십 서적들은 리더십이 훈련으로 만들어진다고 암시하는 경우가 많다. 다양한 기법들과 프로그램을 제시하며 부단한 훈련을 강조하기도 한다. 그러나 훈련으로 리더십을 만들어 내겠다는 생각은 가장 흔한 리더십 오해 중 하나다.

훈련이라는 것은 모두 똑같은 기술을 배우게 하기 때문에 사람들을 비슷하게 만드는 속성이 있다. 예컨대 근육을 키우는 보디빌딩은 정해진 방법에 따라 얼마나 많은 트레이닝을 하느냐에 성패가 달려 있다. 다시 말해 누구나 열심히 반복하고 숙달하면 어느 정도 비슷한 수준으로 만들어 주는 것이 훈련이다.

하지만 리더십은 정해진 수준이라는 것이 없다. 리더십을 지식의 획득이나 기술의 반복 숙달로 다다를 수 있는 어떤 경지로 여긴다면 그것은 리더가 아닌 전문가를 좇는 것이다. 좋은 부모가 '부모 전문가'가 아닌 것과 비슷하다. 위대한 리더로 칭송 받는 이들 가운데 리더십 훈련을 열심히 한 사람은 거의 없다. 미국인들이 가장 탁월한 리더로 존경하는 스티브 잡스나 잭 웰치만 봐도 리더십 지식이나 기술의 습득과는 거리가 먼 인물이다.

좋은 리더십의 비결은 스스로 타고난 리더십 잠재력을 끊임없이 확장시켜 나가는 노력이다. 따라서 이를 도와주는 차원에서의 교육이 중요하다. 교육은 적절한 리더십 각성의 기회를 제공하고 배움을 통해 영감과 지혜를 얻게 해준다는 점에서 훈련과 구별된다. 뛰어난 아이디어를 접하고 자신의 경험을 되돌아봄으로써 사람들은 서로 다른 모습의 리더로 조금씩 성숙해갈 수 있다.

그렇다고 리더에게 훈련이 전혀 필요 없는 것은 아니다. 예를 들어 리더로서 꼭 필요한 문제해결 역량은 훈련을 통해 증진될 수 있다. 문제의 원인을 분석하는 방법과 해결 프로세스 등은 여러 조직 이슈에 효과적인 접근 방법이 된다. 다만 여기에서도 정해진 기법만을 고수하면 오히려 문제의 창의적 해결이나 근본적인 치유가 더 어려워질 수 있다. 조직에서 직면하는 문제 중에는 어떤 실수나 결함으로 인해 생겨 원인이 분명한 경우도 있지만, 매우 가치 있는 것을 실행하는 과정에서 발생하여 해결이 거의 불가능한 경우도 적지 않기 때문이다.

6.3 커뮤니케이션은 많을수록 좋다?

조직 내 소통이 강조되면서 커뮤니케이션은 많을수록 좋다는 것이 널리 받아들여지고 있는 상식이다. 서로를 이해하고 협력을 증대하려면 어떤 형태이건 대화가 많이 이루어져야 하기 때문이다. 변화와 혁신은 누구나 아이디어를 자유롭게 개진할 수 있어야 더 원활하게 이루어질 수 있다는 믿음도 당연하게 받아들여진다.

그런데 커뮤니케이션의 양이 적정 수준을 넘어서면 역기능이 발생한다는 사실은 간과하는 경우가 많다. 조직을 한 방향으로 이끌어야 할 리더에게 '많은' 보다는 '정확하고 간결한' 커뮤니케이션이 더 중요하다.

수천 마리로 이루어진 물고기 떼나 새 떼의 군무(群舞)를 보면 전체가 마치 하나의 유기체인 것처럼 순식간에 방향을 바꾸고 다양한 형태로 일사분란하게 움직여 경이로움마저 들게 한다. 이런 현상을 설명하는 군집이론(Swarm Theory)에 따르면, 수천 마리의 개체들이 놀라우리만치 조직화된 행동을 취할 수 있는 비결은 간단한 몇 가지

신호와 의사결정 법칙의 공유에 있다. 예컨대 한 무리의 개미가 적을 만나면 페로몬이라는 화학물질을 공기 중에 배출하고 이를 감지한 개미들은 즉시 쫓아오게 되어 있다. 페로몬은 강하지만 지속력이 약해 위험이 사라지면 즉시 배출이 중지된다. 이는 모두에게 지원 요청을 그친다는 의미가 된다.

기업에서도 커뮤니케이션의 양보다 질에 초점을 맞출 필요가 있다. 공식적, 비공식적 회의나 보고, 이메일과 전화 등 조직에서 이루어지는 커뮤니케이션의 양은 충분하거나 오히려 과한 경우가 많다. 문제는 내용과 방식이다.

2005년부터 한국 임원에 대한 자료를 수집하여 분석하고 있는 글로벌 HR 컨설팅 회사 헤이 그룹에 따르면, 한국 기업 임원의 커뮤니케이션 특징으로 부하 직원의 의견을 물어보거나 반응을 들어보지 않은 채 일방적으로 방향을 제시하고, 부정적인 단어와 표현으로 무엇이 잘못되고 있는지, 무엇을 고쳐야 하는지 위주의 피드백을 하는 것을 들고 있다. 리더의 위치에 오르면 뭔가 부하 직원이 모르고 있는 것을 유려한 말솜씨로 가르쳐주어야 한다고 생각하기 쉽다. 그러나 상사의 일방적인 연설로 끝나는 회의, 부하 직원들이 스스로 말할 기회를 갖지 못하고 질책만 듣는 커뮤니케이션은 아무리 많아도 조직의 긍정적 변화로 이어지기 어렵다.

상하간의 세력 불균형이 극명한 사이에서 부하 직원에게 솔직한 커뮤니케이션을 강조하는 것 역시 커뮤니케이션의 질보다 양을 강조할 때 발생하는 부작용이다. 경직된 조직 분위기 속에서 부하가 상사에 대해 자신의 생각을 솔직하게 말하기란 대단한 용기가 필요한 일이다. 솔직하게 말할수록 대개는 상사에게 약점 잡힐 가능성만 커지기 때문이다. 관계와 상황을 고려하지 않고 커뮤니케이션의 양만 신경 쓰면 소통이 아닌 불통의 골이 더 깊어질 수 있는 것이다.

6.4 칭찬으로 동기를 부여하라?

칭찬은 가장 널리 쓰이는 인간관계 기법 중 하나다. 리더십 학자 켄 블리차드가 『칭찬은 고래도 춤추게 한다』는 세계적인 베스트셀러를 발표하자 리더십에서도 칭찬의 동기부여 효과를 강조하는 주장들이 많이 등장하였다. 그런데 과연 칭찬을 많이 할수록 부하 직원들은 더 열정적으로 업무에 몰입하는 것일까?

2003년 한국교육개발원 보고서에 따르면, 1980년대 전후로 태어나 영재로 주목받던 81명을 추적 조사한 결과 절반 이상이 평범하거나 상식적인 기대수준에 못 미쳤다고 한다. 이런 결과에 대해 전문가들은 어려서부터 수없이 많이 들었을 칭찬에 주목한다. 스탠포드대 심리학과 캐롤 드웩 교수는 "사람은 누군가로부터 똑똑하다는 칭찬을 받으면 그렇게 되지 못한 자신을 굴욕적으로 여기고, 칭찬을 했던 사람에게 똑똑하지 않다고 여겨질까 봐 두려워하게 된다. 그리고 차라리 열심히 하지 않고 좋지 않은 결과를 받은 다음, '원래는 똑똑하지만 노력하지 않아서 그럴 뿐, 만약 노력했더라면 더 잘했을 것'이라는 평가를 받으려는 심리가 있다"고 지적한다.

교육방송채널 EBS는 칭찬의 효과에 대한 간단한 실험을 방영한 적이 있다. 초등학생과 대학생들로 하여금 수십 장의 단어 카드를 짧은 시간 동안 암기하도록 한 후 칠판에 적게 하였다. 피실험자의 절반은 단어를 적는 동안 머리가 좋다거나, 기억력이 탁월하다는 등의 칭찬을 받았다. 그런데 선생님이 의도적으로 자리를 비우자 칭찬을 받았던 학생의 70% 이상이 책상 위의 단어 카드를 훔쳐보았다. 칭찬을 듣지 않았던 학생은 누구도 단어 카드를 들춰보지 않았다. 실험 후 칭찬을 받았던 학생들은 선생님을 실망시키고 싶지 않았고, 칭찬이 틀렸다고 여겨질 까봐 두려웠다고 고백했다. 반면 칭찬을 받지 못했던 학생들은 문제 푸는 것 자체가 재미있었고, 좀 더 어려운 문제에 도전해보고 싶었다고 말했다. 실험 결과는 의도적인 칭찬이 동기부여에 역효과를 낼 수 있다는 점을 보여준다.

직장에서도 의도가 있는 칭찬으로는 진정한 동기를 부여하기 어렵다. 뭔가 상대방을 변화시키려는 의도를 가진 칭찬은 이를 간파한 사람을 언제든지 불안하게 만들 수 있다. 칭찬은 받는 사람보다 하는 사람이 더 높은 지위에 있음을 확인시켜주는 역할을 하기에 더욱 그렇다. 특히 잘하긴 했는데 좀 더 빨리 했으면 좋겠다거나, 다른 부서의 누구보다는 못하지만 나름 훌륭하다는 식의 일관성 없는 칭찬은 하지 않은 것만 못하다.

의도가 내포되어 있지 않더라도 칭찬의 효과는 기대 이하인 경우가 많다. 의례적이고 습관적인 칭찬은 한계효용체감의 법칙이 빠르게 적용된다. 칭찬의 효과를 과신하는 리더일수록 대개 질책에 앞서 의례적인 칭찬으로 얘기를 시작하는 경우가 많다. 하지만 칭찬받지 못할 상황에서 받는 칭찬은 누구나 질책을 위한 사전 포석임을 쉽게 눈치 챈다. 또 대화를 끝내고 싶을 때 무의식적으로 예의를 차리는 칭찬의 말 몇 마디로 인해 상대방과의 감정적 친근감이 사라지기도 한다.

진정한 동기부여를 위해서는 칭찬이라는 기법보다 리더의 진심이 중요하다. '호통경영'으로 유명한 일본전산의 나가모리 시게노부 사장은 칭찬이라곤 한 번도 해본 적이 없다. 반대로 아무리 사소한 실수라도 예외 없이 눈물이 찔끔 나올 정도로 크게 질책한다. 그러나 한번 질책한 사원에 대해서는 특별히 두세 배 이상의 시간을 관심을 갖고 지켜본다. 본인 몰래 부모나 아내에게 친필로 그 직원이 얼마나 성실하며 가치 있는 구성원인지를 감사해하는 편지도 쓴다. 이런 진심을 아는 직원들은 아무리 큰 호통을 들어도 불만을 갖지 않는다. 오히려 보고서를 보고 질책을 듣지 않으면 '이 일에 관심이 적구나'라며 의기소침해 할 정도다.

켄 블리차드도 칭찬에 대해 '결과보다 과정을, 사랑하는 사람을 대하듯, 그리고 거짓 없이 진실한 마음으로 해야만 한다'고 강조했다. 리더는 긍정적, 부정적 효과를 모두 내포한 칭찬의 모순적 속성을 잘 이해해야 한다. 그리고 칭찬으로 동기를 부여하겠다는 생각은 차라리 버리는 편이 낫다.

6.5 맡겼으면 간섭하지 마라?

리더의 위치에 오르면 '리더라면 시시콜콜 간섭하지 않아야 한다'고 생각하는 경향이 있다. 한 번 맡겼으면 기다릴 줄 아는 인내를 좋은 리더의 첫째 덕목으로 여기기도 한다. 자율과 창의, 임파워먼트, 아웃풋 중심의 성과관리 등의 경영학 용어들이 화두가 되면서 이런 인식은 더 확산되는 듯하다.

8,000미터 이상의 산을 오르는 일은 등반 전문가들에겐 하나의 예술로 얘기된다. 상상하기 어려운 다양한 난관을 창조적으로 극복해야 하기 때문이다. 그런데 고산 등반에서는 아주 사소한 부주의나 실수가 바로 대원들의 목숨을 위협하기에 등반팀 리더는 등반 준비를 팀원에게 맡겼다고 해서 믿고 기다리지 않는다. 산악인 엄홍길씨는 "고산 등반에선 매듭 하나의 사소한 부주의로 목숨을 잃기 때문에 처음부터 끝까지 아주 섬세하게 관리하지 않으면 안 된다. 서울에선 깜빡 잊어버린 물건을 다시 사면 되지만, 히말라야에선 그럴 수 없다"라며 팀원에게 맡긴 일임에도 수백 가지 품목을 몇 차례나 직접 점검한다.

기업에서도 중요한 일일수록 리더의 관심과 참여가 중요하다. 흔히 자율이나 임파워먼트를 얘기하면서 일을 맡기는 것만 생각하는데 그렇지가 않다. 임파워먼트는 부하 직원의 역량을 고려한 위임이어야 하며, 자율은 방임이 아니라 고도의 관리이어야 한다. 어떤 경우라도 리더의 지원과 관심의 중요성은 줄어들지 않는다. 스탠포드대 로버트 서튼 교수는 이런 관리를 "방해하지 않는 관리(Management by getting out of the way)"라고 칭하고, 사람을 제외한 업무 환경, 학습 환경, 보상 환경 등에 대해서는 더욱 철저히 관리해야 한다고 강조한다.

일본의 (주)무사시노를 이끌고 있는 고야마 노보루 사장은 매년 적자이던 회사를 연매출 39억 엔의 내실 있는 기업으로 바꾸어 2000년 대 일본의 각종 경영자상을 수상한 주목받는 경영인이다. 그는 사람을 믿어도 일은 신뢰할 수 없다는 신조로 사장이라면 몇 번이고 반복해서 점검하고 사소한 것에도 철저히 대비해야 한다고 강조한다. 또 "정확한 판단을 내리는 사람보다 조령모개 같은 명령을 내릴 수 있는 사람이 살아남는다. 당장 결정하고, 당장 잘못을 알아채고, 당장 변경하는 신속, 민첩함이 생명이다"라며 리더로서 조직의 목표를 달성하기 위해서라면 '변덕이 죽 끓듯 하다고 욕 좀 들으면 어떤가' 하는 의연함과 배짱이 있어야 한다고 말한다.

애플이 혁신 제품 개발에 성공할 수 있었던 것도 주요 제품에 관한 테스트와 실험에 최고경영진이 깊이 관여했기 때문이라는 주장이 설득력을 얻고 있다. 리더의 관심과 지원이 CEO-경영진-일선 조직 간의 거리를 크게 좁히고 정확한 판단과 빠른 결정, 강력한 실행으로 연결된 것이다.

너무 세세히 간섭하는 마이크로매니지먼트는 분명 피해야 한다. 그러나 많은 경우 그냥 맡겨진 것보다 상사가 시간을 내어 함께 고민할 때 더 좋은 결과물이 만들어진다. 피터 드러커는 "리더십은 인기가 아니라 성과"라고 강조한 바 있다. 좋은 리더는 존경을 받는 사람이 아니다. 조직의 목표를 달성하기 위해 구성원들이 필요한 일을 하도록 만드는 사람이다.

6.6 훌륭한 리더는 기법을 초월한다

심리학자들에 따르면 어떤 느낌을 전달하기 위해 의식적으로 사용하는 기법은 그와 동시에 무의식적으로 상반된 감정이 전달되기 때문에 효력을 잃게 된다고 한다. 예컨대 사실은 그렇지 않으면서 애정과 관심의 메시지를 전달하려고 애쓰면 오히려 신뢰를 잃게 된다. 만약 리더가 자신이 알고 있는 지식을 이용해서 직원들의 행동을 바꾸려 한다면 설사 성공했더라도 좋아할 일이 아니다. '다룰 수 있는' 대상으로 바보처럼 당한 꼴이 되어버린 것을 깨닫는 순간, 직원들은 리더를 더 이상 신뢰하지 않을 수도 있기 때문이다.

리더는 부하 직원을 관리의 대상으로 보는 시각을 버려야 한다. 관리의 대상은 사람이 아니라 업무다. 리더십 패러독스를 연구한 리차드 파슨은 "가장 사랑하는 사람은 다룰 수 없다. 그럴 수 있다면 두렵다. 오히려 그럴 수 없다는 사실이 하나의 축복으로 느껴진다. 만약 어떻게 사랑을 얻는지 안다면 그것은 사랑이 아니라 유혹이다"라고 말했다.

유행을 좇고 기법으로 사람을 다룰 수 있다고 믿는다면 능력 있는 리더가 되기 어렵다. 리더에게는 어떤 행동과 말을 해야 할지 보다는 '왜 그렇게 하는지'가 중요하다. 솔직한 반응과 열정을 이끌어내는 것은 기법이 아니라 열린 마음으로 각각의 상황에 대처하는 리더의 진심이다. 정말로 동료와 부하 직원을 존중한다면 그런 느낌은 인위적인 기법 없이도 충분히 전달되는 법이다.

[부록] 영국, 프랑스, 독일 Top Manager의 리더십 특징[53)]

1. 영국의 Top Manager

(느긋한 영국인) 영국의 Top Manager는 기업과 팀에서 수반되는 책임을 즐기는 '느긋한 매니저'이다. 이들의 특징은 다음과 같다.

▲ 기업 구성원들을 이끌고 육성하는 것을 즐긴다.
▲ 반드시 정직한 피드백을 한다. 영국 응답자의 96%가 그들의 결정에 대한 피드백을 상당히 중요하게 여긴다(독일 응답자의 경우 52%, 프랑스의 경우 29%).
▲ 팀 성과를 냉정하고 엄격하게 보는 경향이 강하다. 영국은 응답자의 50%만 팀 성과에 대해 만족도와 확신을 보인 반면, 독일과 프랑스는 70~80%의 만족도를 보여 대조적

한편 영국 Top Manager와의 인터뷰 결과는 다음과 같다.

- "기업구성원을 리드하면서 이들이 스스로 수행할 수 없었던 모든 일들을 해내고 성장해 나가는 것을 보는 것은 아주 큰 나의 즐거움이다."
- "팀워크가 가장 중요하다. 또한 좋은 성과를 창출하기 위해선 다양한 재능을 가진 구성원들이 필요하다는 것을 이해해야한다."

2. 프랑스의 Top Manager

(독재적인 프랑스인) 프랑스의 Top Manager는 권력을 즐기는 '독재형 매니저'이다. 이들의 특징은 다음과 같다.

▲ 혼자서 결정을 내릴 수 있는 자유와 권력을 즐긴다.
▲ 동료에 대해 강한 경쟁의식을 가지고 있으며, 직장 내에서 일과 사생활 간 경계를 분명히 한다.
▲ Top manager는 기업 내부에서 육성되기보다는, 외부에서 유입되고 있다.

---

53) 권준화(2016), 英, 佛, 獨 Top Manager의 리더십 특징, IBK 경제브리프 409호, IBK 경제연구소, 2016.08.16.

한편 프랑스 Top Manager와의 인터뷰 결과는 다음과 같다.

- “협력 대신에 권력과 자유를 추구하는 리더십 스타일이 지배적이다.”
- “직장에서는 일과 관련되는 것 외에 다른 개인적인 사생활에 대해 직장에서 얘기하지 않는 것이 일반적이다.”

3. 독일의 Top Manager

(민주적인 독일인) 독일 Top Manager는 협동을 즐기는 ‘민주적인 매니저’이다. 이들의 특징은 다음과 같다.

▲ 합의를 리드하고, 의견 일치를 도출하려고 노력한다.
▲ 자신의 야심(공명심)을 실현하기 위해 일하는 것이 아니라, 기업 전체를 위해 일한다. 업무과제들을 목적 지향적이고 객관적으로 접근하며, 그들의 책임 하에 구체적인 결과들을 확인해나가면서 업무를 추진하는 편이다.
▲ 권력은 job 포지션과 함께 수반되는 것일 뿐, 직장생활에서 만족도를 높여주지 못한다. 독일인들에게 권력은 오히려 근심과 걱정을 야기하는 것으로 여겨질 정도다.

한편 독일 Top Manager와의 인터뷰 결과는 다음과 같다.

- “나의 역할은 기업 내 서비스를 제공하는 사람으로서, 조직구성원들과 함께 창출한 전략들을 성공적으로 수행하기 위해 민주적인 방식으로 기업을 이끄는 것이다.”
- “권력의 크기는 자주 나에게 근심과 걱정을 가져다준다. 나는 매우 신중해야 하며, 결정들에 대한 찬성과 반대 의견을 매우 세심하게 심사숙고한다.”

4. 시사점

유럽의 Top Manager 리더십이 국가와 국민성에 따라 다르듯이, 한국기업도 경영환경, 조직문화, 업종 등에 따라 다른 리더십이 요구될 수 있음을 이해할 필요가 있다. Top Manager의 리더십은 다양하므로 유연하게 대응할 필요가 있다.[54)]

54) 이상이 내용은 영국, 프랑스, 독일의 201명 Top Manager를 대상으로 조사한 Seiwert, L.(2014)의 연구를 참조한 것이다. Seiwert, L.(2014), Die besten Iden fuer erfolgreiche Fuehrung, GRABAL Verlag, Hamburg.

Chapter

03

전통적 리더십 이론

1. 개 요
2. 분 류
3. 특성이론
4. 행동이론
5. 상황이론

01 개 요[55)]

리더십은 다른 사람들에 영향을 미쳐서 목표 성취를 위해 나아가게 할 수 있는 능력이다. 리더십을 이야기할 때 자주 등장하는 것이 리더와 매니저의 차이이다. 일상적인 업무를 효율적으로 효과적으로 해낼 수 있도록 조정하며 조율하는 사람을 매니저라고는 하지만 리더라고 하지는 않는다. 리더는 단순히 조직을 관리하고 일상적 의사결정을 하는 사람을 뜻하지 않는다. '목표(goal)'를 향해 조직을 이끌어 갈 수 있는 사람, 조직의 목표를 명확히 해주며 구체적 동기유발을 이끌어낼 수 있는 사람, 미래의 비전을 향해 방향을 잡아줄 수 있는 사람을 리더라고 한다. 전통적 리더십 이론은 크게 세 가지 정도로 대별된다.

먼저 리더십은 개인적 특성(trait)에서 비롯된다는 의견이 있었다. 이 의견을 주장한 측에서는 여러 리더들을 조사해서 어떤 공통적인 성격적, 사회적, 신체적 특성이 있는지를 알아보고자 했다. 심리학에도 "Trait Theory"가 있다. 리더십의 특성이론도 거기에 근거한다. 심리학의 특성이론은 인간에게 존재하는 기본적인 특성을 (능동적, 수동적, 낙관적, 쾌활함, 우울, 반응적, 사교적, 사려 깊음, 경직적, 공격적,.....) 규명한 다음, 각 개인이 특성 영역 중 어디에 해당하는가 모색하는 접근법이다. 이 이론은 한 개인의 일생을 통해 상당히 안정적인 성격적 특성이 존재하고 동일한 자극에 대해서 성격적 특성에 따라 다르게 반응한다고 가정하고 있다. 리더십의 특성이론은 리더에 존재하는 어떤 공통적인 특성이 있지 않을까를 조사했다. 연구 결과 일관된 특성을 찾아내지는 못했다. 몇 가지 특성은 리더십과 항상 관계된 것처럼 보이기도 하지만 개별 연구마다 특성이 다르게 조사되고 있어서 이 이론은 큰 지지를 받지는 못했다.

이 이론이 도출한 리더의 성공과 관련되는 '리더의 몇 가지 특성'은 높은 열정수준, 스트레스에 대한 인내, 성실성, 정서적 성숙, 자신감 등이다(이지영, 2011).[56)] 특성이론은 인성적 요소가 리더십에서 작용하는 것을 발견하고 인식시켰다는 점에서 인정받을 수 있지만 몇 가지 문제점이 있다. 첫째 특성이론은 리더가 당면했던 상황을 고려하고 있지 않다. 구체적 상황이 다르면 리더의 특성도 달라져야 하며, 각각의 상황에 맞는 리더십이 효과적이기 때문이다. 둘째 특성이론은 리더 개인의 인적 특성(리더십

55) ba.kduniv.ac.kr/index.php?pCode=0401&pg=6&mode=fdn&idx=70...1, [PDF] 리더십 그리고 리더십이론. 황국현(2014), CEO의 소명의식과 진정성 리더십이 구성원의 조직유효성에 미치는 영향, 숭실대학교 대학원 경영학과, 박사학위논문, 2014.12. 참조.
56) 이지영(2011), 윤리적 리더십 척도 개발 및 타당화 연구, 호서대학교 석사학위논문.

발현의 주관적 측면)에만 초점을 맞춤으로써 리더십 상황(리더십 발현의 객관적 측면)에서 실질적인 답변을 주지는 못하고 있다(권봉주, 2003).[57]

뒤이어 나온 이론은 심리학의 행동주의에 영향을 받은 행동이론이다. 심리학의 행동주의 이론은 학습에 관해 심층적으로 연구했다(행동주의 : 학습이론). 리더십의 행동주의적 접근은 리더십이 학습할 수 있는 것이라고 보고 어떻게 리더십을 배울 수 있는지 탐색했다. 이들은 특성 이론에서 주장한 것처럼 리더가 타고난다는 것을 인정하지 않았다. 좋은 리더는 특별히 어떤 행동 양식이 있고 그것을 배움으로써 누구나 좋은 리더가 될 수 있을 것이라고 보았다. 행동주의적 접근법을 연구한 사람들은 리더의 행동을 크게 두 방향으로 나누었다. 그리고 어떤 리더가 좋은 생산성, 높은 직업만족도 등을 나타내는지 조사했다. 미시간 대학의 연구는 리더를 "조직구성원 지향적", "생산 지향적"으로 나누어서 조사를 했다. 오하이오 주립대 연구에서는 "구조주도성(initiating structure)"과 "배려성(consideration)"으로 나누어서 조사했다. 이렇게 리더의 행동을 두 방향으로 나누어서 어떤 리더가 어느 지점에 위치하고 있는가를 판단하는 방식은 "관리격자(Managerial grid)[58]"라는 격자 구조의 그래프로 도식화가 되기도 했다. 하지만 연구 결과들 사이에 큰 일관성이 없었다. 특히 정반대의 경향을 나타내는 리더가 둘 다 자기 조직을 훌륭하게 이끌고 있는 사례들을 전혀 설명하지 못하며 한계에 부딪혔다. 미시건 스터디에서는 생산지향적 리더보다 조직구성원 지향적인 리더 쪽이 더 높은 생산성과 더 높은 직업만족도를 나타낸다고 조사보고 되었는데 기업에 따라서는 정반대의 경우도 있었다.

이 이론의 장점은 유능한 리더십을 개인의 인적 특성이 아니라 학습될 수 있는 객관적 산물로 파악하였다는 것이다. 즉 행위를 통해 유능한 리더의 특성을 연구하여 효과적인 리더의 행위가 결정되면, 이후에는 맞춤식 훈련을 통해 유능한 리더를 만들 수 있고, 리더와 구성원간의 상호 관계를 파악할 수 있다는 장점이 있다(권봉주, 2003).[59] 하지만 이렇게 파악된 '유능한 리더의 특징적 행위 양상'은 리더가 당면한 상황에 따라 발현되는 리더십의 효율성이 달라질 수 있으며, 따라서 보편적 행위 양상을 찾고자 하는 시도가 성공적이지 못하였다.

이러한 한계를 극복하고자 '상황'이란 요소를 반영한 리더십 연구에 관심을 가지게 되었다. 리더십 연구자들은 위와 같은 난점들을 해결하기 위해 '상황'이라는 변수를 끌어들인다. 일례로 a 상황에서는 x 유형의 리더가 b 상황에서는 y 유형의 리더가 더 적합하다는 식의 접근법인 "상황이론(Contingency Theory)"이 도입되었다.

---

57) 권봉주(2003), 21세기 새로운 패러다임에 적합한 리더십에 관한 연구: 서울특별시 영등포구 지역을 중심으로, 국민대학교 석사학위논문.

58) 관리격자 모델(Managerial Grid Model)은 Robert Blake와 Jane Mouton이 제시한 이론이다. 관리격자(Managerial Grid) 이론은 리더십 스타일을 '생산에 대한 관심(Concern for Production)'과 '사람에 대한 관심(Concern for People)'의 두 가지 축의 결합으로 나타낸 행동론 관련 리더십유형이다.

59) 권봉주(2003), op. cit.

1960년대 후반부터 관심을 받기 시작한 '상황이론'은 리더와 그가 처한 상황이 잘 정합되어야 리더십의 발현 효과를 높일 수 있다는 전제에서 출발한다. 이 이론은 리더와 구성원, 그리고 상황 연관성을 연구 시 변수로 반영함으로써 리더십에 대한 통합적인 분석을 가능하게 해 준다는 장점이 있다(한민형, 2008).[60]

02 분 류[61]

리더십 이론의 분류에 대해서는 학자마다 입장을 조금씩 달리하고 있기는 하지만, 일단은 20세기 초부터 1980년대 초반까지 등장한 전통적인 리더십 이론(traditional leadership theories)과 1980년대부터 소개되기 시작한 신조류(현대적) 리더십 이론으로 분류해 볼 수 있다. 전통적인 리더십 이론에 대한 가장 일반적인 분류법은 특성이론과 행동이론, 그리고 상황이론으로 분류하는 방식이다.

2.1 특성이론(trait theories)

이 이론은 리더에 초점을 맞추어 연구하고 있는데, 성공적인 리더와 성공적이지 못한 리더, 리더인 사람과 리더가 아닌 사람을 구분시켜 주는 특성이 무엇인지를 규명하는 데 중점을 두고 있다.

2.2 행동이론(behavioral theories)

이 이론은 리더와 추종자들 간의 관계에 초점을 맞추면서, 추종자에게 바람직

60) 한민형(2008), 윤리적 리더십과 카리스마적 리더십이 조직몰입과 직무만족에 미치는 영향 비교, 경성대학교 석사학위논문.

61) 부산외국어대학교 국제통상지역원(GLE), 리더십의 개념과 리더십 연구의 전개과정, (available at gle.bufs.ac.kr/Addons/WebUI_Board/handler/Download.ashx?cid...file=/...).

한 영향을 미치거나 집단이나 조직의 유효성(effectiveness)[62]을 높이는 리더의 행동 스타일이 무엇인가를 규명하는데 노력을 집중한다.

2.3 상황이론(situational theories) 또는 상황적합이론(contingency theories)

이 이론은 리더와 추종자들 간의 상호작용에 영향을 미치는 환경적 요인들을 규명하거나 리더가 지닌 특성이나 리더가 행하는 행동이 추종자들의 태도나 행동 또는 집단이나 조직의 유효성에 미치는 영향이 상황적인 요인에 따라 어떻게 달라지는가를 연구한다.

이러한 세 가지 이론들은 그동안 리더십 연구의 주류를 형성해 왔기 때문에 전통적 리더십 이론이라고 불리고 있다. 따라서 전통적 리더십 이론은 리더가 지닌 비교적 고정적인 일반 특성을 집중적으로 연구했던 특성이론에서, 관찰 가능하고 변화 가능한 행동 측면을 분석하는 행동이론으로, 그리고 여기에서 다시 리더의 특성과 행동의 유효성은 주어진 상황에 따라 달라진다는 상황이론으로 발전되어 왔다고 볼 수 있다. 이제 개별 이론에 관해 좀 더 논의해 보기로 하자.

03 특성이론[63]

한마디로 리더의 개인적인 자질에 의해 리더십의 성공이 좌우된다고 보는 이론이다. 사회적으로 훌륭한 것으로 정평이 난 인물들을 중심으로 리더의 선천적 자질을 탐구했다는 점에서 '위인이론', '자연적 리더십 이론'이라고 불린다. 리더는 일반인이 가지지 않는 특성을 가진다. 실제로 혈통적 배경이나 제한된 몇 가지 개인적 특성이

62) 조직의 유효성이란 조직이 올바른 방향으로 효과적으로 운영되고 있는지 여부를 보여주는 기준으로 조직의 목표달성 정도를 뜻하며, 조직원들의 욕구충족과 조직에 관련 있는 상황변수들이 얼마나 효율적으로 조정되고 있는지와 관련성이 있다.

63) 네이버블로그(m.blog.naver.com/sichoi47/70183844148), 리더십 이론, 현장소장의 리더십, 2014.01.28. 참조.

리더십 발휘 능력과 상관관계가 있다는 일관된 증거가 존재하지 않아 한계를 가지는 이론이다.

특성연구는 20세기 전반에 걸쳐 학자들의 관심의 대상이 되었던 것으로서 리더십 연구를 위한 최초의 체계적인 시도였다. 1900년대 초반에 무엇이 사람들로 하여금 위대한 리더가 되게 만드는가를 알기 위해서 리더십 특성을 연구하기 시작하였고, 이때 개발된 이론이 소위 말하는 '위인이론(great man theory)'이다.

연구자들은 위대한 사회적, 정치적, 그리고 군사적 리더들이 소유하고 있는 타고난 자질이나 특성 등이 무엇인가를 확인하는데 초점을 맞추고 있었고, 위대한 리더들은 그 같은 특성을 가지고 태어나고, 또 그 같은 특성을 소유하고 있다고 믿었다.

이 접근방법에 대한 종합적인 검토가 이미 1930년대에 시작되었고, 1990년도의 이 분야에 대한 종합검토 연구에서 바스(Bass, 1990)[64]는 리더십과 연관된 개인요소에 대한 초기 연구들이 역량(지능, 주의력, 언변술 등), 성취(학력, 지식 등), 책임(의존성, 결단력 등), 참여(활동적, 사회적 등), 지위, 그리고 상황(도덕지수, 하급자에 대한 관심 등) 등 6가지 범주로 분류된다고 주장하였다.

이 6가지 범주에서 다루어진 변수들은 성격적 특징과 특성들을 광범위하게 망라하고 있지만 어떤 단일한 특성 또는 몇 가지 특성들이 리더십능력 및 유효성과 일관성 있게 강한 상관관계가 있는 것으로 드러나지 않았다. 이러한 결과로 1930년대 말부터 1940년대 초에 이 분야의 많은 학자들이 리더십에서 개인적인 특성이 미치는 역할이 미미하며, 리더십이란 집단상황을 떠나서는 연구될 수 없는 집단현상으로 파악되어야 한다는 데에 공감대를 형성하게 되었다. 즉 개인적 특성은 리더십에 영향을 미치기는 하지만 그 역할의 비중은 미미하다는 것이다.

최근에 와서 특성연구에 대한 관심이 다시 살아나고 있다. 브리만(Bryman, 1992)[65]은 인적특성이 리더십에 어떻게 영향을 미치고 있는가를 설명하고, 로드 등(Lord 등, 1986)[66]은 선행연구들의 분석을 통해 성격특성들이 그 개인의 리더십에 대한 지각과 밀접한 상관성이 있다는 것을 발견하였다.

그 외에도 많은 연구자들이 특성연구에 관심을 보이고 있어, 특성연구가 처음에 위인들의 자질을 확인하는 것을 강조하는 것으로 시작되었고, 최근에 와서는 효과적인 리더십에 영향을 미치는 개인특성의 중요한 역할을 다시 강조하는 방향으로 되돌아오고 있다.

특성연구에서 연구자들에 의해 확인된 핵심적 성격이나 특성들을 요약한 것을 보

---

64) Bass, B. M.(1990a), Bass and Stogdill's handbook of leadership : A survey of theory and research, New York: Free Press.

65) Bryman, A.(1992), Charisma and leadership in organizations, London : Sage.

66) Lord, R. G., DeVader, C. L., & Alliger, G. M.(1986), A meta-analysis of the relation between personality traits and leadership perceptions: An application of validity generalization procedures, Journal of Applied Psychology, 71, 402-410.

면, 어떤 특성이 결정적인 리더십 특성인지 알 수는 없지만, 리더가 되기 위해 갖추어야 할 특성이 무엇인가는 알 수 있다. 중심이 되는 특성으로 확인된 것은 지능(intelligence), 자신감(self-confidence), 결단력(determination), 성실성(integrity), 그리고 사교성(sociability)등 이다

그러나 리더십 특성이론은 다음과 같은 측면에서 문제점을 지니고 있다. 첫째 리더와 리더가 아닌 사람을 구분하는 리더 특성들의 상당수가 유전적 요소를 지니고 있어서 리더는 만들어지는 것이 아니라 타고나는 것이라는 인상을 짙게 풍기고 있다. 둘째 리더십이 추종자에게 영향력을 미치는 과정이라는 특성들이 리더십 유효성에 어떠한 영향력을 미치는지를 명확하게 이유를 제시하지 못하고 있다. 셋째 리더십은 리더와 추종자 간의 상호작용 과정에서 발휘될 수밖에 없는데 특성이론은 이러한 상호작용 선상에서 리더의 단독적 특성만을 강조하고 있다.

04 행동이론[67]

한마디로 리더의 기질은 타고나는 것이 아니라 훈련을 통해 습득되는 후천적 특성이라고 보았다. 리더가 부하에게 보여주는 행동스타일을 리더십으로 규정하였다.

특성이론이 리더의 성격특성 등을 강조하는 반면에 행동이론은 리더의 행동을 강조한 연구이다. 이 연구는 오로지 리더가 무엇을 하는가, 그리고 리더는 어떻게 행동하는가에 초점을 맞추고 있다. 이처럼 리더십 연구의 방향이 리더십 유형(the style of leaders) 내지는 리더 행동연구로 전환됨에 따라 리더십 행동연구는 다양한 상황에서 추종자들에 대한 리더의 행동을 모두 포괄하는 연구로 확대되었다.

리더십 행동연구에 참여한 연구자들은 리더십이 기본적으로 두 가지 종류의 행동으로 이루어져 있다고 단정하여, 과업 행동(task behavior)과 관계성 행동(relationship behavior)으로 구분하였다. 과업 행동은 목표달성을 촉진하는 행동으로 집단성원들이 그들의 과업 목표를 달성하도록 도와주는 행동들이며, 관계성 행동은 추종자들이 서로

67) 네이버블로그(m.blog.naver.com/sichoi47/70183981333), 리더십 주요 이론, 현장소장의 리더십, 2014.01.30. 참조.

간에 좋은 인간관계를 가지고 잘 지내도록 도와주며 일터에서 만족을 느끼도록 도와주는 행동이다. 리더십 행동연구의 주된 목적은 리더가 어떻게 하면 이들 두 가지 유형의 행동을 조합하여 추종자들의 과업 목표를 위한 노력에 영향을 미칠 것인가를 연구하는데 있다.

이상의 리더십 행동이론의 연구결과들은 리더십 발전에 기여하였으나 또한 다른 측면에서는 비판을 받고 있다. 리더십 행동이론의 기여도는 다음과 같다. 첫째 리더십 행동이론은 추상적인 리더의 특성에 얽매이지 않았으며, 리더십 연구의 범위를 관찰 가능한 행동으로 넓혀 다양한 상황에서 리더의 행동을 연구하는 방향으로 확대시켰다. 둘째 리더십의 복잡성을 이해하는데 필요한 광범위한 개념적 지침을 제공해 주고 있다. 셋째 리더십 특성이론과는 달리 리더는 훈련되어진다는 전제에서 리더십 훈련에 대한 실무적인 지침을 제공해 준다.

한편 리더십 행동이론은 몇 가지 측면에서 약점을 안고 있는 데 그것은 다음과 같다. 첫째 리더십 행동이론 연구는 연구결과의 비일관성 때문에, 어느 상황에서나 효과적으로 적용될 수 있는 리더십을 찾는데 실패하여, 보편적인 리더 행동을 찾지 못하였다. 둘째 리더십 행동이론 연구는 리더의 행동과 추종자의 행동을 분리하여 기술하고 있어, 리더와 부하의 상호작용 과정, 상호영향 과정을 분석하지 않았다. 셋째 리더십 행동이론 연구는 리더와 추종자의 성과 간의 직접적 관계에 치우쳐, 매개요인을 밝히지 못했다. 이러한 단점들로 인해 리더십 연구가 상황론적 접근법으로 연구의 방향이 전환되기 시작하였다.

05 상황이론[68]

리더십에 대한 특성론적 접근법 또는 행동론적 접근법의 문제점들이 지적되기 이전부터 리더십의 효과에 대한 종합적이고 분석적인 결과를 얻기 위한 연구방법이 요구되었다.

---

68) 네이버블로그(m.blog.naver.com/sichoi47/70184159673), 리더십 주요 이론, 현장소장의 리더십, 2014.02.03. 참조.

1960년대 말부터 1970년대에 이르기까지 행동이론의 한계를 인식하고 새로운 리더십 연구를 진행하면서 등장한 이론이다. 1970년대를 전후로 하여 학자들은 지도자를 둘러싸고 있는 상황에 분석의 초점을 두면서 주어진 상황에 따라 지도자의 능력이나 가치가 달리 평가되는 동시에 지도자의 행태와 자질이 달라진다는 상황이론을 주장하기 시작했다.

상황론적 접근법은 리더와 추종자 간의 상호작용에 영향을 미치는 환경적 요인을 규명하거나 리더가 지닌 특성이나 리더가 행하는 행동의 유효성이 상황적 요인에 따라 어떻게 다른가를 규명하는 이론으로 행동론의 보편성을 부정하는 기본적 가정으로 시작하였다.

상황이론은 리더십의 가장 좋은 스타일은 없다는 것을 전제로 한다. 성공적인 리더들은 추종자들이나 상황에 따라 각기 다른 스타일의 리더십을 발휘한다. 그들은 과거에 성공했던 리더십 스타일에 구애되지 않고 새로운 상황에 맞는 스타일을 어떻게 적용하는지를 잘 알고 있다. 리더십 유효성은 리더의 특성, 추종자 그리고 상황에 따라 다르다.

바스(Bass, 1974)[69] 등은 리더십 스타일은 조직, 업무, 개인, 그리고 개인 간 상호작용의 특성에 따라 다른 것을 발견하였다. 이 접근법은 리더가 많은 상황을 고려하여 리더십을 발휘할 시간이나 능력이 없고, 특히 미시적 상황변수를 고려할 경우에는 타당한 설명을 제시하지 못한다고 하는 비판을 받고 있다.

5.1 피들러의 상황적합성이론

1960년대 후반에 피들러(Fred Fiedler)가 상황론적 접근법을 개발하였다.[70] 피들러의 상황적합성이론은 리더십 스타일(업무중심 스타일 또는 관계중심 스타일)의 유효성은 과업의 구조화된 정도(how defined and structured work is), 리더의 지위권력 위치(how much position power the leader has), 그리고 리더와 추종자 간의 관계(the relationship between the leader and the followers)에 따른 상황적 호의성(적합성) 간의 상호작용에 의해 결정된다는 이론이다.

과업이 명확하게 정의되고 또한 구조화되어 있으며, 리더의 지위권력이 크고, 그리고 리더와 추종자간의 관계가 좋을 때, 상황이 가장 우호적이 된다. 반대로 가장 비우호적인 상황은 과업이 불명확하고 구조화가 되어 있지 않으며, 리더의 지위 권력이

69) Bass, B. M., Stogdill, R. M.(1974), Bass Stogdill's Handbook of Leadership : Theory, Research, and Managerial Applications (1st ed.), New York : Free Press.
70) Fiedler, F. E.(1967), A Theory of Leadership Effectiveness, New York : McGraw-Hill.

약하고, 또한 리더-추종자 간의 관계가 좋지 않을 때가 된다.

피들러의 모델은 좀 복잡하고 어려운 면이 있다. 라이트(Wright, 1996)[71]는 리더가 상황에 따라 그의 리더십 스타일을 바꾸기보다는 상황에 따라 리더를 바꾸는 것이 훨씬 쉽다고 하였다. 피들러 모델은 측정도구의 불명확성과 그 결과의 불일치 등으로 인하여 비판을 받고 있다.

5.2 하우스의 경로-목표이론

하우스(House)의 경로-목표이론(path-goal theory)[72]은 브룸(Vroom, 1964)[73]이 제시한 동기부여의 기대이론에 근거를 두고 있다(House and Mitchell, 1974).[74] 즉 어떤 일에 대해서 잘 할 수 있다는 기대감이 높고 성취에 대한 보상이 주어진다는 확신이 있을 때 사람들의 동기가 높아진다는 이론이다.

경로-목표이론에 따르면 리더가 취할 수 있는 행위를 네 가지로 파악하였다. 첫째 지시적(directive) 리더십은 구체적인 지침과 표준, 그리고 작업 일정을 제공하고, 규정을 마련하며, 직무를 명확히 해주는 리더 행동이다. 둘째 후원적(supportive) 리더십은 부하의 욕구와 복지에 관심을 가지며, 이들과의 상호 만족스러운 인간관계를 강조하면서 후원적 분위기 조성에 노력하는 리더 행동이다. 셋째 참여적(participative) 리더십은 부하들에게 자문을 구하고 그들의 제안을 끌어내어 이를 진지하게 고려하며, 부하들과 정보를 공유하는 리더 행동이다. 넷째 성취 지향적(achievement oriented) 리더십은 도전적인 작업 목표를 설정하고, 성과개선을 강조하며 하급자들의 능력 발휘에 대해 높은 기대를 갖는 리더 행동이다.

하우스가 제시한 부하의 변수는 직무능력, 통제위치, 그리고 욕구상태이고, 작업환경 변수는 과업특성, 공식적 권한체계, 작업 집단의 특성(교육수준, 구성원들 간의 관계)이다.

이후 하우스(House, 1996)[75]는 개정된 경로-목표이론(reformed path-goal theory)을 발표하였다. 여기에서 그는 원래의 이론을 확대하여 리더의 행동을 여덟 가지로 제시하고 있다. 앞서 제시한 네 가지 외에 작업의 촉진, 집단지향적인 의사결

---

71) Wright, Peter L.(1996), Managerial leadership, London : Routledge.
72) House, R.J.(1971), A Path-Goal Theory of Leader Effectiveness, Administrative Science Quarterly, 16, 321-328.
73) Vroom, V.H.(1964), Work and motivation, New York : Wiley.
74) House, R. J.,& Mitchell, T. R.(1974), Path-goal theory of leadership, Contemporary Business, 3 (Fall), 81-98.
75) House, R.J.(1996), Path-Goal Theory of Leadership: Lessons, Legacy, and a Reformulated Theory, The Leadership Quarterly, 7, 323-352.

정, 작업집단의 대표 및 네트워킹, 그리고 가치 중심의 리더 행동 등이 그것이다. 핵심내용은 같으나 리더십 유효성을 위해 리더는 작업환경에 결여된 것을 제공함으로써 하위자들의 능력상 부족한 것을 보충해 주어야 한다는 것이다.

5.3 허시와 블랜차드의 모형[76)]

5.3.1 상황적 리더십모형 I

허시와 블랜차드(Hersey & Blanchard, 1969)[77)]는 리더십 행동이론에서 제시된 리더십 유형이 리더십 유효성과의 일관된 관계를 밝히지 못한데 착안하여 리더십 상황모델을 제시하였다. 리더와 하급자 간의 리더십 상황모델로 수명주기이론(life cycle theory)이라고도 한다.

허시 등은 행동론적 관점에서 리더의 행동을 유형화하여 리더는 동일한 행동스타일을 보이는 것이 아니며 상황에 따라 상이한 리더십 스타일을 구사할 수 있다고 주장하였다. 리더가 상이한 행동을 구사하게 되는 상황조절 변수로 부하의 성숙도(maturity or readiness)를 설정하여, 부하의 성숙도에 따라 상이한 리더십을 구사해야 한다고 주장하였다. 또한 리더의 행동은 행동이론에서 연구되었던 관계 지향적 행동과 비슷한 관계행동(relationship behavior, 지원적 행동)과 과업 지향적 행동(task behavior, 지시적 행동)으로 구분하고, 이 두 가지 행동을 조합하여, 지시형(telling) 리더십,[78)] 설득형(selling) 리더십,[79)] 참여형(participating) 리더십,[80)] 그리고 위임형(delegating) 리더십[81)] 등의 4가지 리더십 행동을 제시하였다.[82)]

---

76) 위키백과(2019.05.), 상황적 리더십 이론, 2019.05.12. 참조.

77) Hersey, P. & Blanchard, K. H.(1969), "Life cycle theory of leadership", Training and Development Journal, 23 (5) : 26-34.

78) 지시형(Telling; high task-low relationship) 리더십은 리더가 업무 시간, 방법, 내용을 일일이 지시하고 규정하는 스타일임.

79) 설득형 혹은 판매형(Selling : high task-high relationship) 리더십은 지시하는 면과 구성원들을 정서적으로 뒷받침하는 역할을 동시에 수행하는 스타일임.

80) 참여형(Participating; low task-high relationship) 리더십은 의사결정 과정에 멤버들을 참여시키는 스타일로서 작업을 원활하게 수행할 수 있는 여건을 조성하는 역할에 치중하는 스타일임.

81) 위임형(Delegating : low task-low relationship) 리더십은 지시도 하지 않고, 정서적 뒷받침도 하지 않는 스타일로서 멤버들에게 다 위임하는 스타일임.

82) 허시와 블랜차드는 리더십 생명주기 이론(life-cycle theory of leadership)을 발표하였는데 해당 이론은 상황적 리더십 이론의 초기 이론이다. 허시와 블랜차드는 리더십의 효과성을 설명하기 위해 리더행동을 과업지향성과 관계지향성으로 나누고 각각의 특성을 부하직원의 성숙도에 따라 조사했다. 이론의 중심적 규칙은 부하직원의 성숙도가 증가할수록(또는 시간이 지날수록), 효과적인 리더의 행동에 과업지향성, 관계지향성은 감소한다는 것이다.

5.3.2 상황적 리더십모형 I 의 한계점

동 이론은 다른 상황적 리더십이론들과 달리 이해하기 쉬우며 사용하기 쉬운 이론이기 때문에 실무자들에게 많은 인기를 끌었던 이론이다. 하지만 여러 측면에서 문제점을 발견할 수 있다.

1) 상황변수 개념의 모호성

우선 이 이론의 가장 큰 문제점은 상황변수 자체의 개념적 모호성이다. 앞서 언급한 바와 같이 상황변수로써의 부하직원의 성숙도는 부하직원의 노력과 의지로 구성된다. 그리고 이는 각각의 정도에 따라 부하직원의 성숙도는 크게 4가지로 나뉜다.[83)]

부하직원의 생애초기(재직 초기라고 이해)에는 관계지향 필요는 낮고, 과업지향은 높은 것이 이상적이다. 부하직원이 초기를 지나 조금 더 성숙해지면 리더의 관계 지향적 지원은 더 필요로 하는 반면에 과업지향 정도는 감소한다. 부하직원의 성숙도가 일정 단계를 넘어서면, 관계 지향적, 과업 지향적 필요는 둘 다 감소하게 된다. 즉 부하직원이 높은 성숙도에 이르게 되면, 관리자(리더)의 행동이 과업적이든 관계적이든 부하직원의 효과적인 과업 수행에는 방해가 될 뿐이라는 것이다. 허시와 블랜차드는 이 생명주기 이론에서 부하직원의 성숙도를 좀 더 구체적으로 높음, 중간, 낮음으로 단계별로 구분하고 각 상황마다 리더십 스타일을 정의해 상황적 리더십이론으로 발전시켰다.

83) 부하직원의 성숙도(M) : 상황변수는 초기에 부하의 성숙도(Maturity, 1977)로 측정하였고, 그 이후 발달단계(Development level, 1985), 준비성(Readiness, 1988)등으로 수정 및 보완되었다. 이러한 상황변수의 명칭은 비록 다르지만 능력과 의지 측면에서 바라본 초기 상황변수인 성숙도 개념과 크게 다르지 않다. 따라서 상황적 리더십이론을 부하의 성숙도를 중심으로 설명하여도 무방하다고 볼 수 있으며 편의상 아래의 설명에서 부하의 성숙도를 M으로 통합하여 설명한다. 부하의 성숙도는 부하의 과업관련 기술 및 지식을 의미하는 직무성숙도와 부하의 자신감 및 자존심을 의미하는 심리적 성숙도를 포함한다. 성숙도가 높은 부하는 자신이 수행하는 과업에 대한 능력과 자신감 모두를 갖고 있으며, 이런 사람은 많은 책임을 떠맡고, 달성 가능한 범위 내에서 비교적 수준이 높은 목표를 설정하고 이를 달성하기 위해 지속적으로 노력하는 경향을 보인다. 반면 성숙도가 낮은 부하는 능력과 자신감 둘 다 부족한 사람이다. 부하의 성숙도는 부하의 특정과업에 대해서만 측정되는 것이다. 이는 부하의 성숙도뿐만 아니라 발달단계나 준비성 등으로 발전해온 상황변수 모두에게 해당되는 부분이라고 할 수 있는데, 부하가 수행하는 과업에 따라 성숙도는 매번 다르게 나타날 수 있다. 그러므로 성숙도는 부하의 개인적 특성이 아닌 일시적 성격인 것이다. 따라서 전반적인 부하의 성숙도와는 무관한 성격을 가지고 있는 것이다. 상황적 리더십 이론에 의하면 부하의 성숙도 수준이 리더 행동의 수준을 결정한다. 즉 부하의 성숙도에 따라 리더십 스타일의 유효성이 달라지는 것이다. 부하의 성숙도가 최저수준에서 적정수준까지 증가함에 따라, 리더는 관계 지향적 행동은 증가시키고 과업 지향적 행동은 감소시켜야 한다. 부하의 성숙도가 적정수준을 넘어 더 증가하게 되면, 리더는 과업 지향적 행동을 지속적으로 감소시키면서 관계 지향적 행동도 감소시켜야 한다. 부하의 성숙도는 능력과 의지의 두 가지 변수의 함수로써 표현되며, 이에 따라 4가지 수준의 성숙도가 나타난다. ▲M1의 경우는 능력과 의지 모두 낮은 경우이다. 따라서 부하의 성숙도가 가장 낮은 단계로써 직무수행 능력도 없고 자발적으로 일을 하려고 하지 않는다. ▲M2는 능력은 낮으나 의지는 높은 경우이다. 따라서 부하들은 필요한 직무를 수행하는 능력은 없으나 자발적으로 일을 하려고 하는 단계이다. 즉 기본적인 동기부여는 되어 있으나, 적절한 기술이 부족한 중간정도의 성숙단계이다. ▲M3단계의 경우 능력은 높으나 의지는 낮은 경우이다. 따라서 부하들은 리더가 원하는 직

이렇게 부하직원의 성숙도 판단결과를 바탕으로 리더는 부하직원의 성숙도 단계에 적합한 리더십을 발휘해야 효과적인 리더십을 발휘할 수 있다. 하지만 가장 높은 단계인 M4와 가장 낮은 단계인 M1 단계를 제외하고, 중간 단계인 M2와 M3 중 어느 것이 더 높은 성숙도인지를 밝히는 것이 애매하다는 것이다. 즉 M2와 M3중 어느 것이 더 높은 단계인지에 대한 명확한 구분점이 없다는 것이다. 이러한 점을 보완하기 위해서 상황변수는 부하직원의 성숙도, 발달단계, 준비성의 정도로 수정 및 발전되어 왔지만, 매번 개념이 명확하지 못하여 많은 비판을 받아왔다.

2) 상황변수의 제한적 문제점

상황적 리더십이론에서 다른 상황변수들도 중요하지만 구체적으로 성숙도나 준비성만을 고려한 것은 일면 타당하다. 하지만 특정과업 중심적인 상황변수는 지나치게 구체적이라고 말할 수 있다. 특정과업을 수행할 때만 나타나는 성숙도나 준비성으로 범위를 더욱 좁히는 것은, 이론의 추상적인 면에서 문제가 있는 것으로 보여 진다. 예를 들어 상황이론이 가지는 고유한 특성에 비추어 본다면, 상사와 부하직원의 특성이나 동료와 상사의 관계 등 오직 성숙도라는 상황변수만을 고려한 것은 그다지 큰 문제가 되지 않을 수 있다. 그러나 특정과업을 수행할 때만 나타나는 성숙도나 준비성으로 범위를 더욱 좁히는 것은 이론의 추상적인 측면에서 문제가 있는 것으로 보여 진다.

3) 현실 단순화 문제점

또한 이 이론은 상황을 단 한 가지로 단정 지어 분석하는 이론이기에, 현실적으로 너무 단순화시켜 이해하려 한다고 비판을 받고 있다. 이는 보다 중요한 상황변수들이 제외된 채 단지 부하직원의 성숙도라는 하나의 상황변수에 의존하여 리더십 과정의 모든 것을 설명하려는 것이 무리라는 것이다.

4) 리더십 스타일과 부하직원 성숙도 간의 모호한 관계

게다가 리더의 스타일과 부하직원의 성숙도 유형을 연결시켰지만 어떠한 적합화된 과정을 통하여 성과를 나타내는지에 대한 설명이 부족하다. 따라서 이론의 타당성을 검증한 연구들도 리더십 스타일 유형과 부하직원 성숙도 유형의 적합성이 성과에 미치는 효과에 대해 일관된 결과를 보이지는 않는 점을 통해서 한계점을 보이고 있다.

무를 수행할 능력은 가지고 있으나 자발적으로 일을 하려 하지 않는 중간정도의 성숙단계이다. ▲마지막으로 M4단계는 능력과 의지 모두 높은 경우이다. 따라서 부하들은 리더가 요구하는 직무를 수행할 능력도 있고, 자발적으로 일을 하려고 하는 가장 높은 수준의 성숙도를 보여준다. 조용현(2005), 상황적 리더십 이론의 확장 : 변수와 분석수준 관점, 전남대학교 박사학위논문, pp.6-8, 2005.08.

5) 적정 수준의 보편성 부족

그리고 이론으로서 적정 수준의 보편성을 가지고 있지 않다는 점에 대한 비판이 있다. 부하직원의 성숙도는 부하직원이 수행하고 있는 과업의 성격에 따라 달라질 수 있게 된다. 만약 부하직원이 맡은 과업이 부하직원에게 생소하거나 어렵다면, 그 과업에 대해서는 성숙도가 낮아지게 된다. 더 나아가 동일한 부하직원이 수행하는 과업이 무엇인가에 따라서 그 부하직원의 성숙도는 달라진다. 그리하여 상황변수는 부하직원의 개인적 특성이라 이야기할 수 없으며, 부하직원의 개인적 가치나 특성 등을 종합적으로 평가하는 점이 아니라는 점이다. 이론에 따르면 상황마다 다른 리더십 행동을 보여주어야 하고 부하직원의 성숙도에 따라 유연한 리더십 스타일을 활용해야 한다고 주장하였다. 하지만 부하직원마다 대응하기 쉽지 않고 이론이라는 전제하의 보편성이 부족하다는 점이 보완해야 할 점으로 작용되고 있다.

6) 분석수준 관점에서의 문제점

상황적 리더십이론의 한계점은 분석수준의 관점에서도 지적할 수 있다. 상황적 리더십이론은 분석수준 관점에서 크게 개인 수준과 집단 수준으로 나누어 볼 수 있다. 이는 각 수준에서 상황적 리더십이론은 각기 다른 의미를 가진다. 그러나 기존 연구는 개인 수준에만 초점을 둠으로써 집단 수준 이상으로 확장하여 연구하지 못하였다. 개인 수준의 변수로써 부하직원 개인의 성숙도가 있는 것처럼 집단에도 집단의 성숙도라는 개념이 있을 수 있다는 것이다. 리더가 개인 수준에 맞춘 개인 맞춤화가 아닌, 조직 내에서 집단 전체와 같이 업무를 수행하는 상황에서는 집단전체의 성숙도 정도에 따라 효과적인 리더 행동이 달라야 한다는 것이다. 이론에 대한 분석이나 측정에 있어 서로 다른 수준의 변수들을 동일하게 취급하게 되면 '집단의 오류(Biases of aggregation)'를 범할 수 있다. 이러한 오류를 범하지 않기 위해서는 연구의 주제가 되는 현상이 어떤 수준에서 발생하는지를 명확하고 정확히 할 필요가 있음을 지적받고 있다.

5.3.3 상황적 리더십모형 II

앞의 한계점 부분에서 본 것과 같이 허시와 블랜차드의 상황적 리더십이론은 그 자체가 지닌 문제점과 한계점 때문에 비판을 받았다. 그래서 1985년에 상황적 리더십 모델에 수정을 한 Leadership and the One Minute Manager을 출간하게 된다.[84] 여기서 그들은 팀원의 성숙도(Maturity)라는 상황조절 변수를 팀원의 발달 단계

84) Blanchard, Kenneth H., Patricia Zigarmi, and Drea Zigarmi(1985), Leadership and the One Minute Manager : Increasing Effectiveness through Situational Leadership, New York: Morrow, Print.

(Development Level)라는 용어로 고쳐 사용했으며, 그 수준에 대한 의미도 일부 다르게 정의하였다. 이 모델의 기본적인 틀은 상황적 리더십모형Ⅰ과 다를 바가 없다. 즉 리더의 행동도 지시 행동과 지원 행동으로 구분하고 그 내용 역시 같은 의미로 사용하고 있다. 그러나 “팀원의 성숙도”는 “팀원의 발달단계”라는 용어로 사용하고 있을 뿐만 아니라 그 의미도 역시 팀원의 성숙도와는 다른 것이다. 상황적 리더십모형Ⅰ의 성숙도에서 사용하였던 개념은 능력과 의지였지만, 이 모델에서 사용하는 팀원 발달단계의 개념은 역량(Competence)과 의욕(Commitment)이라는 두 가지 차원으로 구분한다.

역량(Competence)은 과업에 대한 지식과 기술을 의미한다. 역량은 성과에 의해 평가되며, 적합한 지시나 지원을 받으면 향상될 수 있다. 역량은 정규교육이나 OJT, 경험 등을 통해 획득할 수 있다. 경험은 이전의 직업에서 얻은 전이 가능한 기술을 포함한다. 예를 들면 계획하고 조직하고 문제를 해결하고, 원만한 의사소통을 할 수 있는 능력을 일컫는다. 이러한 기술들은 여러 과업들에 사용될 수 있는 일반적으로 필요한 능력들이다. 의욕(Commitment)은 목표나 과업에 따른 개인의 동기부여와 자신감의 조합이다. 동기부여는 특정과업을 하는 데에 있어서 개인이 가진 흥미와 열정의 정도를 말한다. 일에 대한 열정과 흥미가 있게 되면 주의력이 높아지고 활동이 활발해지는 등, 에너지 발산이나 얼굴 표정, 말 등을 통해서 행동으로 나타나게 된다. 자신감은 업무능력에 대해 스스로 신뢰하는 정도이다. 만약 동기부여나 자신감이 부족하면 전체적으로 의욕은 낮아진다.

역량과 의욕은 각각의 조합 형태에 따라 4가지의 발달단계로 분류하며 개인이 갖는 최종 목표는 독립적으로 과업을 수행할 수 있는 단계에 도달하는 것이며, 각 발달단계에 따라 개인은 독특한 요구를 갖는다.

5.3.4 상황적 리더십모형Ⅰ과 Ⅱ의 차이점

부하직원에 대한 변수의 차이는 각 이론에서 쓰이는 용어나 용어의 개념에서 차이가 있다. 즉 상황적 리더십이론Ⅰ은 성숙도(Maturity)라는 변수에 능력(Ability)과 의지(Willings)라는 하위 변수를 두고 있는 반면, 상황적 리더십이론Ⅱ 에서는 발달 단계(Development Level)의 변수에 역량(Competence)과 의욕(Commitment)의 하위 변수를 사용하고 있다. 또한 각각의 개념 정의도 차이가 있다. 또한 부하직원변수, 즉 발달단계(준비도)의 정의에 따라 리더십 스타일[85]도 차이를 보이고 있다.[86]

---

85) 리더의 행동은 직무 지향적 행동(Directive Behaviour)과 관계 지향적 행동(Supportive Behaviour)으로 구분된다. 이를 통하여 리더십 스타일(Leadership Style)은 4가지로 구분될 수 있다. ▲Directing(지시형) (S1) : 직무 지향 행동이 높고(HD : High Directive) 관계 지향 행동이 낮은 영역(LS : Low Supportive)이다. 리더는 구체적인 지시와 명령을 내리고

이상과 같이 허시와 블랜차드가 개발한 상황적 리더십이론 I 과 블랜차드가 다시 개정 보완한 상황적 리더십이론 II 는 여러 개념에서 다르게 정의하고 있다. 그러나 가장 중요한 것은 급변하는 경영환경 패러다임에 어느 모델이 기업의 현실을 적용했을 때 효과를 내느냐의 문제이다.

업무 수행을 면밀하게 감독하는 리더십이다. 수행능력은 없지만 정열과 의욕이 있는 사람에게는 지시형 리더십이 적합하다. 여기서 리더는 지시적 행동을 주로 하고 지원적 행동을 부수적으로 한다. 부하직원에게 업무의 목표가 무엇이고 업무 처리에 관한 좋은 방법을 이야기하며, 어떤 방법으로 업무를 완수할 수 있는지에 대한 계획도 세워주는 것이다. 리더가 혼자서 모든 문제를 해결하고 결정하며 부하직원은 리더의 결정에 따르는 것이다. ▲Coaching(코치형) (S2) : 직무 지향 행동과 관계 지향 행동이 높은 영역이다. (HD, HS) 리더가 계속 지시와 명령을 내리고 업무 수행을 면밀하게 감독을 하지만, 결정 사항에 대해서는 설명하고 부하직원의 제안을 받아들여 전진할 수 있도록 원조하는 리더십이다. 어느 정도 수행능력은 있지만 의욕이 없는 사람에게는 지도형 리더십이 적합하다. 이런 사람에게는 자존심을 갖게 하기 위해 원조와 칭찬이 필요하며, 경우에 따라서는 경험을 보충할 수 있도록 감독이 필요하다. 지도형은 명령과 원조 모두를 포함하며, 상대방의 제안을 요구함으로써 일방통행이 아닌 쌍방향의 커뮤니케이션 방법을 사용하는 것이다. ▲Supporting(지원형) (S3) : 직무 지향 행동이 낮고(LD), 관계 지향 행동이 높은 영역(HS)이다. 리더가 업무 달성을 향해 부하직원의 노력을 촉구하고 지원하며 의사결정에 관한 책임을 부하와 나누는 리더십이다. 수행능력은 있지만 자신감 또는 의욕이 없는 사람에게는 지원형 리더십이 적합하다. 지원적인 행동을 주로하고, 지시적인 행동을 부수적으로 하되 부하직원의 업무 수행에 원조하고, 그들의 제안을 경청하는 것이다. 리더는 부하직원들의 자신감을 북돋기 위해 격려하고 칭찬할 필요가 있다. 지원형 리더십이 필요한 사람에게는 업무 수행능력이 있기 때문에 지시적으로 나갈 경우에는 오히려 역효과를 낸다. 대신 새로운 목표를 제시해주고 의욕을 향상시킬 수 있는 원조가 필요하다. ▲Delegating(위임형) (S4) : 직무 지향 행동과 관계 지향 행동이 낮은 영역이다(LD, LS). 리더가 의사결정과 문제 해결의 책임을 부하직원에게 위임(믿고 맡기기는)하는 리더십이다. 수행능력과 의욕, 공헌도가 함께 높은 사람에게는 위임형 리더십이 적합하다. 이런 경우에는 리더가 일일이 지시하고 감독할 필요가 없고 스스로 알아서 할 수 있는 분위기를 만들어 주면 된다. 의사결정과 문제해결에 대한 책임을 직원들에게 전적으로 위임하는 것이다. 이런 경우에 가장 필요한 것은 따르는 사람에 대한 신뢰와 인정이다.

86) 스타일과 성숙도 간 대응 관계는 다음과 같다. ▲D1 단계의 팀원 : 이들은 의욕은 있지만 역량이 부족한 상태이므로 리더는 높은 지시 행동을 하여야 한다. 따라서 리더십 스타일 중 S1(지시)형 스타일을 취하며 리더는 부하직원의 역할과 목표에 대해서 상세한 지시를 하고, 성과를 면밀히 관찰한다. 그리고 대부분 의사결정은 리더가 한다. ▲D2 단계의 팀원 : 이들은 역량과 의욕이 낮은 상태이므로 높은 지시와 지원을 하여야 한다. 따라서 리더십 스타일 중 S2(코칭)형 스타일을 취하며 리더는 높은 지시 행동과 높은 지도 행동을 취하며 행동리더는 결정 사항을 설명하고 팀원의 아이디어를 구하고 옳은 행동에 대해 칭찬을 하고 업무 성과에 대해 계속적인 지시를 한다. 최종 결정은 리더가 하지만 팀원이 제안한 아이디어에 대해서도 심사숙고 한다. ▲D3 단계의 팀원 : 이들은 역량은 있지만, 의욕에 있어서 안정적이지 못하므로 리더는 높은 지원을 하여야 한다. 따라서 리더십 스타일 중 S3(지원)형 스타일을 취하며, 지원형 스타일은 높은 지원 행동과 낮은 지시 행동을 하며 리더는 부하직원이 독립적으로 의사를 결정하고. 문제 해결을 할 수 있도록 지원, 격려하고 팀원의 말을 경청하고 아이디어를 유도해낸다. ▲D4 단계의 팀원 : 이들은 역량과 의욕 모두 높은 수준에 있으므로 리더는 지시나 지원을 거의 할 필요가 없다. 따라서 리더십 스타일 중 S4(위임)형 스타일을 취하며 리더는 부하직원이 독자적으로 행동할 수 있도록 권한을 위임하고, 목표가 성취될 수 있도록 적합한 자원을 제공한다.

첫째 경영환경 패러다임이 변함에 따라 기업에서 채용하는 신입사원의 수준은 다르다. 현대의 인사는 상황적 리더십이론Ⅰ 모델에서 제시하는 것처럼 M1단계에 있는 낮은 능력과 낮은 의욕의 수준을 가진 사람은 입사 자체를 할 수 없다. 적어도 특정 업무에 대한 지식이 부족하더라도 의욕만큼은 높은 상황적 리더십 이론Ⅱ의 D1단계의 사람을 채용할 가능성이 많기 때문이다. 왜냐하면 지식이나 기술은 부족하나 의욕이 있는 사람은 노력을 통해 특정 지식이나 기술을 습득하면 업무성과를 낼 수 있기 때문이다. 따라서 상황적 리더십이론Ⅱ 모델이 현실적으로 더 적합한 모델인 것이다.

둘째 상황적 리더십이론Ⅰ 모델에서는 성숙도 1단계(M1)에서 낮은 능력과 낮은 의욕을 가지고 있는 부하직원에게 리더는 지시행동도 해야 하고 지원행동도 해야 하는 리더십 스타일을 발휘해야 업무성과를 높일 수 있으나 높은 지시행동, 낮은 지원행동을 하는 리더십 스타일을 발휘하기 때문에 의욕이 떨어진 상태에서 업무를 할 수밖에 없어 단기적으로 업무성과는 높아지나 심리적 갈등이나 사기는 저하될 가능성이 있어 장기적으로 보면 업무성과가 떨어지거나 기타 문제가 발생할 가능성이 높다. 따라서 역량이 낮고 의욕이 높은 부하직원에게 높은 지시행동과 낮은 지원행동의 지시 리더십 스타일을 발휘하는 상황적 리더십이론Ⅱ 모델이 현실적으로 더 적합하고 성과도 높아질 것이다.

셋째 어느 정도의 시간이 지나면 의욕은 떨어질 수도 있고 때에 따라서는 올라갈 수도 있다. 부하직원의 적성에 적합하지 않은 업무라든지, 업무의 비전이나 가치가 없다고 인식한다든지, 상사와의 마찰이나 갈등 등으로 인해 의욕은 떨어질 수도 있다. 하지만 어느 정도의 시간이 지나도 지식이나 기술이 높아지게 마련이고 높아지지 않으면 그 사람은 문제가 있거나 그 조직에 존재할 이유가 없다. 따라서 상황적 리더십이론Ⅰ 모델의 M2는 현실적이지 않기 때문에 의욕은 떨어질 수 있지만 역량만큼은 다소 높아진 상황적 리더십Ⅱ 모델이 더 현실적으로 적합하고 적용되었을 때 성과가 있을 것이다.

넷째 1980년 후반부터 세계적으로 유명한 잡지인 포춘(Fortune)지가 선정한 GE, MS, IBM 등 500 기업의 부분이 상황적 리더십이론I 모델에서 상황적 리더십이론Ⅱ 모델로 바꾸어 적용하고, 실제적으로 성과를 내고 있다. 두 모델 모두 검증을 통해 실제 직무환경에서 성과를 내고 있는 모델이지만 변화하는 현대 경영환경 패러다임에 적응할 수 있는 유연성을 갖추어야 한다. 업무성과나 생산성이라고 하는 현실을 무시한 모델은 더 이상 필요가 없기 때문이다.

5.3.5 상황적 리더십모형Ⅱ의 한계점

이렇게 초기의 이론에 대한 한계점 및 문제점에 대한 피드백을 재빠르게 수정하여 발전된 이론을 세웠다는 점에서 긍정적인 평가를 받고 있다. 하지만 상황변수가 성숙도에서 발달단계로 대체되었음에도 불구하고 기존 상황변수의 개념과 큰 차이가 없다는 문제점을 가지고 있다. 역량이 능력을 포함한 개념이라고 설명하고 있다. 그러나 사실상 크게 다른 차이점을 보이지 않는 유사한 용어라는 점에서도 비판의 대상이 되었다. 이는 개념상의 논리적 불일치가 있다고 지적되는 부분이다.

Chapter

04

현대적 리더십 이론 I
: 거래적 리더십과 변혁적 리더십

01 등장 배경

1980년대 초반부터 변화하는 경영 패러다임에 대한 대응과 전통적 리더십 이론에 대한 반성으로부터 소위 신조류(현대적) 리더십 이론이 소개되기 시작하였다. 이들 이론은 전통적 리더십 이론을 대체하기보다는 보완시켜주고 있다. 신조류 리더십 이론이 등장하게 된 배경은 다음과 같다.

첫째 1980년대부터 가속화된 급속한 환경의 변화로 인해 안정적 환경을 기반으로 연구되어진 전통적 리더십 이론의 타당성이 저해되었다. 즉 안정적 경영환경 하에서 체계화된 과업의 수행을 담보하는 수준의 리더십에서 새로운 과업의 과정을 찾아내고 이를 지속적으로 개선하는 과정을 통해 리더십 유효성이 발휘될 수 있는 환경으로 변했다.

둘째 전통적 리더십 이론은 실무 적용에 제약이 있었다. 예컨대 리더는 선천적으로 태어나야 하거나 리더의 행동이 상황에 따라 변하거나, 특정한 상황에 맞는 리더로 지속적으로 교체되어야 한다는 한계 등이다.

셋째 전통적 리더십 이론은 대부분 중간관리자의 리더십을 그 연구 대상으로 삼고 있는데, 그 결과를 최고경영자 층으로 확장하는 데는 외적 타당성의 한계를 지니게 되었다. 그리고 일반적으로 높은 성과가 아닌 괄목할 만한 탁월한 성과에 대한 리더십은 기존 전통적인 리더십으로 설명하기에는 한계가 있다.

넷째 산업사회가 지식사회로 이행됨에 따라 조직구성원을 통제하는 것에서 벗어나 전념 또는 몰입을 유도하기 위한 리더십의 필요성이 강조되었다.

02 거래적 리더십

2.1 거래적 리더십 모델

거래적 리더십(transactional leadership)은 리더가 부하에게 교환적 의도를 갖고 접근하는 것으로서, 리더가 가지고 있는 어떤 가치를 부하가 가지고 있는 어떤 가치와 교환하여 거래이익을 얻고자 하는 리더십 유형이다.

많은 학자들에 의해 주장된 대부분의 리더십 모형들은 일반적으로 공통된 것이 하나 있는데, 그것은 리더십 모형들이 모두 '어떻게 하면 리더가 부하들을 복종하게 하고 그들의 협력을 얻을 수 있을 것인가'에 도움을 주는 것이었다. 즉 리더십은 한 개인이 어떤 행위나 보상, 인센티브를 사용해서 다른 사람들(조직 구성원)로부터 바람직한 행동을 일으키는 과정으로 알려져 왔다. 이 과정의 핵심은 리더와 부하 사이에 교환(exchange)이나 거래(transaction)가 일어난다는 것이다. 이때 리더의 거래적 역할을 거래적 리더십이라 한다.

거래적 리더는 부하들의 욕구를 개별화하지 않고, 부하들의 개인적 발전에도 주의를 기울이지 않는 점이 변혁적 리더와 그 궤를 달리한다. 거래적 리더십에서는 부하와 자신의 일상적인 일정을 추진하기 위해 업적의 달성과 그에 따른 대가를 주고받는 거래적 교환이 이루어진다. 거래적 리더가 영향력이 있는 것은 리더가 원하는 대로 하는 것이 부하에게 최대의 이익을 가져다주기 때문이다(Kuhnert & Lewis, 1987).[87]

2.2. 거래적 리더십 요인들

거래적 리더십의 핵심 구성요인은 크게 두 가지로 구분된다.

첫째 업적에 따른 보상, 즉 상황적 보상(contingent reward)이다. 이 요인은 부하의 노력은 특정한 보상과 교환된다는 관점으로 리더 자신이 규정한 수준의 성과를 부하가 달성했을 때 약속된 보상을 제공하는 것을 말한다. 조건적 보상(contingent reward)이라고도 하며 이는 부하들이 보상을 받기 위해서는 무엇을 해야 하는지 또

87) Kuhnert, K. W., & Lewis, P.(1987). Transactional and transformational leadership : A constructive/developmental analysis. Academy of Management Review, 12 : 648-657.

는 처벌을 피하기 위해서는 무엇을 하지 않아야 하는지를 부하와 리더는 합의를 하게 된다. 이 같은 리더 유형은 부하들이 수행해야 하는 과제가 무엇인지를 제시하고, 그것을 수행하는 사람에게 주어지는 보상에 대해 부하들의 합의를 얻어내려고 노력한다. 많은 실험과 현장연구를 통해 상황적 보상의 유효성이 입증되고 있다. 예컨대 크리모스키(Klimoski, 1980)[88] 등은 상황적 보상행동에 대한 상세한 리더의 평가 행위는 부하의 동기부여와 만족 간에 상관관계가 있다고 하였고, 켈러(Keller, 1976)[89] 등은 성과에 대한 임금인상 추천, 칭찬, 그리고 인정 등의 보상이 주어질 때 부하의 기대를 높일 수 있을 뿐만 아니라 성과도 높은 것을 발견했다.

둘째 예외관리(management-by-exception)이다. 이 요인은 하급자의 성과가 계획된 수준에 도달하지 못했을 때 리더가 개입하는 것을 말한다. 리더의 이러한 개입이 때로는 부정적인 피드백(negative feedback)이나 처벌을 수반하는 경우도 있다. 예외관리는 적극적인(능동적인) 예외관리와 소극적인(수동적인) 예외관리로 구분된다. 적극적인 예외관리는 하급자들의 실수와 규칙 위반 등을 면밀히 관찰하고 업무가 정해진 절차를 벗어날 경우 적절한 조치를 취하는 것을 말한다. 소극적 예외관리는 하급자들이 기준에 미달하거나 문제가 표면화된 후에 개입하는 것을 말한다. 즉 일이 정해진 절차를 벗어날 경우에만 개입하여 조치를 취하는 것이다.

2.3 사례로 바라본 거래적 리더십[90]

회사원 A팀장은 자기 사람을 확실히 챙기는 스타일이다. 일단 '내 사람이다' 싶으면 자주 대화하고 중요한 업무를 맡기며, 인사 시즌엔 은근히 힘쓰기도 한다. 휘하에 있는 직원들은 A팀장에게 충성을 다하고, 누가 봐도 팀의 단합도가 높다. 업무 성과도 잘 나오고 직원들은 팀장이 관여한 프로젝트를 목숨 걸고 수행하기 때문에 리더십이 있어 보인다. 그뿐 아니다. 경조사 등 직원들의 개인적인 일을 빠짐없이 챙기고, 팀원 간에도 서로 돕는 모습이 확실해서 조직력이 무엇인지 보여준다.

2.3.1 상사에게 충성하고 내 사람만 챙기는 리더십은 조폭 리더십

A팀장은 그러나 맘에 들지 않는 직원에겐 정반대로 대한다. 경력사원이 들어올 경

88) Klimoski, R. J., & Hayes, N. J.(1980). Leader behavior and subordinate motivation. Personnel Psychology, 33, 543-555.

89) Keller, R. T., & Szilagyi, A. D.(1976). Employee reactions to leader reward behavior. Academy of Management Journal, 19, 619-627.

90) 고현숙(2012.05.), [고현숙의 HR 컨설팅] 내 사람만 챙기는 '거래적 리더십'은 '조폭 리더십', 조선경제, 2012.05.10.

우엔 이런저런 시험을 해보고, 그 과정에서 자기 사람이 아니다 싶으면 확실히 아웃시킨다. 이렇게 그룹에서 제외되면 조직 생활이 팍팍해진다. 공식적으로 차별하는 건 아니지만 눈에 보이지 않는 '그들만의 리그'에 들어가지 못하면 중요한 정보에서 소외되고 승진 등 성장 기회는 멀어진다. 그러니 직원들이 그의 눈치를 슬슬 보면서 줄을 선다.

A팀장은 또 상사에게는 견마지로(犬馬之勞)를 다한다. 임원의 사적(私的)인 애로사항도 A팀장에게 부탁하면 잘 해결해낸다. 자녀 유학에 필요한 일 처리, 부인이 쓸 PC 구매와 설치 등도 슬쩍 힌트만 주었는데도 A팀장이 팀원들을 동원해서 처리한다. 입맛에 맞게 일 처리를 잘 해내고, 직원들에게도 영향력이 있는 그를 상사도 무시하지 못한다.

A팀장의 리더십은 전형적인 거래적 리더십(transactional leadership)이다. 거래적 리더십이란 리더십을 '기브 앤 테이크(주고받기)'가 분명한 '거래'로 본다. 보스에게 충성을 바치면 조직원의 뒤를 확실히 봐주는 거래의 기본 룰은 조폭 조직에만 있는 게 아니다. 정치계에서도 쉽게 볼 수 있다. 선거 후보자들이 지역 개발 같은 공약을 내걸고 표를 얻는 행위는 어떤가? 이익을 가져다주겠다는 약속에 주민들이 표를 준다면 일종의 거래를 하는 것이다. 국회의원들이 볼썽사나운 몸싸움을 벌이는 진짜 이유는 다음 공천을 좌우할 계파 보스에게 충성을 보이기 위해서가 아니라고 단정할 수 있을까? 그렇다면 이것도 거래적 리더십이다.

2.3.2 거래적 리더와 관계 나쁜 직원들은 위성처럼 빙빙 돈다

거래적 리더십은 리더와의 관계의 질(質)에 따라 관계가 좋은 인그룹(in group)과 관계가 먼 아웃그룹(out group)으로 나뉜다. 실증 연구를 보면 인그룹 사람들이 업무 만족도와 업무 몰입도가 높고 시키지 않은 일도 자발적으로 하는 모습이 뚜렷하게 나타난다. 그럼 인그룹이 되는 요인은 무엇일까? 지연·학연 같은 인연, 고(高)성과자, 공통된 가치관에 이르기까지 다양하다.

코칭을 의뢰한 한 중역의 사례를 들어보자. 일부 직원들이 자신에게 다가오지 않고 마치 위성처럼 늘 자신의 주의를 빙빙 돌기만 하는 느낌이라고 한다. 그들을 어찌해야 할지 해결책을 찾기 전에 먼저 그들은 왜 위성이 된 것일까를 살펴보기로 했다. 그리고 부하 직원들을 대상으로 인터뷰를 진행했다. 그 결과 이 중역은 사람에 대한 판단이 매우 빠르고 한 번 내린 판단을 잘 바꾸지 않는 것으로 부하 직원들은 생각하고 있었다. 카리스마 넘치는 중역에게서 질책을 당한 팀장들은 '찍혔다'고 인식하고 사기가 크게 떨어져 있었다. 중역은 "내가 사람에 대한 호불호(好不好)가 분명하다 보니…"라며 말끝을 흐렸다. 비록 의도한 바는 아니었을지 몰라도 분명히 조직 내부엔 그 중역에게 인정받은 그룹과 인정받지 못한 그룹으로 보이지 않는 금이 그어져 있었다. 위성으로 돌던 그 그룹이 바로 아웃그룹이었던 것이다.

그 다음엔 중역에게 '어떤 리더가 되길 원하는가?' '리더로서 사람들에게 어떤 영향을 미치고 싶은가?'를 물어봤다. 그 결과 직원들이 잘 따르는 리더, 상사로서 귀감이 되는 리더가 되기를 원한다는 점을 확인했다. 그런 다음 믿음이 가는 몇몇 직원들에게만 일을 몰아주는 행태가 관계에 나쁜 영향을 끼친다는 사실을 알리고 일감을 나눠주며 아웃그룹 직원들을 포용하는 방법을 찾게 되었다. 물론 이는 그 중역이 기꺼이 직원들의 생각과 시각을 수용하였기 때문에 가능한 일이었다.

03 변혁적 리더십

3.1 변혁적 리더십 모델

변혁적 리더십(transformational leadership)[91]은 카리스마적 리더십과 상호 교환적으로 사용되기는 하지만 변화와 혁신을 추구하는 리더십 이론으로 그 위치를 확고히 잡아가고 있는 새로운 형태의 리더십 이론 중의 하나이다.

로에(Lowe, 2001)[92] 등에 의하면 Leadership Quarterly에 10년 간 게재된 논문의 3분의 1 이상이 변혁적·카리스마적 리더십에 관한 논문이라고 한다. 이는 많은 학자들이 변혁적 리더십을 연구하고 있으며, 변혁적 리더십이 리더십 연구의 중심에 자리하고 있음을 말한다.

변혁적 리더십이론은 급변하는 기업환경 속에서 조직의 생존과 경쟁력 강화를 위해 조직의 변화를 유발할 수 있는 리더의 능력에 초점을 두고, 변화와 혁신을 이끌어 나갈 수 있는 리더像과 리더가 변화를 어떻게 시작하고 전개해야 하는지에 대한 방안을 제시하고 있다.

변혁적 리더십의 개념은 번스(Burns, 1978)[93]에 의해 제시되고, 바스(Bass, 198

91) 여기서 변혁(transform)은 사물의 상태나 본질 그 자체의 변화 혹은 깊은 내면의 변화를 의미함.

92) Lowe, K. B., & Gardner, W. L.(2001), op. cit.

5)[94]에 의해 정교화 되면서 널리 알려지게 되었다. 번스는 정치지도자를 대상으로 한 연구에서, 거래적 리더십이란 리더와 하위자 간의 교환관계와 관련된 것으로, 하위자의 이해관계를 자극하여 영향을 미치는 리더십이라 하였다. 즉 리더가 지시하거나 기대하는 바에 하위자가 순응하는 대가로 임금 인상이나 특권을 부여받는 식의 리더십 과정을 말한다. 반면 변혁적 리더십은 부하의 현재 욕구 수준을 중심으로 한 교환관계가 아니고 부하의 복종 이상의 것에 기초하여 부하의 욕구 수준을 높이고, 나아가 자유, 평등, 정의, 평화 등의 도덕적 동기와 욕구에 초점을 두어 부하의 신념, 욕구, 가치의 변화를 조장하여 개인, 집단, 조직의 변화를 조장하는 리더십이라 하였다.

한편 바스는 번스의 정치적 리더십 개념을 일반조직에 적용하여 보상이나 벌을 사용하여 부하들로 하여금 성과를 유도하는 거래적 리더십과 차별화하여 변혁적 리더십의 개념을 정교화 하였다. 그는 변혁적 리더십이란 부하들로 하여금 개인적 이해관계를 넘어 기대 이상의 성과를 달성하도록 높은 수준의 욕구를 충족시키며, 업무성과의 중요성과 가치를 인식시킴으로써 부하를 동기부여 시키는 리더십이라 하였다. 그리고 바스는 변혁적 리더십은 다음과 같은 것들을 행함으로써 부하들로 하여금 기대 이상의 업적을 올리도록 한다고 주장한다. 즉 변혁적 리더는 어떤 특정 목표의 가치와 중요성에 대한 부하들의 의식 수준을 끌어 올리고, 부하들이 자신들의 조직과 소속된 팀을 위해서 자신들의 이익을 초월하도록 만들며, 부하들이 보다 높은 수준의 욕구에 관심을 갖도록 유도한다(Bass 1985, 1990; Bass & Avolio, 1993, 1994; Avolio, 1999).[95]

변혁적 리더는 강한 자기 확신과 이념적 신념을 보유하고 있으며, 부하들에게 높은 기대감을 부여하고 확신감을 심어주며 또한 개별적 배려를 하여 줌으로써 부하를 변화시켜 나갈 수 있다. 따라서 변혁적 리더는 부하들의 동기, 가치관, 신념 등에 강력한 영향을 미치며, 리더 자신의 이념적 몰입과 가치관을 통해 부하들의 기본적 신념을 변화시키며 강화시킬 수 있다.

바스는 그의 연구에서 리더의 욕구보다는 부하의 욕구에 더 많은 주의를 기울임으로써, 성과가 바람직하지 못한 상황에 변혁적 리더십이 적용될 수 있다는 것을 제의함으로써, 거래적 리더십과 변혁적 리더십을 상호 독립적인 연속체라기보다는 단일선상의 연속체로 설명함으로써 번스의 연구결과를 확장하였다(Yammarino, 1993).[96]

---

93) Burns, J. M. (1978), op. cit.

94) Bass, B. M.(1985), op. cit.

95) Bass, B. M.(1985), op. cit. Bass, B. M.(1990b), Editorial: An ancient subject, Leadership Quarterly, 1(3), 145-146. Bass, B. M., & Avolio, B. J.(1993), Transformational leadership and organizational culture, Public Administration Quarterly, 17 : 112-121. Bass, B. M., & Avolio, B. J.(1994), Improving organizational effectiveness through transformational leadership, Thousand Oaks, CA : Sage. Avolio, B. J.(1999), Full leadership development, Thousand Oaks, CA : Sage.

그리고 바스는 카리스마의 본성과 정서적 요소에 보다 많은 관심을 기울임으로써, 카리스마가 변혁적 리더십의 필요조건이기는 하지만 충분조건은 아니라는 주장을 함으로써 하우스의 연구결과를 확대하였다(Yammarino, 1993).

3.2 변혁적 리더십 요인들

변혁적 리더십은 부하들의 업적과 관련되어 있으며 부하들이 가진 잠재력을 최대한 개발하는 것과도 관련되어 있다(Bass & Avolio, 1990).[97] 변혁적 리더십을 발휘하는 사람은 대부분 일련의 강한 내적 가치관과 이상(궁극적 목표)을 가지고 있으며, 그들은 부하들이 그들 자신의 이익보다는 먼저 공동체의 이익을 위해 행동(헌신)하도록 만드는데 뛰어난 자질을 보인다(Kuhnert, 1994).[98]

3.2.1 이상적 영향력

요인1은 카리스마 또는 이상적 영향력(idealized influence)이라 불리며, 이는 부하들에게 강력한 역할모델이 되고 있는 리더를 말한다. 부하들은 그러한 리더들과 동일시하고 그들의 행동을 본받으려고 한다. 이러한 리더들은 보통 매우 높은 도덕적·윤리적 행동기준을 가지고 있으며, 항상 올바른 일을 하는 것으로 간주된다. 그리고 그들은 부하들로부터 많은 존경을 받고 있다. 그리고 그들은 부하들에게 항상 비전과 사명감을 심어준다.

3.2.2 영감적 동기부여

요인2는 감화(inspiration) 또는 영감적 동기부여(inspirational motivation)라 하며, 이 요인은 부하들에게 높은 기대를 표시하며, 조직 구성원들 간에 공유된 비전을 실현하는데 최선을 다하도록, 동기유발을 통해 부하들의 의욕을 끊임없이 고무시키는 리더를 묘사하는 말이다.

---

96) Yammarino, F. J.(1993), Transforming Leadership Studies: Bernard Bass' Leadership and Performance beyond Expectations, Leadership Quarterly, 4, 379-382.

97) Bass, B.M., & Avolio, B.J.(1990), Training and development of transformational leadership: Looking to 1992 and beyond, European Journal of Industrial Training, 14, 21-27.

98) Kuhnert, K. W.(1994), Transforming Leadership: Developing People Through Delegation, Thousand Oaks, CA: Sage, 1994.

3.2.3 지적 자극

요인3은 지적자극(intellectual stimulation)을 말하며, 부하들의 창의성과 혁신성을 자극하고, 그들 자신의 신념과 가치뿐만 아니라 리더와 조직의 신념과 가치까지도 새롭게 바꿔나가려고 노력하는 리더십이다. 이 같은 유형의 리더십은 부하들이 조직의 문제점을 다루는데 있어서 혁신적인 방법을 개발하도록 하고 새로운 접근법을 시도하도록 부하들을 지원한다. 이러한 리더십은 부하들로 하여금 그들 스스로 판단을 내리고, 보다 신중히 문제해결에 임하도록 만든다. 바스(Bass, 1985)[99]는 지적인 영역에서 변혁적 리더와 거래적 리더 사이에 있는 체계적 차이를 볼 수 있다고 하였다. 변혁적 리더는 부분적인 문제해결에 만족하지 않으며 현재의 상태를 받아들이지 않고 이전에 실시했던 방법대로 일을 수행하지 않으려고 노력한다. 따라서 변혁적 리더는 새로운 방법과 새로운 변화를 모색하고 보다 높은 위험에도 불구하고 기회를 최대한 이용하려는 경향이 강하다. 지적 영역에서 변혁적 리더와 거래적 리더의 차이는 변혁적 리더의 사고는 반응적(reactive)이기보다는 예방적(proactive)이며, 보다 창의적이고 혁신적이다.

3.2.4 개별적 배려

변혁적 요인 중 제4요인은 개별적 배려(individualized consideration)라고 한다. 개별적 관심이라고도 하는데 리더는 부하들의 개인적인 욕구에도 세심한 관심을 기울이고 지원적인 분위기를 조성하려고 노력하는 것이 대표적인 특성이다. 이러한 리더들은 부하들이 자기가 맡은 일에 익숙해지도록 코치와 조언자의 역할도 한다. 포드사코프 등(Podsakoff 등, 1983)[100]은 리더는 팀이나 조직을 위해 부하들에 대해 개인적인 관심과 배려를 보여주고, 지원해야 한다고 주장한다.

3.3 변혁적 리더십이 필요한 이유[101]

거래적 리더십이 꼭 나쁜 것이라고는 할 수 없다. 부하 직원에 대한 기대 사항을 분명히 밝히고 동기부여를 시키는 데 매우 유용하기 때문이다. 다만 서로 주고받는 교환이란 속성 때문에 일방이 아웃그룹이 되어 교환 관계를 포기해 버리면 전혀 작동

---

99) Bass, B. M.(1985), op. cit.

100) Podsakoff, P.M., Todor, W.D., & Schuler, R.(1983), Leader expertise as a moderator of the effects of instrumental and supportive leader behaviors, Journal of Management, 9, 173-185.

101) 고현숙(2012.05.), op. cit.

되지 않는다는 문제가 있다.

거래적 리더십의 한계를 지적하며 등장한 개념이 변혁적 리더십(transformational leadership)이다. 변혁적 리더십이란 구성원들의 의식을 한 차원 높게 끌어올려 그들을 변화시키는 리더십이다. 패배 의식에 빠진 구성원들을 '할 수 있다'는 정신으로 일어서게 하거나 과거의 폐단을 근절시키는 등 직원들에게 바람직한 변화를 이끌어내는 것이 변혁적 리더십의 핵심이다. 변혁적 리더들은 카리스마를 지니면서도 부하 직원들에게 지적 자극을 주며 구성원에 대한 개별적 고려를 한다. 조직에서도 사명과 목적을 중시하고 가치를 공유하려고 애쓰는 것은 조직원들과 이익을 주고받는 거래적 리더십에서 벗어나 변혁적 리더십을 추구하기 때문이다.

내가 변혁적 리더인지 알고 싶다면 간단한 질문을 스스로에게 해보면 된다. '사람들이 나와 함께 함으로써 더 나은 사람이 되었는가?' 여기에 '예'라고 대답할 수 있다면 그는 변혁적 리더이다.

3.4 사례 : 히딩크 리더십

2002년 온 국민을 감동의 도가니로 몰아넣었던 한국 축구 사상 월드컵 4강 진출은 지금도 많은 사람들의 기억 속에 자리 잡고 있을 정도로 한국 역사에서 큰 획을 그은 사건이다. 그 때의 그 감동은 돈으로도 살 수 없을 정도로 뭉클했으며, 한국이라는 나라에 태어난 것을 새삼 자랑스럽게 만들어준 계기가 되었기 때문에 이런 감동을 준 축구선수들은 스포트라이트를 받을 수밖에 없었으며, 이는 당연한 것이었다. 특히 축구의 변방이라고 일컬어지는 아시아에서 한국이라는 나라의 국가대표를 이끈 팀의 수장인 히딩크 감독은 선수들보다 더 많은 스포트라이트를 받았으며, 한국 국가대표를 월드컵 4강으로 이끈 히딩크 감독의 리더십은 국내에서 집중적으로 주목을 받게 되었다.

한마디로 히딩크 감독의 리더십은 변혁적 리더십에 가깝다. 그 이유는 우선 히딩크 감독은 특유의 카리스마를 통해 갖은 외압에도 불구하고 자신만의 방식으로 선수들을 훈련시키는 동시에 자율적인 분위기를 조성하여 선수들로 하여금 자신감이 충만할 수 있도록 지원하였기 때문이다. 그리고 당시 한국 축구에서는 생소하였던 히딩크 감독 스타일인 창의성을 바탕으로 한 공격축구에 대해 부임하자마자 이를 공유하였고, 이런 스타일에 잘 적응할 수 있도록 히딩크 감독은 전폭적으로 선수들을 지원하였기 때문이다. 마지막으로 히딩크 감독은 선수들에게 창의성이 가미된 플레이를 강조하였기 때문이다.

삼성경제연구소에서는 "히딩크 리더십의 교훈"라는 제목으로 히딩크 리더십의 성공 요인을 『HI-FIVE』라는 6가지의 요소로 분석하고 있다.[102]

▲ 꿋꿋함과 소신(Hardiness) : 히딩크는 훈련 결과가 상당기간 동안 성적으로 가시화되지 않았음에도 불구하고 자신의 축구철학을 확신하고서 '흔들림 없이 중심 잡힌 상태'를 유지했다. 이런 소신은 그의 경력과 승리 경험, 정확한 판단에 근거한 것이었다. 당장 원하는 결과가 나오지 않더라도 꾸준히 팀을 믿고 자신을 믿고 꿋꿋하게 원칙을 지켜나간 것이다.

▲ 공정성(Impartiality) : 히딩크는 선수 선발에 관한 전권을 위임받는다는 확약을 받고 대표팀을 맡았다. 그는 외국인 감독이기 때문에 학맥, 인맥 등과 무관하게 실력위주로 선수를 선발할 수 있었으며, 이 때문에 선수들은 더 열심히 능력을 인정받으려 했다.

▲ 기본의 강조(Fundamentals) : 히딩크는 자율적인 분위기를 강조하면서도 엄격한 원칙을 고수했다. 뿐만 아니라 여러 가지 전술을 체계화하여 실전에서는 스스로 가장 적절한 판단을 신속히 내릴 수 있도록 했으며, 체계적인 체력강화 프로그램을 통해 기본을 튼튼히 해왔다.

▲ 혁신의 축구(Innovation) : 히딩크는 틀에 박힌 포메이션의 파괴, 멀티플레이어의 육성 등을 통해 끊임없이 변형이 일어나는 창의적인 축구를 추구해왔다.

▲ 가치의 공유(Value Sharing) : 히딩크는 취임 초기부터 자신이 추구하는 축구의 스타일을 명확히 제시하였고 모든 선수가 이를 이해하고 공유하도록 유도했다.

▲ 전문지식 활용(Expertise) : 히딩크는 자신이 유럽에서 풍부한 경험을 쌓은 전문가로서, 글로벌 스탠더드를 도입하여 한국 축구의 눈높이를 한 차원 높였다. 이를 위해 전문화된 스태프를 효과적으로 이용하여 역할을 분담하고 시너지를 발휘하게 했다. 슬럼프에 빠진 한국 축구의 구조조정은 리더십을 포함한 모든 것을 원점에서 재점검함으로써 비로소 가능했다. 위기를 벗어나는 것은 일시적인 미봉책으로 해결할 수 없다. 근본적인 변화가 전제되어야 한다. 그리고 그 변화의 중심에는 언제나 준비된 리더가 존재한다. 2002년 월드컵에서 몇 명의 스타플레이어에 의존한 팀들이 모두 탈락한 사실만 보아도 탁월한 팀워크를 형성해낼 줄 아는 지도자의 중요성은 분명해진다.

102) 강한수 외(2002), 히딩크 리더십의 교훈, Issue Paper, 삼성경제연구소, 2002.06.10.

04 간단한 리더십 유형 평가[103)]

팀장에서부터 CEO에 이르기까지 조직을 이끄는 사람들은 자신의 리더십이 거래적 리더십에 가까운지 또는 변혁적 리더십에 가까운지를 판단해볼 필요가 있다. 전문가들이 만든 설문을 통해 어느 정도 가늠해볼 수 있다.

리더십 전문가인 라이든 일리노이대 교수는 거래적 리더십을 측정하기 위한 항목 5개를 정하고 리더와 부하로부터 각각 평가하도록 했다. 교환 관계의 질을 측정하는 항목들이다. 리더는 스스로를 평가하고, 부하는 상사가 이런 유형인지 응답한다. 항목당 7점으로 총점 35점 가운데 25점 이상이면 거래적 리더십 성향이 강하다고 보면 된다.

첫째 나는 내 지위에 주어진 권한에 관계없이 부하직원이 업무에서 겪는 문제를 해결하는 데 내 권한을 사용하려는 경향이 있다.

둘째 나는 부하직원이 정말로 필요로 한다면 내 희생을 감수해서라도 그를 곤경에서 기꺼이 구해준다.

셋째 나는 부하직원의 문제와 요구를 이해한다고 생각한다.

넷째 나는 부하직원이 그렇게 해달라고 하지 않더라도 그의 결정을 옹호하고 정당화할 만큼 부하직원에 대해 확신을 가지고 있다. 다섯째 나는 부하직원이 나와 함께 어디에 서 있는지 알도록 한다.

변혁적 리더십은 아볼리오 워싱턴대 교수가 만든 8개 설문을 이용해 평가할 수 있다. 리더 스스로 응답하는 방식으로 평가한다. 항목당 5점으로 총점 40점 가운데 32점 이상이면 뚜렷한 변혁적 리더십을 발휘한다고 볼 수 있다.

첫째 나는 우리가 무엇을 할 수 있고 또 무엇을 해야 하는지를 몇 마디 짧은 말로 명확하게 표현한다.

둘째 나는 다른 사람들이 낡은 문제들을 새로운 방식으로 생각하도록 할 수 있다.

셋째 나는 다른 사람들이 스스로 자기계발을 할 수 있도록 돕는다.

넷째 다른 사람들은 나를 완전히 신뢰하고 있다. 다섯째 다른 사람들은 나와 함께하는 것을 자랑스럽게 생각한다. 여섯째 나는 다른 사람들이 자신의 일에서 의미를 찾도록 돕는다. 일곱째 나는 다른 사람들로 하여금 자신이 이전에 전혀 의문을 갖지 않았던 일들에 대해 다시 생각하도록 만든다. 여덟째 나는 소외당하고 있는 듯한 사람들에게 개인적인 관심을 보인다.

103) 고현숙(2012.05.), op. cit.

05 요 약

거래적-변혁적 리더십이론은 리더십 스타일을 크게 두 가지 유형으로 나눠서 파악하고 있다. 하나는 거래적 리더(Transactional Leader), 다른 하나는 변혁적 리더(Transformational Leader)이다. 전자는 기존의 리더십 이론(Fiedler, path-goal theory,..)에서 제시했던 일반적인 리더의 특징을 갖고 있다. 목표와 일의 방향을 명확히 하고 각 멤버가 맡아줄 업무를 적절히 분장함으로써 멤버들의 동기를 유발하고 일을 추진해 나가는 유형이다. 이와 달리 변혁적 리더(Transformational Leader)는 직원 한 명 한 명의 개인적인 관심사나 원하는 것에 큰 관심을 기울이고 기존의 문제점에 대한 새로운 시각을 제시하면서 조직 구성원의 변화와 변혁을 일으키는 리더이다. 변혁적 리더는 멤버들의 영감을 불러일으키고, 신명나게 일을 할 수 있게 만들어서 목표를 향해 능력 이상의 열정을 발휘하도록 만든다. 이들 두 유형의 특징을 요약해 보면 다음과 같다.

5.1 거래적 리더십

거래적 리더십(Transactional leadership)은 독자적인 리더십 이론이 아니라 변혁적 리더십의 우월성을 강조하기 위해 만든 상대적 이론이다.

- ▲ 적절한 보상(Contingent Reward) : 좋은 성과를 내거나 어떤 특정 업무를 수행하는데 따른 보상을 약속한다.
- ▲ 능동적 예외에 의한 관리(Active Management by Exception) : 규칙에 위반되는 행위를 적극적으로 찾아내 시정 조치를 한다.
- ▲ 수동적 예외에 의한 관리(Passive Management by Exception) : 특별히 어떤 기준이 충족되지 못할 때 관여한다.
- ▲ 자유방임(Laissez-Faire) : 의사결정을 피하고 책임을 지지 않는다.

5.2 변혁적 리더십

Burns(1978)[104]는 거래적 리더십이 부하의 성과와 보상의 가치를 교환하는데 기초한다고 보고, 반대 차원에는 높은 이상과 도덕적 가치에 의해 변화를 추구하는 변혁적 리더십(Transformational leadership)이 있다고 주장하였다.[105]

▲ 카리스마(Charisma) : 비전을 제시하고, 사명감을 심어준다. 자부심을 불어넣는다. 리더는 존경과 신뢰의 대상
▲ 영감(Inspiration) : 높은 기대를 하고 있음을 느끼게 하고, 조직의 목적을 보다 단순하면서도 상징적인 형태로 압축, 표현해서 영감을 불러일으킨다.
▲ 지적자극(Intellectual Stimulation) : 구성원들의 합리성과 신중한 문제해결능력을 늘려 주고 지적으로 발전할 수 있게 한다.
▲ 개인별 고려(Individual Consideration) : 개개인에게 관심을 기울이고 개인적 충고도 곁들이며 방향을 제시한다.

5.2.1 변혁적 리더십의 효과성[106]

변혁적 리더십을 수행한 CEO 12명을 대상으로 분석한 결과, "변혁과정에서 리더들은 어떻게 변화를 관리하는가?"(Ticky & DeVanna 1986, 1990)[107] 3단계 행동과정을 통해 변화를 주도한다. 즉 1단계 : 구성원들이 변화의 필요성을 인식하는 단계, 2단계 : 비전을 만들어 공감하게 하는 단계, 3단계 : 변화를 실천하고 정착시키는 단계이다.

5.2.2 변혁적 리더십 이론 평가[108]

1) 장 점

리더의 개인적인 입장만 강조했던 과거의 특성이론과는 달리 구성원들의 리더에 대한 만족도, 리더십에 대한 반응 정도나 양식, 구성원의 동기부여 수준 등을 비중 있게 다루고 있다.

---

104) Burns, J. M. (1978), op. cit.
105) 거래적 리더십: 성과와 보상, 변혁적 리더십: 높은 이상과 도덕적 가치 변화
106) contents.kocw.net/KOCW/document/2014/BUFS/HanChangsu/10.pdf, op. cit.
107) 조직혁신 과정에서 리더의 역할을 체계적으로 제시
108) contents.kocw.net/KOCW/document/2014/BUFS/HanChangsu/10.pdf, op. cit.

2) 단 점

거래적 리더십과 변혁적 리더십을 독립적인 것으로 취급한다. 실제로 변혁적 리더십이 성공적으로 발휘되려면 리더는 거래적 리더십의 상당한 요소들을 보유·발휘해야 할 것이며, 이들 간의 상호작용 정도에 따라 구성원들의 만족도, 조직의 효과성이 달라질 수 있다.

5.3 거래적 리더십과 변혁적 리더십의 차이점

두 유형은 서로 상반된 것이라기보다는 거래적 리더십을 갖춘 다음 단계에 변혁적인 리더십을 발휘할 수 있다.[109] 그리고 변혁적 리더가 거래적 리더보다 훨씬 더 높은 성과를 내고 구성원들 역시 높은 직업만족도를 느끼고 이직률도 낮아지는 등 탁월한 결과를 보여주었다. 각 멤버들의 직업만족도를 올리고, 작업성과를 높이고자 하는 리더에게 기존의 거래적 리더십에서 탈피, 보다 더 고차원적인 변혁적 리더십을 발휘할 것을 권고할 수 있다.

109) 두 리더십은 상반된 관계가 아니라 목표달성에 서로 필요한 보완적 관계로 인식. 즉 리더십은 거래적이거나 변혁적으로 발휘될 수도 있고, 병행하여 발휘 가능하다.

Chapter

05 현대적 리더십 이론II : 카리스마 리더십

1. 카리스마 리더십의 의미와 관점
2. 카리스마 리더의 특징과 심리적 특성
3. 카리스마 리더십 발생 요인
4. 긍정적, 부정적 카리스마 리더
5. 카리스마 리더의 한계점
6. 카리스마는 과연 리더의 필요조건인가
7. 변혁적 리더십과 카리스마 리더십의 공통점과 차이점
8. 사례 조사

경제가 어려워지고 기업의 성과가 떨어질 때 조직에서 원하는 리더는 어떤 리더일까? 변화무쌍한 경영환경에서 조직은 어떤 리더를 원할까? 뭔가 파격적이고 새로운 바람을 일으켜 조직에 에너지를 불어넣고 성과를 창출할 수 있는 리더를 찾는 것이 어쩌면 당연한지도 모른다. 사회적 분위기는 바르고 착하고 따뜻한 진성 리더를 원하지만 어쩌면 기업이라는 비즈니스 속성을 들여다보면 허울 좋은 포장과 같은 착한 리더보다는 성과를 내는 카리스마 리더를 원하는 것이 팩트다. 리더에게 카리스마는 가장 중요한 요소 중 하나이다. 그런데 카리스마만 있어서는 안 된다. 여기에 긍정적이란 전제가 필요하다. 긍정적 카리스마를 가진 리더가 필요하다.

01 카리스마 리더십의 의미와 관점[110)]

'카리스마(Charisma)'의 의미는 기적을 행하거나 미래의 사건을 예언할 수 있는 능력과 같이 '하늘이 부여한 재능'이라는 의미를 가진 희랍어이다.[111)] 저명한 사회학자 막스 베버(Max Weber, 1968)[112)]에 따르면, 사회적 위기에서 리더가 해결책으로 근본적인 비전을 제시하고 그 비전을 믿은 부하의 마음을 사로잡을 때 카리스마가 나타나게 된다고 한다. 그 카리스마는 비전을 달성하는데 중요한 역할을 하게 되고, 부하들은 비전 달성과 함께 그 리더를 비범한 존재로 인식하게 된다. 사회가 혼란스럽고 경제가 어려워질수록 사람들은 믿고 따를 수 있는 리더를 더 찾게 된다. 어디로 가야 할지 잘 모르는 상황에서 명확한 방향을 알려주기를 원하기 때문이다.[113)]

막스 베버는 카리스마를 가진 리더를 다음의 4가지 관점으로 설명했다.

---

110) 유경철(2019), 긍정적 카리스마 리더는 세상을 변화시킨다, 품질경영(2019년 2월호), 2019.01.31.

111) 그리스어인 카리스마(Charisma)는 원래 '신(神)으로부터 부여 받은 재능'을 가리키는 말

112) Weber, M.(1968), Economy & Society (vol. 1; originally published in 1925), New York, edminster.

113) 카리스마적 리더는 태어나는가? 만들어지는가? 카리스마적인 특성을 가지고 태어나는 사람도 있지만, 훈련을 통해 갖출 수도 있음. 긍정적인 관점을 고수하고, 욕구를 촉매제로 하여 열정을 쏟아낼 수 있도록 훈련. 남들이 추종하도록 하게 만드는 단단한 결속을 맺음으로써 그들이 다가오도록 함. 부하직원들의 감정적인 면을 이해함으로써 그들이 가지고 있는 잠재력을 끌어내도록 함. https://www.hansung.ac.kr/.../4?p..., [PDF] 카리스마 리더십 이론, 2016.05.02. 참조.

첫째 카리스마 리더는 항상 숭고한 사명을 내세우며 다른 사람들로 하여금 그를 믿도록 하는 능력이 뛰어나다. 조직의 방향이 정해지면 방향성을 명확하게 설명하고 왜 우리가 그 방향으로 가야 하는지, 전략을 설정하고 목표를 실행할 수 있도록 설득한다. 방향성에 대한 의지가 명확하기 때문에 조직원들은 그 강렬함과 열정에 자연스럽게 이끌리게 된다.

둘째 카리스마 리더는 비범한 성과나 사건을 만들어 냄으로써 자신의 카리스마를 조직원들에게 수시로 입증해야 한다. 흔히 카리스마가 강한 리더들을 살펴보면, 실제보다 부풀려진 이미지를 가지고 있는 경우가 많다. 따라서 그런 이미지를 불식시키려면 실제로 자신이 말한 미션을 따르고 목표에 대한 성과를 이뤄내야 한다. 그러한 실행이 없이 강렬한 말만 계속한다면 카리스마는 독선적이고 강압적으로 변질된다.

셋째 카리스마 리더가 이끄는 조직의 구성원들은 리더에 준하는 카리스마를 갖게 된다. 실제 리더와 일을 하면서 리더의 모습을 따라 가게 되는 현상인데 자신이 리더와 동일시되는 현상이다. 그리고 리더의 말을 믿고 추종하며 그와 같이 되고 싶어 하는 욕망을 갖게 된다.

넷째 카리스마는 가치중립적이다. 카리스마의 결과는 긍정적일 수도 있고 부정적일 수도 있다. 간디, 알렉산더와 같이 긍정적인 리더도 있지만 히틀러, 무솔리니와 같은 부정적인 리더들도 카리스마 리더에 포함되기 때문이다. 따라서 카리스마를 어떻게 사용하느냐에 따라 좋은 리더, 나쁜 리더로 나눠질 수가 있다.

02 카리스마 리더의 특징과 심리적 특성[114)]

카리스마를 연구한 논문들을 토대로 카리스마 리더의 특성을 분석해 보면, 먼저 신체적인 특징은 매력적인 외모, 강렬한 눈빛, 매혹적인 목소리, 위용 넘치는 힘 등이 있고, 심리적·행동적 특성을 보면 에너지가 넘치고 자신감이 있으며, 타인을 지배하려는 성향과 권력 욕구가 있다. 자신의 생각이 옳다는 것에 대한 강한 확신이 있고 고도의 커뮤니케이션 능력도 가지고 있다. 이러한 리더들을 카리스마가 넘치는 리더라고 말한다.

114) 유경철(2019.01.31.), op. cit.

카리스마 리더를 따르는 사람들도 특징이 있는데, 리더에 대한 높은 존경심, 충성, 헌신, 애정을 가지고 있고 리더의 성과에 대한 기대감을 바탕으로 전적으로 복종을 하려는 성향을 가지고 있다. 우리가 존경하는 간디, 마틴루터킹 목사도 모두 이러한 추종자들이 있었다.

카리스마가 있는 리더는 강한 권력욕구, 높은 자신감, 그리고 자신의 신념과 이상에 대한 강한 확신을 가지고 있다. 따라서 카리스마 리더들은 조직원들에게 다음과 같이 강력한 영향을 미치는 행동을 하게 된다. ▲매력적인 비전을 보여준다. ▲비전을 설명할 때 강력한 의사소통 형식을 사용한다. ▲비전 달성을 위해 개인적으로 위험을 무릅쓰며 자신을 희생한다. ▲높은 기대감을 전달한다. ▲조직원들에게 낙관주의와 신뢰감을 표현한다. ▲비전과 일치하는 행동의 역할 모델이 된다. ▲인상(평판)을 관리한다. ▲집단이나 조직을 리더와 동일시하도록 유도한다. ▲조직원들에게 활력을 부여한다.

실제 카리스마 특성을 가진 리더들은 매우 매력적이고 긍정적인 비전을 전달하는 커뮤니케이션 스킬이 뛰어났다. 미국 역대 대통령들의 연설문을 분석한 자료에 따르면, 리더들은 다양한 은유법을 사용해 사람들에게 강력한 동기부여를 하는 것으로 나타났다. 커뮤니케이션은 카리스마 리더에게 중요한 역량 중 하나이다. 조직원들에게 자신의 생각을 명쾌하게 설명할 수 있고 실제 행동으로 갈 수 있도록 동기를 부여하는 첫 단추이기 때문이다. 논리적이면서도 감성적인 소통 능력이 뛰어난 리더는 조직원들의 변화를 이끌 수 있고, 움직일 수 있는 영향력을 발휘할 수 있다.

03 카리스마 리더십 발생 요인[115)]

카리스마 리더는 상황 또는 리더의 자질 어느 하나에 의해 출현하는 것이 아니라 리더와 팔로워의 상호작용에 의해 발생한다는 것이다. 즉 리더의 인격뿐만 아니라 상황적 맥락에 따라 영향을 받는 팔로워의 인식과 반응에 의해 카리스마 리더가 출현한다는 것으로, 카리스마는 "리더가 소유하고 있는 어떠한 자질이 아니라 리더와 팔로

115) contents.kocw.net/KOCW/document/2014/BUFS/HanChangsu/10.pdf, 제10장 카리스마적 리더십, 변혁적 리더십.

워 사이의 관계의 결과"라는 것이다(House et al., 1997; Shamir et al., 1993; Conger & Kanungo, 1998).[116]

3.1 리더의 특성

▲ 추종자에게 비전을 제시할 수 있어야 한다.
▲ 비전을 전달할 수 있는 능력을 가지고 있어야 한다.
▲ 추종자들로부터 신뢰를 얻어야 한다.
▲ 개인적인 매력을 가지고 있어야 한다.
▲ 비언어적 표현(눈 접촉, 제스처, 억양, 표정 등)으로 감정표현을 할 수 있어야 한다.

3.2 구성원

▲ 리더에 대한 강한 애정을 가지고 있어야 하고, 리더의 신념을 자신의 것으로 받아들여야 한다(동일시).[117]
▲ 리더의 권위에 순종해야 한다.
▲ 리더의 비전에 따르면 자신들이 원하는 것을 얻을 수 있다는 높은 기대감을 보여주어야 한다.
▲ 리더의 개인적인 매력에 정신적으로 몰입되어야 한다.

3.3 상 황

▲ 사람들이 위기의식을 느낄 때, 자신들이 처한 어려운 상황에서 자신들을 구해낼 수 있는 리더를 찾게 되며, 이러한 상황에서 카리스마적 리더가 나타날 가능성이 높다.
▲ 업무처리를 하는데 있어서 소속집단 구성원간의 상호의존도가 높을 경우, 그 집단의 리더는 카리스마적 리더가 될 가능성이 높다.

---

116) House, R. J., Delbecq, A., & Taris, T. W.(1997), Value based leadership: An integrated theory and an empirical test, Unpublished paper. Sharmir, B., House, R. J., and Arthur, M. B.(1993), The Motivational Effects of Charismatic Leadership: A Self-Concept-Based Theory, Organizational Science, 4, 577-594. Conger, J. A. and Kanungo, R. N.(1998), Charismatic Leadership in Organizations, Thousand Oaks, CA : Sage.

117) 동일시 : 타인의 인격적인 특성들을 본보기로 삼아 자기 속에 끌어들여 독립된 인격을 만드는 무의식적인 심리과정

04 긍정적, 부정적 카리스마 리더[118]

카리스마 리더에 대한 다양한 시각이 존재하는 것은 사실이다. 물론 리더가 카리스마를 부정적으로 사용했을 때의 부작용도 많다. 그러나 부작용보다는 강점을 잘 살려 리더십을 발휘하는 지혜가 필요하다. 어떤 리더십이든 완벽한 것은 없다. 강점과 약점이 있고 중요한 것은 강점을 잘 살리는 일이다. 조직의 성공과 성과 창출을 위해서는 리더가 가진 강점을 극대화해야 한다. 리더가 발휘하는 리더십은 결국 자신의 신념에서 나온다. 어떤 리더십을 선택하든 명확하게 설명할 수 있고 결과에 대해서 책임을 질 수 있으면 된다. 그리고 그것이 진정 누구를 위한 것인가에 대한 답에 본인이 답을 할 수 있으면 된다.

너무나 빠르게 변화하는 조직에서 리더의 역할은 그 어느 때보다 중요해졌다. 이렇게 복잡한 시대에는 자신과 조직에 가장 적합한 리더십을 발휘하고 가시적인 성과를 내는 것이 중요하다. 그리고 성과보다 중요한 것은 조직원들에게 긍정적인 카리스마 리더로서 얼마나 신뢰와 인정을 받고 있느냐는 것이다.[119]

한편 카리스마 리더에 대한 부정적인 시각이 많은 것도 사실이다. 따라서 학자들은 '긍정적인 카리스마 리더'와 '부정적인 카리스마 리더'를 구분하는 것에 대해 많은 연구를 해왔다.

가장 좋은 접근방식은 조직원들에게 미치는 결과를 검토하는 것인데, 대부분의 리더들은 조직원들에게 긍정적인 영향력과 부정적인 영향력을 모두 가지고 있었다. 그러나 긍정적인 영향력이 더 큰 리더들이 조직의 성과에 더 크게 기여한다는 연구결과가 많다. 그렇다면 어떻게 긍정적인 카리스마 리더와 부정적인 카리스마 리더를 구분할 것인가? House & Howell(1992)[120]의 연구결과에 따르면 리더가 가진 가치와 성격에 의해서 구별된다고 한다.

---

118) 유경철(2019.01.31.), op. cit.

119) 이상의 내용은 유경철(2019.01.31.), op. cit. 참조.

120) House, R. J., & Howell, J. M.(1992), Personality and charismatic leadership, Leadership Quarterly, 3: 81-108.

4.1 긍정적인 카리스마 리더[121)]

먼저 긍정적인 카리스마 리더는 사회화된 권력지향을 가지고 있다. 이들은 자신에게 헌신하기 보다는 조직에 헌신할 것을 강조한다. 권한을 위임하고 정보를 공개적으로 공유하고, 결정에 참여하도록 격려하며, 조직의 사명과 목표에 일치하는 행동에 보상을 해준다. 이러한 리더의 행동은 설령 성과가 좋게 나오지 않더라도 조직원들에게는 롤 모델이 될 수 있다. 또한 긍정적인 카리스마 리더와 일을 하게 되면 심리적인 성장을 경험하고 자신들의 역량을 개발할 것이며, 조직은 역동적이고 치열한 경쟁에도 잘 적응하게 된다.

4.2 부정적인 카리스마 리더

반면 부정적인 카리스마 리더는 개인화된 권력지향을 가지고 있는데 이들은 이상보다는 자신에게 헌신할 것을 의도적으로 강조한다. 카리스마를 권력을 획득하기 위해 사용하고 리더의 개인적 목표를 위해 조직원들에게 충성을 요구한다. 그들을 약하게 만들어 리더에게 의존하게 함으로서 조직원들을 지배하고 복종시키려고 애쓴다. 중요한 결정에 대한 권한은 리더에 집중되고, 보상과 처벌은 부하를 조종하고 통제하기 위해 사용한다. 이러한 리더들의 결정은 조직원들의 복지보다는 자기미화와 권력 유지에 더 큰 관심을 갖게 된다.[122)]

---

121) 긍정적 카리스마 리더는 세상을 변화시킨다. 최근 베트남 축구에 신드롬을 일으키며 베트남의 영웅이 된 박항서 감독은 기존의 틀을 깨고 긍정적 카리스마로 수평관계에서 선수들과 높은 신뢰를 형성한 것을 베트남 축구를 변화시킨 핵심으로 꼽았다.

122) 카리스마 리더십의 단점에 해당되는 사항임. 즉 개인의 목표를 회사의 목표달성보다 더 중요시함(자아도취 or 나르시시즘). 부하직원들을 설득하여 조직 전체를 잘못된 길로 접어들게 할 수도 있음.

05 카리스마 리더의 한계점[123)]

리더에 대한 긍정의 표현(YES)만 하는 경우가 있다. 또한 자기도취, 현실감각이 없어질 수 있으며, 타인감정에 무감각해질 수 있는 우려가 있다. 모든 행동과 명령은 리더의 판단이 중심이 된다. 따라서 결과를 예측하기 어렵다.

06 카리스마는 과연 리더의 필요조건인가[124)]

"한국 사회의 모든 갑질 이슈는 리더십에 대한 잘못된 고정관념에서 시작된다." 리더십 분야의 세계적 권위자인 로버트 호건 박사(81)[125)]는 2018년 7월 27일 매일경제와 인터뷰하면서 "한국에선 아직도 리더는 독단적이고 카리스마가 있어야 한다는 고정관념이 있다"며 "리더십에 대해 잘못 이해하고 있는 한국의 리더들은 부하 직원에게 쉽게 흥분하고 폭언·폭력 등 과격한 방식으로 자신의 권위를 과시하고 싶어 한다"고 말했다. 호건 박사는 최근 물의를 일으킨 조현민 전 대한항공 전무, 이명희 일우재단 이사장 등을 '잘못된 한국적 리더십'의 대표 사례로 제시했다.

그는 리더가 조직성과의 중요한 요인이며, 리더의 성격은 조직의 미래성과를 예측하는 중요한 수단이라고 분석했다. 호건 박사는 "한국 기업의 임원급에 대해 연구한 결과, 한국의 리더들은 (28개의 성격 측정 항목에서) 흥분성, 과시성, 의존성 등이 높

123) https://pm200.tistory.com/22(햇살이 가장 따듯한 시간), 리더십의 종류: 서번트 리더십 vs 카리스마 리더십, 2015.12.07.
124) 매일경제(2018.08.), "리더에게 카리스마 필요하다는 건 착각이죠", 2018.08.02.
125) 호건 박사는 30여 년간의 연구 경험을 바탕으로 리더들의 성격 평가 시스템을 개발해 처음으로 산업 현장에 접목시켰다.

은 편이고 대인 민감성은 낮은 특징이 있다"면서 "이는 독단적이고 카리스마가 있지만 상사 의존적인 과거의 리더가 가지는 전형적인 특징"이라고 평가했다. 이어 "높은 흥분성과 낮은 대인 민감성은 문제가 닥쳤을 때 적극적으로 직면하고 해결해 나가는 강점이 있다. 대통령 탄핵은 그것을 잘 보여준 사례라고 생각한다"고 설명했다. 하지만 이 같은 특성은 자신의 권위를 과시하고 싶어 하는 잘못된 방향으로 흐를 수 있다는 것이다. 호건 박사는 "한국의 일부 리더들이 급변하는 구성원의 의식을 정확히 짚어내지 못하고 있다"면서 "구성원의 높아지는 요구에 부응할 수 있는 리더가 살아남을 것"이라고 말했다.

호건 박사는 좋은 리더가 되기 위해서는 '자기가 인식하는 자신'과 '남들이 바라보는 자신의 모습' 간의 차이를 인식하는 것이 필요하다고 조언했다. 그는 "본인이 생각하는 자신은 중요하지 않다. 중요한 것은 '남이 나를 어떻게 바라보느냐'의 문제인데 리더가 되면 이러한 간극을 알 수 있는 기회가 드물다"면서 "이러한 점을 두루 살펴 새로운 리더십 관점에서 본인과 구성원을 둘러보는 리더가 성공할 것"이라고 강조했다.

07 변혁적 리더십과 카리스마 리더십의 공통점과 차이점[126)]

7.1 공통점

변혁적 및 카리스마 리더십에 따르면 효과적인 리더는 부하의 태도와 신념을 변화시킬 수 있고, 또한 부하들로 하여금 조직의 목표와 사명에 몰입시킬 수 있는 사람이라는 주장에 근거한다. 두 이론은 자신의 추종자로부터 믿음, 신뢰, 칭찬, 충성을 이끌어내기 때문에 그 결과 추종자는 조직이나 리더에 대한 개인적 충성심이 우러나므로 자연스럽게 조직에 몰입하도록 동기화된다.

변혁적 리더십과 카리스마 리더십은 다음과 같은 공통점을 나타낸다.

126) cfile28.uf.tistory.com/attach/19618D3451755D8C04CF02, 변혁적 리더십과 카리스마적 리더십의 공통점과 차이점. 참조.

① 카리스마 리더십과 변혁적 리더십은 모두 자신의 판단과 행동에 대한 강한 자신감을 가지고 있다.
② 카리스마 리더십과 변혁적 리더십 모두, 분발 고취를 일으킨다. 즉 하위자가 일을 수행하는데 있어서 일에 열중할 수 있는 성취감과 동기를 부여하는 것이다.
③ 카리스마 리더십과 변혁적 리더십 모두, 비전의 구체화 능력을 가진다. 즉 미래가 지향하는 바에 대한 이상적인 비전을 표현할 수 있는 독특한 능력을 지닌다. 사실 현상과 이상적인 비전 사이의 불일치가 크면 클수록 추종자는 특이한 비전을 지닌 리더로 방향을 돌릴 가능성이 커진다.
④ 카리스마 리더십과 변혁적 리더십 모두, 개인의 높은 위험추구의 의지를 지닌다. 흔히 비전을 추구하기 위해 큰 위험을 기꺼이 떠맡는다. 이러한 미래에 대한 몰입과 자기희생은 흔히 다른 사람들로 하여금 따르도록 부추긴다.
⑤ 카리스마 리더십과 변혁적 리더십 모두, 비정형적 전략을 사용한다. 이러한 리더는 자신의 행동에 대한 신뢰감의 표시로 흔히 인습 타파적인 행동을 취하면서 기존의 규범을 깨뜨린다. 이러한 시선을 끄는 행동은 추종자의 찬양을 이끌어내는 것이다.
⑥ 카리스마 리더십과 변혁적 리더십 모두, 변화촉진자로서의 역할을 한다.

7.2 차이점

카리스마의 본질은 리더의 안내와 영감에 의존하고 있는 추종자들이 카리스마를 예외적인 특별한 것으로 지각하는 것이다. 카리스마 리더십은 인상관리, 정보통제, 비관습적 행동,[127] 그리고 위험 감수와 같은 행동을 통해 비범한 이미지를 형성함으로써 극단적으로 존경을 받고, 팔로워들로 하여금 무조건적으로 복종하고 신뢰하게 하는 리더십 행동을 보다 많이 한다(House, 1977).[128]

이에 반해 변혁적 리더십은 팔로워들의 잠재능력을 개발해 주고, 중요한 의사결정 권한의 위임, 팔로워들의 기량과 자신감 함양, 자율관리팀 구축, 중요한 정보의 직접적인 접근 허용, 불필요한 통제 제거, 임파워먼트를 촉진하는 조직문화 조성 등과 같이 팔로워들이 리더에게 덜 의존하게 만드는 리더십 행동들을 더 많이 함으로써 팔로워들로 하여금 더욱 더 자율적, 자기 지시적, 자아실현적이고 이타적이 되도록 한다(Burns, 1978; Bass 1985).[129]

---

127) 관습에 얽매이지 않는 행동: 고상하면서도 관습에 반대하는 행동을 보임.
128) House, R. J.(1977), Theory of Charismatic Leadership, In J. G. Hunt and L. L. Larson (Eds.), Leadership: The Cutting Edge: 189-269. Carbondale: Southern Illinois University Press.

또한 바스(Bass, B. M.)는 카리스마 리더십은 부하들에게 강한 감정과 동일시를 유발시켜 영향력을 미치는 과정이라고 정의하고, 변혁적 리더십은 거기에 추가하여 코치, 교사, 조언자 역할을 해서 리더와 부하가 더 높은 도덕적 및 동기적 수준을 갖도록 추종자를 변환시켜 나가는 과정이라고 하였다.

⇒ 카리스마 리더십 〈 변혁적 리더십

다시 말해 카리스마 리더십과 변혁적 리더십은 모두 분발 고취라는 공통점을 지니지만 이는 약간의 모습에서 차이를 나타낸다. 카리스마 리더십이 하위자를 일깨우고 고무함으로써 분발고취 시킬 수도 있지만, 카리스마 리더십이 발휘되지 않은 상태에서도 분발 고취는 일어날 수 있다는 것이다. 그리고 카리스마 리더십과 변혁적 리더십의 가장 큰 차이는 변혁적 리더십이 각 하위자에 대한 배려를 통해서 하위자 개인의 정서와 동기를 파악하는데 반해서 카리스마 리더십은 강한 우월감과 자신감, 그리고 하위자에 대한 명령적인 영향력을 행사한다는 것이다. 이는 변혁적 리더십이 리더의 우월감에 따른 하위관계가 아닌 서로의 동등한 입장에서 하위자를 배려하는 리더십이라는 점에서 큰 차이를 나타낸다.

그렇지만 카리스마 리더십과 변혁적 리더십의 구분은 아직 불분명하다. 카리스마 지도자는 극단적으로 존경을 받고 부하들로 하여금 무조건적으로 복종하고 신뢰하게 하는 지도자인 반면에 변혁적 지도자는 부하로 하여금 자율적이고 자아실현적이 되도록 하는 지도자라고 할 수 있다. 이러한 차이로 인해 두 가지 형태의 지도자는 요구되는 상황이 각기 달라진다. 예를 들어 육체적이고 감정적인 노력을 요구하는 상황이나 전투 상황 같은 경우에는 카리스마 지도자가 적합한 반면에 급변하고 불확실한 환경에 대한 적응력과 창의력이 요구되거나 부하들의 자발성과 책임성이 요구되는 상황에서는 변혁적 지도자가 적합할 수 있을 것이다.

결국 어느 리더십이 옳고 그른가는 별로 의미가 없다. 고도로 다원화된 현대사회에서는 각 분야에 어울리는 독특한 리더십만이 필요하다고 생각한다.

---

129) Burns, J. M. (1978), Leadership, New York: Harper & Row. Bass, B. M.(1985), Leadership and Performance beyond Expectations, New York: Free Press.

08 사례 조사

8.1 성공사례 : 정주영[130)]

전 세계의 내로라하는 기업인들과 어깨를 나란히 견줄 만한 경영자를 한국에서 찾는다면, 단연 현대그룹의 고 정주영 명예회장을 손꼽을 수 있다. 강원도 빈농의 아들로 태어나 소학교를 겨우 마친 정주영 회장이 현대그룹 이란 거대한 기업체를 일구기까지의 창업과정은 하나의 신화에 견줄만하다.

8.1.1 마지막까지 최선을 다하고 말하라

"마지막까지 최선을 다하라" 정 회장의 수많은 성공담은 그의 끈질긴 노력에서 비롯된 것이다. 일례로 현대의 역사적 작품 가운데 하나인 경부고속도로 공사는 430억원의 최저 공사비로 전장 428km의 고속도로를 3년 안에 건설한다는 계획이었다. 사실 잘못하다간 손해와 위험을 안게 되는 골치 덩어리 공사인 셈이었다. 그렇다고 대충 부실공사를 할 수도 없는 노릇이었다. 정주영 회장은 공사기간을 앞당기기 위해 그 때로서는 천문학적이라 할 수 있는 800만 달러의 중장비를 구입해 900만 명에 달하는 인원을 동원했다. 많은 어려움이 있었지만 결국 1970년 6월27일, 최대 난제였던 당제터널 공사를 끝내고 예정대로 경부고속도로 준공식을 치르게 되었다. 정주영 회장이 집요하리만큼 노력을 기하는 자세는 천성이라고 표현할 수밖에 없다. 어떤 분야이건 일단 뛰어들면 모든 장비와 엄청난 투자를 아끼지 않았다.

8.1.2 명확한 비전을 제시하는 경영인

기업체를 설립하고 성장시키는 것은 쉽지만 끊임없이 새로운 변화를 모색하며 발전해 나간다는 것은 생각처럼 간단치 않다. 그러한 점에서 정주영 회장은 늘 새로운 일들을 꿈꾸고 계획하는 전략가였다. 비근한 예로 현대의 반도체 사업, 서울올림픽 유치, 금강산 개발사업 등은 창업주의에 기반을 둔 정주영 회장만의 '미래 청사진'이었

130) http://blog.daum.net/sangmyung-nutrition/4255321, 정주영(카리스마 리더십 사례), 예쁜 유니의 천사, 2008.05.15.

다. 이것들은 정주영 회장이 미래를 내다보는 안목이 있다는 실증적인 사례가 되는 셈이다. 그렇다면 정주영 회장은 많은 미래의 아이디어를 어디에서 찾는 것일까. 정주영 회장은 많은 시간을 들여 문제를 집중적으로 생각하는 한편, 각 개인의 태도를 예의주시한다고 한다. 항상 새로운 각도에서 문제를 바라보는 것, 이것이 아이디어를 얻는 비결이라는 설명이다.

8.1.3 저돌적으로 나가라

현대가 조선 사업에 뛰어들 때만 해도 주위의 비웃음을 한 몸에 받았다. 1970년 건설에서 탄탄히 기반을 다지고 소형 차량을 생산하는데 성공했지만 어떻게 큰 선박을 만들어낼 수 있겠느냐는 것이 국내의 전반적인 평가였다.

한동안 정주영 회장이 불도저로 불린 적이 있다. 사업 추진력을 빗대어 붙여진 별명이었다. 일단 해보겠다는 목적의식이 들면 뛰어드는 것을 주저하지 않는다는 게 주변의 평가였다. 주베일 산업항 건설공사 역시 정주영 회장 특유의 저돌성을 엿볼 수 있는 대목이다. 당시 한국 예산의 50%에 해당하는 주베일 프로젝트는 해안에서 7마일 떨어진 바다 한가운데 4척의 초대형 유조선 정박터널을 건설하는 공사였다. 물론 현대가 이러한 시설을 설계한 경험은 전무했다. 그러나 정주영 회장은 1979년 2월 주베일 항구를 완공한다.

이처럼 정주영 회장이 모험을 즐길 수 있는 것은 상식에 얽매인 고정관념 속에 갇혀 있지 않았기 때문에 가능했다고 본다. 스스로도 '하고자 하는 굳센 의지'에서 비롯되는 인간의 무한한 잠재능력과 창의성을 중요하게 여겼다고 한다.

8.1.4 현장에서 살고 현장에서 죽는다

흔히 정주영 회장을 '현장주의자'라고 말한다. 하루도 거르지 않고 산업 현장을 직접 찾는 정주영 회장이 어느 순간 불시에 나타날지 몰라 현장의 직원들은 항상 긴장과 초조의 날들을 보낸다는 것이다.

기업이란 냉정한 현실이고, 행동함으로써 성장해 나가는 만큼 경영자가 똑똑한 머리만 굴려서는 성공할 수 없으며 몸소 행동해야 기업을 키울 수 있다고 역설하는 것이 정주영 회장이다. 어쭙잖은 이론보다는 현장에서 직접 체험한 지식과 경험이 기업에 더 절실하다는 얘기다. 정주영 회장이 현대라는 기업을 세운 이후 모든 시간을 현장에 투자했기에 경영자의 위치에서도 세세한 부분까지 파악하고 지휘할 수 있는 사령탑 역할을 충분히 해낼 수 있었다.

지칠 줄 모르는 승부근성과 믿을 수 없을 만큼의 대담성, 명확한 비전제시 등 경영자로서 최고의 지략을 지닌 정주영 회장은 그의 리더십을 바탕으로 한국 경제발전사

의 핵심을 꿰뚫는 기업인이자 건설, 자동차, 조선, 석유화학 등 산업 근대화의 중추적인 역할을 이뤄냈다

8.2 카리스마가 지나치면 독이 된다[131)]

사회통념상 압도적인 카리스마를 자랑할수록 뛰어난 리더로 친다. 카리스마형 리더는 조직원의 의욕을 북돋아 탁월한 업무성과를 이끌어내고 헌신과 믿음, 만족감이 큰 조직을 만들 수 있다는 식이다. 부하직원들도 카리스마가 약한 리더보다 카리스마가 강한 리더가 일을 잘한다고 여긴다.

그러나 연구결과 적절한 수준의 카리스마는 중요하지만, 정도가 지나치면 효과성(effectiveness)이 떨어지는 것으로 나타났다. 재스민 버고위(Jasmine Vergauwe) 등은 전 세계 비즈니스 리더 800명과 그들의 상사와 동기, 부하직원 7500명을 대상으로 연구를 진행했다. 참여한 리더들은 슈퍼바이저(과장, 팀장)부터 제너럴매니저(부서장, 점장급)까지 다양한 관리직 종사자들이었다.

그들은 연구에 앞서 카리스마가 일정 값을 웃돌면, 일을 처리하는 방식 중 운영적 행동이 부족할 때 생기는 단점이 전략적 행동 덕분에 생긴 장점보다 클 거라고 예상했다. 예상은 적중했다. 카리스마 넘치는 리더는 전략적 야심은 컸을지 몰라도, 적절한 방식으로 수행해야 하는 매일 매일의 일상적 업무에는 무능했다. 이는 효과성 평가에 부정적인 영향을 미치는 부분이다. 이를테면 카리스마형 리더들은 전략적 비전을 이행하는 데 필요한 일상적 업무를 잘 처리하지 못했고, 단기간에 해야 하는 일에도 체계적으로 접근하지 못했다. 카리스마가 약한 리더는 반대였다. 이들은 전략적 리더십이 부족해서 효과성이 떨어지는 것으로 나타났다. 예를 들어 장기 계획을 세우는 데 충분히 시간을 쓰지 않았다. 문제를 큰 틀에서 보지 못했고, 현실에 안주했으며, 혁신을 촉구하지도 못했다.

실용적인 관점에서 이들의 연구는, 리더들의 경우 카리스마가 지나칠 때 생기는 잠재적 약점을 알아야 한다는 것을 일러준다. '적당한' 카리스마와 '지나친' 카리스마를 정확히 나누기는 어렵지만, 효과성에 영향을 줄 수 있다는 점을 염두에 둬야 한다. 강한 카리스마를 가진 리더들의 경우 자신감은 자기 과신과 도취로 변할 수 있다. 위험감수 능력과 설득력은 기만으로 이어지기 쉽다. 카리스마 특유의 열정적이고 재미를 추구하는 성향 때문에 남의 이목을 끌기 위해 행동하다가, 조직의 임무 수행을 방해할 수 있다. 창의력도 지나치면 변덕과 기행으로 변질될 수 있다.

---

131) Jasmine Vergauwe, Bart Wille, Joeri Hofmans, Robert B. Kaiser, Filip De Fruyt(2017), 카리스마, 지나치면 독이 된다, HBR 코리아, 노이재 번역, 2017년 11-12월호.

카리스마가 강한 리더들의 경우 자신의 카리스마가 적정 값을 넘으면, 코칭이나 개발 프로그램을 이용해 잠재적으로 나타날 수 있는 운영상의 허점을 다루고, 자기 인식과 점검을 강화할 필요가 있다. 동료들이 자신의 효과성을 평가한 내용을 피드백 받는 것도 도움이 된다. 이렇게 리더와 동료들 간의 인식 차이를 명확히 확인할 필요가 있다. 반대로 카리스마가 약한 리더들은 전략적 행동을 강화하는 데 무게를 둔 코칭 프로그램을 이용할 수 있다.

정리하자면, 이들의 연구는 리더의 카리스마가 지나칠 수 있다는 점을 확인시켜 주었다. 또한 리더의 카리스마가 과하면 효과성이 낮다는 것을 알 수 있었다. 이는 리더의 이기심 같은 대인관계 탓이 아니라 운영적 리더 행동(operational leader behavior)의 부족 같은 업무상의 이유 때문이었다. 다만 이번 연구는 리더의 카리스마와 효과성 사이의 관계를 만들고 유지하는 데 영향을 줄 수 있는 상황 요소는 포함하지 않았다. 스트레스가 적은 상황 같은 특정한 조건에서는, 카리스마와 효과성은 직선 관계다. 즉 카리스마가 넘칠수록 좋다. 하지만 우리는 스트레스와 압박이 극심한 상황이 더 '흔히' 볼 수 있는 리더십의 맥락(leadership context)이라고 생각한다. 이런 맥락에서는 카리스마가 강하면 오히려 안 좋은 결과를 가져올 가능성이 크다는 것을 확인할 수 있었다.

Chapter

06

현대적 리더십 이론Ⅲ : 서번트 리더십

01 등장 배경

우리는 리더가 필요한 시대에 살고 있다. 그리고 많은 사람들이 리더가 되고 싶어 한다. 리더가 되고 싶은 많은 이들은 리더의 사회적 책임과 의무를 생각하기보다는 보수가 높고 권력을 갖게 되는 측면 때문에 리더가 되고자 하는 경우가 많다. 실제로 우리가 경험한 리더들도 이런 권력형 리더들이 대부분이다. 그래서 우리가 떠올리는 리더십은 카리스마 있고 위기대처 능력이 탁월하며 좋은 학벌에 압도적인 존재감을 가진 그런 인물이 대부분이다. 그들의 성과는 탁월할지 모르나 그에 따른 부작용과 어두운 면들이 점점 수면 위로 올라오고 있다.

리더십은 사람을 변화시키는 영향력이다. 진정한 리더는 '스스로 리더'라고 주장하기보다는 다른 사람의 인정을 통해 검증되는 것이다. 함께 움직이는 리더야말로 진정한 리더라고 할 수 있는데, 리더의 새로운 패러다임이 바로 '서번트 리더십'이다. 서번트 리더십이란 인간존중과 사람에 대한 사랑을 바탕으로 다른 사람을 섬기는 자세, 즉 '섬기는 리더십'이라고 할 수 있다.

전통적인 리더십들이 권위를 가지고 조직을 이끄는 주도자의 역할에 초점을 두었다면 서번트 리더십은 리더의 섬김과 신뢰를 바탕으로 한 조직 구성원들 간의 공감과 소통이라고 할 수 있다. 공감이란 상대방의 입장에서 생각해보는 것이라고 할 수 있는데 구성원의 입장에서 상황과 견해를 이해하려고 노력하는 행위라고 볼 수 있다. 또한 경청은 서번트 리더의 가장 기본적인 자질이고 부하에 대한 존중과 수용적 태도로 구성원의 의견을 주의 깊게 잘 듣는 태도라 할 수 있다. 인간존중을 바탕으로 다른 구성원들이 창의성과 잠재력을 발휘할 수 있도록 도와주고 이끌어 줄 수 있는 리더십이 바로 서번트 리더십이다.[132)]

132) 강혜련(2015), 서번트 리더십이란?, 홍주일보, 2015.11.14.

02 서번트 리더십이란

2.1 개념과 중요성[133)]

서번트 리더십(Servant Leadership)은 미국 학자 로버트 그린리프(Robert K. Greenleaf)가 1970년대 처음 주창한 이론으로 '다른 사람의 요구에 귀를 기울이는 하인이 결국은 모두를 이끄는 리더가 된다.'는 것이 핵심이다. 즉 서번트 리더십은 인간존중을 바탕으로 구성원들이 잠재력을 발휘할 수 있도록 앞에서 이끌어주는 리더십이라 할 수 있다.

다시 말해 서번트 리더십이란 부하에게 목표를 공유하고 부하들의 성장을 도모하면서,[134)] 리더와 부하간의 신뢰를 형성시켜 궁극적으로 조직성과를 달성하게 하는 리더십이다. 서번트 리더십은 리더가 부하를 섬기는 자세로 그들의 성장 및 발전을 돕고 조직 목표 달성에 부하 스스로 기여하도록 만든다.[135)]

서번트 리더십이 기업의 철학이 된 기업들은 조직 내에 리더와 구성원 간의 신뢰관계를 구축하고 공동체 의식을 높여 기업에 대한 신뢰구조를 만들어 낸다. 이러한 선순환 과정을 통해 궁극적으로 기업의 경쟁력을 지속적으로 확보할 수 있는 일터를 만들어 내는 것이다.

버지니아 주립대의 에드워드(Edward D. Hess) 교수에 따르면 그가 만난 섬기는 리더(Servant leader)들은 실제로 구성원들을 존중했고 직장 내 일이 그들 인생에서도 의미 있는 일이 될 수 있도록 독려했다. 이끌고 강요하는 방식보다는 상대의 필요를 먼저 살피고 존중해 주며 이런 방식의 기업 문화는 직원들이 회사에 대한 충성도(Loyalty)와 생산성(Productivity) 증대를 이끄는 주요한 요인이 된다. 이렇게 직원들의 기업에 대한 만족도는 다시 고객의 만족도와 상관관계가 높은 결과로 나타나기도 한다.

또한 섬기는 리더들은 그들 스스로 조직 내에서 엘리트주의를 내쫓고자 노력한다.

---

133) 웹진 와(www.wasuwon.net/90445), 서번트 리더십, 조직과 구성원 상호 신뢰의 배경, 수원시 평생학습관, 2015.08.25. 위키백과(https://ko.wikipedia.org/wiki/, 서번트 리더십, 2019.07.26. 참조.

134) Greenleaf, R. K.(1970), The servant as leader, Indianapolis: The Robert K. Greenleaf Center.

135) Graham, J. W.(1991), Servant leadership in Organizations: Inspirational and moral, Leadership Quarterly, 2(2), 105-119.

구성원이 범접할 수 없는 화려하고 고압적인 인테리어로 그들의 방을 꾸미고 문턱을 높이기보다는 방에 창문을 없애거나 아예 사무 공간을 공유하는 리더들도 있다. 자신을 그룹에서 제일 나은 사람이라고 생각하지 않고, 다만 가장 나은 사람의 능력을 고용해 일을 하는 사람이라고 생각한다. 이들은 올바른 가치를 가진 공동체와 기업 문화를 만들어 주면 어떤 일반적인 사람도 가장 최고의 성과를 낸다고 생각한다.

한편 서번트 리더십으로 경영에 성공한 기업의 예도 많다. 포춘(Fortune)지가 매해 선정하는 "일하고 싶은 세계 100대 기업(Best companies to work)"안에서도 2011년의 경우 당당히 17개 기업이 포함돼 기염을 토하기도 했다.[136)]

이렇게 대기업들에서도 앞을 다투어 선택하고 있는 서번트 리더십은 최근에는 사회적 기업(Social Enterprise)의 기본이 되는 철학으로 자리 잡고 있다. 사회적 기업이 지향하는 기업가정신(Entrepreneurship)은 많은 면에서 서번트 리더십과 닮아 있다. 다만 차이라면 서번트 리더십이 기업 내 직원들과 리더와의 관계에서 필요한 양상이라면, 사회적 기업가(Social Entrepreneur)[137)]는 기업이 사회에 미칠 수 있는 긍정적 변화나 영향과 관련이 있다.

"좋은 리더는 리더에 대해 신뢰와 확신을 갖도록 할 수 있으나, 훌륭한 리더는 사람들이 그들 스스로에 대해 확신과 자신감을 갖도록 이끈다"라는 말이 있다. 섬기는 리더(Servant Leader)를 이야기했지만 본질적으로 이 시대에 우리에게 필요한 것은 '리더' 자체 보다는 '섬김의 자세를 가진 개인'이 아닐까? 상대의 말에 귀 기울여주고 필요한 것을 알아서 찾아 해결해주며, 내 안에 있는 가능성과 가치를 인정해 주는 사람. 나보다 남을 낮게 여기고 배려할 줄 알며 내가 다 옳다는 마음까지도 내려놓고 상대를 받아줄 수 있는 사람. 몇몇의 섬기는 리더(Servant leader)가 이끄는 사회가 아닌 모든 개인이 이런 자질을 갖추기 위해 노력하는 사회가 된다면 정말 이 사회는 따뜻한 사회가 될 것이다.

2.2 핵심 사항[138)]

강영우 박사[139)]는 "'섬김의 리더십'에서 요체는 감동"이라며 "자신을 따르는 사람

---

136) http://modernservantleader.com/servant-leadership/fortunes-best-companies-to-work- for-with-servant-leadership/, Fortune's Best Companies to Work For 2011 with Servant Leadership. 참조.

137) 프랑스어로 '무엇인가를 떠맡은 사람'이라는 의미인 사회적 기업가(Social Entrepreneur)는 장 밥티스트 세이((Jean-Baptiste Say)가 "낮은 영역에서 나온 경제자원을 보다 높은 영역의 자원으로 전환시키는 사업을 일으키는 사람"이라는 표현으로도 정의했다.

138) 문화일보(2008), "'3C'로 주는 감동이 '섬김의 리더십'의 핵심", 2008.07.31. 김기우(2010), "섬김의 리더십 실천해야" 강영우 박사, 사법연수생들에 특강, The Korea Daily, 2010.07.03.

139) 그는 중학교 3학년 때 축구공에 눈을 맞아 시각장애인이 된 뒤 연세대를 거쳐 미국 피츠버그대에서 교육학 박사를 받았다. 2001년 조지 W 부시 대통령 취임 때 지명된 최고공직

들을 감동시켜 그들의 마음을 사는 것"이라고 정의했다. 미래학자 피터 드러커가 지식시대에는 조직에서 상사와 부하의 구분이 사라져, 지시와 감독이 더 이상 통하지 않을 것이라고 예견한 말과 같은 맥락이다. 강 박사는 "섬김의 리더십은 '3C'로 요약된 것"이라며 "실력(Competence), 인격(Character), 헌신(Commitment)이 바로 그것"이라고 풀이했다. 그는 '실력'이란 단순한 정보와 지식의 습득이 아니라 '우선순위 배정' '시간 관리' '집중 기술' 등을 말한다고 설명하면서 미국의 명문고교 필립스아카데미의 예를 들었다.

"필립스 학생들은 오전 8시부터 오후 2시15분까지만 수업을 받는다. 그리고 오후 2시30분부터 4시30분까지는 특활시간이다. 주로 운동을 많이 한다. 이 시간대에 공부를 하면 안 된다. 아예 금지돼 있다. 그 이후에 뭘 하느냐는 자유이다. 미국의 초일류 인재들은 이렇게 어릴 때부터 시간 관리를 통해 우선순위가 높은 일을 단시간에 집중적으로 처리하는 습관을 훈련받는다. 한국은 학생 대신 어른이 우선순위를 정하고 시간 관리도 해주니 아이들이 집중할 기회를 박탈당하는 것이다."

강 박사는 '인격'을 갖추려면 가치관 확립이 중요한데, 가치는 보편 가치와 민족·특정집단에만 있는 고유 가치로 나뉘고 양자가 충돌할 때는 보편 가치를 앞세워야 한다고 강조했다. 미국 같은 다민족 국가에선 이런 원칙이 당연시되는데, 한국은 가치가 충돌하면 무조건 마찰과 대립의 개념으로만 보는 것이 문제라고 꼬집었다.

한편 강 박사는 워싱턴을 방문한 사법연수원생들에게도 '섬김의 리더십'이라는 주제의 특강을 통해 '사회 약자들의 어려움과 고통을 함께 느낄 줄 아는 마음(인격)', '자신의 능력을 키워 확실한 비전과 방향을 제시하는 것(실력)', 그리고 '그 비전을 위한 헌신(헌신)' 등 3가지가 반드시 필요하다고 강조했다.

자(SES: Senior Executive Service) 500명 중 한국계로서는 전신애 미국 노동부 여성국 차관보와 함께 2명이 올라가 부시 정부에서 일하였다. SES 4급인 차관보는 4성 장군, 주한 미국대사와 같은 등급의 고위공직자다.

03 서번트 리더의 10가지 특징[140]

서번트 리더십의 특징은 한마디로 '사람이 먼저다!'이다. 서번트 리더는 사람들 간에 업무가 잘 추진되고 흐름이 끊기지 않도록 하단에서 서비스를 제공한다. 자신이 부릴 수 있는 것이 부하가 아닌, 오히려 부하가 자신을 활용할 수 있는 자원으로 생각할 수 있도록 돕는다. 살신성인의 정신을 가지고 온갖 허드렛일을 도맡아서 한다. 또한 사람의 가치를 최우선으로 두어, 부하 직원 개개인 그들의 능력을 100% 이상 발휘할 수 있도록 격려하고 다양성을 존중해준다.[141] 이제부터 일반적으로 서번트 리더의 특징으로 거론되는 10가지를 살펴보기로 하자.

3.1 듣기 혹은 경청

리더를 평가하는 전통적인 기준은 의사소통 및 의사결정 능력이었다. 이는 서번트 리더에게도 요구되는 중요한 능력이지만, 서번트 리더는 다른 사람의 말에 귀 기울이는 자세를 통해 의사소통 및 결정 능력을 향상시킨다는데 그 특징이 있다. 서번트 리더가 되기 위해서는 상대방의 내면에서 우러나오는 목소리와 교감하면서, 그 사람의 몸과 마음과 정신이 전달하는 바를 이해하려고 노력해야 한다. '듣기'는 정기적인 성찰과 더불어 서번트 리더의 성장에서 가장 핵심적인 요소임을 잊지 말아야 한다.

3.2 공감 혹은 감정이입

서번트 리더는 다른 사람들을 이해하고 그들과 공감하기 위해 노력한다. 그들의 특별하고 고유한 정신 그대로 인정받고 받아들여져야 한다. 서번트 리더는 동료들의 선

140) 스티븐 R. 코비 , 켄 블랜차드, 워렌 베니스 지음, 리더십 : 21세기 33인의 리더가 말하는 오늘을 이끄는 힘, 김윤창 옮김, 베이스캠프, 2008.03.14. Greenleaf Robert K.(2003), The servant-leader within: A transformative path (H. Beazley, Julie Beggs, & Larry C. Spears, Eds.). 참조.

141) https://www.vingle.net/posts/1633103, 서번트 리더십 특징 및 사례: 타인을 위한, 타인에 의한 리더십, 2016.06.15.

의를 믿으며 심지어 그들의 행동과 성과가 불만족스럽다고 하더라도 그들을 인간적으로 거부하지 않는다.

3.3 치 유

치유하는 것을 배우는 것은 변화와 통합을 위한 강력한 힘이다. 서번트 리더십의 강점 가운데 하나는 자기 자신과 더불어 다른 사람들을 치유하는 능력이다. 많은 사람들이 기가 꺾이고 온갖 이유로 정서적인 상처를 입는다. 물론 이는 인간으로 살아가면서 겪는 삶의 일부분이다. 하지만 서번트 리더는 사람들이 "온전해지도록 도울" 기회가 자신에게 주어져 있다는 사실을 인정한다.

3.4 인 식

전체적인 인식, 특히 자기인식은 서번트 리더를 강하게 만들어준다. 인식을 증진하는 데 전념하는 것은 두려운 일일 수도 있다. 왜냐하면 무엇을 발견하게 될지 모르기 때문이다. 그렇기 때문에 인식은 위안을 주지 않는다. 오히려 그 정반대이다. 인식은 마음을 어지럽히고 깨지게 만든다. 하지만 참된 인식은 통합적이고 전체적인 관점에서 상황을 바라보게 한다. 따라서 유능한 리더는 위안이 아니라, 내면의 평온을 유지하는데 힘쓴다.

3.5 설 득

서번트 리더의 또 다른 특징은 조직 내에서 결정을 내릴 때 직권이 아니라 설득에 의지한다는 점이다. 서번트 리더는 동의를 강제하기보다 다른 사람을 납득시키려고 노력한다. 이는 전통적인 권위주의 모델과 서번트 리더십 모델을 구별 짓는 가장 뚜렷한 차이점 가운데 하나이다. 따라서 서번트 리더는 여러 집단들 사이에서 합의를 이끌어내는데 탁월하다.

3.6 개념화

서번트 리더는 "원대한 꿈을 꾸는" 능력을 키우려고 노력한다. 문제를 바라보고 개념화하는 능력이란 곧 일상의 현실을 넘어서서 생각한다는 뜻이다. 이러한 능력을 갖추려면 훈련과 실천이 필요하다. 전통적으로 경영자들의 초점은 단기간의 운영 목표를 달성해야 한다는 필요에 맞춰져 있다. 서번트 리더가 되고자 하는 경영자는 자신의 사고를 확장하여 보다 폭넓은 기반의 개념적 사고를 포용해야 한다. 즉 일상적인 운영을 넘어 조직의 앞날에 대한 개념을 제공할 수 있어야 한다.

3.7 선견 혹은 선견지명

어떤 상황에서 비롯될만한 결과를 선견하는 능력은 비록 명확하게 규정하기는 어렵지만 알아보기는 쉽다. 선견을 통해 서번트 리더는 과거의 교훈과 오늘의 현실, 그리고 의사결정이 미래에 가져올 결과를 이해할 수 있다. 선견은 직관적인 성격이 강하다. 따라서 유일하게 선천적으로 타고난 서번트 리더의 특징이라고 볼 수 있다. 선견은 리더십 연구에서 거의 탐구되지 않는 분야로 남아 있지만, 세심한 주의를 기울일만한 가치가 높은 분야이다.

3.8 스튜어드십 혹은 청지기

피터 블록은 스튜어드십을 일컬어, “다른 누군가를 대신하여 무언가를 맡아 관리하는 것”이라고 정의했다. 모든 기관의 CEO와 경영진, 그리고 이사들은 사회의 보다 큰 이익을 위해 그들의 기관을 맡아 관리하면서 저마다 중요한 역할을 담당하고 있는 것이다. 서번트 리더십은 스튜어드십과 마찬가지로 무엇보다 먼저 다른 사람들의 필요를 충족시키는데 전념한다. 또한 통제보다는 개방과 설득을 강조한다.

3.9 사람들의 성장을 위한 헌신

서번트 리더는 사람들이 노동을 통해 기여하는 바를 넘어 본질적인 가치를 지닌다고 믿는다. 그래서 자기 기관에 소속된 모든 개인들의 성장을 위해 헌신한다. 따라서 서번트 리더는 전력을 다해 직원들의 인간적, 직업적, 정신적 성장을 돕기 위해 책임감을 갖고 구체적 행동으로 노력한다. 한마디로 서번트 리더는 자신이 속한 조직 개개인의 성장에 깊게 몰입한다.

3.10 공동체 형성 혹은 커뮤니티 구축

서번트 리더는 최근의 인류 역사에서 지역 공동체 대신, 거대 기관들이 인간의 삶을 규정하게 됨으로써 많은 것이 상실되었음을 감지한다. 이러한 인식으로 인해 서번트 리더는 공동체를 형성하는데 유용한 수단을 찾으려고 노력한다. 서번트 리더는 직원들 사이에 진정한 공동체가 형성될 수 있다고 믿는다. 따라서 서번트 리더는 주어진 기관 내에서 일하는 사람들 간의 커뮤니티를 구축한다.

이상에서 우리는 서번트 리더의 10가지 특징에 대해 살펴보았다. 하지만 서번트 리더의 진정한 특징은 섬기고자 하는, 먼저 섬기고자 하는 자연스러운 마음이 있어야 한다. 이 마음이 없다면 어떠한 방법론도 무용지물이 될 것이다.

04 전통적 리더십과의 비교

4.1 총론적 접근[142)]

전통적·위계적 조직 하에서의 리더는 다른 구성원들에 대해 가부장적인 모습을 가지며, 모든 권한과 책임을 혼자 독점하는 경향이 있다. 리더는 아침 일찍 자신이 책임지고 있는 팀에서 오늘 하루 할 일이 무엇인지를 확인하고, 구성원들에게 해야 할 업무를 세세히 지시한다.

예를 들어 재무부서에서 자금을 융통하려는 계획을 세웠다면 리더는 차입 은행과 방법, 금액 등을 모두 결정해 놓고, 구성원들에게는 결정된 사안을 실행하도록 지시한다. 오후가 되면 리더는 구성원들이 업무를 시킨 대로 제대로 처리했는지를 확인하는데, 일을 제대로 처리하지 못한 구성원은 질책의 대상이 되고, 그 일은 보통 다른 구성원이 처리하도록 만들어 성과를 내지 못하는 구성원들은 점점 더 업무 기회를 잃게 된다. 이러한 상황에서는 리더는 자연스레 권위적인 모습을 띄게 되고, 구성원들은 지시받은 일만을 규정대로 착실하게 수행하는 수동적인 자세를 갖는다. 그 결과 구성원

142) 황인경(2002), 서번트 리더십, 경영정보, LG주간경제, 2002.01.09.

들은 리더에게 의존적이게 되고, 다양성이나 창의성을 발휘하기가 어렵다.

전통적인 리더십 하에서는 계획된 업무들이 리더의 지시대로 일사불란하게 진행될 수 있다는 장점이 있지만, 그때그때에 맞게 행동을 취해야 하는 환경, 즉 유연성과 창의성이 요구되는 상황에서는 좋은 성과를 거두기가 어렵다.

한편 서번트 리더십 하에서 리더와 구성원간의 관계는 상하 관계라기보다 수평적인 동료관계에 가깝다. 서번트 리더는 구성원들이 자율적으로 업무를 수행하도록 권한과 책임을 위임하고, 그들을 지원하게 된다.

전통적인 리더십 하에서 재무부서의 자금 융통 업무가 서번트 리더십 하에서는 어떻게 이루어지는지를 살펴보자. 재무부서에서 자금을 융통하려는 계획을 세운다면, 자금의 융통을 담당하고 있는 구성원이 자금이 필요한 이유와 차입금액, 차입방법 등에 대해 의견을 제시한다. 리더와 구성원들은 그 안을 토의하고 결정을 내리게 된다. 결정된 사안에 대해서는 구성원들이 협력하여 일을 추진해 나가며, 서번트 리더는 결정된 일이 잘 진행될 수 있도록 지원하고 환경을 조성해 주는 일을 한다. 또한 서번트 리더는 이 과정에서 질책보다는 격려를 통해 구성원들이 업무를 잘 수행할 수 있도록 동기를 부여한다. 이러한 과정들을 통해 구성원들은 자신의 다양성과 창의성을 자유롭게 발휘할 수 있게 되며, 업무에 대해 주인의식과 책임감을 가지고 환경의 변화에 대해 능동적으로 대처하게 된다.

4.2 사안별 접근[143)]

이제 사안별로 그 차이를 설명해 보기로 한다.

4.2.1 자원에 대한 인식

서번트 리더는 조직의 목적을 달성하는데 있어서 가장 중요한 자원이 부하들이라고 생각하고 있으며, 부하들의 업무 추진 과정에서 자신은 부하들의 성장을 도와주고 능력을 육성시킬 의무가 있다고 생각한다. 반면에 전통적 리더는 부하를 자신이 활용할 수 있는 여러 가지 자원 중의 하나라고 생각한다. 이들은 과제를 우선적으로 보기 때문에 부하들은 자신이 지시한 것의 결과를 만들어 내는 대상이 될 뿐이다. 따라서 전통적인 리더는 일과 구성원과의 관계에서 일의 결과, 추진 과정 및 방법 등에 더 많은 관심을 가지고 있다.

---

143) 위키백과(https://ko.wikipedia.org/wiki/, op. cit.

4.2.2 조직의 생산성 측정

서번트 리더는 조직의 생산성을 측정할 때 조직의 과업이 사람보다 먼저일 수 없다는 사람중심의 리더십 철학을 가지고 일의 결과와 함께 구성원들의 자발적인 행동의 정도를 평가한다. 전통적 리더는 인간보다는 과제중심의 관리에 치중하기 때문에 시간이나 경비, 또는 생산량 등 가시적이며 양적인 기준을 중심으로 평가한다.

4.2.3 부하직원에 대한 믿음과 임파워먼트

서번트 리더는 부하들이 스스로 움직일 때 조직의 성장에 가장 큰 힘이 된다는 믿음 하에 부하의 능력을 믿으며, 업무와 관련하여 그들의 판단을 존중하고, 부하들에게 권한을 위임하고 부하들이 그러한 권한을 행사하면서 업무를 추진할 때 부딪히는 애로사항을 제거해 주기 위해서 노력한다. 부하의 능력이 부족한 경우, 필요한 자원을 지원해 주거나 리더가 직접 부하를 코칭하기도 한다. 전통적 리더는 자신의 경험과 지식이 부하의 지식보다 우위에 있다고 생각하기 때문에 부하들을 자신의 틀 안에 가두려 든다. 그들은 부하들의 비판이나 반대의견을 무시하는 경향이 있다.

4.2.4 부하직원에 대한 투자와 커뮤니케이션 방법

서번트 리더는 자기 시간 중 많은 시간을 구성원을 위하여 사용한다. 즉 서번트 리더는 업무 현장을 돌아다니며, 구성원들의 애로사항을 경청하고, 이를 해결하기 위하여 대부분의 시간을 할애한다. 서번트 리더는 목표수립 과정에서 부하와의 커뮤니케이션을 활성화시켜 크고 작은 정보를 모두 공유하는 반면, 전통적 리더는 상의하달(上意下達)[144]식의 일방적 커뮤니케이션에 익숙해 있다.

144) 상의하달(上意下達): 윗사람의 뜻이나 명령을 아랫사람에게 전함.

05 변혁적 리더십과의 비교[145)]

5.1 리더의 역할

서번트 리더는 구성원에 대한 봉사를 기반으로 구성원의 만족, 성장, 봉사의 몰입, 사회적 개선 등 정신적인 것을 생성하는 문화를 구축하는 것을 목표로 한다. 구성원에게 선을 제공하고 구성원들에게 최선인 것을 실행함으로써 공동선을 추구한다. 변혁적 리더는 조직의 목표를 향해 구성원을 고취하여 목표에 도달하기 위한 노력의 증가, 만족도 향상, 조직이 얻는 생산성 증대 등 역동적인 문화를 형성한다. 또한 조직에 선을 제공하고 조직의 사명을 수행하기 위한 의지와 열정에 대한 동기부여를 한다. 결과적으로 변혁적 리더와 서번트 리더는 둘 다 추종자들에 대해 관심을 보이지만, 서번트 리더의 주요한 초점은 자신들의 추종자를 섬기는 것에 있다. 반면에 변혁적 리더는 추종자들로 하여금 조직의 목표에 개입하고 지지하도록 하는데 더 큰 관심을 가지고 있다.[146)]

5.2 구성원들의 반응

현명하고 자유롭고 자율적인 사람이 되는 것이 서번트 리더십이 이끄는 구성원의 모습이다. 리더의 섬김을 모방하여 상호 관계적인 힘을 만들어 낼 수 있다. 변혁적 리더십이 이끌어내는 구성원은 조직의 목표를 추구하는 것에 초점을 둔다. 고양된 동기와 추가적인 노력을 통해서 이러한 결과를 이끌어낸다.

5.3 리더의 카리스마

서번트 리더는 겸손과 정신적인 통찰력을 밑바탕에 두고 섬김에 초점을 둔 삶의 방식의 실행과 비전을 가지고 있으며 이를 통해 구성원의 자율성과 도덕적 발전, 구성원

145) 위키백과(https://ko.wikipedia.org/wiki/, op. cit.

146) https://www.12manage.com/methods_greenleaf_servant_leadership_ko.html, 서번트 리더십: 요약 및 포럼, 12Manage.

과 조직의 공동선 강화를 이끌어낸다. 변혁적 리더는 리더의 훈련과 기술을 가지고 구성원들을 변화시켜 리더 혹은 조직의 목표달성, 구성원의 개인적 발전을 이끌어낸다.

06 서번트 리더십의 장점과 단점[147)]

6.1 장 점

부하직원의 능력을 최대치로 끌어올려줄 수 있는 팀워크를 추구하여 각자 존재감을 가지고 역할을 수행할 수 있도록 만들어준다.

6.1.1 조직 개발에 헌신

서번트 리더십은 부하 직원을 지배하고 리더가 말하는 리더십 스타일에서 벗어나, 오히려 부하 직원을 최대한 활용하고 그들이 수행하도록 영감을 준다. 또한 이 리더십은 자신의 역할을 적극적으로 설정하고 수행하는 부하 직원을 격려한다. 서번트 리더십은 팀워크와 관계 구축에 큰 중요성을 배치하는데 팀의 각 사람은 전문 지식보다는 계급 또는 제목을 기반으로 서로 다른 시간에 서로 다른 역할을 한다. 즉 서번트 리더십은 가치 기반 관리의 발전을 촉진하여 기업이 나아갈 수 있는 최대한의 상태를 만든다.

6.1.2 개인 능력의 극대화

서번트 리더십을 효율적으로 이용하면 각 조직원들이 조직에 자신의 독특한 기술과 경험을 최대한 활용할 수 있도록 도울 수 있다. 이는 조직에 결과론적 측면에서 이점을 발생시킨다. 그리고 조직원 모두가 어떠한 결정에 참여하도록 유도하여 각 조직원 스스로가 그들만의 핵심적인 수행 지표를 설립할 수 있도록 돕는다. 그리고 서번트

147) 위키백과(https://ko.wikipedia.org/wiki/, op. cit.

리더십을 사용하면 조직의 임무와 목표를 조직원들의 눈높이에서 정할 수 있어서 근로자가 자신의 능력을 최대한 효율적으로 활용하고 자신의 삶과 일에 균형을 가져올 수 있도록 설계할 수 있다.

6.1.3 분석 사례[148)]

1990년대 한국에 팀제가 보급된 후 서번트 리더십의 확산이 팀의 성과를 높인 주요인으로 나타났다. 서번트 리더가 지니고 있는 후원적이고 배려적인 행동이 구성원들의 노력을 촉발시키고, 팀원 간 상호작용을 활성화시켜 과업과 팀에 대한 몰입을 증진시켰기 때문이라는 분석이다. 아울러 상사가 부하직원에 대해 '비인격적 감독'을 할 때 부하직원의 '직장 내 일탈 행동'이 증가하고 이러한 경향은 여성이 남성보다 강한 것으로 조사됐다.

2015년 8월 19일 전남 여수 엑스포에서 개최된 '경영관련학회 통합학술대회'에서 발표를 맡은 이우원 한국외국어대 글로벌경영연구소 초빙연구원은 "서번트 리더십이 팀 유효성에 매우 유의미한 영향을 미치는 것으로 나타났다"고 밝혔다. 팀 유효성은 대체로 팀의 성과와 팀 구성원들의 태도적인 측면을 다루는데, 이 연구에서는 주로 태도에 미치는 영향을 측정했다.

전통적인 리더의 행동은 과업 중심적(Task-focused) 리더였다. 이른바 '상명하달식' 의사 구조로 목표를 제시하고 추진력 있게 일을 밀어붙이는 스타일이다. 1970년대 이후에 등장한 서번트 리더십은 구성원들에 대한 관계지향적(구성원 중심적) 행동을 중시하는 리더상이다. 팀제가 도입되면서 구성원들의 상호작용과 공동의 몰입을 통해 과업이 이루어지기 때문에 '팀 플레이'에 좀 더 걸맞은 서번트 리더십이 조명 받게 됐다.

이 연구원은 "솔선수범하는 서번트 리더의 태도와 행동이 팀원들의 팀 몰입을 증진시키는 것으로 확인됐다"며 "서번트 리더를 받아들이는 과정에서 팀원들은 팀을 위한 자신의 역할을 깨닫고 이에 따라 팀에 대한 공유된 인식 체계를 형성하며, 이것이 팀 몰입에 영향을 미칠 수 있다"고 설명했다.

6.2 단점 및 한계

수직적 관계 하에 일처리를 하던 기존보다 성과를 내기까지 많은 시간을 투자해야 한다.

---

148) 매일경제(2015.08.), 서번트 리더십이 팀원들의 팀 몰입을 증진시킨다, 2015.08.21.

6.2.1 권한의 부족

서번트 리더십은 업무에 있어서 조직의 전반적인 권한을 최소화시킨다. 따라서 각자 지위에서 서로에게 필요한 것을 제대로 요구하지 못하는 경우가 발생할 수도 있다.

6.2.2 업무 효율성 감소

서번트 리더십을 이용한 방법은 업무를 수직적 관계 하에 효율적인 방식으로 처리하던 전통적 리더십에 비해 성과를 발휘기까지 비교적 많은 시간이 걸린다.

6.2.3 제한된 리더의 역량[149)]

정신적 스트레스가 매우 크고, 다수의 의견을 수렴하다보니 리더가 우유부단해질 수 있다. 즉 다른 사람에 대한 경청과 감정이입이 우유부단 또는 비전의 결핍으로 이어질 수도 있다.

07 서번트 리더십의 습득요령 및 과제

7.1 습득요령[150)]

서번트 리더십은 리더가 자기중심적이 아니라 타인(구성원)의 요구에 응하고 타인을 위하여 무엇을 할 것인가, 어떻게 배려하고 존중할 것인가에 대한 리더십이다.

당장에는 자신에게 손해라고 생각되더라도, 그것이 타인에게 도움이 되었다면 분명 사회적 효용가치는 증가한 것이고, 그런 행동이 장기적으로 지속되면 자신에게도 명성이나 신뢰 등의 무형적 자산으로 되돌아오는 것이다. 서번트 리더가 되기 위해서는

---

149) https://www.12manage.com/methods_greenleaf_servant_leadership_ko.html, op.cit.
150) https://pm200.tistory.com/22, op. cit. 김영천(2006), 서번트 리더가 되려면 높은 소속의식과 사명감을 가져야 한다, 포항공대신문, 2006.06.07.

배려와 존중의 행동이 필요하지만, 이러한 행동을 이끌어내기 위해서는 조직에 대한 높은 소속의식과 사명감이 반드시 필요하다.

소속의식(commitment)은 명확하게 정의하기는 어렵지만, '조직과 함께 일하는 사람들을 위하여 자발적으로 헌신하는 것'이라는 개념을 가지고 있다. 소속의식을 함양하기 위해서는 먼저 자아실현에 대한 욕구와 그 욕구의 충족이 어느 정도 이루어지는가가 대단히 중요하며, 나보다 남을 먼저 배려하는 마음가짐이 대단히 중요하다.

배려와 헌신은 관심의 방향이 자신에게 있기보다는 타인을 향해 있다는 것을 의미한다. 자기이해가 높은 사람은 자신의 기분이나 감정이 자기 행동에 미치는 영향을 잘 알고 있을 뿐만 아니라 타인에 대해서도 사려가 깊으며, 이타적 경향이 높고 인본주의적 사고를 지닌 사람일수록 대인관계에서 타인의 처지를 배려하는 경향이 높다.

리더가 비전과 목표를 달성하기 위해서는 구성원들로 하여금 맡은 임무에 헌신적으로 참여하도록 유도해야 한다. 구성원들에게 임무를 부여하거나 일을 맡길 때 더 열심히 일하도록 독려하는 효과적인 방법은 의사결정 과정에 구성원들을 참여시키고, 객관적 자료를 바탕으로 하여 논리적으로 설득함과 동시에 비전을 제시하거나 일을 성취했을 때의 느낌 등을 제시하며 감성적으로 호소하는 것이다. 하지만 직접적인 설득이 아니라 타인을 통해 간접 전달하거나, 권위에 의존해 강압적 지시를 하거나 타인의 영향력을 빌려 참여를 유도하는 방법은 매우 비효과적인 방법이므로 주의해야 한다.

서번트 리더들에게서 나타나는 또 다른 특징은 높은 사명감이다. "자, 난 이제부터 위대한 사명을 가진 리더가 될 거야"라고 말하는 사람은 드물다. 사명감은 흔히 가정이나 직장에서의 본분, 혹은 사회의 자원봉사활동과 같은 작은 것에서부터 비롯된다.

어떤 사명은 몇 시간을 할애하면 완수할 수 있고, 어떤 사명은 평생 걸려서 달성해야 하는 것이기도 하다. 하지만 사명감은 항상 마음속에 어떠한 사명의식을 가진 상태, 나에게 주어진 임무를 완수하겠다는 의지와 타인을 돕고, 사회의 정의를 실현하기 위해 나를 희생하겠다는 마음가짐이다.

사명감을 갖기 위해서 나이나 배경, 혹은 사회적, 경제적, 교육적 지위 때문에 위축될 필요는 없다. 자신의 삶을 살피고, 자신에게 주어진 일을 생각하며, 타인을 위해 할 것이 있는가를 생각하는 것에서부터 시작하면 된다.

상기의 내용을 토대로 서번트 리더십의 습득요령을 요약하면 다음과 같다.

첫째 리더가 스스로 종이 되어야 한다.

둘째 타인에 대한 끝없는 배려와, 진심어린 관심이 타인의 기대치를 끌어낼 수 있는 최고의 수단이 된다.

셋째 타인의 의견에 지속적인 경청과 이해가 필요하다.

넷째 수직적인 지시가 아닌 수평적인 대화로 타인을 존중하며, 개개인의 의견을 소중히 한다. 다섯째 공감 및 이해, 배려를 가장 중요하게 생각해야 한다.

7.2 과 제[151)]

서번트 리더는 섬기는 것을 우선시한다. 그것은 섬기고 싶어 하고 우선시하는 사람들의 자연스러운 감정으로 시작한다. 의식 있는 선택을 통해 그들은 리더가 되고자 열망한다. 서번트 리더는 아마도 특별한 권력을 채우려는 욕구와 물질적인 소유를 획득하려는 욕구 때문에 먼저 리더가 되고자 하는 사람들과 매우 다르다. 이들의 경우 섬기는 것은 리더십을 구축한 뒤 나중의 선택사항이 될 것이다.

먼저 리더가 되는 것과 섬기는 것을 우선시하는 것은 두 가지의 극단적인 형태이다. 그 둘 사이에는 무한히 다양한 인간의 본성의 부분들이 섞여 있고 반영되어 있다. 그 차이는 다른 사람들의 최우선적인 욕구를 섬기기 위해 섬기는 것을 우선시하는 사람들이 취하는 행동들에서 명확히 나타난다. 그들에게 있어 가장 큰 테스트이자 관리하기 어려운 과제는 우선 섬긴 사람들을 성장하게 하는 것이다. 즉 섬김을 받는 동안 그들은 더 건전해지고 현명해지고 자유로워지고 좀 더 자율적이 되고 나아가 그들 스스로도 섬길 준비가 되어 있는가? 하는 것이다. 이와 함께 사회에서 특권이 없는 사람들(일례로 부하직원)에 대한 영향은 무엇인가에 관한 것인데, 즉 그들은 혜택을 받는가 아니면 적어도 더 이상 박탈당하지 않게 될 것인가? 하는 것이다.

08 사 례[152)]

8.1 서번트 리더십과 거리가 먼 아마존닷컴

과거 아마존닷컴의 기업경영 방식에 대한 논란이 있었다. 혹독한 경쟁 업무를 강요하는 근무환경 때문이었다. 지난 2015년 8월 15일 뉴욕타임스는 'Inside Amazon: Wrestling Big ideas in a Bruising Workplace'란 제목으로 아마존의 업무 환경을 폭로했다(By JODI KANTOR and DAVID STREITFELD THE NEW YORK TIMES,

151) https://www.12manage.com/methods_greenleaf_servant_leadership_ko.html, op.cit.
152) 웹진 와(www.wasuwon.net/90445), op. cit. https://www.vingle.net/posts/1633103, op. cit.

Aug. 15. 2015).

도서 마케팅 부서에서 일하는 보 올슨(Bo Olson)의 말을 인용해 "나와 일했던 대부분의 사람들은 그들의 책상에서 오열하는 것을 보았다"라고 보도했다. 이 회사에서 일하는 이들을 일컫는 일명 '아마조니안(Amazonian)'들은 리더십 원칙(the Leadership Principle)에 무조건 복종해야 하는데 그 리더십 원칙이 이들의 숨통을 조인다는 것이다. 실제로 회사를 떠난 아마조니안들은 제프 베조스(Jeff Bezos) 최고경영자의 끝없는 야심을 위해 일하는 로봇 같다'며 이들을 아마봇(Ama-bot)이라고 표현하기도 한다.

보도는 이어 극심한 내부 경쟁과 성과 압박으로 스트레스에 시달리는 아마존닷컴 직원들의 근로환경을 적나라하게 전했다. 큰 수술을 받고 회사에 복직했더니 상사로부터 '그 동안 업무 성과가 없어 당신은 해고 위기'라는 통보를 받기도 하고, 쌍둥이를 유산한 여직원은 이튿날 출장을 가야 했다. 동료의 근무나 업무에 대해 상사에게 비밀리 고발하도록 부추긴다. 회의에서는 다른 직원들의 아이디어를 공격해 회사 전략으로 채택되지 못하도록 하는 일이 미덕이나 큰 능력으로 다뤄진다. 물론 이 기사 이후 뉴욕타임스 보도에 대해 제프 베조스는 직원들에게 보낸 이메일에서 "보도에 나온 내용은 내가 아는 아마존과는 거리가 멀고 나라도 그런 회사는 떠나겠다"며 보도를 부인했다고 전해진다.

15년을 아마존에서 일했다가 나온 댄(Dan Kreft)은 재직 시절을 떠올리며 이렇게 말한다. "그곳은 일반 기업에서 가늠하기도 힘들 정도로 거대한 시스템으로 움직이는데 그곳에서 일하는 사람들은 정말 총명하고 탁월하다. 하지만 아마존은 바깥세상에는 전혀 관심이 없고 승진에 목숨을 건 사람이라면 아주 흥미로운 곳이긴 하지만 기업문화 자체가 가정이나 회사를 제외한 개인적 삶에 관심을 갖는 사람에게는 그렇지 않다." 그의 표현에 따르면 아마존에서 직원은 단순히 '하나의 머리수' 혹은 회사 시스템에 로그인한 하나의 숫자에 불과하다. 그는 그렇게 마지막으로 씁쓸한 한 마디를 덧붙였다. 진심으로 아마존이 잘되기를 바라지만 그러나 이런 식의 강박적인 사원 관리가 계속된다면 그 성공이 얼마나 계속될지는 의문이라고.

아마존닷컴의 씁쓸한 기업윤리 사례를 만든 배경에는 제프 베조스의 리더십이 있다. 아마존닷컴의 기업 운영 방식은 전적으로 한 리더십의 경영방식에 기인한다. 직원을 회사의 비전을 완성하고 목표를 달성하기 위한 수단으로 보며 이를 위한 희생을 당연히 여기는 기업문화는 당장의 성과를 나타내기에는 탁월할지 모르나 직원들의 신뢰를 얻기에는 역부족해 보인다. 직원들의 능력을 극대화 시키는 것에는 성공했을지 몰라도 마음을 사는 것에는 실패한 것이다. 겉으로는 성공한 기업처럼 보이지만 끊임없이 '기업윤리' 논란이 이어지고 있는 기업. 많은 역사들이 공통적으로 가르치는 것은, 현재의 성공이 미래의 성공을 보장하지는 않는다는 점이다. 회사를 나온 많은 이들의 증언은 아마존닷컴이 언제까지 현재의 위치를 차지할 수 있을지에 대해 의구심마저 갖게 한다. 아마존닷컴의 사례를 통해 건강한 리더십의 중요성을 엿볼 수 있다.

8.2 칙필레

수많은 리더십과 성공한 기업을 연구해 온 버지니아 주립대의 에드워드(Edward D. Hess) 교수는 실제 자신이 만난 성공한 기업의 리더십은 기존의 전통적인 리더십과 상이하다고 말한다(Servant-leadership-a-path-to-high-performance By Edward D. Hess, THE WASHINGTON POST, April 28, 2013).

칙필레(Chick-fil-A), 홈 데폿(Home Depot), 베스트 바이(Best Buy), 유피에스(UPS), 리츠 칼튼(Ritz Carlton), 룸앤보드(Room & Board), 홀 푸즈(Whole Foods), 스타벅스(Starbucks), 사우스웨스트 에어라인즈(Southwest Airlines), 레비 레스토랑(Levy Restaurants) 등 미국 내 성공한 기업으로 손꼽히는 곳들의 성공 비결로 에드워드 교수는 섬기는 리더(Servant leader)를 소개했다.

칙필레(Chick-Fill-A)는 치킨을 판매하는 패스트푸드 회사다. 2008년 이후부터 꾸준히 매출이 증가했고 일요일에 문을 열지 않고도 맥도날드보다 점포 당 매출이 많아 세간을 놀라게 했다. 유력한 식당평가회사인 자갓(Zagat)은 최고의 패스트푸드 기업으로 칙필레를 선정했고 그 중 서비스 분야는 단연 1위였다. 철저한 서비스 정신에 입각해 손님을 대하는 이곳은 패스트푸드 전문점임에도 불구하고 손님들의 의자를 빼주고 필요한 것이 없냐고 묻는 등 손님을 감동시키는 서비스 정신을 발휘한다. 이곳 창업자인 트루엣 케시는 철저한 서번트 리더십을 보이며 직원들을 감동시키는 경영으로 유명하다. 그의 리더십에 감동받은 직원들 역시 회사에 대한 충성도가 대단하며 손님들에게도 존경과 존중의 정신으로 대하는 것으로 유명해 서번트 리더십 경영의 좋은 예로 꼽히고 있다.

8.3 YellowHat의 창업주 : 가기야마 히데사부로

서번트 리더십 하면 제일 먼저 떠오르는 분이 있다. 바로 46년 동안 맨손으로 회사의 화장실을 청소해 온 대표적인 서번트 리더, 자동차용 부품 및 카 액세서리를 판매하는 회사의 회장인 가기야마 히데사부로이다. 먼저 자신이 화장실 청소를 함으로써, 직원들에게 깨끗한 환경을 제공할 수 있다는 신념을 지니신 분으로 유명하다.

8.4 아프리카 수단의 슈바이처 : 이태석 신부

수단의 가장 가난한 도시, "톤즈"에서 자신을 서번트라고 인식하고, 주민들과 함께 병원과 학교 등을 힘을 합쳐 설립하고, 80군데의 병원을 세워 현지 환자들을 밤낮없이 진찰하며 어른과 아이 할 것 없이 모두에게 한없이 다정하셨던 분이다.

8.5 즐기면서 이기는 프로 : 개그맨 유재석

본인이 이야기를 많이 하기보다는, 남들이 하는 이야기에 좀 더 먼저 귀 기울여주고, 진행에 있어서 상대방의 잠재적인 능력과 개성을 이끌어준다. 진행에 있어 그에 따른 완급을 조절할 뿐이지, 항상 경청자의 위치에서 자신보다 게스트들을 조금 더 돋보이게끔 노력한다. 그리고 참석자(조직 구성원)와 '파트너'라는 운명 공동체를 형성하여 그들의 자발적인 참여를 이끌어냄과 동시에 긍정적인 결과를 극대화하는 것으로 유명하다.

마틴 루터 킹 목사, 빌 클린턴, 버락 오바마, 오프라 윈프리 등 최고의 자리를 놓치지 않은 위대한 사람들을 분석한 책, <어떤 사람이 최고의 자리에 오르는가>에서는 강인함과 따뜻함이라는 두 가지 요소를 모두 갖춘 사람만이 최고의 자리에 오른다고 말하고 있다. "그들은 우리의 이익을 위해 기꺼이 나서려고 하며(따뜻함), 그럴 만한 능력이 있어(강인함) 보인다. 따라서 우리는 그들이 리더가 되기를 기대하며 그들이 책임을 맡는다는 사실에 편안함을 느낀다"는 것이다. 그 글귀를 보는 순간 대한민국 최고의 MC, 최고의 예능인으로 손꼽히는 유재석에게도 딱 들어맞는다는 생각이 들었다.

그런데 앞서 인용했던 책 <어떤 사람이 최고의 자리에 오르는가>는 강인함과 따뜻함을 겸비한 리더의 자질은 결코 선천적인 것이 아니며 모든 사람들이 학습으로 얻을 수 있는 능력이라고 이야기하고 있다.[153]

8.6 US 쉘에서의 서번트 리더십 도입과 교육[154]

지속적인 환경 변화에 대한 유연한 대처를 위해 US 쉘의 최고경영자 캐롤은 조직 구조 개편과 함께 서번트 리더십 개념을 도입하여 전사적인 교육을 실시하였다.

극심한 경영난을 겪은 직후인 1990년대 초, US 쉘(Shell Oil Company of the US)에는 새로운 최고경영자 필 캐롤(P. Carrol)이 취임하였다. 캐롤은 US 쉘의 가장 큰 문제점이 경직된 조직 구조에 있다는 점을 깨닫고 급변하는 외부 환경에 적응하기 위해 보다 유연한 조직으로 변화시키려는 시도를 하였다. 새로운 가치관과 사명을 만들고 조직 전반에 확산시키면서 권한과 책임이 하부로 위임되도록 조직 구조를 개편하였다. 그러나 별 효과가 없자, 캐롤은 외적인 시스템과 제도만의 변화는 실효가 없다는 것을 깨닫고, 새로운 조치를 취하기로 결심했는데, 이 때 주목한 것이 관리자들의 리더십 문제였다. 캐롤은 MIT의 교수인 센게(P. Senge)의 도움을 받아 관리자들

153) 마음수련 블로그(www.meditationlife.org/blog), 무한도전 유재석, 리더의 조건을 말하다, 2014.08.19.
154) 황인경(2002), op. cit.

을 대상으로 서번트 리더십을 교육하기로 결정하였다.

서번트 리더십의 개념이 정의되고, 리더십 교육을 위한 센터가 세워졌다. 캐롤은 관리자들이 서번트 리더십을 갖출 수 있도록 독려하였다. US 쉘의 리더십 교육 센터에서 정의한 서번트 리더십의 개념은 다음과 같다. ▲서번트 리더는 한 개인, 특히 리더 한 사람이 모든 해답을 가지고 있는 것이 아니라는 것을 잘 알고 있다. ▲서번트 리더는 겸손하며 자기 자신의 부족한 점을 스스럼없이 부하들에게 드러내고 부하들의 도움을 구한다. ▲서번트 리더는 자기 자신의 발전을 비롯하여 다른 구성원들의 발전 및 조직의 변화를 이끌어 내기 위해 노력한다. ▲서번트 리더는 다른 구성원들과 협력하여 회사의 발전을 위해 노력한다.

서번트 리더십 교육은 이론보다 실제 활용에 초점을 두고 진행되었다. 즉 교육 진행자는 관리자들이 주제별 토의와 같은 프로그램들을 통해 서번트 리더십을 몸소 실천해 볼 수 있도록 만들었다. 이러한 과정을 통해 US 쉘의 관리자들은 서번트 리더십을 개발할 수 있었으며, 그러한 리더십 변화가 US 쉘이 환경에 대한 적응력을 높이고 다시금 높은 성장을 구가할 수 있었던 중요한 기폭제가 되었다.

8.7 게임타임(Game Time)사 CEO의 서번트 리더십[155)]

게임타임사에 새로운 최고경영자로 부임한 켄 멜로즈(Ken Melrose)는 서번트 리더십을 통해 조직 구성원들이 환경 변화에 주도적으로 대처할 수 있는 자신감과 역량을 가지도록 이끌었다.

멜로즈(K. Melrose)는 1973년에 토로사(당시 포춘 500대 기업의 하나)가 인수 합병한 게임타임(Game Time)사의 사장으로 임명되었다. 게임타임사는 당시 200여명으로 구성된 중간 규모의 회사로, 제초기 등을 비롯한 조경용 기계를 제조하는 회사였다. 멜로즈가 부임하기 이전의 사장은 게임타임사의 창업가로 지시와 통제 스타일의 리더였다. 창업가인 만큼, 기술적인 측면에서의 지식만이 아니라 시장 상황에 대한 지식도 깊은 사람이었다. 그 결과 전임 사장은 회사 운영의 모든 측면에 관여하고 있었으며 모든 의사결정권도 그에게 집중되어 있었다. 다른 구성원들은 업무 행동 하나하나에 대해 사장의 허가를 받아야 했다. 멜로즈가 처음 부임하자, 그에게 몰려든 질문들의 대다수는 '스틸(steel)은 어느 정도나 구매할까요?', '어떤 주문을 먼저 처리할까요?', '어느 잡지에 광고를 낼까요?'와 같은 것들이었다.

멜로즈는 모든 것을 지시하는 리더로 군림하기보다는 다른 구성원들의 잠재력을 인정하고 구성원들의 능동적인 업무 참여를 통해 회사를 이끌어 나가는 것이 보다 효과

155) 황인경(2002), op. cit.

적이라고 판단하여, 전임 사장과는 완전히 다른 경영을 해 나갔다. 멜로즈는 먼저 다른 구성원들과 대화를 통해 그들이 업무 처리에 충분한 지식과 경험을 가지고 있다는 결론을 내리고, 이후 구성원들이 지식과 경험을 스스로 활용할 수 있는 역량을 기르는 데 주력했다. 구체적으로 업무에 대한 권한과 책임을 하부로 위임하면서, 정보를 수집하는 방법이나 회의를 인도하는 방법, 문제를 분석하는 방법과 같은 것들을 숙지할 수 있도록 도왔다. 처음엔 구성원들의 많은 실수들이 뒤따랐지만, 멜로즈는 실수가 학습의 과정이라고 말하면서 구성원들이 보다 적극적으로 멜로즈의 지침에 따를 수 있도록 격려해 나갔다. 이런 과정을 통해 구성원들은 주인의식과 책임감을 가지고 능동적으로 업무에 대처하는 역량을 가질 수 있게 되었으며 업무와 조직에 자부심을 가지게 되었다.

초기에는 멜로즈의 리더십 스타일에 대해 대다수의 조직 구성원들이 회의를 가졌지만, 게임타임사는 자발적인 구성원들이 상호 협력하면서 이끌어 나가는 회사로 변모하였고, 계속적인 발전을 거듭하였다. 그 성과를 인정받아 멜로즈는 1981년 토로사의 최고경영자로 발탁되었다.

[부록] 한국인 DNA에 맞는 리더십[156)]

모든 일은 어떤 사람이 그 자리에서 하느냐에 따라 성패가 좌우된다. 여럿이 모여서 일을 하는 경우에는 어떤 리더가 이끄느냐에 따라 결과가 크게 달라지게 마련이다. 국가의 흥망도, 기업의 성쇠도, 집안의 부침도 여기에 직결돼 있음을 우리는 잘 알고 있다. 급변하는 현대사회에 와서는 불안해하는 구성원의 힘을 한데 모으는 리더의 역할이 더욱 중요해지고 있다. 4차 산업혁명 시대를 맞는 기업의 CEO들도 마찬가지다. 문제는 어떻게 구성원의 힘을 한데 모으느냐다. 리더는 스스로의 역량으로 모든 걸 해결하기보다 많은 수의 구성원들의 능력을 극대화하도록 이끌어내야 한다. 이른바 채찍과 당근이 예부터 유력한 수단으로 이용돼 왔지만 이러한 물리력과 금력은 오래 지속하기 어렵다. 동물을 길들일 때의 방식을 가지고는 인간의 마음을 언제까지나 움직일 수 없다. 그러니 구성원들이 리더를 존경하며 자발적으로 따라오도록 하는 길을 진지하게 찾아야 한다.

현대경영학에서는 21세기 가장 바람직한 리더십으로 서번트 리더십(Servant Leadership)을 제시하고 있다. 리더가 아랫사람들을 섬기듯 대하라는 것이다. 맞는 말이지만 상명하복과 위계를 중시해오던 한국 조직, 한국 기업 문화에 그대로 적용하기에는 어려운 측면도 있다. 한국인은 우리 DNA에 맞는 사고방식과 그에 맞는 리더십을 찾아 실천할 필요가 있다. 우리의 전통적 리더십은 흔히 오해하는 것과 달리 결코 권위만 내세우고 아랫사람을 가볍게 여기는 게 아니었다. 전통사회 리더 선비들이 동양의 고전에서 찾아 공부하고 실천함으로써 존경받았던 길이 있다. 그걸 되찾아야 한다.

먼저 그들이 공부하고 실천한 유학의 밑바탕에는 '나와 상대는 하나다'라는 물아일체(物我一體)의 수평적 사고가 자리하고 있다. 상대가 누구든지 나와 하나라는 정신이다. 나에게 내가 가장 소중하듯 상대에게는 자기 자신이 제일 소중하다. 내가 아무리 조직의 리더라고 해도 어찌 그를 존중하지 않을 수 있겠는가? 상대 존중이 결코 처세의 방편이나 실적 올리기를 위한 편의적인 수단이 아니다. 누구나 존중하지 않으면 안 된다는 동양적인 진리의 실천이다. 세대 갈등의 골이 깊어지는 요즘 더 절실히 요청된다.

리더가 먼저 해야 한다. 공자는 "리더가 바르면 누가 감히 바르지 않을 수 있겠는가(子帥以正 孰敢不正)"라고 말했다. 좋은 조직문화를 위해서 리더가 먼저 나서야 한

156) 김병일(2018), 채찍과 당근은 동물을 길들이는 방식, DBR 243호 (2018년 2월 Issue 2).

다는 의미다. 말로 하지 않고 행동으로 실천해야 한다. 영조 때 명재상인 이태좌(李台佐, 1660~1739)는 “몸으로 가르치면 따르며(以身教者從), 말로 가르치면 대든다(以言教者訟)”라고 했다. 도산서원과 선비수련원을 찾는 관람객과 수련생들의 마음을 사로잡는 것은 학자 퇴계의 높은 학문이 아니다. 인간 퇴계가 수직적인 위계질서의 사회에서도 나이 어린 제자나 종에게까지 자신을 낮추고 상대의 입장을 배려하고 보듬은 현장에서 보고 들은 스토리 때문이다.

리더는 궂은일은 먼저 하고 즐거운 일은 나중에 하는 것(先憂後樂)이 가장 효과적이다. 모두가 어려워하는 것은 리더가 먼저하고 모두가 먼저 즐기려 하는 일은 양보하고 나중에 할 때 존경심이 샘솟아 오른다. 생명력 있는 리더십이 활짝 피어난다.

임진왜란 때 관군은 패퇴하고 도망쳤다. 이때 곳곳에서 의병이 일어나 나라를 구하는 데 큰 힘을 보탰다. 의병은 백성이었지만 리더인 의병장은 하나같이 글 읽는 선비였다. 어째서 목숨 걸고 이런 일을 했을까? 선비들은 평소 배운 대로 ‘올바른 길’을 찾아 나섰던 것이고 백성들은 선비들이 보여줬던 ‘선우후락(先憂後樂)의 삶을 존경’하고 따랐던 것이다. 전통시대에는 목숨까지 걸고 따라나섰는데 오늘날 리더가, CEO가 아랫사람을 아끼고 선비처럼 솔선한다면 존경하며 어디든지 따라나설 것이다.

Chapter

07

현대적 리더십 이론Ⅳ : 진정성 리더십

01 등장 배경[157)]

많은 사람들은 영웅적 리더가 나타나기를 기대한다. 어떤 문제도 어려움 없이 해결하고 위기 시에도 강력한 카리스마로 난국을 타개하는 것을 바람직한 리더의 역할로 여긴다. 그래서 많은 리더들이 약점도 없고 실수도 저지르지 않는 '완벽한 인간'인 척하며 살았다. 이런 영웅적 리더십은 높은 성과창출에 대한 강한 집착을 불러왔다. 뒤틀린 리더십은 급기야 2000년대 초반 엔론, 월드컴 사태 등 조직 전체에 파멸을 초래한 기업 스캔들로 이어지기도 했다.

진정성 리더십(authentic leadership)은 바로 이런 배경에서 출발했다. 즉 카리스마로 대변되는 리더십이 각광받던 1990년대까지만 해도 리더십을 마치 배우가 무대에서 청중들을 위해 보여주는 연극(acting)이라고 생각한 학자들이 많았다. 그러나 2000년대 들어 엔론(Enron), 월드컴(WorldCom) 등 잇따른 기업 스캔들이 터지면서, 사람들은 새로운 형태의 리더십을 갈구하기 시작했다. 이때 등장한 리더십 이론이 바로 '진정성 리더십(authentic leadership)'이다.

진정성 있는 리더는 성과창출 결과뿐 아니라 과정 역시 중시한다. 다른 이의 리더십 스타일을 맹목적으로 답습하기에 앞서, 철저한 자아인식(self-awareness)을 바탕으로 자신의 강점은 물론 약점까지 조직원들과 공유해 신뢰와 존경, 자발적 헌신을 이끌어낸다. 창조와 혁신을 화두로 하는 21세기 지식경제시대는 바로 이런 진정성 있는 리더를 원하고 있다.

157) 이하 내용은 주로 정동일(2011), '참된 나'를 찾아라, '진정성 리더십'이 온다, DBR 75호 (2011년 2월 Issue 2), 2011.02. 참조.

02 앤론을 비롯한 기업 CEO들의 탐욕

그는 1942년 생으로 미국 휴스턴 대학에서 경제학 박사학위를 받고 미국 행정부의 여러 요직에서 근무하다 1974년 플로리다 가스(Florida Gas)란 회사에 입사한다. 그는 타고난 리더십과 성실성으로 불과 7년이라는 짧은 시간에 CEO의 자리에 오른다. 하지만 그는 현실에 안주하지 않고 1982년 휴스턴으로 돌아가 여러 회사를 인수했다. 1985년 그가 창업한 회사는 2000년에 매출 1010억 달러를 기록하고 <포춘>에서 선정하는 500대 기업(Fortune 500) 중 7위에 오르게 된다. 마침 경제적 어려움 때문에 다른 도시로 근거지를 옮기려 했던 휴스턴의 프로야구단 애스트로에 30년에 걸쳐 무려 1억 달러를 기부하겠다고 해서 그는 도시의 영웅이 되기도 했다.

창립한 지 불과 15년 남짓한 기간에 미국에서 7번째로 큰 회사를 경영하게 된 그를 많은 경영학 교과서에서 탁월한 리더십을 가진 대표적인 CEO의 하나로 소개하기 시작했다. 결단력과 카리스마로 대변되는 그의 리더십은 1980년대 중반부터 리더십 학계에서 불기 시작한 카리스마에 대한 리더십 연구의 붐을 조성하는 데 한 몫을 하기도 했다. 그의 탁월한 리더십 하에 회사는 경이적인 성과를 기록하게 됐다. 급기야 2000년 8월 회사의 주가는 한 주당 90달러까지 치솟았다. 포춘을 포함한 많은 경영 잡지들은 그의 회사를 미국에서 가장 혁신적이고 위대한 회사 중 하나로 꼽았다. 회사의 성공은 영원할 것처럼 보였다.

그는 바로 2001년 전 세계를 놀라게 했던 엔론(Enron)의 창업자이자 CEO였던 케네스 레이다. 이후에 회사가 어떻게 됐는지는 많은 독자들도 잘 알고 있을 것이다. 레이는 온갖 회계 부정과 사기혐의로 기소됐고 엔론의 주식가격은 1달러 이하로 폭락, 주주들에게 무려 110억 달러의 손해를 끼쳤다. '엔론 스캔들'로 불리는 이 사건으로 회사는 결국 2001년 12월 2일 파산 신청을 하고 역사의 뒤안길로 사라졌다. 스캔들의 중심에 서 있었던 레이는 사기죄로 재판을 받고 최고 45년 형의 선고를 받고 기다리던 중 아스펜에 있던 그의 별장에서 심장마비로 돌연사 하고 만다.

엔론과 케네스 레이의 스캔들 이후 많은 리더십 학자들은 지속가능하고 긍정적인 성과를 창출하기 위해 기업에 필요한 CEO의 리더십이 무엇인가를 고민하기 시작했다. 1980년대와 1990년대는 화려한 언변과 카리스마로 무장한 케네스 레이와 같은 CEO들이 기업경영의 중심에서 세계 경제를 주름잡았다 해도 과언이 아니다. GE의 잭 웰치, 디즈니의 마이클 아이즈너, 크라이슬러의 리 아이어코카, AT&T의 마이클 암스트롱, 그리고 시티그룹이란 거대한 금융그룹을 일구었던 샌디 웨일 등 수많은 CEO들이 강력한 카리스마와 원대한 비전을 바탕으로 거대한 조직을 이끌었다.

하지만 2001년 엔론 사태를 시작으로 월드컴(WorldCom), 차세대 GE로 각광받던 타이코(Tyco International) 등의 CEO들이 자신의 지위와 권력을 이용해 개인적인 욕심을 채우고 주주들에게 커다란 손해를 끼치기 시작하면서, 사람들은 화려한 카리스마 뒤에 숨겨져 있는 그들의 탐욕스러운 얼굴을 보기 시작했다. 기업의 최고경영자들은 불신의 상징이 돼 버렸고 사람들은 화려한 리디십의 환영에서 깨어나 새로운 형태의 리더십을 갈구하기 시작했다.

이때 등장한 리더십이 바로 '진정성 리더십(authentic leadership)'이다. 여러 가지의 기업 스캔들로 진정성 리더십은 가장 각광받는 리더십 모델이 되었다. 다시 말해 21세기의 리더십은 한마디로 진정성 리더십이라고 정의할 수 있다.

03 진정성 리더십이란

진정성 리더십의 근간이 되는 단어인 '진정성(authenticity)'은 '너 자신 그대로(To thine own self be true)'라는 그리스 철학에서 유래한다. 즉 진정성(authenticity)이란 단어에는 '너 자신 그대로(to thine own self be true)'가 되라는 핵심 메시지가 담겨 있다. 진정성 리더십의 출발도 자신에 대한 성찰에서부터 시작한다.

성찰을 통해 진정한 자아를 인식하고 이를 바탕으로 가식 없는 타인과의 관계를 형성해 나가는 것을 중시하는 철학적 사고였다. 소크라테스의 '너 자신을 알라'라는 말도 궁극적으로는 자기인식(self-awareness)을 통해 내적인 자아(private self)와 타인에게 보여지는 외적인 자아(public self)와의 일치를 강조한다고 할 수 있다.

진정성이란 단어가 리더십과 같이 처음 쓰이기 시작한 것은 경영학에서가 아니라 사회학에서였다. 미국의 사회학자 시만은 특정한 역할로부터 기대되는 행동(예를 들면 'CEO라면 모름지기 이래야 돼'라는 식으로 사람들이 CEO에 대해 가지고 있는 기대)에 지나치게 몰입하거나 자신을 과대 포장하려는 행위를 통틀어 '비진정성(inauthenticity)'이라고 이야기했다.

하지만 경영학에서 진정성이란 단어가 쓰이기 시작하고 진정성 리더십이란 리더십 이론이 본격적으로 개발되기 시작한 것은 미국에서 기업 스캔들이 터지기 시작한 2000년대 이후다. 그리고 이론의 초점도 사회학에서처럼 진정성이 결여된 리더의 행동에 맞춰진 게 아니라 긍정심리학(positive psychology)에 바탕을 둔 리더의 진실성에 초점이 맞춰졌다.

21세기 들어 진정성 리더십이 리더십 학자들의 관심이 된 배경에는 앞에서 언급한 많은 리더들의 비윤리적 행동에 원인이 있었다. 화려한 모습과 좌중을 휘어잡는 카리스마를 이용해 자신의 이익을 챙기는 기업의 CEO들에 배신감을 느낀 사람들은 진정성 있는 리더를 찾기 시작했다. 카리스마로 대변되는 리더십이 각광을 받았던 1990년대까지는 리더십을 마치 배우가 무대에서 청중들을 위해 보여주는 연극(acting)이라고 생각하는 학자들이 많았다. CEO들은 좀 더 긍정적이고 멋있는 이미지를 '연출'하기 위해 이미지 메이킹에 많은 시간과 노력을 투자했다. 이에 따라 CEO들이 직원과 대중들에게 보여주는 행동과 일상생활에서의 행동에 많은 괴리감이 있었다.

진정성 리더십은 아직 완전히 정립이 돼 있지 않은 이론이기 때문에 연구하는 학자마다 개념에 대한 정의가 조금씩 상이하다. 하지만 여러 연구를 종합해 보면 진정성 리더십을 다음과 같이 정의해도 무방할 것 같다. "진정성 리더십이란 명확한 자기인식을 바탕으로 확고한 가치(values)와 원칙(principles)을 세우고 투명한 관계를 바탕으로 내적인 자아(private self)와 외적인 자아(public self)의 격차를 최소화해 주위 사람에게 긍정적인 영향을 끼치는 능력이다."

04 진정성 리더십과 기존 리더십 이론의 차이점

진정성 리더십과 기존 리더십 이론의 가장 큰 차이점은 진정성 리더십이 어떤 특정한 리더십 스타일을 지향하지 않는다는 사실이다. 지난 수십 년 동안 리더십 학자들은 부서와 기업의 성과에 좀 더 긍정적인 리더십 행동이나 스타일이 무엇인가를 찾아내기 위해 많은 노력을 기울였다. 결과는 어떠한가? 리더십을 과학적으로 연구하기 시작한 지 수십 년이 지났지만 아직도 우리는 기업의 성과에 CEO의 리더십이 얼마나 긍정적인 영향을 미치는지에 대한 실증적 증거를 찾아내지 못했다.

사실 CEO 리더십과 기업성과 간의 관계가 사람들이 생각하는 것처럼 직접적이고 강하지 않다고 이야기를 하면 많은 사람들이 깜짝 놀라곤 한다. 심지어 CEO가 기업성과에 미치는 영향은 상징적이기 때문에 필요 이상으로 과장·왜곡됐고, 오히려 슈퍼스타 같은 유명한 CEO가 기업에 오히려 득보다는 해가 될 가능성이 많다고 경고하는 학자들도 있다.

부서와 기업의 성과를 창출하는 데 더 큰 도움이 되는 리더십 스타일을 찾아내기 위해 지난 수십 년 동안 연구에 몰두했던 리더십 학자들의 입장에서는 위와 같은 결과가 실망스러울 수도 있다. 하지만 어떤 면에서는 다행이 아닐까하는 생각을 해보게 된다. 왜냐하면 잭 웰치의 리더십 혹은 어떤 특정한 리더십 스타일이 성과 창출에 도움이 된다는 사실이 입증됐다고 가정해 보자. 많은 사람들이 그 리더십을 모방하기 위해 노력할 것이고 지구상의 모든 리더들은 똑같은 말과 행동을 되풀이 하는 로봇으로 변하게 되지 않겠는가.

이런 의미에서 진정성 리더십의 등장은 리더십 연구에 있어 인간미를 불어넣는 역할을 한다. 타인의 리더십을 모방하는 게 성공하는 길이 아니라 자신의 자아를 보다 명확하게 파악하고 이를 바탕으로 긍정적이며 투명한 관계를 부하들과 구축해나가야 한다고 말한다. 타인 중심의 리더십에서 자신이 가진 고유한 자아의 발견에 초점을 맞추는 리더십, 이게 바로 진정성 리더십이 다른 리더십 이론과 차별화되는 점이자 공헌이다.

진정성 리더십이 기존의 다른 리더십 이론과 구분되는 또 하나의 차이점은 진정성 리더십이 다른 리더십 스타일의 기본 바탕(root construct)을 제공한다는 사실이다. 다시 말하면 리더는 진정성 리더십을 바탕으로 해서 상황에 맞는 다른 특정한 리더십 스타일(예를 들면 변혁적 리더십 혹은 카리스마)을 개발할 수 있다. 따라서 진정성 리더십과 다른 리더십 스타일은 상호 배타적인 개념이 아니라 개인이 가진 특정 리더십 스타일을 한층 더 진실 되게 만들어주는 역할을 하게 된다. 카리스마가 무대 위에서 청중들을 향해 보여주는 리더의 연기가 아니라 가슴속에서 우러나오는 진정한 자신의 표현으로 느껴질 때 한층 더 영향력이 강해지는 이치다.

05 진정성 리더십의 구성요소

그렇다면 진정성 리더십의 구성요소는 무엇일까? 진정성 리더십을 연구하는 학자들의 글을 종합해 보면 진정성 리더십의 가장 중요한 요소는 다음과 같다.

5.1 자기인식

진정성 리더십에서 무엇보다 중요한 요소는 명확한 자기인식(self-awareness)이다. 자기인식이야말로 리더십 개발에서 가장 중요한 주춧돌이자 첫 번째 단계다. 총 75명으로 구성된 스탠퍼드 경영대학 자문위원들에게 '리더로서 성공하기 위해 가장 중요한 것은 무엇인가?'라는 질문을 했을 때 절대 다수가 했던 대답도 바로 자기인식이었다고 한다.

진정성 리더십에서 자기 인식이 이렇게 절대적으로 중요한 까닭은 진정성 리더십의 핵심이 자신의 존재와 일치하는 리더십을 실천하는 데 맞추어져 있기 때문이다.

많은 리더들이(심지어는 대단히 성공한 리더들도) 자신이 추구하는 가치와 기준을 바탕으로 행동하지 않고, 단지 외적인 성공(부, 명예, 명성, 지위 혹은 기업의 성과)과 주위 사람들이 자신에 대해 가지고 있는 기대에 부합하고자 행동한다. 이러한 노력이 처음에는 우리를 성공하게 만들지 몰라도 지속적인 성공과 심리적인 만족감을 줄 수는 없다. 주위에서 부러워할 만큼 성공했음에도 불구하고 스스로는 불안하고 자신이 하는 일이나 역할, 더 나아가 자신의 인생에 대해 회의가 든다면 당신은 진정성 있는 리더가 아닐 공산이 크다.

자기인식을 높이기 위해서는 내가 이제까지 경험했던 내 인생의 스토리가 무엇을 의미하며 내가 어떤 사람이 되길 원하는지, 그리고 어떤 삶을 살고 싶은지에 대한 고민이 필요하다. 내면의 목소리에 귀를 기울여보자. 진정성 있는 리더가 되기 위해서는 자신을 포장하고 있던 보호막을 걷어버리고 본인의 약점과 상처까지도 보여줄 수 있는 용기가 필요하다.

5.2 핵심가치(core values)와 목적의식

진정성 리더십의 두 번째 중요한 요소는 자기인식과 자아성찰을 바탕으로 한 핵심가치와 목적의식(sense of purpose)이다. 핵심가치는 나의 행동을 일관성 있게 만들며 중요한 선택의 순간에 용기 있는 결정을 할 수 있게 해준다. 반면 목적의식은 나를 열정적으로 만들어준다. 명확한 목적의식은 내 가슴에 불을 지피고 어떠한 시련을 겪어도 결코 포기하거나 타협하지 않게 해준다.

자신이 창업한 회사에서 쫓겨나는 수모를 겪으면서도 궁극적으로 애플을 지구상에서 가장 성공한 IT 회사로 키우는 데 성공한 스티브 잡스의 성공 뒤에는 '누구나 자유롭게 가치를 창출할 수 있는 세상을 만들겠다'라는 그의 명확한 꿈과 목적의식이 자리 잡고 있었다는 사실을 기억하자. 그의 성공은 언론에서 이야기하듯 현란한 프레젠테이션 스킬 때문도 아니고 세상을 거꾸로 볼 수 있는 탁월한 창의력 때문도 아니다. 스티브 잡스의 진정한 성공 원인은 내적인 자아와 외적인 자아의 일치에서 나오는 자연스럽고 일관된 행동이며 핵심가치와 비전을 바탕으로 한 강한 목적의식 덕택이다.

진정성 리더십은 단순한 비전과 핵심가치, 그리고 목적의식을 지향하는 게 아니라 '공유된' 비전과 목적의식을 지향한다. 공유된 비전이야말로 시대를 대표하는 위대한 기업이 가지고 있는 가장 중요한 특징이다. 요즘 많은 한국기업에는 리더의 화려한 비전은 있지만 모든 직원의 가슴속에 살아 숨 쉬고 이들을 열정적으로 뛰게 만드는 공유된 비전은 존재하지 않는 경우가 많다. CEO가 연설할 때만 외치는 형식적인 비전, 사무실의 한쪽 벽 액자 속에 숨겨져 있는 죽은 비전은 기업 발전에 오히려 장애요소가 될 수 있다는 사실을 명심하자.

5.3 관계적 투명성

관계적 투명성(relational transparency)은 타인에게 자신의 진정한 자아를 나타내는 것을 의미한다. 성찰을 통해 명확한 자기인식을 하는 게 중요하지만 이를 가식 없이 주변 사람들에게 나타내는 것도 중요하다. 심리학에 의하면 사람은 누구나 두 개의 자아를 지니고 살아간다고 한다.

내가 자연스럽게 느끼는 나, 즉 '내적인 자아'와, 이와 별도로 나는 이러이러한 사람이라고 타인에게 보여주는 나, 즉 '외적인 자아'다. 나를 잘 아는 사람들과 같이 있을 때와 그렇지 않을 때의 행동, 혹은 직장 동료들과 가족들에게 대하는 행동에 커다란 괴리가 있다면 당신은 내적인 자아와 외적인 자아에 큰 갭이 있다고 할 수 있다. 그 격차가 크면 클수록 심리적 상태는 불안해지고 내가 맡은 다양한 역할에 대한 혼란이 클 가능성이 많다.

진정성 리더십에서는 내적인 자아와 외적인 자아의 일치를 통해 심리적인 안정과 삶의 성숙도를 높이는 것을 중요시 한다. 그리고 두 가지 자아 사이의 괴리를 줄이기 위해서는 주위 사람과 맺고 있는 관계가 좀 더 투명해질 필요가 있다. 타인의 리더십(예를 들면 잭 웰치의 리더십) 스타일이 효과적이라고 해서 무조건 이를 흉내 내려 한다면 이는 나 자신에 대한 진정성이 결여되는 것이며, 지속 가능하지 못할 뿐만 아니라 그 효과도 제한적일 수밖에 없다.

관계적 투명성은 진정성 있는 리더로서 타인에게 포장되지 않은 진정한 자아를 드러내는 것을 의미한다. 다른 사람과 자신의 핵심가치, 원칙, 목표, 성향 등을 진솔하게 공유하면 관계적 투명성이 높아지고 이는 리더와 부하 사이의 신뢰로 발전될 수 있다. 그렇기 때문에 진정성 리더는 카리스마를 바탕으로 한 리더십과 달리 부하들과 지향하는 관계가 장기적이고 평등하다 할 수 있다.

06 진정성 리더십 실천하기

다른 리더십 이론이나 모델과 달리 진정성 리더십 이론은 리더의 자아 발견과 진정성에 초점을 맞추고 있기 때문에 CEO같은 높은 지위에 있는 리더들에게만 적합한 이론은 아니다. 누구나 실천할 수 있는 리더십이기 때문에 진정성 리더십이 더 주목받고 있는지도 모른다. 진정성 리더십을 개발하기 위해 다음 사항을 실천해 보자.

6.1 자신에 대한 성찰을 통해 진정한 나를 발견하자

앞에서 강조했듯이 자아인식은 진정성 리더십의 가장 중요한 기반이자 출발점이다. 이제까지 경제ㆍ사회적 성공과 다른 사람들로부터 인정받기 위해 앞만 보고 달려 왔다면 한번쯤은 멈춰 서서 내가 진정으로 내 삶에서 달성하길 원하는 내 모습이 무엇인지 성찰해 보자. 이제까지 살아온 내 인생의 스토리를 회상해 보자. 이제까지 살면서 가장 의미 있었던 일은 무엇인가? 내 인생에서 가장 중요한 것은 무엇인가? 내가 겪었던 좌절은? 나에게 가장 큰 영향을 끼쳤던 사람은? 내가 달성하고 싶은 나의 자화상은 무엇인가?

자아인식을 통해 참다운 나를 발견하려는 노력을 한 번이라도 해봤다고 이야기하는 리더는 그리 많지 않다. 그렇다고 이들이 리더십 개발을 위한 노력을 소홀히 했다고 생각하지는 않는다. 오히려 리더십과 자기계발에 관련된 서적을 틈나는 대로 읽는다고 한다. 그러나 결론적으로 이들은 성공한 타인의 리더십 스타일을 흉내 내기에 급급했던 것이다. 모방이 나쁜 게 아니라 진정한 자아를 발견하려는 노력 없이 타인의 리더십을 맹목적으로 답습하려 했던 게 잘못됐다. 마치 사이즈가 맞지 않는 옷을 화려하다는 이유로 입고 다니며 본인의 패션 감각을 자랑하는 것처럼 말이다.

내 자아를 발견한다는 것은 생각만큼 쉬운 일이 아니다. 나는 어떤 사람으로 기억되기를 바라는가? 지금 시간이 된다면 종이 한 장을 꺼내 본인의 부고기사를 작성해 보라.

6.2 내가 얼마나 진정성 있는 리더로 비쳐지고 있는지 확인해 보자

일단 자아인식을 통해 참다운 나를 발견해 보는 시간을 가졌다면 이제 내가 주위 사람들에게 얼마나 진정성 있는 리더로 비쳐지고 있는지 확인해 보는 작업이 중요하다. 진정성 리더십은 아직까지도 이를 어떻게 측정해야 하는가에 대한 의견 일치가 학자들 사이에서 이루어지지 않은 상태다. 따라서 실증적 연구를 통해 신뢰도가 입증된 설문이 그리 많지 않으며 어떤 것은 설문 자체가 상업화돼 임의로 쓸 수 없는 것도 있다. 여기에서는 기존 설문지와 진정성 리더십의 이론적 내용을 바탕으로 이를 쉽게 진단할 수 있는 10개 항목을 만들었다.

아직 과학적으로 신뢰도가 검증되지 않은 측정도구이긴 하지만 진정성 리더십을 측정하는 마땅한 도구가 없는 상태에서 도움이 될 것이라 생각한다. 위 질문을 바탕으로 각 문항에 점수를 매겨 나의 진정성 리더십을 측정해 보자.

10가지 문항에 대해 솔직하게 답변한 후 주변에 나를 잘 안다고 생각하는 직장 동료나 선후배들에게도 평가를 부탁해 보자. 모든 문항의 답에 대한 평균을 구해서 5점 만점에 본인 평가와 타인 평가의 평균이 각기 4.0 이상이 나온다면 나는 진정성 리더십이 어느 정도 있다고 결론 내릴 수 있다. 물론 본인 평가보다는 3인 이상이 해 준 타인 평가의 평균이 신뢰도란 측면에서 훨씬 더 중요하다. 또한 본인 평가와 타인 평가 평균의 격차가 크면 클수록 내가 생각하는 나와 타인이 인식하고 있는 나에 대한 괴리가 크다는 의미다. 그 격차를 줄여가는 노력을 하는 것도 진정성 리더십 개발에 큰 의미가 있다.

〈표 7-1〉 진정성 리더십 설문지

질 문	응 답
Q1. 나는 어떤 상황에서나 나의 감정을 솔직히 전달하는 편이다.	
Q2. 나는 하고 싶은 말이 있다면 주저 없이 하는 편이다.	
Q3. 나는 내 인생에서 중요한 것이 무엇인지 명확하게 알고 있다.	
Q4. 나는 의사판단의 기준이 되는 명확한 가치관을 가지고 있다.	
Q5. 나는 옳다고 생각하는 대로 행동하려 하는 편이다.	
Q6. 나는 다른 사람의 의견보다는 스스로의 생각을 더 중요시 여긴다.	
Q7. 나는 스스로를 긍정적으로 보이게 하려 하기보다는 있는 그대로 보여주려 노력한다.	
Q8. 나는 다른 사람이 생각하는 나와 내 스스로 생각하는 나의 모습이 일치하는 편이다.	
Q9. 나는 단기적인 성과나 성공보다 장기적으로 신뢰할 수 있는 인간관계를 더 중요시 여긴다.	
Q10. 나는 비록 불이익이나 오해가 생길 가능성이 있더라도 사실대로 이야기 하는 편이다.	
점수 보기 : 1 → 전혀 그렇지 않다, 2 → 그렇지 않다, 3 → 보통이다, 4 → 대체로 그렇다, 5 → 항상 그렇다	

6.3 나의 핵심가치와 리더십 원칙 작성하기

자아인식을 통해 나를 발견하려는 노력을 하고 설문을 통해 나의 진정성 리더십이 어떻게 인식되고 있는가에 대한 피드백을 받았다면 이제는 내 행동을 일관성 있고 진실 되게 만들 수 있는 명확한 핵심가치와 리더십 원칙을 작성해보자. 우선 내가 앞으로 어떤 상황에서든 반드시 지키기 위해 노력할 용의가 있는 핵심가치를 생각해 보자. 핵심가치란 내 인생에서 가장 중요하다고 생각하며 내가 간직하고 지키길 원하는 것이며 그것에 대한 나의 믿음이다. 핵심가치는 나에게 하는 일에 대한 의미와 목적을 부여하고 내가 내린 결정에 대해 자신감을 준다. 따라서 핵심가치가 명확하지 않은 리더는 의사결정을 내릴 때 주변 상황과 주위 사람들의 기대 혹은 강압(pressure)에 의해 하는 경우가 많다.

상황에 따라 유연한 의사결정을 하는 것은 물론 중요하다. 그러나 본인의 판단기준과 가치가 없는 상태에서 무조건 주위 상황만 살펴보는 것은 나를 주관이 없는 리더로 만들기 쉽다. 확고한 자기만의 주관이 없는 리더는 주위 사람들로부터 신뢰를 얻는 게 불가능하며 리더로서의 권위도 유지하기 어렵다. 소통이 중요한 시대이기 때문에 권위적인 리더는 설 자리가 없어졌지만 역설적으로 리더의 권위가 그 어느 때보다 더 필요한 시기다. 그래서 핵심가치는 진정성 있는 리더가 되는 중요한 조건 중의 하나가 된다. 따라서 리더로서 나의 핵심가치를 아래 칸에 적어 보기로 하자.

〈나의 핵심가치〉

리더로서 나에게 가장 중요한 것은

* ______________________________,
* ______________________________,
* ______________________________ 이다.

리더로서 나의 핵심가치가 정해졌다면 이를 매 순간 실천할 수 있는 나만의 리더십 원칙을 발견하는 게 중요하다. 리더십 원칙은 나의 핵심가치를 실천하기 위해 필요한 행동 강령이라 이해하면 될 것이다. 예를 들면, 위에 적은 나의 핵심가치 중 하나가 '타인을 위해 배려'라면 나의 리더십 원칙은 '나는 다른 사람들의 의견을 항상 존중하며 그들의 성공을 위해 노력할 것이다'가 될 수 있다. 이를 쉽게 표현하면 '나의 리더십 5계명' 같은 형식이 될 수도 있을 것이다. 이제 나의 리더십 5계명을 핵심가치에 입각해서 아래에 적어 보도록 하자.

〈나의 리더십 5계명〉

나는 리더로서 다음과 같이 행동하도록 노력할 것이다.

* 1계명 : ______________________________
* 2계명 : ______________________________
* 3계명 : ______________________________
* 4계명 : ______________________________
* 5계명 : ______________________________

07 진정성의 중요성[158)]

리더십이란 누군가에게 영향력을 행사하는 것을 의미하고, 리더란 영향력을 행사해서 조직 또는 사회가 원하는 목표를 달성하는 사람을 의미한다. 그렇다면 영향력을 효과적으로 발휘하기 위해서는 무엇이 필요한가? 주위로부터 리더로서 인정(endorsement)을 받는 것이 리더가 되기 위한 필수적인 조건 중에 하나일 것이다. 주위에서 리더로 인정해 주지 않으면 영향력은 반감될 수밖에 없기 때문이다. 물론 자신에게 주어진 권력 또는 강압에 의해 영향력을 행사하는 경우도 있다. 하지만 이러한 영향력은 오래가지 못함을 역사가 증명하고 있다. 결국 리더로서 영향력을 행사하기 위해서는 주위로부터 리더로 인정을 받는 것이 필수조건이라고 할 수 있다. 주위로부터 리더로서 인정을 받을 때, 일시적이고 단기적인 효과뿐만 아니라 장기적인 효과와 영향력을 행사할 수 있을 것이다. 바로 이러한 리더가 되기 위해서 꼭 필요한 것이 구성원들의 리더에 대한 신뢰이다.

리더에 대한 구성원들의 신뢰는 결국 리더가 구성원들에게 영향력을 행사할 수 있는 기반이 된다. 많은 연구들에서 상사에 대한 신뢰는 구성원의 성과를 향상시킴을 보이고 있다(Colquitt, Scott, & LePine, 2007; Dirks & Ferrin, 2002; Mayer & Gavin, 2005).[159)] 리더를 신뢰할 수 있을 때 구성원들은 리더를 따르고 동기부여가 되어서 성과가 향상이 된다고 한다.

그렇다면 어떠한 리더를 신뢰할까? 리더를 신뢰할 수 있는지(trustworthiness)를 결정하는 중요한 요인 중의 하나는 바로 진정성(integrity)[160)]이고, 진정성은 공정함,

---

158) 윤석화(2013), 신뢰와 진정성(Integrity): 리더십 101, SBL 컬럼, (https://cba.snu.ac.kr/ko/sblcolumn?mode=view&bbsidx=77870), 2013.08.21.

159) Colquitt, J. A., Scott, B. A., LePine, J. A.(2007), Trust, trustworthiness, and trust propensity: A meta-analytic test of their unique relationships with risk taking and job performance, Journal of Applied Psychology, 92: 909-927. Dirks, K. T., & Ferrin, D. L.(2002), Trust in leadership: Meta-analytic findings and implications for research and practice, Journal of Applied Psychology, 87: 611-628. Mayer, R. C., & Gavin, M. B.(2005), Trust in management and performance: Who minds the shop while the employees watch the boss? Academy of Management Journal, 48: 874-888.

160) 한은석(2016)은 '실패를 돌파하는 Integrity 리더십'에서 진실성(Integrity)의 중요성을 강조하였다. 그에 따르면, Integrity는 리더의 비전 선언과 실패의 소통을 가능하게 해주고, 조직 구성원의 개인적 헌신을 이끌어내는 등 새 리더십 모델의 기본 요소로 작용한다고 보았다. 즉 Integrity는 새로운 리더십 모델에서도 조직 구성원 개개인과 조직 전체의 성과를 향상시키는 필수조건이면서 동시에 핵심 요소라는 것이다. 실패가능성으로 가득 찬 불확실한 비전을 선언할 때 리더의 진실성이 훼손될 수 있는 상황에서 '말을 존중하는 Integrity'

일관성, 약속이행, 언행일치, 올바른 가치관 등을 포함하는 개념이다(Colquitt, Scott, & LePine, 2007; Mayer & Davis, 1999; Mayer, Davis, & Schoorman, 1995).[161] 이러한 일련의 연구를 종합하여 보면, 리더가 진정성이 있을 때 구성원들은 리더를 믿고 신뢰하고 따르게 되고 이는 좋은 경영성과를 가져올 수 있다는 것을 알 수 있다. 아니 이러한 연구결과들을 말하기 앞서, 리더가 진정성이 있어야 신뢰하고 따를 수 있음은 경험을 통해서 이미 알고 있는 주지의 사실이다.

진성리더십 또는 진정성 리더십(authentic leadership : 윤정구, 2012)[162]에서 이야기하는 것처럼, 리더의 행동에 진정성이 있고 구성원들이 믿고 따를 수 있을 때, 리더십의 효과는 배가 될 수 있다. 예를 들어 구성원이 리더의 진정성을 느끼지 못하면, 코칭은 단지 형식적인 미팅이 되고 희망했던 결과가 나오지 않을 것이다. 코칭은 이미 매우 효과적인 방법임이 입증되었기에 많은 기업들이 앞 다투어 이를 제도화하고 있다. 즉 상사들이 구성원과 코칭세션을 갖도록 의무화한 것이다. 하지만 비공식적으로 코칭이 행해질 때에 비해, 제도화된 후에 오히려 그 효과가 떨어짐을 알 수 있다. 제도화되기 전에는 상사가 비공식적으로 코칭을 하고 조언을 하게 되면 구성원들은 상사에게 큰 고마움을 느꼈다. 즉 상사의 진심과 정성, 진정성을 느꼈던 것이다. 하지만 제도화가 된 이후, 구성원들 중 일부는 상사가 자신을 생각해서 기꺼이 시간을 할애하는 것이 아니라, 조직에서 시키기 때문에 마지못해 시간을 내는, 단지 형식적인 미팅일 뿐이라고 생각하게 되어 기대만큼 효과를 내지 못하고 있다. 바꾸어 말하면, 상사의 진정성이 느껴지지 않는 한, 코칭이 기대하는 효과를 내기 어려운 것이다.

삼국지에 다음과 같은 이야기가 나온다. 북해 태수를 지낸 공융은 조조에게 공격을 받은 도겸을 구하기 위해 유비에게 공손찬으로부터 군사를 빌려 도겸을 도와주게 하였다. 하지만 공융은 유비가 군사를 가지면 마음이 변할지도 모른다는 생각에 유비에게 신의를 잃지 말도록 당부하였다. 이때 유비는 논어에 나오는 무신불립(無信不立)이라는 구절을 인용하면서 군대를 빌릴지라도 꼭 돌아오겠다고 약속을 하였다. 무신불립. 신뢰가 없으면 존립의 기반이 없다. 유비는 재갈량처럼 지략가도 아니고, 장비나 관우처럼 뛰어난 장수도 아니었다. 하지만 바로 유비의 이러한 철학이 그를 뛰어난 리더인 덕장으로 만든 원동력이지 않을까?

는 소통의 진정성을 높여준다. 또한 리더가 수행하는 4가지 역할, 즉 비전 창조, 개인과 조직의 헌신, 실패의 수용 및 소통, 그리고 실패의 돌파구 제공에서도 Integrity가 중요하다는 것이다. 이와 관련하여 한은석(2016), 실패를 돌파하는 Integrity 리더십, POSRI 이슈 리포트, 포스코경영연구원, 2016.06.30. 참조.

161) Colquitt, J. A., Scott, B. A., LePine, J. A.(2007), ibid. Mayer, R. C., & Davis, J. H.(1999), The effect of the performance appraisal system on trust for management: A field quasi-experiment, Journal of Applied Psychology, 84, 123-136. Mayer, R. C., Davis, J. H., & Schoorman, F. D.(1995), An integrative model of organizational trust, Academy of Management Review, 20, 709-734.

162) 윤정구(2012), 진정성이란 무엇인가, 서울: 한언.

집을 지을 때 기초공사를 탄탄하게 해야 오래가는 튼튼한 집을 지을 수 있다. 리더십에서 이러한 기초공사는 바로 신뢰이고 신뢰를 만드는 핵심요소 중의 하나는 바로 진정성이다. 진정성이 빠진 리더의 스킬과 행동은 사상누각(沙上樓閣)에 불과할 것이다.

08 진정성 있는 CEO의 출현을 고대하며[163)]

이미 많은 글로벌 기업들은 전통적인 비즈니스가 가진 오류를 수정하고 있다. 고객과 진실한 화해를 시도하고, 종업원의 참된 행복을 구현하며 인류사회의 새로운 대안을 준비하는 목적중심의 경영(Purpose-driven company)으로 변모하고 있다. 그 결과 고객들의 팬덤(fandom)[164)]을 형성함은 물론, 구성원의 놀라운 열정과 몰입을 이끌면서 여타의 기업들과는 비교되지 않는 탁월한 성과를 내고 있다. S&P 500대 기업 중 진정성 있는 기업들은 지난 10년간 10배 이상 성장해왔다.

이 목적중심의 경영을 가능하게 하는 것이 진정성 리더십(Authentic leadership)이다. 진정성 있는 리더들은 사명의 스토리가 내재화되어 구성원의 심금을 울림으로써 목적을 구현하는 비상한 힘을 모은다. 이 말이 가진 도전성, 추상성 때문일까? 한국의 경영자들은 여전히 현실론을 내세우며 단기 성과주의에 매몰되어 있다. 왜 그럴까? 짐작건대 그 이유는 다음과 같다.

첫째 한국 대기업의 역사에는 빛나는 성취와 함께 정경유착, 편법승계, 회계부정과 같은 부도덕한 사건들이 얼룩져있다. 이를 자백하고 새롭게 태어날 용기가 없기 때문이다. 어떤 기업이라고 어리석고 부끄럽지 않은 역사가 없으랴. 그러니 진정성은 과오를 저지르지 않는 것이 아니라, 과오를 수정할 수 있는 내적 힘을 가지고 있느냐의 문제다.

163) 이창준(2018), 미래시대 리더십과 기업 경쟁력 핵심은 '목적'이다, IT News, 2018.04.28.
164) 팬덤은 광신자를 뜻하는 퍼내틱(fanatic)의 '팬(fan)'과 영지(領地) 또는 나라를 뜻하는 접미사 '덤(-dom)'의 합성어이다. 사전적 의미는 '(스포츠·영화 등의) 팬 전체'이며, 통상 연예계나 스포츠계의 팬 집단을 일컫는다. 흔한 말로 '오빠(누나) 부대'로 불리기도 하며, '워너비(wanna be)' 혹은 '그루피(groupie)'라는 표현도 사용된다. <네이버 지식백과> 팬덤, 참조.

둘째 진정성 있는 조직을 가능하게 하는 사명과 철학, 신념이 빈곤하기 때문이다. 그럴듯한 이념이 표방되어 있지만 실제는 상당 부분 괴리가 있고, 설령 이것이 명료하다 해도 시대적 고통과 열망을 담아내지 못한다면 사명은 죽은 것이다. 이유를 모른다면 어떤 일도 맹목이 되고 어느 순간 정도를 벗어나 탈선하기 마련이다. 사명은 시대의 요구를 향한 긍휼감(compassion)[165]이 구체적 과업으로 전환된 것이다. 이것이 용기와 자신감, 혁신의 원천이다.

셋째 과거 성공 경험이 성과주의에 의한 것이라는 믿음이 신화화되었기 때문이다. 고도성장기의 전략경영, 성과주의 경영이 저성장 기조에서 더는 가능하지 않음에도 불구하고 이 패러다임에서 벗어나지 못하는 것은 인간과 조직에 대한 이해의 부족에서 기인한다. 그러면 성과가 목적을 대체하고 사람을 도구화한다. 기업이 존재하는 이유와 사명에 기초한 진정성 있는 패러다임이 필요하다.

넷째 '나는 이미 잘하고 있고, 그래서 내게는 해당되지 않는다. 저들이 먼저 변해야 한다.'는 자기기만에 빠져있기 때문이다. 일정한 성취는 자기모순을 정당화한다. 새로운 충격이 없다면 위선은 가려지고 교만은 커지는 법이다. 자신을 객관화하려는 고도의 지성만이 결함과 위선을 없애고 변화를 시작한다.

다섯째 성공이 가시화될 때까지 모험하지 않으려는 이등전략이 몸에 배어있기 때문이다. 남들이 하지 않는데 구태여 위험을 감수할 필요가 없다는, 안전과 보신주의가 어느새 청년의 정신을 죽인 것이다.

우리는 누구도 진정성 있는 리더가 될 수 없을지 모른다. 그러나 그 과정이 있을 때만 우리는 자신을 보다 깊이 이해하고 삶의 의미를 탐색한다. 거짓과 위선을 줄임으로써 보다 진정한 자유와 행복을 경험한다. 그런 사람들이 주변 사람들의 마음을 흔들고 상생의 플랫폼을 만든다. 시절은 수상하고 불확실성은 높아져 가는데 현장의 목소리를 들어보면 구성원, 고객들은 하나같이 진정성 있는 리더를 간절히 원한다. 이젠 경영자들의 결단만이 남았다.

---

165) 긍휼감은 마음 챙김(mindfullness)과 열의(engagement)가 포함된 도덕적 감정이다. 가장 낮은 수준에서 보이는 것이 공감(empathy), 즉 상대의 마음을 이해하는 능력이고, 이보다 깊은 능력이 연민(sympathy), 즉 고통을 받고 있는 사람을 찾아가 진심으로 위로해줄 수 있는 능력이다. 긍휼감은 이런 문제를 넘어서는 도덕적 정서이다. 긍휼감은 고통을 느끼는 상대방에게 자신의 고통을 보내서 자신도 비슷한 고통을 가진 사람이라는 것을 알린다. 마음 챙김의 과정이다. 상대의 고통을 이해하기 위해 나의 고통을 먼저 내보내 상대에게 열어 보이는 것이다. 또한 고통이 교감이 된다면 상대 고통의 손을 잡고 같이 벗어나는 인게이지먼트의 행동을 보여야 긍휼감을 보이는 것이다. 이런 과정을 통해 고통을 당하는 사람이 자발적으로 고통의 함정을 나올 수 있게 하는 것이 긍휼감이다.

09 진정성의 역설

앞서 논의된 진정성 리더십과 관련하여 좀 더 유연하고 신축적이면서도 효과적인 진정성 리더십을 발휘하기 위한 해결책을 제시한 허미니아 아이바라(Herminia Ibarra, 2015)의 견해를 소개해 보고자 한다.166)

진정성을 절대로 변함이 없는 자아 관념으로 인식할 경우 새로운 과제를 처리하거나 더 큰 역할을 수행하는 데 어려움을 겪는다. 사실 사람들은 경험을 통해 자신이 어떤 사람인지 알게 되며 그런 과정에서 그 모습을 바꿔나가기도 한다. 리더십을 발휘하는 다양한 방식과 행동을 시도해보면 홀로 자기성찰을 할 때보다 훨씬 더 많이 성장할 수 있다. 자신의 다양한 모습을 실험해보면 본인은 물론 조직과도 잘 맞는 방식을 찾아낼 수 있다.

9.1 진정성의 재음미

진정성은 리더십의 핵심 기준으로 자리 잡았다. 그러나 진정성의 의미를 너무 단순하게 이해해 버리면 오히려 성장에 방해가 되고 영향력도 제한될 수 있다.

자기가 지닌 자연스러운 성향을 거스르면 스스로 사기꾼처럼 느껴질 수 있기 때문에 우리는 진정성을 핑계로 익숙한 걸 고수하는 경향이 있다. 그러나 오래도록 그렇게 하도록 내버려두는 직업은 이 세상에 별로 없다. 수없이 많은 임원들이 겪은 것처럼 직장에서 승진을 하게 되거나 주변의 요구나 기대가 바뀔 경우엔 더욱 그렇다.

리더로서의 역할 변화에 관한 연구 결과, 직장에서 승진을 하면 누구나 각자의 안전지대를 벗어나도록 요구받는다. 그와 동시에 각자의 정체성을 보호하려는 강한 충동이 일어난다. 그래서 새로운 환경에서 제대로 성과를 발휘하거나 기대에 부응할 수 있는 스스로의 능력이나 자아에 대한 확신이 서지 않을 때는 대개 익숙한 행동과 방식으로 되돌아간다.

연구 결과 확인된 또 한 가지 사실이 있다. 각자의 자아 개념에 가장 강력하게 도전하는 순간이야말로 효과적인 리더십을 가장 많이 배울 수 있는 시간이라는 것이다.

---

166) Herminia Ibarra(2015), 진정성의 역설, Harvard Business Review Korea, 2015 1-2월호.

스스로를 미완성품으로 인식하고 시행착오를 통해 직업적인 정체성을 발전시켜나간다면 자신에게도 잘 맞고 조직의 변화하는 요구에도 부합하는 자신만의 스타일을 개발할 수 있다.

그러려면 용기가 필요하다. 왜냐하면 배움이라는 과정 자체가 부자연스러울 뿐만 아니라 종종 피상적으로 보이는 행위와 더불어 시작되기 때문이다. 그래서 순수하고 자발적이기보다는 계산적이라는 느낌이 들 수 있다. 그러나 조직에서 의견을 묵살당하지 않을 뿐만 아니라 궁극적으로는 더 나은 리더가 되는 유일한 길은, 진정한 자아 관념을 엄격하게 적용한다면 스스로 허용하지 않았을 일들을 하는 것이다.

9.2 기업들이 진정성 훈련을 독려하는 이유

관리자들은 수많은 책과 기사, 그리고 임원연수 등을 통해 직장에서 진정성 있는 사람이 되기 위한 방법에 대해 조언을 구할 수 있다. 진정성이라는 개념과 함께 관련 교육산업의 폭발적인 인기를 이해하는 데는 두 가지 트렌드가 도움이 된다.

첫째 글로벌 홍보컨설팅 기업 에델만의 신뢰도 지표에 따르면 비즈니스 리더에 대한 신뢰도가 2012년에 사상 최저를 기록했다. 신뢰를 회복하기 시작한 2013년에도 겨우 18%만이 비즈니스 리더가 하는 말을 신뢰하는 것으로 보고됐다. 기업들이 옳은 일을 하고 있다고 신뢰하는 사람은 절반이 채 안 됐다.

둘째 직원들의 애사심이 바닥에 가까운 수준이다. 2013년 갤럽의 설문조사에 따르면 전 세계 직장인의 13%만이 직장에 애착을 느끼고 있었다. 자신의 일에 심리적으로도 전념하고 있는 사람은 조사 대상 약 1억8000명 중 8분의 1에 불과했다. 직장을 떠나는 가장 큰 원인이 좌절과 극도의 피로, 환멸, 개인적 가치와의 불일치라는 사실은 여러 연구에서 거듭 확인되고 있다.

대중의 신뢰와 직원의 사기가 이렇게 낮은 상황에서 기업들이 리더들에게 각자의 '진짜' 모습을 발견하라고 부추기는 건 전혀 놀라운 일이 아니다.

9.3 놀이처럼 대하는 마음가짐

소위 완고한 자아 관념은 지나친 자기성찰에서 비롯될 수 있다. 우리가 답을 얻기 위해 내면만 들여다볼 경우에는 뜻하지 않게 세상을 보는 오래된 방식과 시대에 뒤떨어진 자신의 관점을 강화하는 오류를 저지를 수 있다. 소위 '아웃사이트(외부 지각력)'의 혜택, 즉 새로운 리더십 행동을 시도해봄으로써 얻은 가치 있는 외부의 관점이 더해지지 않으면 습관적인 사고와 행동 양식에 갇힐 수 있다. 리더처럼 사고하기 시작하려면 먼저 행동에 나서야 한다. 새로운 프로젝트와 활동에 적극적으로 참여하고 아주 다른 유형의 사람들과 교류하며 참신한 업무 수행 방식을 다양하게 실험해봐야 한다. 특히나 과도기적이고 불확실성이 팽배한 시기에는 사고와 성찰이 앞서면 안 된다. 경험이 우선하고 사고와 성찰은 그 뒤에 이어져야 한다. 행동은 우리 자신은 물론 우리가 해볼 만한 가치가 있다고 생각하는 것들까지도 바꿔놓는다.

다행히도 외부 지각력을 확대하고 '유연한 진정성이 있는' 리더십을 발전시킬 방법이 있다. 다만 이를 위해서는 놀이처럼 대하는 마음가짐이 필요하다. 리더십 역량 계발을 자신의 여러 가지 잠재적인 모습들을 시험 삼아 연출해보는 일이라고 생각하라. 그게 아니라 자기 자신에 대해 연구를 한다고 생각하면 솔직히 고역으로 느껴진다. 놀이에 임하는 태도를 취하면 가능성은 더 크게 열린다. 오늘 다르고 내일 달라도 상관없다. 스스로를 기만하는 행동이 아니다. 새롭게 직면한 도전과 환경에 적합한 모습을 찾아내기 위해 실험하는 것이다. 허미니아 아이바라가 연구한 바에 따르면 리더십 계발을 시작하는 데는 세 가지 중요한 방법이 있다.

9.3.1 다양한 롤 모델로부터 배우기

대부분의 학습은 어느 정도 모방의 형태를 띠며 '완전히 독창적인' 건 없다는 점을 일깨워준다. 리더로서 성장하는 과정에서 한 가지 중요한 부분을 꼽자면 진정성이라는 요소를 자신이 본래부터 갖고 있는 고유한 상태가 아니라 다른 이들에게 배운 요소들을 활용해 자신만의 스타일과 행동을 만들어내는 능력으로 여기는 것이다.

하지만 한 사람의 리더십 스타일을 똑같이 따라 해서는 안 된다. 다수의 롤 모델을 다양하게 활용해야 한다. 한 사람을 그대로 모방하는 것과 여러 사람의 모습에서 취사선택해 자기만의 콜라주[167]를 만들고 수정 보완해나가는 나가는 것에는 큰 차이가 있다.

9.3.2 더 나은 '내'가 되기 위해 노력하기

(단지 성과만을 위해서가 아니라) 배움을 얻기 위한 목표를 세우면 스스로를 기만한다는 느낌 없이 각자의 정체성을 실험하는 데 도움이 된다. 그러면 처음부터 모든 일이 잘될 거라고는 기대하지 않기 때문이다. 변화로 인해 맞닥뜨릴 수 있는 위협으로부터 각자 익숙한 자신의 옛 모습을 지키려고 애쓰지 않고 어떤 유형의 리더가 될 수 있을지 탐구하기 시작하게 된다.

누구나 당연히 새로운 환경에서 훌륭한 성과를 내고 싶어 한다. 적재적소의 전략을 수립하고, 미친 듯이 열정적으로 실행에 옮기며, 조직에서 기대하고 관심을 두는 결과

167) 콜라주(collage)는 시각 예술에서 주로 쓰이며 질(質)이 다른 여러 가지 헝겊, 비닐, 타일, 나뭇조각, 종이, 상표 등을 붙여 화면을 구성하는 기법이다.

물을 내놓으려고 한다. 그렇다고 이런 목표에만 지나치게 몰두하면 배움을 얻기 위한 노력의 과정에 수반되는 위험을 감수하기를 두려워하게 된다. 스탠퍼드대의 심리학자인 캐롤 드웩 교수는 일련의 기발한 실험을 통해 다른 사람들의 눈에 어떻게 비춰질까 하는 걱정 때문에 새롭거나 익숙하지 않은 일을 배우지 못한다는 사실을 보여줬다. 성과에 목표를 두면 사회적 스킬이나 지능 같은 자질을 보유하고 있다는 사실을 다른 사람들에게 보여주고 이를 입증하기 위해 노력하게 된다. 반면 학습에 목표를 두면 그처럼 소중한 자질을 개발하도록 동기를 부여받는다.

우리가 성취 모드에 있을 때는 리더십이란 자기 자신을 가장 유리한 방향으로 드러내 보이는 것을 의미한다. 반면 학습 모드에서는 업무 수행과 리더십에서 진정성을 추구하고자 하는 열망과 그 못지않게 간절한 성장 욕구를 적절히 조화시킬 수 있다.

9.3.3 '나만의 스토리'에 집착하지 말기

우리는 대부분 중요한 교훈을 얻은 결정적 순간에 얽힌 자기만의 이야기를 갖고 있다. 그리고 새로운 환경에 맞닥뜨리게 되면 의식적이든 무의식적이든 간에 나만의 스토리들과 그런 에피소드들이 그려내는 자신의 이미지에 이끌려 행동한다. 그러나 우리가 성장함에 따라 그 스토리는 시대에 뒤떨어지게 될 수도 있다. 그러므로 가끔씩은 자신의 스토리에 극적인 변화를 주거나 아예 접어두고 처음부터 새로 시작하는 자세가 필요하다.

마리아라는 인물에겐 이 방법이 진리였다. 조직의 리더인 마리아는 스스로를 '새끼 병아리들에 둘러싸인 어미 닭'으로 인식했다. 오길비앤매더의 최고경영자를 지낸 샬로트 비어스는 마리아를 개인적으로 지도했던 경험을 <I'd Rather Be in Charge>라는 회고록에서 이렇게 설명했다. 마리아가 스스로에 대해 그런 이미지를 가지게 된 건 대가족을 보살피기 위해 개인적인 목표와 꿈을 희생해야 했을 때부터다. 어미 닭이라는 이미지는 마리아가 직업적으로 성장하는 데 방해요인으로 작용하기 시작했다. 친절하고 성실한 팀원이자 중재자 역할을 하는 데는 도움이 됐지만 그녀가 원했던 리더로서의 막중한 임무를 맡는 데는 전혀 도움이 되지 않았다. 그리하여 마리아는 자신의 사수 역할을 한 코치와 함께 시금석이 될 또 다른 결정적 순간을 찾아 나섰다. 마리아의 과거 모습이 아니라 그녀가 소망하는 미래의 모습과 훨씬 잘 어울리는 순간이어야 했다. 두 사람은 마리아가 젊은 여성으로 가족을 떠나 무려 18개월 동안 세계를 여행했던 시기를 선택했다. 그렇게 좀 더 대담한 자아 관념을 가진 채 행동하면서 마리아는 그 전에는 여의치 않았던 승진을 당당히 요구했고, 그녀의 꿈은 이뤄졌다.

평생에 걸쳐 사람들의 삶에 얽힌 스토리를 연구해온 미국 노스웨스턴대의 댄 맥애덤스 심리학과 교수는 정체성을 이렇게 정의한다. "한 사람이 과거와 현재, 그리고 미래에서 선택적으로 전유한 결과로 인해 내면화돼 있으면서도 계속해서 변화하는 이야기." 이는 학술 용어가 아니다. 맥애덤스 교수가 말하는 바는 자신의 스토리에 대한 믿음을 가져야 하지만 그러면서도 시간이 흐르면서 자신의 필요에 따라 그 이야기가 달라지는 모습도 포용할 수 있어야 한다는 의미다. 자기 자신에 관한 새로운 이야기를 시도해보라. 그리고 이력서를 쓸 때처럼 계속해서 고쳐나가라.

다시 강조하지만 한 사람의 스토리를 수정하는 작업은 자기 성찰적이면서 동시에 사회적인 프로세스다. 우리가 선택하는 '나만의 이야기들'은 우리 자신의 경험과 포부를 압축해 보여줄 뿐만 아니라 우리에게 요구되는 면들을 반영해야 하며, 우리가 설득하려고 애쓰는 주변 사람들에게도 반향을 일으킬 수 있어야 한다.

9.4 결 론

수없이 많은 책들과 조언자들은 리더십 역량 계발을 위한 여정을 시작할 때는 자아에 대한 정체성이 확실해야 한다고 말한다. 하지만 그건 오히려 과거의 늪에 빠져 벗어나지 못하게 하는 방법이 될 수 있다. 더욱 더 강하고 발전된 리더로 성장할 때마다 리더십의 정체성도 바뀔 수 있어야 하며, 또 바뀌어야만 한다.

리더로서 성장하는 유일한 길은 새로운 시도를 해봄으로써 자기 자신의 한계를 확대해 나가는 방법밖에 없다. 불편하게 느껴지지만 직접적인 경험을 통해 우리가 어떤 모습이 되고자 하는지를 알려주는, 그런 새로운 시도들을 말하는 것이다. 이러한 자아의 성장으로 인해 성격마저 급격한 '대변신'을 겪지는 않는다. 그렇지만 일상적인 행동과 의사소통, 그리고 교류 방식에서의 작은 변화들은 효과적인 리더십을 발휘하는 데는 엄청난 변화를 가져오는 경우가 많다.

10 다른 리더십과의 비교

10.1 진정성 리더십과 변혁적 리더십

진정성 리더십 관련 연구에서는 업무와 부하직원에 대해 권한을 행사함으로써 성과에 영향을 미치는 기존 리더십의 한계점을 비판하면서 타인이 아닌 리더 자신에게 솔직한 리더가 팀의 장·단기적인 성과에 더 큰 공헌을 할 수 있다고 언급한다. 즉 자아의 장단점을 파악함으로써 자신이 누구인지 스스로에 대한 이해를 바탕으로 자기를 인식하고 자기규제를 통해 이상적 자아와 현재 자아 사이에 극간(gap)을 줄이기 위해 노력하는 리더를 진성 리더라고 정의하고, 다른 리더십과는 분명히 구별되는 독립적인 개념임을 주장한다.

기존 리더십을 대표할 수 있는 변혁적 리더십과 진정성(혹은 진성) 리더십의 영향력을 동시에 분석해보면서 과업과 관련된 효과성(팀 성과와 팀 창의성)과 조직 내 질서유지와 관련된 효과성(조직몰입[168]과 조직정치지각[169])에 미치는 상이한 영향력을 검증하고 비교하였다. 그 결과 변혁적 리더십은 팀의 창의성에 긍정적인 영향을 미치지만 조직몰입과 조직정치 지각에는 유의한 영향력이 없는 것으로 분석되었다. 반면에 진정성 리더십은 팀 성과와 팀 창의성과 같은 성과 관련 효과성뿐만 아니라 질서유지 관련 효과성에도 통계적으로 유의한 영향력을 미치는 것으로 나타났다(정예지 등, 2012).[170]

10.2 진성 리더와 변혁적 리더

"변혁적 리더는 진정성(Authenticity)이 있는 리더인가?"라는 질문에 그 대답은 '아닐 수도 있다'라고 답할 수 있다. 변혁적 리더는 리더의 변혁적 스킬이 구성원에게 영향을 미침으로써 조직성과가 높아진다고 주장한다. 하지만 이처럼 리더가 변혁적인 겉모습은 가졌으나 내면의 진정성과 진실함이 결여되어 있고 리더의 변혁적 스킬과 평소 리더의 언행 사이에 괴리가 존재하며, 리더 자신의 이익만을 도모하기 위한 것이었다면 이러한 리더를 진정한 변혁적 리더라고 칭할 수 없다. 단지 이러한 리더는

---

168) 조직몰입은 조직에 대한 구성원의 자발적 참여와 헌신을 전제로 하기 때문에 이를 고양하기 위해서는 구성원들의 내재적 동기를 자극하여 자발적으로 조직의 가치 구현에 기여하도록 하는 조직 환경의 조성이 중요하다.

169) 조직몰입의 부정적 영향요인으로 조직정치지각(organizational politics perception)과 조직냉소주의 등이 주목을 받고 있다. 부정적 의미의 조직정치는 조직 내 허가되지 않은 방법으로 경쟁 및 갈등을 유발시키는 조직 내 비공식적이고 비합리적인 행위라는 점에서 자발적인 심리적 주인의식에 근거하는 조직몰입에는 부정적 영향요인으로 작용한다. 조직정치행동은 구성원들의 직무 스트레스나 이직의도를 높인다는 문제가 있다. 조직정치행동을 지각하는 구성원들은 조직에 대한 신뢰감 저하, 구성원들 간의 상호비방과 갈등, 직무 스트레스 등을 경험하게 되어 조직 정책이나 혁신활동에 대해 무관심하거나 부정적 감정을 가지게 된다. 한편 조직냉소주의(organizational cynicism)는 조직에 대한 기대가 충족되지 못한 실망감에서 발생하는 부정적 정서로 조직몰입의 저하 등 조직의 효율성을 저해하는 요인으로 작용한다. 이처럼 조직정치지각과 조직냉소주의는 조직 구성원들의 조직에 대한 기대감 상실을 초래하여 조직몰입에 부정적인 영향을 미친다고 볼 수 있다.

170) 정예지·이수정·김문주(2012), 변혁적 리더 대 진성 리더 : 변혁적 리더십의 재조명, 경영학연구 제41권 제3호, 2012.06. pp. 539-573.

'유사' 변혁적 리더일 뿐이다(Avolio & Gardner, 2005; Bass & Steidlmeier, 1999; Gardner et al., 2005; George, 2003).[171]

유사 리더란 리더가 리더 자신을 대하는 내면적 자아와 구성원을 대하는 외면적 자아가 일치하지 않는 리더를 뜻한다. 자신에 대한 도덕적, 윤리적인 성찰 없이 외면적인 리더십 스킬만을 가지고 자신이 리더임을 주장하는 사람이다. 따라서 유사 리더는 대외적으로는 조직의 미래를 위한 비전을 제시하는 것처럼 보이지만 이 비전은 개인의 목적을 위한 비전일 가능성이 크다. 또한 진정성이 없이 변혁적 스킬만을 이용하는 경우에는 구성원과의 관계를 수단적으로 활용하여 개인의 사리사욕을 채울 수 있다(Howell & Avolio, 1992).[172]

이에 반하여 진성 리더란 리더가 자기 자신에 대해 잘 알고 이해하고 있으며(self-awareness), 부하직원들과 개방적으로 의사소통을 하면서 자신이 가치가 있다고 생각하는 신념을 행동으로 직접 나타내는(self-regulation) 리더를 의미한다. 진성 리더 관련 이론에서는 리더십의 핵심이 리더의 스타일이나 스킬이 아니라 리더 개인의 참된 품성(character)이라 주장하며 진정성 있는 품성을 갖춘 리더를 진성 리더라고 부른다. 즉 진정성 리더십 연구에 의하면 진성 리더와 그렇지 않은 유사 리더를 구분하는 것은 리더 개인의 리더십 스타일에 의한 것이 아니기 때문에 진성 리더는 거래적일 수도, 참여적일 수도, 변혁적일 수도 있다(Bass & Steidlmeier, 1999).[173]

10.3 진정성 리더십과 카리스마 리더십

카리스마 리더십 이론과 진정성 리더십 이론은 크게 두 가지 측면에서 차이를 보인다(Conger & Kanugo, 1998).[174] 먼저 카리스마 리더십 이론에서는 진정성 리더십 이론과는 다르게 자기인식(Self-awareness)과 자기규제(Self-regulation)에 대한 언급이 없다. 카리스마 리더십은 리더의 행위를 통해서 구성원의 동기를 유발하는 메커

171) Avolio, B. J., and Gardner, W. j.,(2005), Authentic leadership development: Getting to the root of positive forms of leadership, The Leadership Quarterly, 16, 315-338. Bass, B. M. and Steidlmeier, P.(1999), "Ethics, character, and authentic transformational leadership behavior", The Leadership Quarterly, 10, 181-217. Gardner, W. L., Avolio, B. J., Luthans, F., May, D. R., and Walumba, F. O.,(2005), Can you see the real me?, A self-based model of authentic leader and follower development, The Leadership Quarterly, 16(3), 343-372. George, W.(2003), Authentic leadership: Rediscovering the secrets to creating lasting Value, Jossey-Bass, San Francisco, CA.

172) Howell, J. M. and Avolio, B. J.(1992), "The ethicsof charismatic leadership: submission or liberation", Academy of Management Executive, 6, 43-54.

173) Bass, B. M. and Steidlmeier, P.(1999), ibid.

174) Conger, J. A., and Kanugo, R. N.,(1998), op. cit.

니즘을 자기개념(Self-concept)을 바탕으로 설명한다. 그 과정에서 구성원의 자기개념이 변하게 되면서, 리더의 가치를 구성원 자기 자신에게 내면화한다.

또한 리더가 구성원의 자의식(혹은 자아의식)에 영향을 주기 위해 행하는 방식이 다르다. 카리스마 리더는 영감어린 호소, 극적인 연설, 인상관리에 의존하지만(박서영, 2008; 김동철, 2012),[175] 진정성 리더십은 개인 특성 및 성격으로 모범을 보이고 자기 헌신을 기반으로 한다. 이를 통해 리더의 가치와 도덕적 관념을 인식하게 하고, 구성원의 내적 가치를 형성하는 데 도달하게 한다. 그리고 가리스마 리더는 구성원을 종용할 때, 수사적인 언어와 리더십을 사용하지만 진성 리더는 의미를 부여하는 방식을 택한다. 스스로 창조해냄으로써 리더와 구성원의 공동적인 실체를 건설하여 긍정적인 상황을 창출하여 힘을 불어 넣고, 변화를 이끌어내는 것이다.

10.4 진정성 리더십과 서번트 리더십

진정성 리더십과 서번트 리더십은 모두 리더의 자기인식, 자아규제의 역할에 관한 명시적 또는 묵시적 인지를 포함한다. 서번트 리더에 관한 문헌에서 자기인식, 감정이입, 개념화 및 통찰에 관한 기술이 많이 나타난다(Smith et al., 2004).[176]

진정성 리더십은 서번트 리더십과 상당히 밀접한 관련이 있지만 자기 자신을 안다는 특성과 투명한 관계의 요소를 가진다는 점은 서번트 리더십과 상이한 점이다(Shirey, 2006).[177] 다시 말하면 두 리더십 이론을 비교했을 때 나타나는 진정성 리더십의 차별적 특징은 진성 리더가 깊은 자기의식에 근거하여 있고 자신이 어떤 중요한 이슈, 가치 및 신념에 서있는지를 알고 있다는 것이다. 그리고 진성 리더는 자기가 표방하는 원리, 가치 및 윤리를 말로서가 아니라 행동으로 다른 사람에게 전달한다(Avolio & Gardner, 2005).[178] 진정성 리더십은 긍정 심리학에 이론적 기반을 두고 있는데 비해, 서번트 리더십은 몰이론적이라는 비판을 받고 있다.

진정성 리더십은 자아인식, 자아규제에 대한 논의를 위해 임상학적 문헌과 긍정 사회심리학적 문헌을 고려했으나(Bandura, 1986, 1997; Seligman & Csikszentmihalyi,

---

175) 박서영(2008), 리더의 진정성이 부하의 리더 몰입 및 정당성 인식에 미치는 영향에 대한 연구, 이대 대학원 석사학위논문. 김동철(2012), 긍정조직행태의 주요 요인 간 관계에 관한 연구 : 진성 리더십, 심리적 자본, 심리적 주인의식을 중심으로, 강원대학교 박사학위논문, 2012.02.

176) Smith, B. N., Montagno, R. V., and Kumenko, T. N.,(2004), Transformational and servant leadership: Content and contextual comparisons, Journal of Leadership and Organizational Studies, 10(4), 80-91.

177) Shirey, R.,(2006), Authentic leadership creating healthy work environments for nursing practice, American Journal of Critical Care, May, 15(3), 256-267.

178) Avolio, B. J., and Gardner, W. j.,(2005), op. cit.

2000; Stajkovis & Luthans, 1998),[179] 서번트 리더십은 문헌적으로 조직에서 실질적이고 지속적인 성과를 창출하는데 기여한다는 주장이 부족하다(Avolio & Gardner, 2005).[180] 또한 서번트 리더십 이론은 대개 자기인식 및 자기규제에 관한 실증연구 결과가 뒷받침되지 못하며 비이론적이다. 부하의 자기인식과 자기규제의 매개 역할에 관한 논의도 빠져있다.

10.5 비교 종합 및 요약

첫째 진정성 리더십은 다른 이론에 비해 포괄적이어서 다른 유형의 긍정적 리더십의 기반이 되는 근원 개념(Root construct)을 제시하고 있다. 예를 들면, 비전이란 요소는 변혁적 리더십, 카리스마 리더십, 서번트 리더십이 모두 중요한 요소로 포함하고 있다. 그러나 진정성 리더십은 아무리 좋은 비전을 제시하더라도 리더가 진성적이지 못하면 그 비전이 리더의 개인의 야망 충족으로 전락될 우려가 있기 때문에 리더의 진정성이 중요시된다는 것을 강조한다.

둘째 변혁적 리더십과 진정성 리더십은 양자가 모두 긍정적 리더십이라는 점에서 유사하다. 그러나 변혁적 리더십은 리더가 비전을 제시하고 구성원에게 영감을 일깨우는 강한 지적 자극을 줌으로써 리더에 의한 모델링을 통해 하향식 방식으로 부하에게 동기를 부여하여 부하가 스스로 리더성을 가지도록 하는데 비해, 진정성 리더십은 리더가 깊은 자기인식을 통하여 구성원의 눈에 리더의 말과 행동이 일관하는 리더로 비침으로써 구성원의 긍정적 심리를 자극한다는 점에서 두 리더십이 구별될 수 있다.

셋째 카리스마 리더십은 리더의 강한 자기개념(Self-concept)을 바탕으로 구성원이 리더와의 동일화 과정을 통해 동기유발이 되는 메커니즘을 중시하는 데 비해, 진정성 리더십은 리더 자신이 자기인식에 의해 구성원에게 모범을 보임으로써 구성원의 자기인식에 영향을 미쳐 리더와 부하의 공동인식을 형성한다는 점에서 차이가 있다.

넷째 서번트 리더십도 리더의 자아의식에 의한 규제를 제시한다는 점에서는 진정성 리더십과 유사하다. 그러나 서번트 리더십은 몰이론적이지만(Avolio & Gardner, 2005),[181] 진정성 리더십은 긍정심리학에 기반을 두고 있다.

---

179) Bandura, A.(1986), Social foundation of thought and action, Englewood Cliffs, NJ : Prentice Hall. Bandura, A.(1997), Self-efficacy: The exercise of control, New York : W. H. Freeman. Seligman, M. E. P., & Csikszentmihalyi, M.(2000), Positive psycholog y : An introduction, American Psychologist, 55(1), 5-14. Stajkovic, A. D., & Luthans, F.(1998), Self-efficacy and work-related performance: A meta-analysis, Psychological Bulletin, 124(2), 240-261.

180) Avolio, B. J., and Gardner, W. j.,(2005), op. cit.

181) Avolio, B. J., and Gardner, W. j.,(2005), op. cit.

11 마무리

리더로서 핵심가치와 원칙이 정해졌다면 이제 진정성 있는 리더가 되기 위해 남은 일은 이를 지속적으로 실천하는 것이다. 내가 하는 일이 잘 진행되거나 상황이 좋으면 이를 실천하기가 상대적으로 쉽다. 하지만 상황이 악화되거나 위기가 찾아오면, 혹은 중요한 일을 앞두고 있을 때는, 내가 지향하는 핵심가치와 원칙이 도전받기 쉽다. 평소에 꾸준히 실천하지 않으면 진정으로 나의 리더십 원칙이 시험받게 될 때 흔들리기 쉽다.

CEO를 포함한 모든 리더는 성과를 창출해야 하는 위치에 있는 사람이다. 따라서 성공한 리더가 되기 위해 때로는 몸과 마음이 부서지는 것처럼 힘든 결정을 내려야 할 때가 있다. 큰 손해를 감수하거나, 주위 사람들의 바람과 정반대의 결정을 내려야 할 때도 있다. 그래서 리더는 근본적으로 외로운 존재다. 진정성 리더십은 단순히 솔직한 리더가 돼야 한다는 이론이 아니다. 부하에게 무조건 착한 리더가 돼야 한다는 이론은 더더욱 아니다. 자신의 내면의 소리에 귀를 기울이고 내 인생에서 가장 중요한 것이 무엇인지에 대한 성찰을 바탕으로 내적 자아와 외적 자아의 일치를 추구한다는 이론이다. 이를 통해 리더로서 필요한 신뢰와 권위를 주위 사람으로부터 얻어내는 과정이 진정성 리더십이라 할 수 있다. 여기서 더 나아가 허미니아 아이바라가 강조하듯 모든 리더들이 고착화된 자아관념에서 벗어나 많은 경험, 즉 리더십을 발휘하는 다양한 방식과 행동을 시도해 봄으로써 자아가 성장하는 좀 더 유연한 진정성 있는 리더로 발전할 수 있기를 기대해 본다.

[부록] 박태준 리더십[182]

청암 박태준 전 포스코 명예회장(1927~2011)은 한국 경제사(史)에서 독특한 위치를 차지한다. 그는 맨손으로 포항제철(현 포스코)을 일으켜 세계 최고의 철강회사로 키워냈지만 정작 포스코 주식은 한 주도 소유하지 않았다. 군인 출신인 그는 포항과 광양에 제철소를 세우는 데 인생을 바쳤고, 나중에는 포철을 외압으로부터 지키기 위해 정치에 입문했다.

청암은 자기자본으로 기업을 일으킨 고 이병철 삼성그룹 창업자나 고 정주영 현대그룹 창업자, 고 구인회 LG그룹 창업자와는 결이 다르다. 그는 전문경영인에 가깝다. 하지만 그가 포스코를 경영할 때는 물론이고, 경영 일선에서 물러난 뒤에도 20년 가까이 '존재감'만큼은 어느 오너 못지않았다. 포스코 임직원들은 '박태준이 곧 포스코고, 포스코가 곧 박태준'이라는 생각을 갖고 있었다. 1968년 설립 당시 공기업이었던 포스코는 2000년 민영화됐지만 평생 포스코 주식 한 주 소유하지 않은 청암은 2011년 타계 때까지 실질적인 회사의 어른이었던 셈이다.

현대 기업의 지배구조 관점에서 보면 불가사의한 이 현상을 설명할 수 있는 경영학적 개념 중 하나는 '진정성 리더십(Authentic Leadership)'이다. 진정성 리더십은 2000년대 들어 엔론과 월드컴, 타이코 등의 최고경영자들이 사적인 이익을 위해 부정을 저지르고 주주들에게 손해를 끼치면서 새롭게 각광받기 시작한 리더십으로 명확한 자기인식을 바탕으로 확고한 가치와 원칙을 세우고 투명한 관계를 바탕으로 주위에 긍정적인 영향을 끼치는 능력을 말한다.

청암은 1970년 포항제철소 건설현장에서 "선조들의 피 값으로 짓는 제철소 건설이 실패하면 우리는 모두 '우향우'해서 동해 바다에 몸을 던져야 한다"고 말했고, 공사기간에 영일만 모래밭 귀퉁이에 슬레이트 지붕을 덧댄 2층 목조건물인 '롬멜 하우스'에서 숙식을 해결했다. 이런 그의 열정과 노고 덕분에 포스코는 창사 이래 한 번도 적자를 낸 적이 없다. 진정성 리더십 전문가인 하버드비즈니스스쿨의 스콧 스눅 교수는 진정성 리더십에 대해 "나의 '진북(true north)'[183]은 어디인지를 끊임없이 탐색하는 과정"이라고 말했다. 청암의 진북은 민족과 국가였고, 포스코였다.

2011년 타계하기 전 청암은 포스코 현장 퇴직 근로자들에게 "우리는 후세에게 행복을 주기 위해 희생하는 세대"라고 말했다. 청암은 이렇듯 명확한 자기인식이 있었고 '제철보국'이라는 핵심가치와 목적의식을 가지고 있었다. 2000년대 들어 주목받기 시작한 진정성 리더십의 최고 롤 모델은 1960년대부터 이를 실천한 청암인 셈이다.

---

182) 김선우(2012), 박태준 리더십 비결은 열정이 녹아든 '진정성', 동아일보, 2012.07.12.
183) 올바른 사명, 다른 말로 미션이자 목적임.

Chapter

08

현대적 리더십 이론V : 감성 리더십

01 등장 배경[184)]

'감성(emotion)'이란 말이 세간에 관심을 끌기 시작한 것은 1995년 다니엘 골만(Daniel Goleman)이 감성지능(EQ : Emotional Quotient)이란 책을 출간하면서 부터다. 기존의 IQ(Intelligence Quotient)가 인간의 지적능력을 설명하는 데는 효과적이나 그것이 사회적 성공과의 상관관계는 높지 않다는 문제의식에서 탄생한 것이 EQ이다.

사회적 성공 가능성을 예측할 수 있는 요인들을 종합해 지수화하자는 것이다. 감성지능 구성요소에는 여러 가지가 있는데, 특히 '상대방의 마음을 읽을 수 있는 능력'과 '자신의 마음을 언제나 긍정적으로 유지할 수 있는 능력'이 흥미롭다. 상대방의 마음을 잘 읽고, 자신의 마음을 언제나 긍정적으로 유지할 수 있는 사람이 성공 가능성이 높다는 것이다.

그럼 감성경영이란 무엇인가. 냉철한 이성에 기초한 차가운 경영이 아닌 따뜻한 감성을 바탕으로 한 인간적인 경영을 말한다. 직원을 진심으로 따뜻하게 배려하고 친근하게 소통하며, 직원들의 공감을 바탕으로 경영하는 것이다. 물론 그 어느 경영방식도 언제나 다 통하는 만능일 수는 없다. 하지만 인간의 감성적 요소를 경영에 가미하는 것은 어떤 상황에서도 도움이 된다. 그리고 지금 특히 감성경영이 필요한 이유는 현재의 조직 구성원들이 그런 감성적 접근을 간절히 원하고, 그렇지 않으면 조직성과를 내기가 어렵기 때문이다.

과거에는 위에서 명령하고 아래서 복종하는 방식으로도 조직이 원활히 운영되었지만 지금은 그 근본이 변하고 있다. 시대는 변하고 있는 것이다. 구성원들의 무조건적 복종을 요구하는 시기는 이미 지난 것이다. 구성원들의 공감을 바탕으로 한 능동적 동참으로 조직을 운영해야 성공할 수 있다.

직장인의 상당수가 상사 때문에 이직을 고려하고 있다는 뉴스가 있었다. 놀라운 뉴스가 아닐 수 없다. 직장인들 대부분이 일보다는 사람 때문에 스트레스를 받고 있다는 것이다. 관리자들이 직원들이 원하는 감성적 리더십에 익숙하지 못한 결과일 수 있다. 이러한 상황을 볼 때 감성경영은 선택이 아닌 필수라는 생각이 든다. 직원들은 모두 감성적으로 대우받기를 원하는데 상사는 옛날의 권위적 리더십에 의존한다면 조직원의 능동적 몰입을 기대할 수 없다. 감성적 리더십에 대한 체계적인 훈련과 교육이 시급하다.

---

184) 리더십(2009), 감성적 리더십이 소프트 파워다, (사)한국리더십개발원 홈페이지의 주요활동 가운데 리더십칼럼, 2009.12.14.

02 감정과 리더십[185)]

인간의 대뇌는 사과에 비유할 수 있다. 사과는 씨앗과 속살, 껍질의 세 층으로 이뤄져 있다. 대뇌도 제일 안쪽부터 생명의 뇌(뇌간)와 감정의 뇌(중간 뇌), 이성의 뇌(신피질)로 구분된다. 생명의 뇌는 호흡이나 식사, 성욕, 수면과 같은 생존기능을 담당하는 부위인데 포유류보다 파충류 등 원시적 동물에서 비중이 크기 때문에 '파충류 뇌'라고도 불린다. 중간에 있는 감정의 뇌는 위아래로 정보를 연결해주는 중간 정거장 역할을 하며 즐겁고 불안하고 공감하는 등 감정 반응에 깊이 관여하는데 감정 표현은 포유류만이 가진 고유한 기능이기 때문에 '포유류 뇌'라고도 불린다. 한편 대뇌의 가장 겉에는 고도의 이성적 기능을 관장하고 감정을 조절하는 이성의 뇌가 있는데 이는 인간이 가장 잘 발달해 있다. 인간은 특히 생존의 뇌 또는 감정의 뇌가 움직일 때 강력한 에너지를 발휘한다.

조직 생활을 하면서 숨을 쉬거나 잠을 자는 생명 기능에 관련된 일이 많지는 않을 테니 결국 조직 생활과 관련된 리더십의 요체는 감정의 뇌가 균형 있게 잘 활동하도록 하는 것이라고 볼 수 있다. 조직원들의 감정 뇌가 심한 공포나 분노에 쌓여 있으면 조직의 미션에 집중하기 힘들고 조직 안팎에서의 소통도 어려워진다. 반면 감정 뇌가 긍정적인 상태에 있으면 업무에 열정이 생기고 다른 사람과의 의사소통도 원활해진다. 사람을 움직이는 리더십에서도 감정이 핵심 요소로 작용할 때가 많다.

실제로 리더의 기분과 감정 상태는 조직에 큰 영향을 미친다. 특히 카리스마가 강한 리더들의 감정은 '감정의 전염(emotional contagion)' 메커니즘을 통해 다른 직원들에게 큰 영향을 미칠 수 있다. 감정의 전염이란 두 사람의 감정 상태가 같아지는 현상이다. 쉽게 말해 핸드폰을 컴퓨터에 동기화시키는 것처럼 한쪽이 어떤 감정을 표현하면 상대방은 무의식적으로 그 감정 표현을 따라하게 되고 결국 두 사람이 동일한 감정을 느끼는 현상이다.

가령 비행기를 타려고 50명쯤 줄을 서 있다고 하자. 그중 2명에게 발을 동동 구르면서 초조하게 왔다 갔다 하라고 시키면 2분 안에 10명 이상이 무의식적으로 초조하게 발을 동동 구르기 시작한다. 감정의 전염이다. 사무실에서도 감정의 전염 현상은 늘 일어난다. 임원에게 불려갔던 부장이 굳은 표정으로 들어오면 부장이 말 한마디

185) 우종민(2014), 부장님 찌푸린 얼굴에 사무실 분위기 '싸~' 감정통제 하는 감성 리더십을 길러라, DBR 144호(2014년 1월 Issue 1), 2014.01.

하지 않아도 부서원들은 모두 '안 좋은 일이 있었구나' 하고 짐작한다. 발소리만 듣고도 사무실 안에 무거운 분위기가 퍼진다. 리더의 기분 상태가 긍정적이냐 부정적이냐에 따라 조직은 크게 영향을 받는다.

감정의 뇌를 통한 감성 리더십은 조직 내부의 소통뿐 아니라 조직 외부 고객과의 관계 형성에도 막대한 영향을 미친다. 심지어 조직의 생존을 좌우하기도 한다. 세계적인 생활용품업체인 유니레버(Unilever)의 사례를 보자. 유튜브(www.youtube.com)에서 검색해보면 그린피스가 2008년 진행한 소셜미디어 캠페인 동영상을 볼 수 있다. 2분 내외의 동영상을 보는 순간 그동안 도브(Dove) 비누에 가졌던 좋은 느낌이 싹 사라질 것이다. 유니레버는 집채만 한 야자나무를 무참하게 베어내고 무고한 원숭이들의 서식지를 불사른다. 사실 유니레버는 세계에서 가장 큰 야자유 사용자다. 야자유는 피부를 크림처럼 부드럽고 깨끗하게 만들어주는 도브 비누와 달콤한 아이스크림을 만들 때 필요하다. 야자유를 얻기 위해 인도네시아와 말레이시아 등 동남아시아의 수많은 숲과 야생동물의 서식지가 파괴됐다. 이후 유니레버는 CEO가 발 벗고 나서서 야자유 사용을 줄이고 지속가능한 야자유로 대체하겠다고 공언했다. 2014년 말까지 모든 야자유를 출처가 분명한 곳에서 구입하고 2020년까지는 100% 그린 팜으로 인증된 야자유만 사용하겠다는 계획을 밝혔다. 결국 CEO의 감정이입 능력 덕분에 조직 전체가 '착한' 비즈니스를 하는 기업으로 살아남을 수 있었다.

이렇게 노력하는 것은 고객 감정에 어필하는 일이 그만큼 중요하기 때문이다. 최근 소비자들은 물건 자체뿐 아니라 물건에 대한 다른 사람의 의견(평판)이나 물건을 생산하는 사람과 조직에 관심을 갖는다. 판매자가 얼마나 '착한' 기업인가, 즉 '그 비즈니스가 잘돼서 다른 사람이나 조직도 더 잘 될 수 있는가'를 중요하게 여긴다. 기업이 소비자에게 줄 수 있는 효용에서도 재화에 수반된 기쁨과 행복, 편안함, 따뜻함 등 감성적 편익이 점점 더 중요해지는 시대다.

03 감성 리더십이란[186]

3.1 감성 리더십의 의미와 중요성

리더가 자기 자신과 직원들의 감정 상태가 어떻게 움직이는지 잘 파악하고 관리한다면 조직의 갈등을 줄이고 성과를 높일 수 있다. 이것이 '감성 리더십'이다. 감성 리더십은 '마음으로 사람을 리드'하는 것이다. 선명한 비전이나 카리스마, 전략과 전술을 논하기보다는 조직원의 공감과 호응에 뿌리를 두는 리더십이다. 또한 고객과 동료, 집단을 이해하고 그들의 마음을 섬세하게 알아채는 리더의 능력이다. 거만하고 자기중심적이며 무딘 리더와는 반대되는 모습이라고 할 수 있다.

기업이 난세(亂世)의 경영환경을 극복하기 위해서는 이성적 효율성을 추구하는 것만으로는 부족하다. 어려움을 극복하고 장기 성장을 이루려면 구성원의 신뢰, 자부심, 재미와 열정 같은 인간적 감성(感性) 에너지가 충만한 조직 분위기가 절실하다. 이런 에너지를 끌어내는 것이 바로 '감성 리더십'이다. 리더십 전문가들은 이미 오래 전부터 진정으로 훌륭한 리더가 되기 위해서는 조직원들의 헌신과 공감을 이끌어 내는 감성 리더십을 갖춰야 한다고 지적해 왔다.

미국의 심리학자 다니엘 골만(Daniel Goleman)은 성공한 리더와 실패한 리더의 차이는 기술적 능력이나 지능지수보다 감성지능(emotional intelligence)에 있다는 연구결과를 발표한 바 있다. 그에 따르면 80%의 감성지능과 20%의 지적 능력이 조화를 이룰 때 가장 효과적인 리더십이 발휘된다. 세계적인 인재 스카우트 회사 스펜서 스튜어트의 사장인 토머스 네프도 '최고경영진이 주는 교훈(Lessons from the Top)' 이란 책에서 비슷한 의견을 제시했다. 책에 따르면 성공 리더 50명의 15가지 공통적 자질 중 단지 3가지만이 지적·기술적 능력과 관련이 있고, 나머지 12가지 자질은 대부분 감성지능을 기반으로 한 태도나 의지로 부를 수 있는 것들이다.

미국의 심리학자 다니엘 골만(Daniel Goleman)은 소비자 또는 종업원들의 감정을 건드려서 진심에서 우러나는 지지와 열정을 얻어내는 능력을 감성지능 즉 'emotional intelligence'라는 개념으로 설명했다.[187] 그는 감성지능이 각 개인의 삶과 생애에 성

186) 김현기(2008), '無감성 리더'를 과감히 쫓아내라, DBR 4호, 2008.03.
187) Goleman, D.(1995), Emotional Intelligence-Why It Can Matter More Than IQ, New York : Bantam Books.

공을 가져다주는 주요 지적 능력이며 학교나 직장에서 개인의 성공을 가장 잘 예언할 수 있는 특성이라고 봤다.

감성지능 이론의 출발점은 높은 지능지수(IQ)가 사회생활 또는 비즈니스의 성공에 거의 관계가 없다는 사실이었다. 하버드대 법대, 의대, 경영대 졸업생들의 입시 성적은 졸업 후 직업상 성공과 전혀 상관이 없었다. IQ 대신 감성지능이 비즈니스 및 사회에서의 성공에 75~96% 영향을 미치고 있었다. 이런 연구 결과가 밝혀진 이후, 감성지능이 발달한 리더, 즉 'emotionally intelligent leader'를 키워내는 것이 학교와 기업의 중요한 과제로 부상했다.[188)]

감성지능의 정의는 '감정과 느낌을 통제하고 조정할 줄 아는 능력'이다. 즉 '자기 자신 및 다른 사람들의 감정을 인식하고 스스로에게 동기를 부여해 자신의 감정과 다른 사람들의 감정과의 관계를 효과적으로 관리하기 위해 필요한 능력'이라고 할 수 있다. 화가 날 때 이를 욱하고 터뜨려서 남에게 피해를 주고 자신도 결국 손해를 입는 사람은 감성지능이 낮다고 할 수 있다. 해야 할 숙제가 있는데 숙제하기 싫다고 미루다가 결국 못 하는 아이보다는 숙제하기 싫다는 감정을 조절해서 '숙제를 빨리 하고 나가서 놀자' 하고 스스로를 달래고 참으면서 숙제를 먼저 하는 아이의 감성지능(특히 지구력과 인내심)이 높다고 볼 수 있다.

감성적 요소가 결핍된 리더십은 기업의 실적은 물론 조직원들의 삶까지 파괴한다. GE의 잭 웰치 전 회장은 저서 '위대한 승리(Winning)'에서 "훌륭한 상사는 구성원들의 친구요, 스승이요, 동맹군이자 영감의 원천이다. 훌륭한 상사는 직원들의 삶까지 변화시킨다. 반대로 나쁜 상사는 직원들의 신체를 병들게 하고 영혼까지도 파괴하는 주범이다. 리더십은 이 시대 최고경영자들이 가장 먼저 신경 써야 할 경영 포인트다"라고 말한 바 있다.

문제는 기업의 모든 리더가 바람직한 리더십을 가진 것은 아니라는 점이다. 특히 가부장적 정서가 강한 우리나라 기업들은 감성지능이 결핍된 '무(無)감성 리더'에 대한 견제가 거의 없어 큰 문제가 되고 있다. 이런 문제는 당장 눈에 드러나지는 않지만, 궁극적으로는 기업의 생명을 위협하는 '종양'이 된다.

3.2 직장인 설문조사 결과 : 2008년 사례

LG경제연구원이 직장인 843명을 대상으로 조사한 '대한민국 직장인 리더십 진단(2008년, LG Business Insight 973호)' 결과는 상황이 매우 심각함을 보여준다. 조사 결과 우리나라 직장인들은 상사에 대한 리더십 만족도가 매우 낮으며 리더들은 감

188) Goleman, D.(1998), Working with Emotional Intelligence, New York : Bantam Books.

성 리더십이 매우 떨어지는 것으로 나타났다.

먼저 우리나라 직장인들의 직장 상사에 대한 리더십 만족도는 44.1점에 불과했다. 시험성적으로 치자면 F학점이다. 집단별로 볼 때, 부하 직원의 대다수를 차지하는 사원·대리 계층이 상사에게 준 점수는 40.8점으로, 하위 직급으로 갈수록 리더십에 대한 불만 수준이 높게 나왔다. 더구나 마케팅 조사 방식 중 하나인 '재구매 의향'을 리더들에게 적용해 본 결과, 사원·대리 계층 응답자의 72%가 '지금의 리더와 다시 일하고 싶지 않다'는 반응을 보였다.

특히 경영학자 로버트 퀸이 제시한 4가지 리더십 스타일(관계, 혁신, 성과, 관리 지향)을 조사한 결과 국내 기업의 리더들은 지나치게 일 또는 성과 중심(43%)으로 편향된 리더십 스타일을 보였다. 이런 결과는 일 중심적인 구성원들이 리더로 선택받아 승진하는 경우가 많거나 리더가 되면서 일 중심으로 변한 탓일 것이다. 물론 '관계 지향', '혁신 지향', '성과 지향', '관리 지향'의 4가지 리더십 스타일 가운데 어느 것 하나 중요하지 않은 것은 없다. 하지만 직장인들의 리더십에 대한 기대와 만족 수준을 조사한 결과, 감성 리더십과 관련 있는 '관계 지향'과 '혁신 지향' 측면의 리더십 역량에 대한 기대가 상대적으로 높았다. 반면 이에 대한 만족 수준은 상당히 떨어지는 것으로 나타나 기대와 만족 수준의 격차가 컸다. '성과 지향'이나 '관리 지향' 측면의 기대 수준과 만족 수준 간의 차이는 상대적으로 크지 않았다. 이는 대다수 한국 기업들이 그간 위계적 조직 질서 안에서 성과주의를 강조해 온 탓이다.

결론적으로 대한민국 직장인들이 가장 바라는 리더 유형은 '창의적 감성 리더'임을 알 수 있다. 뒤집어 말하면 우리 기업에는 감성지능이 결핍된 무(無)감성 리더가 그만큼 많다는 얘기다.

3.3 무감성 리더의 발생 원인과 해결책

그렇다면 한국 기업에서 무감성 리더가 생기는 원인은 무엇이며, 그 해결책은 무엇일까? 우선 리더들이 지닌 '지나친 성취욕구'와 단기 실적에 치우치는 기업 문화가 무감성 리더를 양산하는 원인이다. 리더 자리에 오르기 위해서는 상당한 실력도 갖춰야 하고, 치열한 경쟁에서 승리해야 한다. 이를 위해서는 어느 정도의 성취욕구가 필요한 것이 당연하다. 하지만 문제는 지나친 성취욕구가 가져오는 그릇된 행동 특성과 성향이다. 수단과 방법을 가리지 않고서라도 인정받고 싶은 마음이 커질 경우 평범한 사람도 무감성 리더로 변질되기 쉽다. 감성지능이 부족한 리더는 타인을 이해하고 배려하기보다 자신의 입장과 이익에 몰두하는 경향이 있다. 예를 들어 타인을 배려하는 감성이 부족한 경우, 부하 사원들을 지칠 때까지 몰아세우거나 동료를 짓밟는 행동을 보일 수 있다. 자신보다 전문성과 능력이 못하다고 느낄 때는 표정과 태도를 바꿔 노골적으로 상대방을 무시하는 행동도 보인다.

또 국내 기업이 제대로 된 실력과 리더십을 중심으로 리더로서의 자질을 평가하고 선별하지 못한 것도 감성 역량이 바닥난 관리자가 생겨나는 이유다. 부하 직원의 성과를 마치 자신의 것처럼 포장해 버리는 리더, 어떠한 경우라도 위험 부담을 지지 않으려는 비겁한 리더, 일에 초점을 잡지 못하고 불필요한 일에 지나친 시간과 에너지를 허비하는 리더 등…. 이는 우리가 주변에서 흔히 접하는 대표적인 무감성 리더의 모습들로 그 근간에는 실력과 리더십 부재가 자리하고 있다.

아직도 많은 기업들이 무감성 리더의 행동과 태도를 '조직 생활을 하다 보면 그럴 수도 있지', '성격이 좀 특이한 것일 뿐, 일은 잘 하잖아'라는 식으로 지나쳐 버린다. 하지만 이들은 조직 문화를 망치고 우수 인재가 떠나게 하는 원인이다. 하루 빨리 이들의 잘못된 리더십을 바로 잡아야 한다. 아울러 기업은 이런 무감성 리더들이 조직 내에 자리 잡을 수 없게 해야 한다.

3.4 감성지능을 키우는 것이 출발점

긍정적 감성이 넘치는 기업을 만들기 위한 출발점은 구성원들의 감성지능을 극대화하는 것이다. 해외 기업들은 이미 감성지능과 관련된 역량을 평가하고, 리더십 교육 훈련에 활용하는 등 적극적인 모습을 보이고 있다. 사우스웨스트항공은 인재를 뽑을 때 '유머감각'과 같은 태도 요인을 상당 부분 반영한다. 시스코는 혁신 문화에 적합한 인재 유치를 위해 전문 지식이나 직무 스킬 등 하드 스킬(hard skill)과 대인관계, 팀워크 등 태도 및 행동과 관련한 소프트 스킬(soft skill)을 20대 80의 비율로 반영한다. HP 등은 감수성 훈련 프로그램을 개발하고 감성지능과 관련한 평가 지표를 마련하고 있다.

기업은 물론 개인 차원에서의 노력도 필수적이다. 특히 이런 분야에 대한 인식 자체가 부족한 한국 기업에서는 최고의 리더가 되기 위해 개인 스스로 노력을 할 필요가 있다. 감성적 리더십을 키우기 위해서는 무엇보다 리더 스스로가 감성지능을 구성하는 다양한 감성적 역량을 갖추기 위해 노력하는 것이 효과적이다. 이를 위해 세계적인 심리학자인 다니엘 골만이 제시한 '감성지능의 주요 요소'를 참조하는 것이 좋다. 다니엘 골만에 따르면 감성지능이란 '자신의 한계와 가능성을 객관적으로 판단해 감정을 잘 다스리며, 상대방의 입장에서 그 사람을 진정으로 이해하고 타인과 좋은 관계를 유지할 수 있는 능력'이다.

이를 리더십 측면에서 살펴보면 감성 리더십의 본질은 우선 리더 스스로가 자신의 내면을 깊이 있게 성찰하는 데서 시작한다. 그리고 부하 사원의 감성 및 욕구를 이해하고 배려하며 '공동의 선(善)'을 찾아 자연스럽게 구성원들을 리드할 수 있는 능력이다.

구체적으로 리더가 키워야 할 감성지능은 5가지로 나눌 수 있다.[189)]

① 리더 스스로가 자신을 객관적이고 냉철하게 평가하고 이해할 수 있는 '자아인식 능력(self-awareness)': 자아인식 능력이 높을수록 리더는 강한 신념과 자신감 가질 수 있으며, 자신의 실수에 대해 솔직히 인정해 구성원들의 신뢰를 받는다.

② 자기 자신의 감정이나 기분을 효과적으로 통제할 수 있는 '자기관리능력(self-regulation)': 만약 리더가 위기 상황에서 흔들리면 조직원들이 방향을 잡지 못하고 업무에 집중하지 못한다.

③ 부하 직원의 감정이나 시각을 폭 넓게 이해하고 적극적으로 관심을 표현할 수 있는 '타인의식능력(social-awareness)': 부하 직원들은 '리더의 관심'을 먹고 자란다. 훌륭한 리더는 부하사원을 배려와 애정으로 보살핌으로써 그들의 역량 향상과 성장을 도울 수 있어야 한다.

④ 부하 직원에게 믿음을 심어주고 이들을 효과적으로 리드할 수 있는 '타인관리능력(social skill)': 구성원들의 욕구를 이해해 주면서 리더의 입장을 설득하려면 커뮤니케이션 능력도 갖춰야 한다.

⑤ 부하 직원의 입장에서 생각해 보고 그들의 감정을 나의 감정으로 느낄 수 있는 '감정이입 능력(empathy)': 타인의 감정을 나의 감정으로 느낄 수 있어야 행동의 진정성이 생긴다.

---

189) 골만 박사는 감성지능을 자기 인식, 자기 조절, 자기 동기화, 감정이입, 대인관계 기술 등 다섯 가지로 규정하고 있다. 첫째 자기 인식(self-awareness)이란 자신이 느끼는 감정을 재빨리 인식하고 알아차리는 능력을 뜻한다. 다시 말해 자신의 감성이나 무드, 또는 동기유발 요인과 그것의 영향력을 인식하고 이해하는 능력(역량: 자신감, 현실적인 자기평가, 겸손한 유머감각)을 말한다. 둘째 자기 규제(조절)란 부정적인 충동이나 무드를 통제하고 방향을 수정하는 능력(역량: 신뢰성, 성실성, 불확실성에 대한 편안함, 변화에의 개방성)을 말한다. 셋째 자기 동기화란 돈이나 지위를 넘어서는 자신의 내적인 이유 때문에 일하려는 열정(역량: 강한 성취욕, 낙관주의, 조직몰입)을 말한다. 넷째 감정이입이란 어떤 사물을 접할 때 같은 마음을 느끼거나 설사 다른 감정을 느끼더라도 상대방이 어떻게 느끼는지 이해하는 심리 작용이다. 다시 말해 타인의 감성을 이해하고 상대의 정서적 반응에 따라 적절히 다루는 능력(역량: 인재를 육성하고 유지하는 전문성, 다문화적 감수성, 고객에 대한 서비스)을 말한다. 간단히 공감(共感) 능력으로 이해하면 된다. 다섯째 대인관계(사회적) 기술이란 공통의 기반을 찾고 라포(rapport: 상담이나 교육을 위한 전제로 신뢰와 친근감으로 이루어진 인간관계)를 형성하는 능력을 가지고 네트워크를 구축하고 관계를 관리하는 능력(역량: 효과적 변화 선도, 설득력, 팀을 구축하고 리드하는 능력)을 말한다. 한편 골만의 감성지능 4가지 영역은 개인적 능력(자기인식 능력과 자기관리 능력)과 사회적 능력(사회적 인식 능력과 사회적 기술 능력)을 말한다. ▲자기인식 능력: 자신의 감정, 능력, 한계, 가치, 목적에 대해 깊이 이해하는 능력 ▲자기관리 능력: 자신의 감정과 자신이 무엇을 얻고자 하는지 분명히 인식하고 바르게 표현하는 능력 ▲사회적 인식 능력: 다른 사람의 얼굴과 목소리를 통해 그 사람의 감정을 읽어내고 대화 도중에 상대방의 감정에 동조, 공감하는 능력 ▲사회적 기술 능력: 다른 사람들을 팀, 조직의 가치, 목표에 깊이 공감할 수 있도록 인도 하여 올바른 방향으로 이끄는 능력

3.5 감성지능이 바닥난 리더는 퇴출 1순위

개인이 감성지능을 키우는 노력은 물론 중요하다. 그러나 이것만으로 부족하다. 기업은 감성지능이 떨어지고, 개선의 여지가 없는 불량 리더를 과감히 아웃시킬 수 있는 체계적이고 엄격한 퇴출 관리 시스템을 갖추어야 한다.

상시 인력 퇴출 관행으로 유명한 GE의 경우, 이 제도를 리더층에 더욱 혹독히 적용하는 것으로 알려졌다. 아무리 성과가 좋고 지적 능력이 뛰어난 사람이라 해도, 김성지능이 지나치게 모자란 리더는 퇴출 대상 1순위로 꼽힌다. GE는 이를 위해 엄정한 리더십 평가 모델을 갖추고 체계적인 모니터링을 한다. 최고경영자들도 부단히 노력을 했다. 잭 웰치 전 회장에 이어 제프리 이멜트 회장은 사업을 챙기는 것 이상으로 리더십을 중시했다. GE의 최고경영진은 현장의 리더들과 수시로 의사소통을 하면서 이들이 열정과 올곧은 품성, 도덕성 등 감성적 역량을 갖추고 있는지 파악했다고 한다.

이는 리더십 실패의 책임이 인사 부서의 후진성 때문인 것처럼 생각하는 일부 국내 기업의 경영진들이 되새겨봐야 할 대목이다. 리더십 개발의 책임은 단순히 인사 부서만의 몫이 아니다. 리더 육성의 전적인 책임은 경영진에 있다.

무감성 리더의 경우도 마찬가지이다. '콩 심은데 콩 나고 팥 심은데 팥 난다'는 옛말처럼, 모든 리더의 리더인 최고경영자가 자신이 충분한 감성지능을 갖추고 있는지 먼저 돌아봐야 한다. 또 지금부터라도 무감성 리더의 폐해를 제대로 이해하고, 이들이 더 이상 조직에 자리 잡을 수 없도록 해야 할 것이다.

3.6 감정이입 능력 강화 전략[190)]

감성 리더십의 중요한 덕목은 감정이입(empathy) 또는 공감(共感) 능력이다. 감정이입이 되면 꼭 말을 하지 않더라도 자동적으로 얼굴 표정이나 행동으로 나타난다. 활짝 웃는 아이의 얼굴을 보면 나도 모르게 빙그레 미소를 짓고 고통받는 동료의 모습을 보면 반사적으로 얼굴을 찌푸린다. 내가 상대방에게 감정이입을 할 때, 상대방의 마음속 아이는 내 표정을 보면서 '아, 이 사람은 내 마음을 이해하고 있구나. 나의 어려움을 함께 느끼는구나' 하며 안심한다.

감정이입 능력은 반복 훈련을 통해 강화될 수 있다. 감정이입 능력은 의사소통에 매우 중요하다. 서로 감정이입이 잘 안 되면 마치 외계인들이 모인 것처럼 간단한 의사소통조차 제대로 되지 않는다. 가령 바쁜 와중에 신속한 판단을 내려야 하는 리더들은 자신도 모르게 직원들이 하는 설명을 끝까지 듣지 않고 "그래서? 결론이 뭔데?"

---

190) 우종민(2014), op. cit.

하고 반사적으로 되묻는다. 평소에 미리 서로 감정이입이 된 상태라면 결론만 묻고 답해도 되지만 그렇지 않다면 직원은 짧은 시간에 자신의 생각에 대한 이유와 배경을 이해시킬 수 없으니 답답해지고, 상사가 자신을 무시하거나 야단쳤다고 피해의식을 느낀다. 이런 일이 반복되면 팀워크가 엉망이 된다. 한마디로 감정이입 능력과 의사소통 능력은 동전의 양면과 같다.

성공하는 조직은 감정이입과 의사소통을 촉진하기 위해 여러 가지 노력을 한다. 일본 기업 혼다는 창업자인 혼다 소이치로 시절부터 최근의 후쿠이 다케오 사장에 이르기까지 사장과 중역들이 모두 한방에서 일한다. 심지어 사장은 개인 비서조차 두지 않고 차를 마시거나 대접하는 일도 직접 한다고 한다. 이렇게 하면 서로 적절한 거리가 유지되지 않아 불편한 일도 있을 테지만 그래도 혼다는 전통을 고수하고 있다. 이는 혼다가 '접촉 없이는 감정이입도 없다'는 자신들의 원칙대로 아날로그 방식의 직접 접촉을 확보하려고 노력한다는 증거다. 보고서나 e메일은 사실을 정확하게 전달한다는 목적에는 좋지만 의사결정에 필요한 공감대를 형성하는 기능은 약하다. 혼다는 리더들이 같은 공간에서 직접 만나 감정이입과 소통을 활성화해서 소비자 욕구를 신속하게 공유하고 신제품을 기획할 수 있었다.

현대카드는 모든 임원들이 매달 한 차례씩 강당에 모여 업무를 보는 '임원 장터(마켓 플레이스)'를 열고 있다. 특별한 프로그램이 있는 것은 아니고 그저 같은 장소에 모여서 업무를 하는 것뿐이다. 그러다 보면 옆자리 임원과 신상품에 대한 즉석 회의가 열리고 마주치기 힘들었던 부서장과 아이디어를 공유할 수도 있다. 다시 사무실로 돌아가면 직원들과의 감정이입과 소통을 더 생각할 수 있다.

애플은 '직원 훈련 매뉴얼'을 통해 감정이입을 매우 강조한다. 매뉴얼 중에는 '감정이입의 위력(Power of empathy)'이라는 내용이 있다. 애플스토어의 직원이라면 고객의 감정 상태를 이해하고 좋은 방향으로 바꾸려고 노력하되 화나고 불만이 있는 그 감정을 똑같이 느끼지는 말라는 것이 요점이다. 가령 애플컴퓨터가 너무 비싸다고 불평하는 고객에게 이렇게 대응하는 것이다. "고객님이 왜 그렇게 느꼈는지(Feel) 이해합니다. 저도 약간 비싸다고 느낀 적이 있거든요(Felt). 하지만 자세히 따져 보니까 내장된 모든 소프트웨어와 기능을 감안하면 꽤 합리적인 가격이더라고요(Found)." 이 원칙을 '3F(Feel-Felt-Found)'라고 한다.

리더들이 감정이입 능력을 강화하려면 첫째 불필요한 긴장을 풀어야 한다. 최근 네덜란드 연구진이 표정 모방에 대해 재미있는 실험을 했다.[191] 연구진은 참가자들에게 얼굴 사진을 잠깐 보여준 뒤 사진 속 대상이 긍정적 감정 상태인지, 부정적 감정 상태인지 판단해 버튼을 누르도록 했다. 이때 자연스러운 상황이라면 참가자는 무의식적으로 사진에 나타난 표정을 따라하게 된다. 연구진은 실험 참가자들이 사진 표정을

---

191) Stel M., van Knippenberg(2008), The role of facial mimicry in the recognition of affect, Psychological Science, 19, 984-985.

따라하지 못하도록 이를 악물고 어깨에 힘을 줘서 자세를 고정하도록 지시했다. 그랬더니 사진의 감정 상태를 판단하는 속도가 훨씬 느려졌다. 즉 자기 몸이 굳어지면 남의 감정을 느끼는 능력도 약해진다. 이와 마찬가지로 너무 잘하려고 이를 악물고 일하는 방식은 감정이입과 소통의 리더십에 방해가 된다. 특히 고객에 대한 감정이입이 중요한 서비스 업종이나 마케팅, 영업직군에서는 더욱 그렇다. 어금니를 꽉 다물지 말고 턱을 살짝 열고 편안하게 미소 지을 때 감정이입이 잘 된다. 1~2분 동안 잠시 일을 멈추고 규칙적으로 호흡하면 자연스럽게 긴장이 풀린다. "내 마음이 얼마나 편안한가? 얼마나 긴장돼 있는가?" 컴퓨터 바탕화면이나 수첩처럼 자주 보는 곳에 이 질문을 적어놓고 스스로에게 주기적으로 질문을 던져보는 것도 괜찮은 방법이다.

둘째 선입견을 없애야 한다. 조직에서 지연이든 학연이든 어떤 그룹에 포함되면 같은 그룹에 속한 사람들에게는 금방 감정이입을 하지만 다른 그룹 사람들에게는 감정이입을 하지 못할 때가 많다. 고향이 A지역인 사람에게 같은 지역 출신이라고 하면 금방 공통점을 찾아내는데 "그 사람 고향이 실은 B지역이야"라고 하면 차이점부터 찾아낸다. 이런 선입견은 조직원 간의 감정이입을 방해한다.

셋째 예술을 즐긴다. 소설을 즐겨 읽는 사람은 남이 겪는 갈등이나 사정을 잘 이해하고 감정이입을 잘 할 수 있다. 시를 즐겨 읽으면 본질적인 느낌을 찰나에 파악하는 훈련이 된다. 음악을 듣고 따라서 흥얼거리거나 댄스 동작을 따라하면서 긴장을 푸는 것도 타인의 감정을 이해하는 데 큰 도움이 된다. 미술 작품을 감상하면 '이 작품을 만들 때 작가는 어떤 마음이었을까'라고 생각하는 과정에서 감정이입 능력이 자연스럽게 자라난다.

넷째 공통의 체험을 하는 프로그램을 만들어야 한다. 인간은 체험을 함께해야 공통의 기억 목록이 생기고 거기서 비로소 공통의 감정이 발생한다. 타인의 감정을 이해하고 공감하려면 다른 사람의 입장을 직접 체험해보는 것이 첫 출발이다. 예컨대 병원 의사들은 환자 마음에 더욱 감정이입하고 그 입장을 잘 이해하기 위해 수련 과정에서 대리 체험을 한다. 신입 레지던트에게 아예 환자복을 입혀서 며칠간 병동에 입원시키기도 한다. 이것이 어렵다면 '100일 당직'이라는 제도를 통해 병동에서 100일간 숙식하며 입원 환자와 동고동락하도록 한다. 기업도 마찬가지다. 타깃 고객과 같은 체험을 해보지 않고는 고객의 마음을 이해하기 어렵다. 가령 당신이 커피숍을 운영한다면 카페에서 비즈니스 미팅을 하고 태블릿 PC로 업무를 보는 고객의 생활 습관을 체험해 봐야 비로소 왜 고객들이 커피 값이 비싸더라도 무료 인터넷 서비스가 잘되는 카페로 몰리는지 이해할 수 있을 것이다. 나이키는 직원들이 휴식 시간에 조깅을 하고 농구나 축구를 할 수 있도록 업무 공간을 운동센터처럼 만들었다. 조깅을 하지 않는 사람은 고객과 같은 체험을 하지 못하기 때문에 고객의 마음을 이해하지 못하고 결국 좋은 조깅화를 개발하기 어렵다고 본 것이다. 이처럼 공통의 체험은 감정이입 능력을 배양하는 데 큰 도움이 된다.

다섯째 감정이입용 질문을 한다. 어떤 상황이 발생했을 때 자신의 판단을 섣불리 드러내면 자칫 큰 실수를 할 수 있다. “그때 어떤 느낌이었나요?” 등의 질문을 통해 상대의 감정 상태를 먼저 파악하고 그 대답에 동조부터 해야 한다. 그래서 신뢰가 형성되면 다음 상황에 따라 “상대방은 어떻게 느꼈을까요?” “그에게 당신에 대해 물으면 그는 뭐라고 할 것 같은가요?”와 같은 질문을 통해 문제 해결의 실마리를 풀어갈 수 있다.

04 조직을 승자로 만드는 자는 감성의 리더[192)]

“진정한 만남은 상호간의 눈뜸이며 영혼의 진동이 없으면 그건 만남이 아니라 한때의 마주침이고 그런 만남을 위해서는 자기 자신을 끝없이 가꾸고 다스려야 한다. 좋은 친구를 만나려면 먼저 나 자신이 좋은 친구감이 되어야한다.” 법정 스님은 ‘만남’을 이렇게 표현했다. 리더와 구성원도 인생을 살아가면서 이루어진 만남이다. 단순히 마주치는 관계가 아니라 무언가 목적을 달성하기 위해 필연적으로 만난 관계다. 그래서 리더에게는 신뢰가 중요하다.

리더에게 신뢰는 가장 가치 있는 자산이다. 리더가 구성원들과 신뢰를 어떻게 만들어 갈 것인가? 신뢰는 구성원을 압박하거나 교육을 통해 만들어지는 것이 아니다. 리더가 금전적으로 보상을 한다고 해서 만들어 지는 것도 아니다. 어떤 지위를 준다고 해서, 밥을 사고 술을 사준다고 해서 형성되는 것도 아니다.

신뢰받는 리더는 구성원의 마음을 흔들어 일하게 한다. 리더가 가진 직위, 금전적 보상, 권위, 두려움으로 구성원을 다스리는 것이 아니라 구성원들이 자발적으로 일하게 만든다. 구성원들이 자발적으로 일하게 만드는 핵심은 무엇인가? 리더가 구성원을 사랑하는 마음이다. 리더가 구성원을 대하는 태도다. 그 기반에는 신뢰라는 가치가 있다. 신뢰받는 리더는 구성원들이 밖에 나가서 리더를 자랑스럽게 이야기하지만, 신뢰받지 못하는 리더는 구성원들의 입을 통해 리더의 문제점이 밖으로 유출된다.

리더는 혼자 일하는 사람이 아니다. 구성원들이 주어진 목표를 효과적으로 달성하

---

192) 은서기(2019), [은서기 칼럼] ‘감성의 리더’ 조직을 승자로 만든다, 세이프타임즈 (http://www.safetimes.co.kr), 2019.02.07.

도록 이끄는 사람이다. 만약 리더와 구성원 사이에 신뢰가 없다면 목표달성은 어렵다. 리더가 신뢰를 얻기 위해서는 감성의 언어로 구성원들과 소통을 해야 한다. 리더의 언어에는 이성적 언어와 감성적 언어가 있다. 이성적 언어를 사용하는 리더는 업무와 조직이슈 외에 구성원들에게 아무런 관심이 없다. 구성원을 리더와 조직의 목표달성을 위한 도구로만 생각한다. 이들은 목표를 달성하면 지위나 금전적으로 보상하면 된다고 생각한다. 대기업 같은 큰 조직일수록 리더들이 이성적 언어로 구성원을 장악하려 한다.

그러나 감성적 언어를 사용하는 리더는 업무 외에 구성원의 고민거리가 뭔지, 결혼은 했는지, 가족은 어떻게 되는지, 구성원들이 무엇을 고민하고 생각하고 있는지 등에 관심을 가진다. 감성적 언어를 사용하는 리더십의 핵심은 '관심'과 '사랑'하는 마음에 있다.

구성원은 조직이 원하는 것만을 위해 존재하지 않는다. 리더가 이성적 언어만 사용한다면 구성원은 내면의 문을 닫아버린다. 피동적으로 움직이게 되고, 좋은 아이디어는 나오지 않는다. 하고 싶은 말도 하지 않게 되고 솔직함도 점점 사라지게 된다. 동료들을 경쟁자로만 인식해 협업이 어렵게 된다. 구성원들은 그저 리더가 시키는 일만 할 뿐이다. 열정과 자발성으로 마음을 움직이는 일이 없어진다. 이렇게 되면 리더는 신뢰를, 조직은 경쟁력을 잃게 된다.

이제 리더는 감성의 언어 즉, 감성 리더십을 키우는데 노력해야 한다. 그래야 신뢰를 얻을 수 있다. 다니엘 골만은 "리더가 자신의 내면을 파악하고, 성찰하고, 타인의 감성을 파악·이해·배려함으로써 자연스러운 관계를 형성하고, 감성역량을 높여 감성적인 관계를 만들어 가는 것"이라고 말했다.

조직에서 승자가 되려면 감성의 리더가 되어야 한다. 신뢰받는 리더는 이성과 감성이 함께 발달된 사람이며, 신뢰받는 리더가 되기 위해서는 이성보다 감성을 발전시켜 마음으로 다가서야 한다. 신뢰의 핵심가치는 '인간존중'이다. 돈이 많건, 높은 자리에 오르건 구성원을 존중해야 그들이 따른다. 리더의 권의주의는 신뢰에서 멀어지게 한다. 하수일수록 권위주의에 의존해 조직을 이끌려고 한다. 신뢰받는 리더의 핵심은 '감성의 언어로 구성원을 바라보는 눈'이다.

05 마무리[193)]

성공하는 기업에서는 감정이입과 소통의 효과를 분석하고 효과적인 감정이입 방법을 자세하게 제시할 정도로 감성 리더십에 중점을 두고 있다. 전통적으로 기업에서는 사과로 따지자면 씨앗과 껍질만 강조돼 왔다. 생존에 필요한 실적(씨앗)과 실적을 이루기 위해 할 일(껍질)만 강조됐다. 감정은 중요하게 여겨지지 않았다.[194)] 이는 조직이 구성원들에게 자기 뇌의 절반만 사용할 것을 요구한 것과 다를 바가 없다.

오늘날과 같은 초연결(hyperconnectivity) 시대의 비즈니스는 매우 개인화, 감성화한다. 그동안 많이 사용하지 않았던 나머지 절반의 뇌, 즉 감정의 뇌가 본격적으로 활약해야 하는 시대다. 특히 직원들의 감성을 자극하고 이끌어내는 감성 리더십은 조직 내부의 갈등을 줄이고 효율을 높일 뿐 아니라 고객과의 관계를 강화해서 조직의 지속가능한 장기적 발전에 매우 중요한 역할을 할 것이다.

---

193) 우종민(2014), op. cit.

194) 인간의 대뇌는 사과에 비유할 수 있다. 사과는 씨앗과 속살, 껍질의 세 층으로 이뤄져 있다. 대뇌도 제일 안쪽부터 생명의 뇌(뇌간)와 감정의 뇌(중간 뇌), 이성의 뇌(신피질)로 구분된다. 생명의 뇌는 호흡이나 식사, 성욕, 수면과 같은 생존기능을 담당하는 부위인데 포유류보다 파충류 등 원시적 동물에서 비중이 크기 때문에 '파충류 뇌'라고도 불린다. 중간에 있는 감정의 뇌는 위아래로 정보를 연결해주는 중간 정거장 역할을 하며 즐겁고 불안하고 공감하는 등 감정 반응에 깊이 관여하는데 감정 표현은 포유류만이 가진 고유한 기능이기 때문에 '포유류 뇌'라고도 불린다. 한편 대뇌의 가장 겉에는 고도의 이성적 기능을 관장하고 감정을 조절하는 이성의 뇌가 있는데 이는 인간이 가장 잘 발달해 있다. 인간은 특히 생존의 뇌 또는 감정의 뇌가 움직일 때 강력한 에너지를 발휘한다. 조직 생활을 하면서 숨을 쉬거나 잠을 자는 생명 기능에 관련된 일이 많지는 않을 테니 결국 조직 생활과 관련된 리더십의 요체는 감정의 뇌가 균형 있게 잘 활동하도록 하는 것이라고 볼 수 있다. 조직원들의 감정 뇌가 심한 공포나 분노에 쌓여 있으면 조직의 미션에 집중하기 힘들고 조직 안팎에서의 소통도 어려워진다. 반면 감정 뇌가 긍정적인 상태에 있으면 업무에 열정이 생기고 다른 사람과의 의사소통도 원활해진다. 사람을 움직이는 리더십에서도 감정이 핵심 요소로 작용할 때가 많다. 우종민(2014.01.), op. cit.

[부록] 소통의 리더십[195)]

리더십은 조직이나 단체를 이끄는 리더의 자질을 일컫는 말이다. 리더십은 시대나 이끄는 조직에 따라 자질의 가중치가 다소 달라지지만 최근 중요한 화두로 떠오르는 것은 단 하나, 바로 소통이다. 한 언론사가 '10년 뒤 한국을 빛낼 백인'을 대상으로 한 설문조사에서 '한국의 리더에게 가장 필요한 능력은 무엇인가'라는 질문에 응답자들의 12.3%가 소통 능력을 꼽았을 정도다. 그렇다면 리더십에 왜 소통을 논해야 할까?

1. 리더십의 패러다임이 바뀌고 있다

왜 소통 리더십이 화두인지는 CEO 리더십 패러다임의 변화를 살펴보면 알 수 있다. 1990년대 호황기는 기업제국을 건설한 CEO 1.0의 시대였다. 경험과 직관으로 의사결정을 하는 1.0세대의 카리스마형 CEO는 강력한 추진력을 가졌지만 다른 사람의 말에 귀를 기울이지 않는 단점을 지니고 있다. 대표적인 인물로 국내에는 현대그룹의 故정주영 회장, 국외에는 GE의 잭 웰치(Jack Welch), 씨티그룹의 샌포드 웨일(Sanford Weill), 타임워너의 제럴드 레빈(Gerald Levin) 등이 있다.

1990년대 말에서 2000년대 초 '기술주 거품(Tech Bubble)'이 붕괴하고 엔론사의 회계부정 등 대형 스캔들이 잇따라 터지자 2.0 버전의 새로운 CEO들이 등장했다. 이들은 전임자들의 과잉 경영이나 실수를 교정하는 '문제해결(Fit-it Men)' 또는 '청소전문가(Clean-up Specialist)'의 임무를 띠었다. 당시 잇따라 사임한 씨티그룹의 찰스 프린스(Charles O. Prince) 회장과 메릴린치의 스탠리 오닐(Stanley O'Neal) 회장이 대표적인 인물이다. 이들은 2007년에 발생한 서브프라임 모기지 사태로 인해 초대형 모기지론 대부업체가 파산하면서 전 세계 금융시장에 신용경색을 불러온 연쇄적인 경제위기를 맞으며 조용히 자리에서 물러나게 됐다.

2000년대 후반 감성적 리더십, 서번트(Servant) 리더십의 등장으로 조직원의 의견을 존중하고 합의를 이끌어내는 리더가 요구됨에 따라 카리스마형 CEO가 자연스럽게 퇴장하고 겸손하면서 구성원의 말에 귀 기울일 줄 아는 3.0 버전의 조직친화형 CEO가 등장하게 됐다. 이 유형의 대표주자로는 예일 경영대학원의 제프리 소넨펠드

195) 정인호(2015), CEO 3.0 버전의 리더십에 주목하라!, 월간금융 Vol. 733, 전국은행연합회, 2015.04.

(Jeffrey A. Sonnerfeld), 제록스의 앤 멀케이(Anne Mulcahy), P&G의 앨런 라플리(Allen Lafley) 등을 꼽을 수 있다.

특히 P&G의 앨런 라플리는 회사의 구내식당·강당 어디에서든 직원들과 이야기를 하고 이때, 항상 대화의 3분의 2를 듣는데 시간을 투자해 이를 통해 나를 반대하는 사람들의 목소리를 가라앉히고, 많은 사람을 그의 편으로 끌어들이는 데 성공했다. 그가 CEO로 재임한 2000년에서 2009년 사이 P&G의 매출은 두 배, 수익은 무려 네 배나 늘어났다.

제록스의 앤 멀케이는 스물네 살에 영업사원으로 입사해 30년 동안 근무하면서 2000년 CEO로 내정됐다. 내정 당시 회사 부채는 170억 달러에 육박했으며, 2000년까지 7분기 연속 적자 행진을 기록하고 있었다. 또한 현금 보유액은 겨우 1억 5천500만 달러에 불과했으며, 주가는 산산조각이 나서 시가 총액의 90%가 증발했다. 복사기를 팔 때마다 고장 난 복사기를 수리하는 비용이 더 들 정도였다. 여기에다 저가의 일본 복사기가 범람하면서 세계 최초의 복사기 제조회사는 침몰하고 있었다. 또 회사 경영진이 이익을 부풀린 혐의로 회계부정 스캔들에 연루돼 기업 이미지마저 추락했고, 한때 63달러에 달했던 주가는 4.4달러로 폭락했다. 회사는 거의 자포자기 심정으로 인사 부문 대표를 지냈던 앤 멀케이를 CEO로 임명했다. 제록스 내부에서는 그 누구도 앤 멀케이를 장래 CEO로 점찍은 적이 없을 만큼 그녀는 무명이었다. 더군다나 가정을 위해 몇 번이나 회사를 그만두려 한 인물이기도 했다. 그러나 일단 회장에 오른 앤 멀케이는 제록스에서 볼 수 없던 새로운 지도자의 모습을 보여줬다. 그녀는 파산 위협에 전혀 동요하지 않고 직원들을 독려했다. 그녀가 가장 먼저 한 일은 직원들의 신뢰를 얻는 것이었다. 대화 채널은 항상 열려 있었고, 새벽부터 밤늦게까지 전 세계 제록스 직원들과 영업 전략을 논의했다. 결국 그녀가 2년 동안 주말에 한 번도 쉬지 않고 전 세계를 오가며 직원들과 소통에 소통을 거듭한 리더십을 발휘한 덕분에 제록스는 다시 부활할 수 있었다.

2. 쓴소리를 즐겨라

1990년대를 대표하는 CEO인 잭 웰치가 카리스마 리더십으로 현재의 기업을 경영한다면 과연 통할까? 단정할 수 없다. 카리스마 리더십으로 통하는 시대는 지났기 때문이다. 리더와 직원 간 원활한 소통이 가능할 때 조직은 생명력을 얻게 된다. 토끼를 쉽게 잡으려면 귀를 잡아야 하고, 고양이는 목덜미를 잡아야 쉽게 잡을 수 있다. 그러면 사람은 어디를 잡아야 쉽게 잡을 수 있을까? 바로 '마음'이다. 마음은 지시나 통제로 잡히지 않는다. 마음을 잡는 방법은 바로 마음을 여는 데 있다. 앨런 라플리나 앤 멀케이의 리더십이 통한 이유는 바로 직원들의 마음을 열기 위해 본인 스스로의 마음을 열고 시간 대부분을 그들과 함께했기 때문에 가능했다. 즉, '우리'라는 울타리에서 발현된 소통에 의해서만 마음은 잡힐 수 있다. 이는 21세기 조직생활에서 매우 중요한 요소이다.

사실 마음을 사로잡는 일은 모두가 이미 알고 있지만, 수없이 강조해도 잘 안 되는 일이다. 가장 큰 이유는 당신 스스로 마음을 열지 않아서다. 이는 무엇보다도 소통 시에 드러나는 직원들의 쓴소리가 싫고 두렵기 때문일 것이다. 직원들은 결코 당신에게 다가오지 않는다. 당신이 먼저 마음의 문을 열고 다가가 그들의 마음을 들어야 한다.

마키아벨리(Machiavelli)는 『군주론』에서 '군주의 그릇 크기는 자신보다 똑똑한 부하가 몇 명 있느냐에 달려 있다'고 했다. 군주가 화를 내거나 독재를 휘두르면 그다음부터 아랫사람은 쓴소리를 하지 않게 된다는 것. 또한 『손자병법』에선 '화를 내는 장수 밑에 있는 병사들은 게으르다'고 했다. 화를 내는 장수 아래 병사들은 눈치를 보며 시키는 일만 하게 되고 최소한의 역할만 수행하기 때문이다.

3. 품격 있는 커뮤니케이터가 되려면? 상대를 인격체로 대우하라

옛날 푸줏간에서 있었던 두 선비의 우화이다. 백정 일을 했던 지석돌이라는 사람은 이미 환갑을 넘긴 노인이었다. 젊었을 때부터 남 밑에서 일하며 받아온 노임을 꼬박꼬박 모아 이제는 저잣거리에 푸줏간을 내고 자신의 장사를 할 수 있게 됐다. 어느 날, 젊은 선비 두 사람이 거의 같은 시간에 고기를 사러왔다. 먼저 온 선비가 말을 건넸다.

"석돌아, 소고기 한 근만 주거라."

"예. 알겠습니다."

지석돌은 대강 고기를 잘라 주었다.

뒤따라 들어온 다른 선비는 지석돌이 아무리 백정 출신의 천한 신분이지만 환갑을 넘긴 노인에게 말을 놓기가 거북했는지, 이렇게 말했다.

"지 서방! 나도 고기 한 근 주시게."

"예, 조금만 기다려주십시오."

왠지 기분이 좋아진 석돌은 고기의 좋은 부위를 뭉텅 잘라 주었다.

먼저 산 선비는 자기가 산 것보다 고기도 좋고 양도 훨씬 많은 것을 보고, 석돌에게 버럭 화를 냈다.

"야, 이놈아! 똑같이 한 근인데, 이 사람 것은 좋은 고기에 양도 많고, 어째서 내 것은 이렇게 적은 것이냐?" 그러자 지석돌 노인은 이렇게 대답했다.

"선비님의 고기는 석돌이라는 놈이 자른 것이고, 이 분의 고기는 지 서방이 자른 것이니까요"

두 선비의 우화처럼 우리는 목적을 가지고 상대를 대할 때 '그를 인격체로 대우하는가, 아니면 목적을 달성하기 위해 단순 매개체로 대우하는가'에 대해 진단해 볼 필요가 있다. 순간 던져지는 말 한마디로 작게는 고기 한 덩어리를 공짜로 얻게 되거나 많게는 인생을 전환할 수 있으니 말이다.

주위에서 부주의한 말 한마디로 친한 친구 관계가 깨져 버리는 경우를 흔히 볼 수 있다. 이것은 가족들 사이에서도 마찬가지다. 엄마의 빈정거림이 아이의 가슴에 깊이 남아 오랫동안 맺혀 있는 경우도 적지 않다. 그렇기 때문에 가족이라 할지라도 신경을 써서 말할 필요가 있다. 어느 정도 성장한 형제들이 싸울 때 보면 상당히 신랄한 말들이 오간다. 형제지간이기 때문에 어느 정도 시간이 지나면 잊을지도 모르지만, 부모 자식 간에는 조금 다르다. 부모의 말로 입은 상처를 오래 가지고 있는 아이들이 의외로 많다.

부모가 아이를 꾸짖을 때는 거의 일방통행이 된다. 따라서 부모는 신중하게 말을 선택할 필요가 있다. '항상'이라든가 '절대, 반드시, 정말로, 계속'이라는 영구 언어들은 상대의 나쁜 점을 꾸짖을 때는 가능한 사용하지 않는 편이 좋다. '넌 항상 약속을 지키지 않는 인간이야'라든가 '넌 정말로 말을 안 듣는구나!'라는 식의 말을 들으면 자신의 전인격이 부정당하는 듯한 느낌이 들게 되고 좌절하게 된다. 그보다 '오늘은 웬일로 지각을 다 했지'라든가 '오늘은 너답지 않네'와 같이 말한다면 상대에게는 구원의 여지가 생기게 된다.

이렇게 피난처를 마련해 주는 화법을 사용하면 상대는 인격을 부정당한 것이 아니라 자신의 행동이나 행위의 결과에 대해서 비난받았을 뿐이라고 이해할 것이다. 이때 쓰는 언어를 '일시 언어'라 하는데, 나쁜 점을 꾸짖거나 주의를 시킬 때 가능한 일시 언어를 사용하는 것이 좋다. 애정이 담긴 꾸지람은 듣는 쪽에서도 호감을 갖고 받아들이게 된다.

따라서 부모가 아이를, 직장 상사가 부하 직원을 꾸짖을 때는 일시 언어(어쩌다 이런 실수를 하게 되었니)로, 칭찬할 때는 영구 언어(자네는 항상 최고야)를 사용해야 한다. 성공한 리더의 커뮤니케이션 패턴을 분석해보면 꾸짖을 때는 일시 언어로, 칭찬할 때는 영구 언어를 사용해 일반 사람보다 훨씬 많은 긍정적인 표현을 한다. 왜냐하면 인간의 뇌는 우리가 말 한대로 무의식중에 움직여 그 말이 행동으로 실현되기 때문이다. 현자는 "입은 마음속에 있고, 어리석은 자의 마음은 입안에 있다"고 했다. 우리 스스로 좋은 대우를 받고자 한다면 상대도 내 마음속의 인격체로 대우해야 한다.

소통 리더십의 주인공이 되고 싶은가? 진정한 리더는 스스로 마음을 열고 화를 다스려 아랫사람의 쓴소리를 경청하고 즐기며, 상대를 인격체로 대우했을 때 가능하다.

상대를 내 마음속의 인격체로 대우했을 때 그 위에는 품위의 이끼가 내려앉을 수 있을 것이다.

4. 결 론

리더십이 문제다. 소통-소리치면 통한다고 생각한다. 대화-대놓고 화낸다. 공감-공공연히 감정에 상처를 준다. 이처럼 소통, 대화, 공감을 잘못된 방식으로 행동하는 리더가 적지 않다. 리더의 권위적 태도와 관료주의적 조직문화는 소통을 가로막는다. 고집불통형 리더는 3가지 특징을 갖는다. 첫째 자신만이 옳다며 황소고집을 피운다. 둘째 귀를 닫고 주위 의견을 묵살한다. 셋째 결과가 나쁘면 더 고집에 집착한다. 이 같은 리더는 정보 흐름을 차단하고 조직을 망가뜨린다.

소통 리더십은 마음의 문을 여는 데서 출발한다. 상대방을 진정한 대화 파트너로 인정해야 신뢰가 생긴다. 그리고 자유로운 대화 채널을 만들어야 한다. 체면이나 자존심을 접고 상대방 입장을 이해하려는 노력이 필수다. 싫은 소리, 반대 의견에도 귀를 기울여야 다양한 정보가 얻어진다. 막힌 하수도와 체한 위장이 시원하게 뚫리듯 불통을 깨고 소통으로 나아가야 한다. 그래야만 운수 대통하고 세상만사가 형통할 수 있다.[196)]

196) 홍기영(2015), 소통 리더십 강화하라, 매일경제, 2015.03.09.

Chapter

09 리더십의 성공 사례

1. 훌륭한 리더들의 공통점
2. 시대에 따라 변하는 이상적인 리더십
3. 경영 공백을 피하기 위한 전략을 세워라
4. 맞춤식 리더십을 실천하라
5. 학습하고 실천하는 CEO가 되라
6. 사람에 대한 끊임없는 관심과 투자가 중요하다
7. 긍정적으로 사고하라
8. 글로벌 장수기업의 교훈
9. 리더십은 일종의 습관이며, 실천이 중요

[부록 1] 추가적인 성공 사례

[부록 2] 재벌의 승계 딜레마

01 훌륭한 리더들의 공통점[197)]

허브 켈러허, 샘 월튼, 스티브 잡스, 앤디 그로브, 잭 웰치…. 이러한 리더들의 공통점은 무엇일까? 물론 자신이 맡았던 기업을 세계적인 조직으로 성장시킨 위대한 리더라는 공통점이 있다. 하지만 이보다 더 중요한 공통점이 있다. 그것은 바로 이들이 뚜렷한 핵심가치를 바탕으로 자신의 조직과 직원들을 이끌었다는 사실이다.

이들은 자신이 무엇을 원하고 일을 추진함에 있어서 중요한 우선순위가 무엇인지를 명확하게 알고 있었다. 더욱 중요한 것은 이들이 가지고 있는 핵심가치와 우선순위를 조직 내부의 구성원과 공유하기 위해 적극적으로 대화했다는 사실이다.

사우스웨스트 항공사의 CEO였던 허브 켈러허는 사람이 회사의 가장 큰 자산이고, 이들이 긍정적이고 신나게 일할 수 있는 조직문화를 만들기 위해 노력했던 것으로 유명하다. 월마트의 창업자였던 샘 월튼은 고객중심 경영으로 유명했다. 그는 "보스는 단 한 사람, 고객뿐이다. 고객은 회장에서부터 조직 하부의 구성원들까지 모두 해고할 수 있는 능력이 있다. 고객이 다른 곳에 돈을 쓰면, 결국 우리는 일자리를 잃을 수밖에 없다"라며 고객에게 가장 큰 가치를 전달해 주는 것을 월마트의 가장 중요한 사명으로 삼았다. 인텔의 전설적인 CEO였던 앤디 그로브는 미래에 전개될 기술을 포함한 경영환경의 변화를 적극적으로 예측하고 이에 전략적인 대응을 강조했던 리더로 유명하다. 그는 경영환경이 급변해 기업경영에 근본적인 변화를 가져오는 시점을 뜻하는 '전략적 변곡점'이란 용어를 만들어냈다. 그리고 이를 경쟁기업보다 먼저 파악해 변화하지 않으면 망할 수밖에 없다는 경고의 메시지를 주기 위해 '편집증 환자만이 살아남는다(Only the paranoid survive)'란 책을 썼다. 잭 웰치는 GE의 CEO였을 때 핵심가치를 조직 구성원들은 물론 많은 사람들과 공유하기 위한 소통에 심혈을 기울였다. 에너지와 동기부여, 결단력, 그리고 실행, 즉 '4E'[198)]로 요약되는 웰치의 리더십

---

197) 정동일(2009.10.), [정동일 교수의 리더십 이야기] 샘 월튼·허브 켈러허…훌륭한 리더들의 공통점은?, 조선일보 Weekly Biz, 2009.10.16.

198) 잭 웰치가 말하는 리더십의 첫 번째 E는 에너지(Energy)이다. 에너지는 앞으로 나아가는 것을 사랑하는 것이다. 에너지를 효과적으로 다루는 리더는 열정을 가진 사람이다. 자신의 에너지를 잘 파악하고 에너지와 함께 시간을 관리하면 시간 또한 더 능률적으로 활용할 수 있다. 잭 웰치가 말하는 리더십의 두 번째 E는 동기부여(Energizes)이다. 동기부여는 다른 사람들이 일을 성취할 수 있는 활력을 불어넣는 리더로서의 능력이다. 리더는 주위의 사람들에게 동기부여를 하는 사람이다. 리더는 열정과 에너지를 가진 사람이며 그 에너지를 주위에 공급하여 동기부여를 하는 사람이다. 잭 웰치가 말하는 리더십의 세 번째 E는 결단

에 대한 철학과, 배움과 성과를 강조하는 그의 핵심가치는 오늘도 전 세계 많은 CEO들의 모델이 되고 있다.

핵심가치란 무엇이 옳은지 그른지, 혹은 바람직한지 아닌지를 판단하게 해주는 행동과 의사결정의 규범이라 할 수 있다. 따라서 핵심가치는 우리의 생각과 행동을 통제하고 의사결정을 할 때 방향성을 제시해 주는 삶의 원칙이라 할 수 있다.

그렇다면 CEO가 핵심가치를 명확히 설정하고 이를 같이 일하는 조직의 구성원들과 공유하는 것이 왜 중요할까?

첫째 핵심가치를 명확히 설정한 리더는 복잡한 상황에서 무엇이 중요한지에 대한 판단기준이 명확하기 때문에 의사결정을 신속히 할 수 있게 된다. 그리고 자신이 내린 결정에 대한 자신감 때문에 흔들림 없이 업무를 추진할 수 있게 된다.

둘째 리더가 핵심가치를 바탕으로 의사결정을 하고 업무를 추진하면 행동에 일관성이 생기게 된다. 행동의 일관성이 있는 리더와 함께 일하는 부하들은 일을 하면서 리더가 가지고 있는 기대와 방향성을 잘 이해할 수 있기 때문에 심리적 편안함을 얻을 수 있고, 일에 대한 자신감이 생기게 된다. 이렇게 리더의 명확한 핵심가치는 업무 추진 시 스스로에 대한 자신감도 높이지만, 부하들의 자신감까지도 상승시키는 선순환을 창출해 낸다.

셋째 리더의 핵심가치는 리더 자신의 브랜드 가치를 높여주게 된다. 열정적으로 일하는 것을 중요한 핵심가치로 삼는 리더는 이를 통해 다른 사람에게 일관성 있는 이미지를 심어줄 수 있게 된다. 일관성 있는 이미지는 다른 사람에게 신뢰를 주게 되고, 결국 이는 다른 사람과 나를 차별화할 수 있는 나만의 자산이 될 수 있다.

이렇듯 핵심가치는 신뢰받고 성공한 리더가 되기 위해 반드시 갖춰야 할 덕목이다. 하지만 현실은 어떠한가? 경험을 토대로 말한다면, 핵심가치를 명확히 설정해 이를 실천하는 리더는 불행히도 10%도 안 된다. "바빠서 못했다"든가 "아직 핵심가치를 마련할 만큼 중요한 위치에 있지 못해서"라든가 다양한 이유가 있다. 더 성공해서 CEO가 되면 핵심가치를 마련해 보겠노라 생각하는 리더들에게 한마디하고 싶다. 핵심가치를 지금 개발해서 실천하지 못하면 불행히도 CEO가 될 가능성이 그리 많지

력(Edge)이다. 결단력은 결단 내리기 어려운 순간에 과감히 결단하는 능력이다. 리더는 어려운 문제에 대해서 결단을 내리는 방법을 알고 있다. 사람은 어떠한 일과 행동을 하게 되면 관성을 가지게 되어있다. 한 번 관성이 생겼을 때 그 관성에서 벗어날 수 있는 결단력이 리더에게는 필요하다. 잭 웰치가 말하는 리더십의 네 번째 E는 실행력(Execute)이다. 실행력은 에너지를 행동과 결과로 변환시킬 수 있는 능력이다. 실행력은 4E의 열쇠이다. 실천력이 강한 사람들은 활동과 생산성이 같은 것이 아님을 잘 알고 있다. 그리고 실천력은 에너지와 실행력을 행동과 결과로 변환시키는 능력임을 그들은 알고 있다. 실행력을 가진 사람은 4E를 통하여 일을 실행할 줄 아는 사람이다. 실행력은 나머지 3E의 가치를 들어 올리는 지레와 같으며 3E의 가치를 현실화시킨다. 이와 관련하여 egloos(2010), 잭 웰치의 리더십 4E 에너지와 동기부여, 결단력과 실행력, (paul0630.egloos.com/10528147), 2010.07.09. 참조.

않을 것이란 사실을.

지금 여러분이 업무를 추진하면서 가장 중요하게 여기는 여러분만의 핵심가치를 종이에다 구체적으로 적어보라고 권하고 싶다. 명확한 핵심가치를 설정해 이를 꾸준히 실천해보라. 주위에서 여러분을 원칙을 가진, 신뢰가 가는 리더라고 평가하게 될 것이다.

마지막으로 여러분의 핵심가치를 같이 일하는 구성원들과 적극적으로 공유해 보라. 공유되지 않은 핵심가치, 그리고 리더가 말로만 떠드는 핵심가치는 주위 사람들을 냉소적으로 만든다. 잭 웰치가 왜 자신의 핵심가치를 직원들과 공유하기 위해 700번을 반복해 말하라고 했는지 생각해 볼 필요가 있다.

02 시대에 따라 변하는 이상적인 리더십[199)]

2.1 원인은 기업경영의 새로운 패러다임의 출현 때문

리더십의 이상형이 변하고 있다. 지난 과거에는 가장 이상적인 리더는 누구인가? 하는 질문에 주저 없이 마이클 아이즈너(디즈니의 前 CEO), 루 거스너(IBM의 前 CEO), 척 프린스(시티그룹 前 CEO)를 꼽았다. 강력한 카리스마로 모든 종업원을 사로잡고 회사를 위기에서 극적으로 구출하는 영웅적인 CEO들이다. 위기에 처한 회사도 카리스마 있는 CEO가 영입된다는 소식이 전해지면 회사 내부의 임직원들은 물론이고, 일반 투자자들이나 전문 투자분석가들조차도 장밋빛 미래를 꿈꾸곤 했다.

가장 대표적인 예가 1997년 AT&T CEO로 취임한 마이클 암스트롱이다. 당시 AT&T는 미국 장거리전화 시장이 자율화되면서 이익률이 대폭 줄어들고 새로운 경쟁회사들이 출현해 회사의 생존 자체도 어려운 상황이었다. 그러나 31년 동안 IBM에서 일하다 휴즈 항공사의 CEO로 성공적인 커리어를 쌓고 있었던 암스트롱이 AT&T의 CEO로 결정되자 미국 유명 비즈니스 저널들은 표지 사진에 암스트롱을 할리 데이비슨에 멋있게 올라타서 망해가는 통신업계의 거인을 구해줄 백기사로 묘사하기도 했

199) 정동일(2009.06.), [정동일 교수의 리더십 이야기] 새로운 경영의 패러다임에 가장 이상적인 리더는?, 조선일보 Weekly Biz, 2009.06.13.

다. 주식시장에서는 그가 CEO로 결정되었다는 발표가 있던 날 하루 동안에 회사의 가치가 40억 달러, 2009년 6월 환율로 무려 5조 원가량 증가했다. 하지만 결과는 어떠했는가? 암스트롱은 화려한 스포트라이트를 받으면서 AT&T의 최고경영자가 된 지 5년도 못 된 2002년 최고경영자의 자리에서 물러났고, 그가 취임할 당시 67억 달러이던 회사 부채는 퇴임 직후 기준으로 670억 달러로 늘어났다. 카리스마형 CEO들의 전성기가 막을 내림을 알리는 서곡이었던 것이다.

그렇다면 그 이후 가장 이상적인 리더라고 생각되는 CEO는 누구인가? 아마도 많은 사람들이 하워드 슐츠(스타벅스 회장), 마이클 델, 워런 버핏, A.G. 래플리(P&G CEO), 빌 게이츠 등의 리더를 꼽는 데 주저함이 없을 것이다. 이들 소위 '뉴 리더'들의 공통점은 무엇이고 앞서 언급한 소위 '올드 리더'들과는 어떤 차이점이 있을까?

뉴 리더들의 가장 큰 특징은 '나눔과 공유'의 리더십에 있다. 구(舊)시대의 리더들은 강력한 카리스마를 바탕으로 조직을 이끌었던 반면, 자신들이 가지고 있던 권력을 공유하는 데 인색했다. 자신들이 항상 무대의 중앙을 차지해야 했으며, 모든 스포트라이트를 받아야만 직성이 풀리는 스타일이 많았다. 따라서 조직을 완전하게 장악하고 의사결정에 자신의 의지를 관철시키기 위해 갈등을 야기하는 일도 잦았다. 그리고 자신이 회사의 최고경영자로 군림하는 동안 2인자의 등장을 허용하지 않았다.

이렇게 화려하지만 조직 내 인재들을 키우는 데 관심이 없던 최고경영자들은 결국 이사회 멤버들이나 주주들의 등에 떠밀려 물러나게 되고, 조직은 리더십의 부재라는 큰 공백 상태를 맞이해 위기에 봉착하곤 했다. 이와 반대로 새 시대의 리더들은 자신이 소유한 권력을 주위 사람들과 나누며 같이 성장해야 한다는 리더십 철학을 가지고 있다.

나눔의 리더십이 더 적합하고 효과적인 이유는 1990년대 중반부터 진행된 기업경영의 새로운 패러다임의 출현 때문이다. 구시대의 경영 패러다임은 효율성과 통제에 기반을 둔 제조업 중심이었다. 따라서 강력한 카리스마를 바탕으로 조직을 장악하여 경쟁기업보다 더 빨리 효율적으로 제품을 생산하여 소비자에게 공급해주는 기업이 성공할 수 있었다.

하지만 21세기 기업경영의 패러다임은 상상력을 바탕으로 한 창조와 혁신이다. 다시 말하면 기존에 있는 것들을 누가 더 효율적으로 생산하는가가 게임의 룰이 아니라, 기존에 존재하지 않았던 전혀 새로운 제품과 서비스를 만들어 새로운 수요를 창출하는가가 더 중요한 게임의 룰이 된 것이다.

리더가 가지고 있는 힘과 자원을 나누면 조직에 놀라운 변화가 일어난다. 직원은 수동적으로 시키는 일만 하는 종업원이 아니라 자신의 일을 적극적으로 찾아서 하게 되는 주인으로 변화하게 된다. 일을 하며 상상하게 되고 몰입이 높은 상태에서 자신이 맡은 책임을 스스로 달성하려 노력하게 된다. 지금 미국에서 가장 빠르게 성장하는 기업들의 상당수(예를 들면 구글, 애플컴퓨터, 홀푸드마켓, 듀폰, P&G 등)는 이제 리더십을 공유하는 팀('self-managing team'이라 한다)을 통해 창조 경영을 실천해 가고 있다.

이들 새 리더가 타인들과 나누는 것은 비단 권력뿐이 아니다. 이들은 회사 경영을 열심히 해서 얻어진 경제적인 성과들을 직원들과 공유하는 데 인색하지 않고, 또 기업 이윤을 지역사회의 소외된 계층과 나누는 데도 적극적이다. 세상을 떠들썩하게 했던 워런 버핏의 천문학적인 기부금이 그 좋은 예다. 빌 게이츠도 319억 달러라는 어마어마한 기금을 마련해 제3세계 많은 나라의 어린이들에게 보다 나은 의료 환경과 교육 기회를 제공해주려 노력한다. 하워드 슐츠는 자신이 경제적으로 매우 어렵게 자란 경험을 바탕으로 종업원 모두에게 주식을 골고루 나눠주고, 심지어는 파트타임 직원들에게까지 건강보험의 혜택을 제공하는 등 자신이 가진 권력과 부를 공유하는 데 많은 노력을 기울인다.

이들이 가진 공유와 나눔의 리더십이 직원을 감동시키고 소비자에게 한층 더 어필하는 시대가 된 것이다. 기업의 사회적 책임이 지속가능경영의 가장 중요한 요소로 등장한 것도 결코 우연이 아니다. 이렇듯 리더십의 유형은 시대의 흐름, 즉 경영성과 내지 경영환경의 변화에 따라 진화해 가는 소위 시대적 유행의 속성을 지니고 있다.

2.2 설문조사를 통해 살펴본 이상적 리더像[200)]

세대별 이상적 리더상은 어떻게 다를까. '아무튼, 주말'이 SM C&C 설문조사 플랫폼 '틸리언 프로'에 의뢰해 20~50대 직장인 2252명을 대상으로 리더십에 대해 물어보았다.

함께 일하고 싶은 리더로는 '인품이 훌륭한 리더(덕장)'를 꼽은 응답자가 46.4%로 가장 많았다. '스마트한 리더(지장)'와 '성실한 리더'가 각각 23%, 21.1%로 뒤를 이었다. '카리스마 있는 리더(용장)'는 8%로 가장 인기가 낮았다. 세대별로는 20대가 가장 덕장을 선호했다. 20대 50.1%, 30대 47.5%, 40대 44.6%, 50대 43.8%로 연령대가 낮을수록 덕장을 선호했다. 50대는 유일하게 스마트한 리더(21.9%)보다 성실한 리더(24.1%)를 동료로 선호했다.

'함께 일하고 싶은 리더'와 '유능한 리더' 사이엔 약간의 온도 차가 있었다. '어떤 유형이 유능한 리더인가'라는 질문엔 모든 세대에서 덕장(41.6%), 지장(32.7%), 성실한 리더(17.2%), 용장(8.6%) 순으로 나타났지만 세대별로 정도 차가 있었다. 20대에선 덕장(39.1%)과 지장(33.7%)이 비슷한 반면, 50대에선 덕장(45.8%)을 지장

---

200) 조선일보(2019.06.), op. cit.

(28.6%)보다 훨씬 더 능력 있게 보았다. 20대는 상대적으로 인품이 훌륭한 리더와 일은 하고 싶지만 똑똑한 상사를 능력 있게 보고, 50대는 성실한 리더와 일하기를 원하지만 덕장을 유능한 리더로 보는 경향이 강했다. 어느 세대나 카리스마 있는 리더는 인기가 없었다.

최철규 HSG휴먼솔루션그룹 대표는 선호하는 리더십 변화를 산업구조와 연결 지었다. "산업화 시절엔 절대 권위를 지닌 리더가 앞에서 끌며 빨리 따라가는 '패스트 팔로워(fast follower: 모방 통해 따라가는 추격자)' 전략이 중요했다. 거침없는 '용장'이 필요했다. 산업구조가 급변하는 요즘은 '퍼스트 무버(first mover: 혁신 선도자)' 시대다. 용장보다는 지략가형 지장, 자발적으로 몰입해 창의적인 결과물을 내게 하는 덕장 스타일이 더 인기다."

백기복 국민대 경영대학 교수는 "리더 유형엔 미래지향적 리더로 미래를 위해 오늘을 희생하는 '카리스마(charismatic) 리더', 과거지향적 리더로 과거의 잘못을 바로잡아 정의구현을 하려는 '이념적(ideological) 리더', 현재에 집중해 당면과제 해결을 중시하는 '실용적(pragmatic) 리더'가 있다"며 "상대적으로 자기중심적인 밀레니얼 세대는 미래 비전, 과거 정의보다는 현재를 직시하는 실용적 리더를 좋아한다"고 했다. 함께 머리를 맞대고 문제를 해결하려는 지장, 덕장이 인기 있는 배경이다.

03 경영 공백을 피하기 위한 전략을 세워라

3.1 긍정적 견해[201)]

경제위기가 글로벌 시장을 휩쓸고 지나가는 동안 국내외 많은 기업의 최고경영자(CEO)가 물러났다. 특히 월스트리트의 대형 금융회사 CEO들 대부분은 불명예스러운 사임을 피할 수 없었다.

서브프라임 모기지에 대한 부실 투자로 회사 순이익이 무려 57% 격감한 시티그룹

201) 정동일(2009.05.), [정동일 교수의 리더십 이야기] 당신 회사엔 지금 CEO 승계 계획이 있나, 조선일보 Weekly Biz, 2009.05.16.

의 척 프린스(Chuck Prince), 같은 이유로 8조원이 넘는 금액을 손실 처리해야 했던 메릴린치의 스탠리 오닐(Stanley O'Neal)이 있다. 또 150년 전통의 투자은행 리먼 브러더스를 미국 역사상 가장 큰 파산기업으로 만든 리처드 펄드(Richard Fuld)와 GM의 릭 왜고너(Rick Wagoner)도 있다.

이런 상황을 지켜보면서 경영계가 새삼 주목하게 된 이슈가 하나 있다. 바로 CEO 승계 계획(succession plan)이다. 스타 CEO들의 갑작스런 사임은 분명 큰 충격이었다. 하지만 이것보다 더 큰 충격은 CEO가 물러난 후에 이들을 대체할 후임자가 없었다는 사실이다.

스탠리 오닐을 승계할 마땅한 CEO 후보가 없었던 메릴린치는 고육지책으로 이사회 멤버였던 앨버트 크리비오(Alberto Cribiore)를 앉혔다. 하지만 크리비오 앞에 달린 타이틀은 CEO가 아닌 '임시 회장(Interim non-executive chairman)'이라는 우스꽝스러운 이름이었다. 실질적인 의사결정권이 없다는 뜻이다. 이때 생긴 리더십 공백은 경영에 큰 타격을 주었고, 결국 2008년 9월 메릴린치는 BOA에 매각됐다.

시티그룹도 척 프린스의 갑작스런 사퇴 후 적당한 CEO 후계자가 없어 당황하기는 마찬가지였다. 시티그룹의 유럽시장을 이끌었던 윈 비스코프(Win Bischoff)를 임시 CEO로 임명했지만, 비크람 팬디트(Vikram Pandit) CEO가 임명되기 전까지 한 달이 넘도록 최고경영자 없이 위기와 맞서 싸워야 했다. 세계에서 가장 큰 금융기업이었던 시티그룹에서 발생한 일이라고는 믿기 어려운 일이다. 보잉, HP, 3M, 포드, 크라이슬러, 알코아 등 세계적인 기업들도 차기 CEO가 준비되지 않아서 지난 수년간 곤경에 빠진 경험이 있는 회사들이다.

반대로 CEO 승계 계획을 포함한 조직 내부의 리더십 개발 계획이 아주 체계적이며 전략적으로 이루어져 유사시에도 경영의 공백 없이 조직을 잘 이끄는 경우도 있다. 그 대표적인 케이스가 맥도널드이다.

2004년 당시 맥도널드의 CEO였던 짐 칸탈루포(Jim Cantalupo)는 갑자기 심장마비를 일으켜 사망한다. 하지만 이사회는 당시 최고운영책임자(COO)였던 찰리 벨(Charlie Bell)을 신임 CEO로 두 시간 만에 선정하여 주주들과 직원들을 안심시켰다. 벨은 CEO가 된 후 당시 회사를 괴롭혔던 맥도널드 음식에 대한 여러 가지 건강 관련 문제를 성공적으로 해결하고, 커피를 새로운 주력 상품으로 내세운 '맥카페'를 신설하는 등 맥도날드의 성공적인 변신에 결정적인 역할을 하였다.

포춘(Fortune)지에 따르면 미국 500대 기업 3분의 1가량이 새로운 CEO를 내부에서 발굴하지 못해 외부로 눈을 돌린다. 그렇다면 위기 때 더욱 빛을 발하는 CEO 승계 계획을 왜 기업들은 평상시에 마련해 두지 않을까?

CEO 승계 계획이 실천되지 않는 가장 큰 이유는 CEO 스스로의 불안과 관심 부족이다. 한국의 많은 CEO들은 매일 처리해야 하는 엄청난 양의 업무로 인해 차기 CEO

에 대한 관심과 노력을 기울이기가 현실적으로 불가능해 보인다. 또 차기 최고경영자를 키우는 것이 내 자리를 위태롭게 만든다는 잘못된 믿음을 가지고 있기도 하다.

CEO 승계 계획을 성공적으로 실천하기 위해서는 다음 몇 가지 사항을 반드시 염두에 두어야 한다.

첫째 CEO 승계 계획은 현 CEO의 은퇴가 임박해서 이루어져야 하는 것이 아니라 상시 가동되어야 한다. 리더십 개발로 유명한 GE는 매 해 12월 정기 이사회에서 지금 당장 현 CEO가 불의의 사고를 당해 물러난다면 당장 누가 그 역할을 맡을 것인가를 정하는 작업을 하며, 경영 공백의 최소화를 위해 상시 CEO 승계 계획을 실천하고 있다.

둘째 CEO 승계 계획은 조직 내 다른 리더십 개발 계획과 전략적인 연계성을 가지고 실천되어야 한다. 핵심 인재를 개발하는 전체적인 인재 양성 시스템이 없이 CEO 승계 계획만 개발하기란 불가능하다. 인재 개발에 GE만큼이나 투자를 하고 있는 P&G의 경우, CEO 후보군을 미리 선정하고, 이들을 전 세계에 퍼져있는 회사의 전략적인 포지션에 파견해 '미니 CEO'의 역할을 경험하게 한다. 그리고 그 성과를 바탕으로 최종 CEO 후보를 결정하고 있다. 조직의 핵심 인재 개발이 궁극적으로 CEO 승계 계획과 자연스럽게 연결되어 있는 셈이다.

셋째 CEO 승계 계획이야말로 책임 소재가 분명하고 조직 내외부의 영향에도 흔들리지 않는 독립적인 기관이 일관성 있게 추진해야 하는 작업이다. GE는 경영개발 및 보상위원회라는 독립적인 기관에서 CEO 승계 계획을 추진한다.

마지막으로 체계적으로 개발된 CEO 승계 계획에는 비상시 누가 CEO가 될 것인가 뿐만 아니라 COO와 최고재무책임자(CFO)를 포함한 전체 최고경영자 팀을 포함시키는 것이 이상적이다. 미국 기업은 최고경영자 팀 전체의 승계 계획을 '전용기 추락 시나리오(company plane crash scenario)'라고 부르기도 한다. 최고경영자 팀이 전용 비행기로 함께 이동을 하다 불의의 사고를 당했을 때를 가정한 것이다.

3.2 전향적 견해 : 후계자 승계 계획의 함정 경계[202)]

후계자 승계 계획은 예기치 못한 리더십 공백이나 차기 리더십에 대한 대비책으로 많은 기업들이 중요하게 여기고 있는 프로그램이다. 그러나 몇 가지 함정을 경계하지 않으면 미래형 리더십을 대비하는 데 오히려 장애물이 될 수도 있다. 그 이유로는 첫째 구성원 전체보다 한두 사람의 리더 후보에 초점을 맞추고 있다는 점이다. 이는 다수의 구성원들이 실망과 좌절감을 느끼고 직무에 몰입하지 못하는 원인으로 작용할

202) 강진구(2010), 모두를 주인공으로 만드는 미래형 리더십, LG경제연구원, 2010.09.07.

수 있다. 아무리 철저한 비공개로 진행한다 해도 구성원들이 행복하지 않으면 결국 인재의 확보나 유지도 어려운 법이다. 둘째 사업 관점에서 볼 때도 요즘처럼 변화가 빠른 시대에 현재 사업의 성공 DNA를 기준으로 예측하기 어려운 미래 사업을 맡길 리더를 정하는 것이 과연 바람직한 것인가라는 점이다. 자칫 창의적 사고와 유연한 적응력을 지닌 리더가 아닌 지난 성공 체험에 얽매이는 리더가 선발될 우려도 없지 않다.

미래 리더십을 대비한다고 할 때, 후계자를 정하는 것 자체가 중요한 것은 아니다. 리더가 얼마나 잘 길러지는지가 더 중요하다. 누구에게나 리더가 될 수 있는 기회가 공평하게 주어지고, 미래 리더에 대한 비전을 가지고 모두가 역량을 쌓아가는 가운데 자연스럽게 인재가 드러나며, 주어진 역할을 수행하는 과정에서 동료로부터 리더로 인정 받아가는 조직 풍토가 조성될 때 좋은 리더들이 더 많이 확보될 수 있을 것이다.

04 맞춤식 리더십을 실천하라[203)]

최근 팔로워십(followership : 부하 직원의 자질)에 대한 관심이 점점 높아지고 있다. 이제까지 직원들의 자질 교육은 주로 리더십(leadership)에 초점이 맞추어져 왔다. 하지만 조직에 속한 모든 사람은 리더인 동시에 팔로워다. 기업의 CEO(최고경영자)도 주주들을 리더로 모셔야 한다는 점에서 팔로워인 것이다. 따라서 조직 생활에서 성공하려면 리더십 못지않게 제대로 된 팔로워십을 갖추어야 한다.

팔로워의 역할이 어느 때보다 중요하게 된 이유는 경영의 패러다임이 변했기 때문이다. 과거엔 효율적인 대량생산을 통한 규모의 경제를 강조하는 모델이 주류였지만, 이제는 혁신적인 아이디어를 기반으로 한 지식경제를 강조하는 모델로 변했다.

효율성이 강조되던 시대에는 강력한 리더십을 가진 리더가 통제와 명령을 바탕으로 조직을 앞에서 선도해 나갔다. 하지만 혁신이 강조되는 요즘과 같은 경영 환경에서는 전문적인 지식과 경험을 가진 팔로워들이 마음껏 자신의 역량을 발휘하여 최상의 시

203) 정동일(2009.04.), [정동일 교수의 리더십 이야기] 성공적 리더가 되는 방법? 골프 잘 치는 노하우와 흡사, 조선일보 Weekly Biz, 2009.04.17.

너지 효과를 낼 수 있는 환경을 만들어 주는 것이 중요하다.

구글이나 애플, 마이크로소프트, IBM과 같이 불황에도 불구하고 상대적으로 건재한 기업들의 성공 비결도 바로 직원들의 역량 있는 팔로워십에 있다.

리더가 성공하기 위해서는 다양한 부류의 팔로워들과 함께 업무를 추진해 나가면서, 그들의 능력을 고려해 그 수준에 적합한 리더십 스타일을 보여주어야 한다. 리더십도 눈높이를 맞추는 것이 중요한 것이다.

그런데도 팔로워를 체계적으로 파악하고 이에 따라 어떤 리더십을 사용해야 하는가에 대한 교육을 제공해 주는 기업은 그리 많지 않다. 기업의 교육 프로그램은 리더십에 집중되어 있고, 리더십 교육은 리더의 역량을 어떻게 높일 수 있는가에 모든 초점이 맞추어져 있다. 다시 말하면 기업에서 현재 진행되는 리더십 교육은 리더로서 필요한 역량만 갖춘다면 성공할 수 있다는 '리더 중심(leader-centric)' 혹은 '리더 만능(leader one-size-fits-all)[204]'이라는 가정(假定)에 입각해 있는 것이다.

성공적인 리더가 되는 방법은 골프를 잘 치는 노하우와 놀랍도록 흡사하다. 골프를 잘 치기 위해서는 스윙 자세, 그립 잡는 법 등의 기본기를 잘 연마하여야 한다. 이는 기본적인 리더십 역량을 연마하는 것과 같다.

하지만 골프에서 좋은 스코어를 내기 위해서는 이러한 기본기 이외에 볼과 핀 사이의 거리, 경사, 바람의 방향 등을 잘 활용해야 한다. 이는 리더를 둘러싼 환경과 자원, 즉 팔로워에 비유할 수 있다. 바람과 거리에 따라 적합한 길이의 골프채를 선택하듯, 팔로워들의 상태에 따라 다른 스타일의 리더십을 가지고 이들을 리드해야 하는 것과 같은 이치다.

그런 의미에서 허시(Hersey)와 블랜차드(Blanchard)의 '상황적 리더십이론'은 리더들에게 좋은 가이드라인을 제시해 준다. 이 이론에 의하면 모든 상황에 효과가 있는 리더십 스타일은 존재하지 않는다. 대신 팔로워를 능력과 동기수준이라는 두 가지 기준으로 분류해 거기에 맞는 리더십 스타일을 발휘할 때 성공할 수 있다고 조언한다. 두 기준에 따라 팔로워의 성숙도를 다음과 같이 4가지로 분류할 수 있다. 각 그룹에 따라 어떤 리더십이 효과적인지 검토해 보자.

---

204) one-size-fits-all(널리 적용되는, 만능의, 천편일률적인) : 우리나라에선 44든 66이든 두루 입을 수 있는, 대개 잘 늘어나는 성질의 직물로 된 옷을 '프리 사이즈'라고 하지만 영어에서는 'One size fits all'이라는 표현을 쓴다. 이렇게 옷에 붙은 레이블에도 'one size fits all'이라고 되어 있다. 그런데 이 표현을 하이픈을 넣어 형용사로 만들면, '(어느 상황에나) 두루 적용되는'이라는 뜻이 된다. 출처: https://eatsleepandread.xyz/298 [먹고, 자고, 읽고], 2018.11.02.

[그룹 1] 능력도 있고 업무를 열심히 추진하려는 동기부여가 되어 있는 사람들
이런 팔로워에게는 업무 추진에 필요한 모든 것을 팔로워에게 믿고 맡기는 위임형 리더십(delegating leadership)이 효과적이다.

[그룹 2] 능력은 있는데 업무에 대한 의욕이 결여되어 있는 사람들
업무와 관련된 의사결정에 팔로워를 적극적으로 참여시켜 주인의식을 높이는 참여적 리더십(participating leadership)이 필요하다.

[그룹 3] 능력은 없지만 업무에 대한 의욕은 많은 사람들
업무를 성공적으로 수행하기 위해 필요한 지식과 역량의 개발에 적극적인 도움을 주는 코칭 리더십(coaching leadership)이 필요하다.

[그룹 4] 능력도 없고 업무에 대한 의욕도 결여되어 있는 사람들
팔로워에게 무엇을 어떻게 언제까지 해야 하는지 명확하게 이야기해주는 지시형 리더십(directing leadership)이 요구된다.

이제 독자들은 잠시 시간을 내어 함께 일하는 팔로워 한 명 한 명이 어느 그룹에 속하는지 표로 한번 작성해 보자. 그리고 각 그룹에 적합한 리더십 스타일을 어떻게 개발하여 효과적으로 발휘할 것인지 고민해 보자.

팔로워의 적극적인 역할이 강조되는 현 시대에 성공하려면 리더 중심의 리더십 역량 교육에서 벗어나야 한다. 리더로서 반드시 잊지 말아야 할 사실은 내가 가진 리더십 역량은 팔로워를 통해서만 실현 가능하다는 사실이다. 따라서 나보다는 그들을 먼저 생각하고 내 역량을 개발하려는 노력과 동시에 팔로워를 좀 더 정확히 이해하려는 노력을 오늘부터라도 기울이자. 여러분의 리더십 역량이 100% 향상될 수 있는 지름길이 될 것이다.

05 학습하고 실천하는 CEO가 되라[205)]

성공한 CEO가 되고 싶다면 가장 먼저 실천해야 할 일은 무엇일까? 결코 쉽지 않은 이 질문에 대한 답은 '학습(學習 : learning)'이다. 미국의 유명한 리더십 학자 워런 베니스(Warren Bennis)가 세계적 리더 90여명을 면밀하게 관찰하고 분석한 결과 그들은 모두 끊임없이 배움을 실천한 평생 학습자(life-long learner)였다.

배움에 대한 열정으로 유명한 CEO를 꼽자면 단연코 잭 웰치(Jack Welch)를 들 수 있다. GE를 '그저 그런' 덩치 큰 미국 회사 중 하나에서 미국을 대표하는 초일류 글로벌 기업으로 탈바꿈시킨 웰치의 비결은 무엇일까?

많은 독자들이 그의 카리스마적인 리더십을 생각할 것이다. 하지만 그의 진정한 위대함은 학습에 대한 열정에 있다. 더 정확하게 말하면 새로운 지식에 대한 갈구(渴求)와 이를 습득한 후에 반드시 실천했던 열정과 책임감이라 할 수 있다.

1980년대 GE는 일관성도 없고 효율적으로 관리하기 불가능할 정도로 복잡하며 상이한 사업들이 불완전하게 모여 있는 회사였다. 이런 회사를 명확한 비전 아래 강력한 시너지를 창출하는 조직으로 탈바꿈시키기 위해 웰치는 취임 직후부터 전사(全社)적인 학습 문화를 추진했다.

그가 내세운 학습의 원칙은 '언제, 어디서나, 누구에게서나(anytime, anywhere, and from anyone) 배운다'였다. 그의 이러한 철학을 잘 보여주는 것이 바로 '역(逆)멘토링'이다. 일반적으로 멘토링은 경험 많은 직장 선배가 후배를 가르치지만, 역 멘토링은 반대로 아랫사람에게서도 기꺼이 배우는 것을 말한다.

1999년 영국으로 출장을 간 웰치는 우연히 만난 젊은 엔지니어로부터 인터넷의 중요성에 대한 설명을 듣게 된다. 자신이 미처 발견하지 못했던 새로운 세상이 열리는 순간이었다. 웰치는 출장을 마치고 본사에 돌아가 500명이 넘는 GE의 고위 중역 모두에게 "각자 젊은 인재들로부터 인터넷을 1대1로 배우라"는 지시를 내린다. 그것도 2주 내로 말이다. 이게 바로 요즘 유행하는 역 멘토링의 공식적인 출발점이다. 웰치는 항상 이 세상 어디인가에 누군가는 반드시 자신보다 더 좋은 생각을 가진 사람이 있다고 생각했다. 하지만 웰치에게 있어서 학습의 궁극적인 목적은 지적(知的)인 만족이 아니었다. 이를 실천함으로써 기업의 경쟁력을 높이는 것이었다. 학습, 공유, 실천

---

205) 정동일(2008.12.), [경영 노트] 성공에 목마른 CEO여 학습하라! 실천하라!, 조선일보 Weekly Biz, 2008.12.27.

을 강조하는 잭 웰치의 리더십 덕분에 GE는 경영 효율이 급신장했다. 예를 들어 웰치가 CEO가 되기 전 거의 100년 가까운 기간 동안 GE의 영업이익률은 10% 미만에 그쳤지만 1999년에는 17.3%까지 상승했다.

한국 기업의 CEO들도 배움에 푹 빠져 있는 듯하다. 많은 CEO들이 바쁜 업무 가운데도 수많은 조찬 모임과 최고경영자 과정, 독서클럽에 참석한다. 배움에 대한 한국 리더들의 열정은 세계 최고 수준이라고 자신 있게 말할 수 있다. 그리고 그 열정이 한국 기업의 글로벌 경쟁력을 높이는 데 결정적인 역할을 해온 것 또한 사실이다.

하지만 배움에도 몇 가지 중요한 원칙이 있다.

첫째 진정한 배움은 자신의 의견을 잠시 접어두고 상대방의 이야기를 경청할 때 가능하다. 너무 자기 생각으로 머릿속이 꽉 찬 리더는 새로운 아이디어를 학습할 여유가 없다. 이런 리더 밑에서 일하는 직원들은 처음에 열심히 새로운 것을 시도해 보지만 나중에는 리더가 시켰거나 관심 있는 일 말고는 좋은 반응을 얻지 못한다는 사실을 깨닫는다. 결국 리더가 원하는 것 외에는 하지 않는 '학습된 무력감(learned helplessness)'에 빠지게 된다.

둘째 기업의 리더에게 있어서 학습의 궁극적인 목적은 실천을 통한 성과 향상이다. 잭 웰치에게 있어서 학습은 실천을 위한 출발점에 불과했다. 대부분의 한국 CEO들도 웰치처럼 실천 지향적인 학습을 하고 있다고 믿는다. 하지만 일부 CEO들은 다른 사람에게 자신의 지식이나 교육 수준을 과시하려는 목적에서 교육을 받는 것 같다는 느낌이 있다. 이들에게 배움은 하나의 습관이 되어버려 학습 자체가 목표가 된 듯하다. 과도한 학습으로 인해 마치 본인이 "모든 것을 다 알고 있다"는 자만에 빠진 경우도 있었다. 이런 사람을 '과잉 교육된 리더(over-educated leader)'라고 부른다.

배움에 몰두하는 많은 한국의 리더들이여, 조금만 덜 배우고 조금만 더 실천하자. 얼마나 배웠는가보다는 배운 것 가운데 내가 얼마나 실천했는지를 더 중요하게 여기자. 내가 몇 개의 최고경영자 과정에 등록했고 얼마나 자주 사내교육에 참석했는지를 따지는 것은 그리 중요하지 않다. 배운 내용 가운데 몇 가지를 실천했는지, 즉 '실천 비율(execution ratio)'을 생각해 보자. 학습만 있고 실천이 없는 과잉 교육된 리더가 아닌지 냉정히 판단해 보라.

06 사람에 대한 끊임없는 관심과 투자가 중요하다206)

현존하는 최고의 CEO 중 한 명이라는 극찬을 받고 있는 P&G의 A.G. 래플리(Lafley) 회장이 일요일 저녁마다 빠지지 않고 하는 일은? 또 그가 취임 직후 신시내티 본사의 최고층에 있던 임원실을 폐쇄하고 대신 만든 것은?

첫번째 문제의 정답은 '전 세계에 흩어져 있는 200여명의 핵심 임원들의 보고를 듣고 이들과 토론을 하는 일'이다. 바쁜 CEO에게 일요일 저녁은 무엇과도 맞바꿀 수 없는 자기만의 휴식시간인데도 말이다.

그리고 두 번째 문제의 정답은 '리더십 개발센터'이다. 원래 본사 최고층인 11층은 고위 임원들의 사무실로 쓰고 있었는데, 래플리 회장은 전면 리모델링해 임원들을 각자가 맡은 부서의 직원들이 일하는 층으로 내려 보냈다. 그리고 리더십 개발센터를 만들었다. 벽은 모두 허물고 공간을 탁 트이게 만들었는데, 남은 임원이 딱 두 명, 바로 인사 관리 담당 임원과 이사회 부의장이었다.

래플리 회장의 성공비결이 무엇일까? 바로 그의 사람에 대한 끊임없는 관심과 투자이다. 과거 비즈니스위크 표지에 래플리 회장이 한 임원과 마주앉아 서류를 보고 있는 사진이 실린 적이 있었다. 그 임원은 회사의 자금을 책임지는 CFO(최고재무담당임원)도 아니고 혁신을 책임지는 CTO(최고기술담당임원)도 아닌 HR(인재개발)을 총괄하는 임원이었다.

다양한 경험과 배경을 가지고 있는 한국과 미국의 많은 리더들이 공통적으로 강조한 사실 하나가 바로 사람의 중요성이다. 많은 리더들이 사람이야말로 회사의 가장 소중한 자산이자 핵심역량이라는 사실을 강조했다. 하지만 하고 싶은 이야기는 성공한 리더가 되기 위해서 인재개발의 중요성을 다시 한 번 인식해야 된다는 것이 아니다. 요즘같이 리더들의 지적 역량이 높아진 시대에 사람의 중요성을 모르는 리더는 거의 없을 것이다.

그렇다면 무엇이 문제인가? 문제는 사람의 중요성을 이야기는 하지만 이를 위해 적극적이고 지속적인 노력을 기울이지 않는 리더나 조직이 너무나 많다는 사실이다. CEO의 언행(言行) 불일치는 종업원들이 조직에 대해 가지고 있는 신뢰를 무너뜨리는 가장 중요한 이유이다. 따라서 '적게 약속하고 많이 실천하라'라는 말은 리더에 대한

206) 정동일(2008.11.), [경영 노트] 사람이 중요하다고? 말로만 떠드는 당신은 부적격 리더, 조선일보 Weekly Biz, 2008.11.29.

신뢰를 구축하기 위해 반드시 실천해야 할 리더십 철칙 중의 하나이다.

래플리 회장은 사람의 중요성을 '리더십 개발은 P&G의 중요한 우선순위를 넘어서 조직의 가장 중요한 핵심역량의 하나'라는 말로 강조한다. 인사조직 분야의 세계적 컨설팅 회사인 미국의 헤이그룹은 매년 직원들의 리더십 역량 개발에 가장 앞서는 회사들(Best Companies for Leaders)을 선정한다. P&G가 2005년에 이 랭킹에서 만년 1위였던 GE를 제치고 1위에 올라선 것이 우연이 아님을 알 수 있다.

휴대폰 시장에 늦게 진출한 노키아(Nokia)의 CEO였던 요르마 올릴라가 모토로라나 에릭슨과의 경쟁에서 승리하기 위해 가장 먼저 한 일 또한 자신의 비전을 실행해 나갈 수 있는 핵심역량을 갖춘 인재를 조직 내에서 선발하고 교육하는 일이었다. 후발업체로서 이들을 따라 잡을 수 있는 전략과 혁신도 중요하지만, 이를 실천할 직원들의 역량과 리더십 개발이 훨씬 더 중요하다는 사실을 인식하고 있었던 것이다.

하지만 어떤 CEO는 이런 이야기를 한다. "우리 회사는 리더십 개발 전담부서가 잘 갖추어져 있기 때문에 제가 굳이 많은 시간을 할애하지 않아도 잘 진행되고 있습니다."

이런 CEO들에게 말하고 싶다. 인재와 리더십 개발이야말로 CEO로서 권한 이양을 절대 하면 안 되는 일 중의 하나라는 것을. 직원들이 진정으로 필요로 하는 것은 잘 갖추어진 리더십 센터에서 좋은 교육을 받는 것이 아니라 최고경영자로부터의 진정한 관심과 시간이라는 것을.

어떤 CEO는 "인재개발의 필요성을 왜 모르겠습니까? 하지만 도무지 시간이 나질 않아서요…"라고 이야기 한다. 뜻은 있으나 시간이 도무지 나지 않는다는 이런 CEO를 보면 대개 업무를 위임하지 않고 모든 것을 스스로 하려는 '마이크로 매니저' 같은 유형이 많다. 혹은 인재개발에 대해 말은 하되 그것에 대한 진정한 확신이 없이 다른 이슈들에 우선순위를 먼저 두는 리더들이 많다.

그렇다면 왜 많은 리더들이 충분히 권한을 위임하지 않을까? 자신의 능력이 조직 내 그 누구보다 뛰어나다고 믿기 때문에 다른 사람에게 일을 100% 맡기기 힘들다는 자만심, 혹은 일을 맡겨서 다른 사람이 더 잘하게 되면 내 위치가 흔들리지 않을까 하는 자신감 결여가 큰 원인이다.

많은 CEO와 리더들에게 부탁하고 싶다. 지금 당장 자신의 다이어리를 꺼내 지난 한 주 동안 사람과 관련된 이슈에 내 시간의 몇 %나 투자를 했는지 계산해 보라고. "난 적어도 20%는 투자했소!"라고 자신 있게 이야기 할 수 있으면 여러분은 지식경제 시대에 적합한 리더라고 할 수 있다.

힘든 경영 환경에서도 사람의 소중함을 아는 CEO, 그래서 자신이 가지고 있는 가장 소중한 자산인 시간을 인재개발에 투자할 수 있는 용기 있는 CEO야말로 현재의 위기를 기회로 바꿀 수 있는 리더십이 뛰어난 경영자이다. 회사의 리더십 파이프라인이 막혀 있는 것 때문에 고민하면서 잠을 설칠 수 있는 리더가 필요한 시대이다.

07 긍정적으로 사고하라[207)]

로널드 레이건, 윈스턴 처칠, 넬슨 만델라, 콜린 파월, 마이클 조던, 정주영 …. 이들이 가진 공통점은 무엇일까? 그리 비슷한 점이 없어 보이지만, 중요한 공통점은 긍정적 사고를 바탕으로 주위 사람들에게 꿈과 희망을 주었던 리더란 사실이다.

로널드 레이건(Reagan)이 대통령으로 재임했던 1980년부터 1988년 사이 미국에는 유난히 많은 일이 일어났다. 2차 오일쇼크와 연 12%에 달했던 인플레이션, 러시아와의 냉전, 레바논 사태 등 이루 헤아릴 수 없을 만큼 심각하고 복잡한 문제들이 그를 둘러싸고 있었다. 레이건의 경제정책은 정부지출 삭감과 감세(減稅)로 대변되는 '작은 정부'와 규제 완화, 그리고 안정적인 금융정책으로 요약된다. 그러나 이 '레이거노믹스'도 그의 첫 번째 임기가 끝날 무렵인 1984년까지 미국 경제를 부흥시키기에는 역부족이란 평가를 받고 있었다. 하지만 그는 재선(再選)에 도전해 미국 50개 주(州) 가운데 49곳에서 대승을 거둔다. 미국 대통령 선거 사상 가장 일방적인 승리였다. 그 비결은 바로 그의 긍정적 사고방식과 유머에 있었다. 그는 취임한 지 몇 달 만에 저격을 당했고, 심장에서 불과 1인치 떨어진 곳을 관통한 총알은 폐를 손상시켰다. 그는 병원으로 긴급 후송되는 동안 줄곧 피를 토하며 심각한 호흡곤란을 일으켰다. 하지만 수술대에 누운 레이건은 집도를 맡은 의사들에게 "당신들 모두 공화당원이길 바래요!"라며 조크를 했다. 수술이 끝난 후에 그를 찾아온 부인 낸시 레이건에게도 "여보 미안해. 총알이 날아왔을 때 머리 숙이는 걸 잊어버렸어!"라며 주위를 웃음바다로 만들었다. 이러한 레이건의 긍정적 사고방식은 당시 경제적으로 힘들었던 미국 국민들에게 희망과 꿈을 불어넣어 주었다. 그에 대한 지지율도 70%를 훨씬 웃돌게 만들었다.

흑인 최초로 미 국무장관을 역임한 콜린 파월(Powell) 역시 "리더십의 본질은 불가능하다고 생각되는 것들을 달성하는 데 있다"라며 긍정적 사고방식을 강조했다. 남아프리카공화국에 혁명적인 변화를 가져온 넬슨 만델라(Mandela) 전 대통령은 27년간 감옥에 갇혀 있으면서 인종 차별이 없는 나라를 만들겠다는 긍정적인 사고로 온갖 고초를 극복했다. 미국의 전설적인 농구 선수인 마이클 조던(Jordan)은 매 게임 시작 전에 경기에서 이기는 상상을 함으로써 스스로에게 긍정적인 기운을 불어넣고자 노력

207) 정동일(2008.11.), [경영 노트] 리더의 긍정적 생각 조직을 춤추게 한다, 조선일보 Weekly Biz, 2008.11.01.

했다. 고(故) 정주영 회장은 조선소도 짓지 않은 상태에서 '할 수 있다'는 신념 하나로 선박을 수주하러 그리스로 갔다.

상황이 악화될수록 기업과 사회의 리더는 한층 더 긍정적인 사고(思考)를 하고, 이를 통해 조직의 구성원들에게 희망을 심어주어야 한다. 리더의 가장 중요한 역할 중 하나는 자신의 렌즈를 통해 현실을 해석하는 일이다. 힘든 상황이 닥쳐도 리더는 긍정적인 시각으로 이를 바라보고 대처해 나가야만 한다. 동시에 리더는 자신의 긍정적인 시각을 구성원 전체와 공유할 수 있도록 의사소통에 적극 힘써야 한다.

리더의 긍정적 사고방식은 조직 구성원에게 자신감을 심어준다. 이를 심리학에서는 피그말리온 효과(Pygmalion Effect) 라고 한다. 리더가 주위 사람들에게 긍정적인 이야기를 통해 그들에 대한 높은 기대감을 지속적으로 표현하면 사람들은 리더가 기대하는 대로 행동하고 좋은 결과를 낼 수 있다는 이론이다. 1968년 하버드 대학의 사회심리학자인 로젠탈(Rosenthal) 교수는 초등학교의 한 반에서 20% 정도의 학생을 무작위로 뽑았다. 그리고 교사에게 학생들 명단을 주면서 이들이 지적 능력과 학업 성취가 뛰어난 학생이라고 이야기했다. 8개월 후 이 학생들은 같은 시험을 본 다른 학생들보다 평균 점수가 월등히 높게 나왔다.

성공한 리더들은 어려운 상황에서 무모하리만큼 긍정적 사고를 하며, 이들의 긍정적인 자세는 위기를 극복하기 위해 반드시 필요한 조직 구성원들의 헌신(commitment)을 이끌어낸다. 긍정적 사고를 지닌 리더들은 위기가 와도 이를 순간적이고 지엽적이며 극복 가능한 일로 생각한다. 반면 비관적 사고를 가진 리더는 이를 영속적이고 광범위하며 자신의 능력으로 해결하기 힘든 일로 받아들인다. 동일한 현실이지만 이에 대한 반응이 결국 결과를 좌우한다.

힘든 현실에 초점을 맞추고 괴로워하기보다는 이 위기를 효과적으로 극복한 후의 행복한 장면을 상상해 보라. 마이클 조던이 그랬던 것처럼…. 그리고 새롭게 발견한 꿈과 희망을 구성원들과 적극적으로 공유해 보라. 그들에게 지금의 위기를 극복할 수 있는 능력이 충분하다는 높은 기대감을 표현해보자.

지금 우리에게 가장 필요한 것은 효과적인 전략이나 충분한 자금보다 리더의 긍정적인 사고와 조직 구성원에 대한 신뢰와 기대이다. 현실에 바탕을 둔 냉철한 판단도 중요하지만, 지금 우리에게 무엇보다 필요한 것은 꿈과 희망을 줄 수 있는 리더이다. 다음 주 월요일 아침 회의는 직원들에게 용기와 신뢰를 심어주는 이야기로 시작해 보는 것이 어떨까?

08 글로벌 장수기업의 교훈[208)]

우리나라 기업들에 '위기의 삼각파도'가 몰려오고 있다. 디지털 기술의 확산, 미·중 무역 전쟁 등 국제무역 환경의 불안, 주 52시간 근무제 등 기업 정책의 변화가 바로 그것이다. 1997년 IMF(국제통화기금) 경제위기나 2007년 글로벌 금융위기가 단발적인 외부 충격이었다면 지금 우리나라 기업들이 직면하고 있는 위기는 좀 더 복합적이고 만성적이다. 아날로그에서 디지털로 문명의 질서가 바뀌는 가운데 고령화와 인구 감소 등 구조적인 문제가 겹쳐 있기 때문이다. 그러나 역사를 되돌아보면 늘 위기 속에 기회가 있었다. 위기를 극복하기 위해서는 어떤 지혜가 필요할까.

8.1 불편한 진실을 직시하라

현실을 정확하게 인식하지 못하면 올바른 대안을 도출할 수 없다. 하지만 현실을 냉철하게 바라보는 일은 뛰어난 리더에게도 쉽지 않은 난제다. "누구에게나 모든 게 다 보이는 것은 아니다. 많은 사람은 자기가 보고 싶어 하는 것밖에는 보지 않는다." 고대 로마제국을 중흥시킨 율리우스 카이사르(B.C.100~B.C.44)의 명언이다.

미국 해군의 제임스 스톡데일(1923~2005) 중령은 베트남 전쟁에서 전투기 조종사로 근무하다가 대공포에 피격되어 8년(1965~1973) 동안 하노이 포로수용소에 수용되었다. 그는 수감 중 스무 차례의 고문에도 동료들에게 용기를 불어넣으며 결국 살아남았다. 1973년 양국의 포로 교환으로 석방된 스톡데일은 해군 중장으로 퇴역했다. 그는 포로 생활 당시 막연한 낙관주의자가 가장 위험했다고 회고했다.

"불필요하게 상황을 낙관한 사람들이 있었다. 크리스마스 전에는 나갈 것이라고 믿다가, 크리스마스가 되니 부활절(4월)이 되기 전에는 석방될 것이라고 하더라. 나중엔 추수감사절(11월) 이전엔 나가리라고 또 믿지만 다시 크리스마스를 맞고 결국 반복되는 상실감에 쓰러져 목숨을 잃었다. 꼭 살아나가겠다는 믿음을 갖는 것도 좋지만 매일매일 당면한 가혹한 현실을 잊어버려선 안 된다."

이후 사람들은 극한 어려움을 이겨내는 합리적 낙관주의를 '스톡데일 역설'이라고 부른다. 자기 확신이나 믿음도 중요하지만 근거 없는 '정신 승리'는 오히려 위험하다

208) 김경준(2019), 몰려오는 삼각파도… 리더들이여, 겁먹지 말고 키를 움켜쥐어라, 조선일보 WEEKLY BIZ, 2019.07.05.

는 뜻이다. 차가운 현실이 닥치면 와르르 무너질 수 있기 때문이다.

위기가 닥치면 리더도 불안하다. '잘되겠지' 하는 막연한 낙관론에 기대려는 심리도 생겨난다. 듣기 좋은 말만 하는 얄팍한 처세술에 현혹되기도 쉽다. 그러나 리더는 성공한다는 믿음을 잃지 않으면서도 눈앞에 닥친 냉혹한 현실을 직시하는 용기와 지혜를 갖춰야 한다.

8.2 리더가 솔선수범해 정신 다 잡으라

리더가 조직을 움직이는 데 돈、무기 등 물질이 필요조건이라면 사기·투지 등 정신은 충분조건이다. 조직이 커지고 복잡해질수록 정신적 가치가 중요해진다. 위기 상황에서 정신이 강한 조직은 막연한 불안감을 떨치고 생존 가능성을 찾아 똘똘 뭉친다. 반면 정신이 약한 조직은 공포에 휩싸여 상호 비방전만 벌이다가 귀중한 골든타임을 흘려보낸다. 위기를 기회로 만들어내는 이런 정신의 힘은 리더의 신념과 솔선수범에서 출발한다.

일본에서 '경영의 신(神)'으로 추앙받는 마쓰시타 고노스케 파나소닉 창업자가 경영 일선에서 물러나 있던 1964년 회사에 위기가 닥쳤다. 당시 일본은 호황이 끝나면서 그동안 잠복해 있던 문제들이 쏟아져 나왔다. 파나소닉도 마찬가지였다. 마쓰시타의 관점에선 불황보다 임직원들의 정신 상태와 태도가 더 큰 문제였다.

전국 대리점 사장들의 모임인 '아타미 간담회'에 참석한 마쓰시타는 현장 직원들의 태도에 실망했다. 대리점 170곳 중 150곳이 적자에 허덕였지만 직원들은 느릿느릿 움직였고 간담회 준비도 부실했다. 이에 마쓰시타는 결단을 내렸다. 그는 대리점 사장들에게 "여러분이 손해를 보고 있는 것은 우리의 잘못 때문"이라며 사죄했다. 그러고 직접 최전선의 영업본부장직을 맡아 위기를 극복하겠다고 선언했다. 은퇴한 69세의 창업자가 일선 본부장으로 백의종군하겠다고 하자 조직에 다시 긴장감이 돌았다. 고객과 협력업체들도 파나소닉의 부활을 믿기 시작했다. 마쓰시타는 6개월간 영업본부장을 맡아 조직을 개편하고 판매 채널을 확대했다. 이런 체질 개선으로 회사는 1년 만에 흑자로 돌아섰다.

마쓰시타는 평소 "호황은 좋다. 그러나 불황은 더 좋다"는 지론을 펼쳤다. 불황이 올 때마다 자신의 기업가 비전을 바탕으로 임직원의 정신을 다잡고 회사를 성장시키는 기회로 삼았기 때문이다.

8.3 판 바꾸는 혁신으로 기회 만들라

리더의 책무는 항상 새로운 가능성을 찾는 것이다. 하지만 환경은 언제나 변화한다.

기술이 발달하고 소비자가 바뀌고 시장도 움직이기 때문이다. 약자의 의무는 창의적 전략이고, 강자의 의무는 겸손한 혁신이다. 약자는 강자에게 맞서는 전략을 고민해야 한다. 강자의 적은 자기 자신이다. 강자이기에 빠져들기 쉬운 교만·나태함·둔감함 등을 혁신을 통해 끊임없이 끊어내야 한다.

펩시콜라는 100년 동안 코카콜라를 뒤쫓는 약자였다. 그러나 펩시그룹(펩시코)은 2004년 전체 매출액에서 코카콜라그룹을 처음 앞질렀다. 2005년 12월에는 시가총액(984억 달러)에서도 코카콜라(979억 달러)를 제쳤다.

펩시그룹의 전략기획 담당 임원인 인드라 누이는 '판을 바꾸는 혁신'으로 콜라 산업이 쪼그라드는 위기를 타개하고 도약의 기회를 잡았다. 세계 음료 시장에는 1990년대 후반부터 웰빙 바람이 불었다. 그는 탄산음료 시장의 한계를 예측하고 사업 포트폴리오 재편에 나섰다. KFC·피자헛·타코벨을 매각하고, 과일·음료 업체 트로피카나를 인수했다.

기폭제가 된 것은 2001년 '게토레이' 브랜드를 가진 퀘이커오츠 인수였다. 당시 경영난에 빠진 퀘이커오츠에 먼저 관심을 보인 것은 1등 코카콜라였다. 하지만 코카콜라는 당시 코카콜라 이사였던 워런 버핏 버크셔해서웨이 회장이 인수를 반대하면서 갈팡질팡했다. 펩시가 그 틈을 파고들어 게토레이를 낚아챘다. 이후 펩시는 스포츠 음료 시장의 주도권을 확보했고 콜라 회사에서 종합음료 회사로 성장했다.

숙적 코카콜라를 따돌리는 변화를 주도한 인드라 누이는 2006년 최고경영자(CEO)에 올랐고 2018년까지 12년간 장수했다. 인드라 누이는 지금도 미국에서 존경받는 여성 CEO 중 한 명으로 이름이 오르내린다.

09 리더십은 일종의 습관이며, 실천이 중요[209)]

리더들의 모습은 제각각이다. 강력한 카리스마가 넘치는 리더부터 낮은 자세로 사람들을 섬기는 리더에 이르기까지 천차만별이다. 하지만 공통점이라곤 전혀 없을 것

209) 정동일(2013.05.), 배려와 격려… 어떤 상사는 날 춤추게 한다, DBR 128호 (2013년 5월 Issue 1), 2013.05.

처럼 보이는 리더들의 모습 속에서도 일관되게 흐르는 보편적 원리는 존재한다.

성공한 리더가 되기 위해 필요한 리더십은 항상 가까이 있다. 많은 분들이 생각하는 리더십은 대충 이런 식이다. 리더십 하면 케네디 대통령이나 스티브 잡스 정도를 떠올리며 이들이 했던 여러 가지 행동들을 모방하려 한다. 과연 훌륭한 리더들의 자서전이나 회고록을 읽으며 이들의 행동을 열심히 따라 하려는 노력이 리더십 계발에 있어 바람직한 방법일까? 정동일 교수는 "결코 그렇지 않다"라고 말한다. 성공한 리더가 되기 위해서 내가 계발해야 할 리더십은 먼 곳이 아니라 매일 실천할 수 있는 지극히 평범한 곳에 있다.

성공한 리더의 행동을 따라 하려고 하는 건 마치 몸에 맞지 않는 명품 옷을 입고 있는 것과 같다. 옷장을 열고 어떤 옷을 입을까 고민을 할 때 결국 나도 모르게 손이 가는 옷은 입어서 편한 옷이기 마련이다. 리더십도 마찬가지라 생각한다. 위대한 리더의 행동을 따라 해보지만 결국 내가 편하게 느껴지고 지속적으로 실천 가능한 방법을 찾아보는 편이 효과적인 리더십을 계발하는 데 가장 좋은 방법임을 기억하자. 리더십도 결국 일종의 습관이기 때문에 '무엇을 하는가'보다는 '얼마나 지속적이고 일관성 있게 실천하는가' 여부가 가장 중요하다.

9.1 부하들의 동기부여에 도움이 되는 상사의 말과 행동 '베스트 5(Best 5)'

먼저 동기부여에 도움이 되는 상사의 말과 행동 '베스트 5(Best 5)'에 대해 이야기해 보기로 하자.[210)]

9.1.1 "내가 책임질 테니까 열심히 해봐!" – 책임져 줄 때

동기부여에 가장 도움이 됐다는 상사의 행동 가운데 첫 번째는 '책임져 주는 것'이었다. 역시 부하 입장에서는 "내가 책임질 테니까 당신은 마음껏 추진해봐"라고 이야기해주는 상사가 있다면 일에 대한 몰입도가 가장 높아지는 듯하다. 하지만 여기서 책임진다는 의미는 이야기하는 분들에 따라 그 대상이 다양하다는 걸 발견할 수 있다. 어떤 분들은 일하는 과정에 대한, 혹은 의사결정에 대한 충분한 권한(예를 들면 "내가 책임질 테니 당신은 소신껏 추진해봐!" 같은 코멘트)을 준다는 의미에서 책임져주는 상사란 이야기를 했다. 어떤 분들은 과정에서 최선을 다했다면 그 결과의 성공과 실패 여부는 묻지 않겠다는 측면에서 일의 결과에 대한 책임을 상사가 져준다는

210) 이하 내용은 정동일 교수가 자신의 리더십 강의에 참석했던 직장인들을 대상으로 한 질문, 즉 "나는 상사의 어떤 행동을 보고 동기부여가 됐는가?"에 해당하는 구체적 사례들에 대한 답변 내용을 바탕으로 재정리하여 제시한 것이다.

의미로 책임지는 상사를 이야기했다. 특히 "일의 결과가 좋지 않을 때 책임져주는 상사의 모습을 보며 큰 감동을 받고 마음속으로 평생 충성을 다짐했다"라고 말하며 부하를 위해 자신을 희생하고 책임져주는 상사의 모습에 동기부여가 됐다는 분들이 많았다.

결국 부하들이 생각하는 리더의 가장 중요한 역할은 불확실한 결과에 대한 책임을 스스로 감수해 줌으로써 그들이 결과에 대한 부담 없이 일 자체에 최선을 다할 수 있는 상황을 만들어 주는 게 아닌가 하는 생각을 하게 된다.

9.1.2 "당신은 잘할 거야! 내 도움이 필요하면 언제든지 이야기해!" - 격려와 지원

직장인들이 두 번째로 선정한 동기부여에 도움이 됐던 상사의 행동은 한마디로 격려와 지원이다. 대기업의 한 중간관리자는 "신입사원 시절 어떤 중역이 내 이름을 불러주며 열심히 하라고 응원하는 모습을 보고 그 상사뿐 아니라 조직 전체에 애착을 가지게 됐다"라며 동기부여를 일으키는 가장 중요한 행동은 리더의 격려와 지원이라고 이야기했다. 비슷한 맥락에서 많은 분들이 "문제가 생겨서 야단맞을 줄 알고 잔뜩 긴장하고 있었더니 우리 상무님이 오히려 격려와 위로를 해주시며 따뜻하게 충고를 할 때 상사의 고마움을 느꼈다"와 같은 이야기를 해주었다.

이외에도 "내가 같이 가 줄게, 힘내!" "힘들어도 함께 고민하고 참여하면서 격려해 줄 때" "용기를 북돋아 주는 말을 해줄 때" "자신감을 불어넣어줄 때" "자네는 더 큰 잠재성이 있으니 꿈을 크게 가지게!" "당신은 나중에 크게 될 거야!"와 같이 현재의 어려운 상황에 대해 용기를 주거나 미래의 성공에 대한 격려의 소리를 상사로부터 들었을 때 힘이 난다는 이야기를 많이 해주었다. 그리고 단순히 말로만 격려하는 게 아니라 도움이 필요할 때 지원을 요청하면 발 벗고 적극적으로 도와주는 상사를 보며 동기부여가 됐다는 의견도 많이 발견할 수 있었다.

9.1.3 "힘들지? 쉬어가면서 해! 아이들은 잘 크고 있지?" - 배려와 관심

동기부여가 되는 상사의 세 번째 행동으로는 자신에 대한 배려와 개인적 관심이 꼽혔다. "사소한 부분까지 세심하게 배려하고 관심 가져주신 상무님 덕분에 지금 제가 이 자리에 올라올 수 있었다"라고 이야기한 어느 상무님이 있었다. 상사가 일방적으로 자신이 필요한 것들이나 추진해야 될 일들에 대한 지시만 하는 게 아니라 배려해주고, 특히 개인적인 사항들(예를 들면 가족, 학업, 재정적 상황 등)을 걱정해 주며 챙겨주려 할 때 많은 분들이 동기부여가 됐다는 답을 주었다.

상사가 내 개인적인 상황에 대해 배려해주는 모습을 보여주면 감사한 마음이 들고 그에 대한 보답으로 일에 더욱 몰입하게 된다. 많은 분들이 "업무 이외의 개인적인 것들에 관심을 보여줄 때" "내 의견을 존중해 주는 모습을 볼 때" "잘 웃어주고 들어주는 상사" "자그마한 것을 챙겨줄 때" "우리 식구들, 특히 아이들에게 관심을 보여줄 때" "가끔은 힘 빼고 하루 푹 쉬고 놀다 오라고 할 때"와 같은 코멘트들도 상사의 배려와 개인적 관심의 중요성을 말해주는 예라고 할 수 있다.

요즘 신입사원의 부모님들을 초청해 감사를 드리거나 교육 프로그램 운영 시 배우자를 초대해 함께 교육받을 수 있는 기회를 제공하는 기업들이 점점 확대되는 추세다. 집이 편해야 업무에 몰입할 수 있다는 평범한 진리를 실천하는 것 같아 바람직하다고 생각된다. 하지만 그보다 더 중요한 것은 상사가 부하의 개인적인 상황에 좀 더 적극적인 관심을 보이고 지속적으로 배려해 주는 모습일 것이다. "당신을 더 잘 알기 위해 내가 주말에 시간을 내서 자넬 보고 있는 거야"라고 이야기하며 자신에게 관심을 가져주는 상사로 인해 동기부여가 됐다고 말한 어느 중견기업 과장의 이야기도 같은 맥락이 아닐까 생각한다.

9.1.4 "이 일은 당신 덕에 가능했어! 잘 해낼 줄 알았어!" - 칭찬

동기부여가 되는 상사의 네 번째 행동은 바로 칭찬이다. 어느 대기업의 상무였던 분은 "'당신 때문에 가능했다. 자네는 어렵고 힘든 일도 참 잘 한다'라고 칭찬해줬던 상사 덕분에 업무에 자신감을 갖게 됐고 그게 인생의 큰 전환점이 돼 성공하게 됐다"라고 이야기하며 동기부여에 있어 상사의 칭찬이 얼마나 중요한가를 여러 번 강조했다. 상사의 칭찬은 부하들에게 할 수 있다는 자신감을 심어준다. 그래서 업무추진 시 부하들로 하여금 훨씬 더 몰입할 수 있게 해준다. 또한 칭찬을 통해 자신감을 높이면 실패에 강한 내성을 가지게 된다. "항상 칭찬해주는 상사 때문에 미친 듯이 일할 수 있었다" "프로젝트에 대해 추진력과 자신감을 불어넣어주는 상사" "업무 성과를 자랑하도록 기회의 장을 마련해 줄 때" "인정해 줄 때" 등의 말들이 칭찬의 중요성을 잘 보여주는 예다.

하지만 칭찬과 관련해서 흥미로운 사실 하나는 많은 분들이 "제3자로부터 상사가 나를 칭찬하는 소식을 들었을 때 힘이 솟았다"라는 이야기를 했다는 사실이다. 상사에게 직접 듣는 칭찬도 좋지만 다른 사람을 통해 간접적으로 들리는 칭찬을 접할 때 부하들의 만족지수가 더 올라갈 수도 있다는 결론을 조심스럽게 내려 본다. 부하 입장에서는 자신의 존재 가치와 역량을 타인에게까지 이야기할 정도로 상사가 만족스러워한다는 의미로 받아들여지기 때문에 기쁨이 배가 되는 게 아닐까 여겨진다. 따라서 부하들의 이런 성향을 이해한다면 칭찬을 할 때 80% 정도는 직접 칭찬을 해주고, 나머지 20%의 경우는 제3자를 통한 간접적인 칭찬을 해주는 지혜를 상사로서 발휘할 필요도 있을 것이다.

9.1.5 "당신은 이런 장점이 있는 것 같아. 이 업무 한 번 해보겠나?" - 성장

직장인들은 자신의 장점을 알려주고 이를 잘 활용할 수 있도록 기회를 부여하고 이를 통해 자신을 성장시켜주는 걸 동기부여가 되는 상사의 다섯 번째 행동으로 꼽았다. 21세기에 가장 적합한 리더십으로 부하들은 '나'를 성장시켜주는 리더를 가장 선호한다.

실제로 설문 조사에서도 부하의 성장을 적극적으로 지원해주는 상사의 행동을 보면서 동기부여가 됐다고 이야기한 분들이 많이 있었다. 구체적인 코멘트를 살펴보면 "나의 경력개발과 승진을 적극적으로 지원해줄 때" "인생의 멘토로서 지혜와 정보를 주는 상사의 모습을 볼 때" "자기계발의 중요성을 말로만 강조하는 것이 아니라 실질적으로 지원해 줄 때" "'이거 자네가 한 번 고민해서 나에게 알려 줘봐'라며 새로운 업무를 숙지할 수 있는 기회를 줄 때" "실수에 대한 질책보다는 새로운 것을 배우기 위한 기회비용이었다고 격려해 줄 때" 등이 부하들의 장점 발견, 새로운 업무를 통한 역량 향상의 기회 제공, 그리고 이를 통한 성장 등과 관련된 내용들이었다.

성장을 위해 "학습할 수 있는 기회를 많이 제공해 주는 상사의 모습을 보며 고마움을 느끼고 업무에 더 몰입하게 됐다"라고 이야기한 분들도 많았다. 하지만 반대로 "나의 부족한 부분을 정확히 읽어내고 자극을 주셨던 분 때문에 성공할 수 있었다"라며 보완해야 할 나의 단점에 대해 건설적인 피드백을 주는 것도 동기부여에 상당히 도움이 된다는 의견도 있었다. 같은 맥락에서 "상사로부터 받은 구체적인 질책에 고개가 끄떡여질 수밖에 없었고, 이게 내가 성장하는 데 큰 밑거름이 됐다"라고 이야기한 분들도 있었다.

9.1.6 동기부여에 도움이 됐던 기타 말과 행동

지금까지 열거한 동기부여가 되는 상사의 행동 다섯 가지 외에도 직장인들이 선정한 내 어깨를 들썩이게 했던 상사의 말과 행동은 다음과 같다.

▲ 성과를 내게 해주는 상사 : "논리적이고 주도면밀하게 업무를 추진하고 성과를 보여주는 상사를 보며 나도 저렇게 스마트하게 일해야겠다는 생각이 들었다"

▲ 올바른 방향 설정을 해주는 상사 : "정확한 목표를 제시해주고 이에 맞는 방향을 제시해 주는 상사 덕분에 일할 맛이 생겼다" "분명한 목표를 부여하고 방향성을 잡아 줄 때" "목표의식이 뚜렷한 행동을 보여줄 때"

▲ 솔선수범하는 모습을 보여주는 상사 : "상사 본인이 스스로 책임감 있는 행동을 보여줄 때 더 열심히 해야겠다는 생각이 들었다"

▲ 참견이 아니라 지원해주는 상사 : "업무에 대한 시시콜콜한 간섭이 아니라 지원을

해주는 상사 덕분에 미친 듯이 일할 수 있었다" "어려울 때마다 어떻게 알고 찾아와서 문제점을 해결해주는 모습을 보며 진정한 상사의 모습을 발견할 수 있었다"

9.2 부하의 위기는 리더의 기회?

부하의 위기는 언제 찾아올까? 직장생활에서 가장 큰 위기는 바로 실적저하 혹은 성과저하일 것이다. 부하의 성과가 나빠지면 많은 리더들이 ("왜 그래? 미쳤어?" 같은 식의 말을 통해) 다그치거나 ("잘리고 싶어?"라며) 협박하는 등 부정적인 방법을 통해 성과를 높이려 한다. 하지만 이럴 때일수록 한 번만 인내심을 발휘해 성과가 나빠진 부하와 머리를 맞대고 그 원인을 찾기 위해 체계적인 노력을 해보자.

성과가 떨어진 부하가 있다면 이에 대한 원인 분석을 같이해주는 게 무엇보다 중요하다. 많은 경우 동기 부족 때문에 성과가 떨어지게 된다. 일이나 조직에 대한 회의감 혹은 열정이 식고 피로도가 누적된 경우다. 그렇다면 이에 대한 가장 좋은 해결방법은 잠시 쉬게 해준다거나 선배로서 자신의 경험을 나누고 다독거려주는 등의 노력이 효과적이다.

성과가 떨어지는 두 번째 이유는 새로 맡은 일을 잘 수행하기 위해 필요한 역량과 지식이 부족해서일 것이다. 이럴 경우 상사로서 해줄 수 있는 일은 연수를 통해 새로운 기술과 지식을 전수받을 수 있게 해준다든지 대학원에 진학해 첨단 지식을 습득할 수 있는 기회를 주는 것이다.

일에 대한 열정도 있고 역량도 갖췄는데 성과가 떨어진다면 개인적 성향과 일에 대한 적합성이 맞지 않는지 의심해 보자. 예를 들면 사람들과 더불어 같이 일할 때 자신의 역량을 잘 발휘할 수 있고 엔도르핀이 도는 성향인데 업무가 잘못 할당돼 하루 종일 서류와 씨름하고 이를 정리해야 하는 일을 하고 있다면 성과가 높을 리 없다. 이런 경우에는 개인의 특성과 장점이 잘 맞는 일을 할 수 있게 해주는 게 바람직하다. 혹은 다른 팀이나 부서에서 근무할 수 있게 새로운 길을 열어주는 것도 한 방법이다.

마지막으로 위의 모든 것들이 잘 갖춰져 있는데 성과가 떨어진다면 한시적인 상황이 좋지 않기 때문에 일에 집중을 할 수 없을 가능성이 크다. 예를 들어 부모님의 건강이 악화됐다든지, 배우자와의 사이에 갈등이 커졌다든지, 혹은 경제적인 상황이 좋지 않다든지 하는 이유들이다. 이럴 때는 상사로서 도와줄 수 있는 일을 하면서 인내심을 가지고 기다려주는 배려가 필요하다.

이렇게 부하의 성과가 하락했을 때 머리를 맞대고 체계적으로 원인을 파악하려고 노력하고 거기에 맞는 해결책을 찾아주기 위해 고심하는 모습을 보여준다면 부하는 나에게 모든 것을 걸고 같이 행동하고 싶어 하는 충성심이 뛰어난 부하로 변할 것이다. 내가 모시는 상사가 내가 위기에 처했을 때 나를 위해서 이렇게 같이 고민해주는 모습을 본다면 나는 어떤 생각이 들까 생각해 보자. 그러면 왜 부하의 위기가 리더에게는 이들의 몰입과 자발적 추종을 불러일으킬 수 있는 소중한 기회가 될 수 있는지 이해가 될 것이다.

결론을 내리자면 부하들이 원하는 상사의 행동은 드라마 같고 영웅 같은 행동과는 거리가 먼 지극히 평범한 것들이란 사실이다. 결국 성공한 리더가 되는 길은 가장 가까운 곳에 있다는 사실을 깨달았으면 하는 바람이다.

[부록 1] 추가적인 성공 사례

1. 빌 게이츠의 혁신[211)]

비즈니스 세계에서 빌 게이츠 MS(마이크로소프트) 회장은 천재로 평가받는다. 선구자적 기업 활동과 실적이 말해준다. 하지만 그가 원래부터 '컴퓨터 기술' 분야의 천재는 아니었다. 그를 천재로 탈바꿈시킨 동인(動因)은 무엇일까? '미래에 대한 통찰력을 바탕으로 한 탁월한 의사결정'에서 비롯됐다는 게 정설이고, 결과적으로 정답이다.

빌 게이츠는 1980년대 당시 컴퓨터 왕국 IBM이 메인 프레임에 의존하는 독자적 시스템(이른바 폐쇄형 시스템)을 고집할 때, 5만 달러에 Q-Dos를 인수했다. 이후 IBM에 납품하면서 모든 컴퓨터에서 호환이 가능한 오픈(개방형) 시스템을 고집했다. 개인용 PC가 온 세상을 장악할 것을 알고 있었기에 '독점'보다는 '표준'을 장악하는데 초점을 맞춘 판단이었다. 이 하나의 의사결정이 세상과 그의 미래를 갈랐다. 그는 PC개념조차 잘 알려지지 않은 상태에서 벌써 '1인 1PC' 세상을 꿈꾸었고, 마침내 꿈을 이뤘다.

세상 사람들은 2년 안에 일어날 일에 대해서는 과대평가를 한다. 하지만 아이러니하게도 10년 안에 일어날 일에 대해서는 과소평가하는 경향이 있다. 빌 게이츠는 달랐다. 그는 10년 뒤로 시선을 고정하기 위해 매년 두 번씩 미 서북부 소재 작은 별장에서 일주일간 칩거를 통해 미래를 구상하는 '생각 주간(Think Week)'을 가졌다.

그로부터 배울 수 있는 두번째 리더십은 핵심인재의 확보, 그리고 그들로부터 무한대의 헌신과 몰입을 이끌어내는 능력에 있다. 빌 게이츠는 '인생에서 가장 탁월한 의사결정이 뭐냐'는 질문에 "폴 앨런과 스티브 발머를 최고경영자로 영입한 것"을 꼽았다. 그가 틈날 때마다 수백 번 외쳤다는 얘기가 하나 있다. "앞으로는 인재 영입을 위한 전쟁(War for Talent), 즉 IQ싸움이 가장 중요하며, 따라서 세계적 금융회사인 골드만삭스가 가장 강력한 경쟁자다." 그는 또 "우리 회사의 최고 인재 30명만 이적시키면, 그 팀은 곧바로 또 하나의 MS로 비상(飛上)할 것"이라면서 "유능한 인력이 빠지고 나면 모든 상품들은 순식간에 퇴물이 될 것"이라고 경고하기도 했다.

세번째 리더십 비결은 '성공에 대한 특별한 경계'다. 그는 "성공은 현명한 사람들로 하여금 자신에게 실패란 없다고 확신케 만드는 어설픈 교사"라고 말했다. 또 "우리

211) 조영탁(2008), 빌 게이츠의 혁신, (사)한국리더십개발원 홈페이지의 리더십뉴스 가운데 CEO리더십, (available at koreanleadership.co.kr/home/leadership/bbs.php?id=cal), 2008.05.13.

제품도 2~3년만 지나면 구닥다리 제품으로 전락한다. 스스로 아니면 다른 누군가에 의해 그렇게 될 것인가의 문제만 남았을 뿐….”이라고도 했다.

빌 게이츠는 끝없는 변화와 혁신을 추구했다. “어떤 기업이든 현재의 영광에 안주해서는 안 된다. 극단적인 경우 1년 안에 우리도 망할 수 있다. 매일 아침 눈뜨는 순간 혁신을 생각해야 한다.” 빌 게이츠는 성공을 꿈꾸는 차세대 리더들에게도 많은 가르침을 주고 있다. 주변 사람까지 전염시키는 용암처럼 솟구치는 열정, 그리고 끝없는 학습열이 그것이다. “우리 마을의 작은 도서관이 오늘의 나를 만들었다. 나는 아무리 바빠도 매일 한 시간씩, 주말에는 두세 시간씩 책을 읽는다.”

모든 리더(Leader: 지도자)는 리더(Reader: 독자)다. 빌 게이츠도 예외가 아니다. ‘Change(변화)’의 g를 c로 바꿔 ‘Chance(기회)’를 찾는 빌 게이츠의 성공으로부터 우리는 많은 시사점을 얻게 된다.

2. 세종대왕의 리더십[212)]

세종대왕의 리더십은 어떤 것이 있을까? 세종은 소통을 통해 당면한 과제를 풀어가는 사람이었다. 말을 아끼고 재상들의 의견을 들었고, 소수의 의견도 경청하되 한 사람의 말만 가지고 의사를 결정할 수 없도록, 충분한 토론과 전적인 일임이라는 방식을 취했다. 충분한 찬반토론을 거쳐 발생할 수 있는 소지를 미리 짚어본 후 그 일을 주관할 사람에게 전적으로 일임하는 방식이었다. 또한 좋은 의견에는 힘을 실어주는 방식으로 회의를 운영하였다.

세종은 두루 인재를 구하되 절실한 마음을 갖고 비록 자신의 마음과 맞지 않더라도 국가를 위해 등용한다면 인재는 구해 쓸 수 있다고 생각했다. 또한 모든 인재에게는 장단점이 있는데, 지도자는 인재의 장점을 발견하고 적합한 지위에 배치해 공적으로 허물을 덮게 해야 한다고 생각했다. 세종은 무인 출신의 최윤덕을 정승으로 발탁함으로써 조정 신하들이 지나치게 문약해지는 것을 방지하였고, 황희·맹사성과 같은 인재들은 허물과 약점이 있더라도 독기를 품은 언관들의 공격으로부터 보호했다. 그들에게 장기간 직책을 수행하게 하여 나라를 안정시키고 정책의 지속성을 확보하여 세종치세를 가능하게 했다.

그는 유소불위[213)]의 자세를 삶으로 보여주었다. 유소불위라는 것은 하지 않는 바가

212) 백지은(2015), 세종대왕에게 배우는 리더십, (사)한국리더십개발원 홈페이지의 주요활동 가운데 리더십칼럼, 2015.03.31.

213) ‘무소불위(無所不爲)’와 ‘유소불위(有所不爲)’는 글자 한 자 바뀌었을 뿐인데 내포된 의미는 전혀 다르다. 둘 다 세도가의 생각과 행동에 연관된 말이지만 무소불위는 ‘하지 못하는 일이 없다’, 유소불위는 ‘하지 않는 일이 있어야 한다’는 뜻이다. 맹자는 일찍이 “사람은 하

있어야 큰일을 해낼 수 있다는 뜻이다. 자신이 맡은 한 가지, 그것을 위해 해야 할 것과 하지 말아야 할 것을 구별했던 세종. 그의 삶은 부정부패로 검찰에 구속되는 굴지의 대기업 총수들과는 대비된다. 그의 삶을 통해 우리는 리더의 자세와 방향을 배울 수 있다. 삶으로 행하고 보여준 그의 가르침은 다음 세대를 준비하고 나아갈 청년들에게 나아가야 할 방향성과 가치를 주기에 충분하다.

3. 유일한 박사 리더십[214)]

3.1 '노블레스 오블리주'의 귀감

우리 사회의 '갑질 퍼레이드'는 어디까지 이어질까. 2014년 말 조현아 땅콩 회항 파동에 이어 부천 백화점 모녀의 주차장 갑질, 소셜커머스업체 위메프의 신입직원 11명 무더기 해고, 디자이너 이상봉 씨의 노동 착취 물의, 롯데마트의 시식 행사비 납품업체 떠넘기기 등…. 갑들의 횡포가 사회 도처에 넘쳐난다. 가진 자들이 솔선하고 희생하는 '노블레스 오블리주'의 귀감은 실종돼 버렸다. 이럴 때일수록 두드러져 보이는 것이 유한양행 창업주 고 유일한 박사의 행적이다.

유 박사는 1969년 자신의 외아들이 아닌 전문경영인에게 회사를 넘겼다. 거기서 그치지 않고 아들과 조카를 해고시켜 가족을 경영진에서 철저히 배제했다. 1971년 노환으로 사망하기 직전 자신의 주식을 학교에 기증하고 외아들에게 '대학까지 졸업시켰으니 앞으로는 자립해서 살아가라'는 유서를 남겨 세상을 놀라게 했다. 유한양행은 지금도 전문경영인 체제로 운영되고 있다. 한때 "오너가 없으니 회사가 더 성장하지 못한다"는 지적을 받기도 했다. 하지만 2014년 제약업계 최초로 매출 1조원을 달성하며 그런 지적을 무색하게 했다. 업계 일각에서는 '오너가 없어 더 잘 돌아간다'는 말까지 나온다.

3.2 진성 리더의 표본[215)]

래리 페이지(Larry Page)와 세르게이 브린(Sergey Brin)은 천박한 자본주의 방식

지 않는 게 있어야 큰일을 할 수 있다(人有不爲也而後 可以有爲)."고 했거니와 정조 역시 관리의 첫째 덕목으로 유소불위를 강조했다. '사대부는 삼가는 일이 있어야 국사를 처리할 수 있다(士大夫有有所不爲 然後方可以做國事).'는 게 그것이다. Daum 블로그(2009), 무소불위와 유소불위, (blog.daum.net/_blog/BlogTypeView.do?blogid=06oxi&articleno...495757...), 2009.04.03. 참조.

214) 김미연(2015), [기자 24시] 다시 생각하는 유일한 박사 리더십, 매일경제, 2015.01.16.

215) 윤정구(2018), 어떤 기업인들을 진성 리더로 볼 것인가, 월간 리더피아, 2018.04.

에 의존하지 않고도 돈을 벌 수 있다는 것을 증명하기 위해서 Google을 세워서 자신들의 주장을 증명했다. 구글이 정보와 빅데이터로 세상을 장악하기 100년 전에 유일한 박사는 유한양행을 통해서 천박하게 돈을 벌지 않아도 기업을 키울 수 있다는 것을 실제로 증명해보였다.

특히 유일한 박사는 한국과 같은 척박한 땅에서도 다른 재벌집단과는 달리 정부의 도움이 없이도 기업의 사명에 대한 진정성만 가지고 기업을 성장시킬 수 있다는 것을 증명했다는 점에서 큰 의미를 갖는다. 유일한 박사는 자본주의 불모지인 한국에 최초로 건강한 자본주의의 모범적인 스토리를 구현했다. 현대적 리더십 이론에 따르면 리더십의 씨앗과 이 씨앗이 성장할 수 있는 토양이 잘 맞아 떨어질 때 좋은 성과를 거둘 수 있다. 그러나 뛰어난 진성 리더들은 이와 같은 토양이 준비가 되어 있지 않을 때도 구성원들이 성장할 수 있는 토양을 만들어 변화를 만들어낸다.

유일한 박사는 자본주의의 불모지인 한국에 향후 100년의 세월이 지나서 꽃피울 수 있는 진정성이 넘치는 자본주의의 표준을 만들고 이를 실제로 구현한 인물이다. 그가 구현해낸 따뜻한 자본주의 이야기는 향후 100년 후에도 많은 사람들에게 귀감이 될 것이다. 이분 시대의 한국의 정치나 경제가 너무 산성화 되어 있어 그 큰 뜻을 다 담아내지 못했지만 우리나라에도 록펠러나 카네기 못지않은 진정성 넘치는 사명으로 무장한 경영자가 있었다는 것을 자랑으로 여기고 널리 알려야 할 것이다.

유일한 박사가 표준으로 설정한 진성 리더는 어떤 모습을 담고 있는 것일까? 진성 리더를 이야기 할 때 많은 분들이 따뜻한 마음을 가진 성실한 옆집 아저씨의 모형을 상상한다. 그러나 진성 리더는 옆집 아저씨와 같은 따뜻한 성품만 가지고는 구현되지 않는다. 진성 리더는 따뜻한 마음씨의 밭에 심을 수 있는 자신의 영혼을 흔들어 놓을 수 있는 사명의 스토리를 가진 분들을 말한다. 진성 리더들의 탄생에는 자신만의 플롯으로 자신만의 스토리를 구현하는 과정이 가장 중요하다. 진성 리더는 다른 사람들이 남길 수 없는 자신만의 스토리를 세상을 위한 변화의 플랫폼으로 남기는 것을 사명으로 삼는다. 자신이 이 세상에 다녀갔기 때문에 세상이 더 따뜻해지고 더 행복해졌다는 진북(true north)에 대한 스토리를 증명할 수 있어야 한다.

유일한 박사를 비롯해서 세상에 변화의 족적을 남긴 진성 리더들의 공통점은 진정성 있는 사명을 통해 구성원들의 잠자던 영혼을 일깨워 이들의 가슴을 뛰게 만들었다는 점이다. 진정성 있는 사명은 구성원들과 리더에게 영혼의 종소리를 들려준다. 유일한 박사가 회사를 세운 사명은 일제로부터의 완전한 독립을 위해서 국민들의 건강을 먼저 챙기겠다는 생각이 기반이 되었다. 국민들이 건강의 문제에 관해서는 버드나무 그늘 같이 편하게 믿고 쉴 수 있는 회사를 만드는 것이 사명이었다. 다시 말하면 대한민국 국민의 건강을 책임지는 사업을 통해 기업다운 기업을 일구고 여기에서 얻은 부를 아낌없이 사회에 환원하는 것이다.

애플의 스티브 잡스를 사로잡은 사명은 창의적이고 독창적이고 디자인이 뛰어난 제품으로 세상을 차별적으로 행복하게 만드는 것이었다. 스타벅스 하워드 슐츠의 사명은 커피로 창출된 사회적 공간을 통해 평범한 사람들도 의료보험 걱정 없이 서로 가족과 같이 서로 믿고 의지해가면서 중산층의 삶을 살게 할 수 있는 회사를 만드는 것이었다. 커피 향과 같은 향기로운 인간의 향기를 가득 담은 사회적 혁신기업을 만드는 것이 사명이었다.

진성 리더들은 영혼을 일깨우는 사명의 스토리에 대해 누구보다도 굳건한 믿음을 가지고 있다. 사명은 회사가 도달해야 할 변화의 목적지에 대한 믿음을 기술해준다. 또한 사명은 회사를 왜 설립하게 되었는지의 이유를 설명해주게 된다.

한마디로 진성 리더의 첫째 조건은 리더가 이 변화를 통해 도달해야 할 사명의 목적지(true north)에 대한 강한 믿음을 가지고 있는지? 사명의 스토리는 구성원들과 자신에게 울림을 창출할 수 있는지? 정말 어떤 일이 있어도 구성원과 같이 이 목적지에 도달해보겠다는 약속을 지킬 수 있는지? 사람들에게 왜 사명을 지켜야 하는지를 설득할 수 있는지의 문제이다.

진성 리더가 주장하는 사명은 결국 따지고 보면 구성원에 대한 미래의 약속이다. 리더는 이 약속에 대한 믿음을 가지고 있을지 몰라도 구성원들이 똑같은 수준의 믿음을 가지고 있는지는 또 다른 문제이다. 많은 경영자들이 처음 회사를 시작할 때는 사명에 대한 믿음을 가지고 시작했다 하더라도 어려운 일을 만나면 이 믿음을 유보시키는 행동을 보이게 된다. 진성 리더와 유사 리더를 구분하는 구분점이 바로 여기에서 생긴다.

진성 리더는 사명을 통해 지금 처한 어려움을 극복해서 장애를 뚫고 나가는 사람이라면 유사 리더는 일단 벽과 장애를 만나면 사명에 대한 믿음을 유보해 놓고 생존의 문제를 더 강조하게 된다. 이런 리더의 행동을 보고 구성원은 리더가 평소 이야기하는 사명에 대한 믿음을 잃어버린다. 구성원이 믿음을 잃어버리는 순간 리더가 강조한 사명은 구성원의 마음속에서 통째로 뿌리가 뽑혀 버려진다.

사명에 대한 믿음을 가지고 있는 리더는 어려운 고비를 만날 때면 이 고비를 해결하기 위해서 사명을 기반으로 주변 사람들이 보기에도 안타깝고 측은할 정도로 몰입한다. 리더가 극단의 어려움 속에서도 사명을 통해 문제를 해결하기 위해 측은할 정도로 몰입하는 모습을 보일 때, 리더의 사명은 구성원들의 마음에 단단하게 뿌리를 내리게 된다.

마약을 팔자는 간부의 주장에 유일한 박사가 불같이 화를 낸 사연도 결국 보면 국민의 건강을 책임지자는 유한양행의 사명에 대한 믿음 때문이다. 유사 리더들은 이런 돈을 벌 기회가 생기면 슬그머니 사명에 대한 이야기를 내려놓고 기회를 택한다. 진성 리더는 기회뿐 아니라 고난사건에 직면해서도 자신이 천명한 사명을 통해서 이 고난을 극복한 경험을 가지고 있는 사람들이다. 이 극복경험을 통해 사명을 구성원들의 마음에 단단하게 뿌리내리게 한 장본인이 바로 진성 리더이다.

진성 리더들은 구성원을 사명에 도달하기 위해 서로간의 도움이 필요한 성장의 파트너로 생각한다. 구성원들을 독립적 인격체로 존중하고 이들이 사명을 통해 좀 더 나은 인격체로 발전할 수 있도록 성장을 돕는다. 반면 유사 리더들은 구성원들을 자신의 성공을 위한 도구로 생각한다. 상대를 사람이 아니라 수단이나 자신의 부속물인 물건으로 생각하는 것이다.

유일한 박사가 회사에서 은퇴하기 전에 친인척을 정리하고 나온 배경에는 본인의 후임으로 회사를 책임질 전문경영인에 대한 배려가 담겨 있다. 중요한 것은 유한양행을 통해 도달해야 할 사명이고, 이 친척들이 존재하는 한 이들의 특권의식이나 소유의식은 구성원들을 파트너로 성장시키는데 장애가 될 것이라고 생각했다.

진성 리더는 인격적으로 완성된 사람이라기보다는 자신이 세상의 변화를 만들어 갈 사명에 대한 스토리를 삶속에서 검증하고 내재화시켜 자신만의 품성을 조금씩 완성해 가는 과정에 있는 사람을 지칭한다.

지금은 진성 리더로 추앙받고 있는 록펠러와 카네기도 젊었을 때는 최고의 악덕 기업주였다. 하지만 지금 누구도 이들을 악덕기업주라고 생각하지는 않는다. 이들은 자신의 미숙했던 청년기를 스스로 자복해서 용서받았기 때문이다. 이뿐만 아니라 이들은 더 훌륭한 사람으로 성숙해져서 과거의 미숙했던 자아를 구해내는데 성공했다.

뱀이 성장하기 위해서는 반드시 허물을 벗는 과정에 성공해야만 하는 원리처럼 자복과 용서받음은 진성 리더가 성장과 학습을 위해서 허물을 벗어내는 필연적 행동이다. 자신의 실수에 대해서 자복하고 용서받은 사람이나 회사에게 세상은 항상 관대해 또 다른 학습기회를 부여하지만, 숨기고 변명하다 털려나온 사람들을 동정하지는 않는다. 실수란 자신이 인식하는 세상과 세상이 인식하는 자신 간에 연결이 끊어져 있다는 것을 전달해주는 가장 중요한 학습정보이다. 실수를 통해 자신이 가지고 있는 세상에 대한 관점을 고치지 않는 한 세상과 나와의 관계는 점점 더 소원해지고 나의 스토리는 세상에 대해 전혀 공명을 창조하지 못한다. 내 스토리가 세상에 공명을 창조하지 못한다면 세상은 나의 성공을 도와줄 이유가 없다. 세상으로부터 서서히 고립되고 퇴출되기 시작하는 것이다. 진성 리더는 자신의 치부나 아픔조차도 숨기기보다는 구성원과 같이 공유하고 이것을 이겨내기 위해서 진솔하게 학습하는 모습을 보인다.

성장하기 위해서 반드시 거쳐야 할 실수조차도 감추고 변명으로 일관하는 리더가 있다면 진성 리더라기보다는 유사 리더에 가깝다. 자신이 성장할 수 있는 기회 자체를 스스로 박탈하는 것이다. 실수를 자복하지 않고 감추다 나중에 사람들에 의해 털려나오는 회사나 리더가 아무리 성공을 위해서 몸부림쳐도 세상은 이들을 심정적으로 지지해주지 않는다. 또한 사회는 SNS의 발달과 초연결사회로 진행되고 있어서 사람들이 마음만 먹으면 집단적으로 어떤 정보도 털어낼 수 있는 비밀을 감추기 힘든 사회로 이미 전환됐다.

진성 리더는 조직이나 사람들은 실수를 통해서 성장한다는 것을 아는 사람들이다. 따라서 이들은 실수나 실패를 학습의 기회로 받아들이기 때문에 실수나 실패를 숨기거나 방어하지 않는다. 자신이 저지른 실수를 통해 성장하고 이 성장한 모습으로 과거의 실수에 대해서 용서를 받는 용기를 가진 사람들이 진성 리더이다. 이와 같은 과정을 위해 진성 리더는 끊임없이 학습한다. 유일한 박사가 기업가보다 교육자라 불리는 것을 선호한 이유는 바로 자신을 학습하는 죄인으로 규정하고 공부에 몰입했기 때문이다.

리더는 성과를 통해서 변화를 창출하는 사람을 말한다. 리더가 아무리 뛰어난 능력을 가지고 있어도 성과를 내지 못한다면 리더십의 기본적 정의조차도 충족하지 못하는 것이다. 문제는 리더가 '어떤 종류의 성과를 내는가'이다. 진성 리더는 목적 있는 성과를 도출한다. 사명에 도달하기 위한 길을 사다리를 오르는 것으로 비유할 때 목적 있는 성과란 이 사다리에서 한 단계 한 단계 올라가는 것에 비유될 수 있다. 사명과는 거리가 있는데 단지 운이 좋아 돈을 많이 벌었다거나, 사명과는 정반대의 방법으로 살아남았다거나 할 때 얻어진 성과는 리더를 사명의 사다리로부터 반드시 탈선하게 만든다. 소니나 노키아의 리더들이 탈선한 이유도 생존이라는 이름으로 목적에서 이탈한 성과에 집중했기 때문이다.

이처럼 진성 리더가 설정한 사명은 목적 있는 성과를 실제로 달성하는 체험을 통해서 기업의 문화로 뿌리내리게 된다. 기업의 문화로 뿌리를 내린 사명은 그 기업이 제품이나 서비스에 녹아들어가게 된다. 결국 이런 회사는 서비스나 제품을 통해서 그 회사의 품격이 담긴 문화를 파는 회사로 거듭나게 된다. 진성 리더가 운영하는 회사는 제품과 서비스를 통해서 자신의 품격이 담긴 문화를 파는 회사이다. 고객들이 진성 리더가 운영하는 회사에 열광하는 이유는 바로 이 회사의 제품과 서비스를 통해 이런 문화적 품격을 체험할 수 있기 때문이다.

[부록 2] 재벌의 승계 딜레마[216)]

1. 포드 자동차 창업주의 승계 고민… 막판까지 실권 행사

포드 자동차 창업주 헨리 포드는 말년에 승계와 관련해 큰 고민에 휩싸였다. 외형적으로만 보자면 헨리 포드는 1930년대에 이르러 아들에게 최고경영자(CEO) 자리를 내주었다. 하지만 영향력마저 내줄 생각은 없었다. 최종 결정은 가신그룹의 보고를 듣고 자신이 직접 내렸다. 일종의 섭정(攝政)이었다.

헨리 포드가 건강 때문에 두문불출하자 베넷을 비롯한 가신들은 창업주를 만나지도 않은 채 그의 뜻이라며 전횡을 부렸다. 포드사는 점차 외양과 실질이 완전히 다른 회사가 돼 갔다. 회사 내 대부분의 보고는 가신 그룹이 독점했고, 아들은 자신의 뜻을 전혀 펼칠 수 없었다.

1943년 아들인 에드셀이 암으로 사망했다. 기다리기라도 한 것처럼 창업주인 아버지는 최고경영자(CEO)로 재취임했다. 하지만 여론이 워낙 나빴다. 창업주의 전력 가운데서도 나치를 후원한 일과 노동조합을 탄압한 것이 결정적이었다. 그는 2년 후 다시 물러나지 않을 수 없었다. 그 무렵 그는 자신의 장손인 헨리 포드 2세(애칭 해리)에게 회사를 물려줬다. 하지만 그조차도 독선적인 할아버지를 감당할 수는 없었다.

창업주 헨리 포드가 영향력을 포기하지 않으려고 승계 구도를 불확실하게 만들었던 그 시절 포드사는 파산 직전까지 몰렸다. 당시 루스벨트 대통령은 미국 경제를 대표하는 포드사의 몰락에 대비해 국유화 계획까지 짜야 했다. 한때 미국 자동차 시장의 70%까지 장악했던 시장점유율은 1929년 경쟁업체 GM에 완전히 밀렸다. 그 후 50여 년간 대등한 경쟁조차 불가능할 정도였다. 기업을 자신과 동일시하며 끝까지 실권을 놓지 않으려 한 창업주 헨리 포드의 아집과 독선이 초래한 결과였다.

2. 재벌의 승계 딜레마… 조기 후계 구도 확정시 장단점

우리 재벌들도 헨리 포드 말년의 포드사와 흡사한 상황에 직면한 경우가 많았다. 재벌 총수나 창업주는 자녀 승계를 가능한 늦추려 한다. '천상천하유아독존'(天上天下唯我獨尊)의 자리를 아직 못 미더운 아이들에게 물려줄 수 없어서다. 때로는 경영철

216) 김방희(2015), "롯데 사태와 한국 재벌의 승계 딜레마… 포드와 잡스에게 배워야", 주간한국, 2015.08.09.

학이나 경영관리 이해 때문에 자녀들과 충돌하기도 한다. 그들에게 무작정 그룹의 미래를 맡길 수는 없다.

하지만 후계 구도가 분명치 않은 상황에서 그들이 갑작스럽게 와병(臥病)하거나 총기가 흐려진다면 문제가 달라진다. 아버지의 판단이 무시되거나 형제 간 분쟁이 격화될 수밖에 없다. 과거 현대나 삼성, 롯데 일가의 문제 모두 비슷한 경우였다. 외환위기 와중에 많은 재벌 그룹들 역시 외부 위기에 승계 문제가 겹친 내우외환 끝에 스러져갔다.

이 점을 우려해 일찌감치 후계 구도를 확정지으면 다른 부작용이 생긴다. 그룹 내 주요 세력이 일제히 후계자를 향해 줄을 서려 든다. 과거나 현재보다는 미래를 위해 뛰는 것은 '사내 정치(office politics)'의 본질이자 조직의 본능이다. 그 순간 오너나 창업주의 레임덕은 불가피하다. 거대 기업집단을 일군 이들에게 이는 견디기 힘든 치욕이다. 이것이 한 가문이 완벽하게 대기업 집단을 지배하는 우리 재벌이 처한 '승계의 딜레마'다.

3. 스티브 잡스에게 배우는 후계자 선정 원칙

창업주인 할아버지 사망 후 포드사의 최고경영자로 돌아온 해리는 1980년까지 포드를 GM에 뒤지지 않는 회사로 완전히 부활시켰다. 그리고 가족의 반대를 무릅쓰고 전문경영인인 칼드웰에게 경영권을 물려주었다. 가족 중 누구도 대기업을 이끌어 갈 리더십이 없고, 할아버지가 일군 이 회사가 더 이상 가족의 것일 수만은 없다는 점을 확인한 후였다.

우리 재벌의 승계 딜레마를 극복하기 위해서는 무엇보다도 오너나 총수가 자녀뿐만 아니라 전문경영인까지를 포함한 후계자군(群)을 일찌감치 선정해야 한다. 그리고 자신의 판단력이 흐트러지기 전에 후계자를 확정해야 한다. 애플사가 좋은 예다. 1997년 애플사로 복귀한 스티브 잡스는 2005년경까지 세 명 정도로 압축되는 후계자군을 선정했다. 그의 수족 같았던 버트란드 셀렛, 그가 총애했던 디자이너 조나단 아이브, 그리고 복귀 직후 컴팩에서 스카우트했던 팀 쿡이었다. 2009년 췌장암 발병 소식이 알려지고 병가를 내면서 잡스는 셋의 경쟁력을 재평가했다. 회사 안팎의 도전과 평판 등을 종합적으로 고려한 결과 그의 최종 선택은 팀 쿡이었다. 창업주 사망 후 혁신기업의 안정화라는 새로운 도전과 경영관리의 달인이라던 그의 평판을 감안한 선택이었다. 2011년 스티브 잡스는 사망했다. 애플사는 여전히 세계 정보기술(IT) 업계의 최대·최고 기업으로 남아 있다.

Chapter

10

리더십의 실패 사례

과거의 실패는 미래의 성공을 위한 소중한 자산이다. 하지만 성공에 대한 연구에 비해 실패에 대한 연구는 상대적으로 미약하다. 성공한 리더가 스포트라이트를 받는 이유는 우리 주변에 성공한 리더십이 그리 많지 않기 때문이다. 하지만 실패한 리더십이 많을 것으로 예상됨에도 불구하고 정작 실패한 리더십에 대한 연구는 거의 이뤄지지 않고 있다. 실패한 리더십이 감춰지고 있기 때문에 성공의 기초가 되는 리더십의 좋은 자산이 사장(死藏)되고 있는 건 아닐까. 리더십에도 실패경영이 필요한 이유다.

01 실패한 리더십 유형

심형석(2011)이 선정한 5가지 실패한 리더십의 유형[217]을 중심으로 논의를 전개해 본다.

1.1 권위주의

"시키는 대로 해"라는 식의 권위주의(Authoritarianism)도 리더의 실패를 자초하는 요인이다. 불과 얼마 전만 해도 대부분의 리더들에게 부하들은 단지 효율적으로 관리해야 할 대상일 뿐이었다. 하지만 인재들이 열정과 의욕을 가지고 업무에 몰입할 수 있도록 동기부여 하는 것이 리더의 핵심 역할로 부각되면서 '시키는 대로나 해' 식의 행동은 가장 경계해야 할 모습이 되고 있다. 다시 말해 독불장군형 또는 독선적 리더십이라고도 언급된 '권위주의' 리더십은 가장 경계해야 하는 리더십 유형이다.

리더의 가장 큰 임무 중 하나는 구성원들의 자발성을 유도해야 하는데 권위주의 리더십은 이를 원천적으로 차단한다. 이러한 리더십 아래에서는 구성원들이 창의성이나 일에 대한 열정을 발휘하기 어려우며, 리더가 좋아하는 이야기나 정보만을 언급하게 돼 심각한 정보 왜곡 현상을 일으킨다. 이러한 리더십이 더욱 문제가 되는 이유는 조직 내에서 실패를 방지할 수 있는 문제의 징후를 발견하지 못하기 때문이다.

대우그룹은 김우중이라는 창업자의 능력이 그룹 내 어떤 인물보다 독보적이었다.

217) 심형석(2011), 평균 기업수명 24년… 실패한 리더가 되려는가, DBR 82호(2011년 6월 Issue 1).

1997년 외환위기 직후 경제사정이 악화일로를 걸을 때도 김 회장은 그룹의 몸집 불리기에 힘썼다. 대우그룹 내 다른 경영진들은 이미 김우중 회장의 리더십 스타일에 맞춰져 있었기 때문에 김 회장의 결정이 위험하다고 판단되더라도 누구도 이의를 제기할 수 없었다. 무리한 다각화와 확장 전략으로 결국 부채가 눈덩이처럼 불어났고, 1999년 7월 대우의 세계경영은 막을 내리게 됐다.

또 다른 사례로 러버메이드사의 스탠리 골트는 이런 권위적 리더십으로 인해 재임 당시의 화려한 실적에도 불구하고, 퇴임 수년 만에 회사가 매각되는 결과를 초래한 경영자로 기억되고 있다.

1.2 변화에 둔감

변화에 둔감한 리더들은 장차 다가올 미래가 아니라 과거 자신이 성취해 놓은 업적에 시선이 머물러 있다. 과거의 성공 경험을 현재나 미래의 기업경영에 적용하려다 보니 변화에 적응하지 못하고 결국 쇠락의 길을 걷게 된다. 이러한 유형의 리더들은 실패에 대한 두려움을 느껴 새로운 시도보다는 현상 유지에 안주하거나 기존 관습을 바꾸지 않으려는 '위험회피형' 행태를 보여 오히려 실패를 자초하기도 한다.

컴팩(Compaq)의 CEO였던 에커드 파이퍼(Eckhard Pfeiffer)는 신기술로 무장한 제품이 쏟아지고 고객들도 점차 통합솔루션을 원하는 등 산업계의 환경이 바뀌고 있음에도 컴퓨터 제조분야를 강화하기 위해 탠덤(Tandem)과 DEC(Digital Equipment)를 인수하는 등 기존 사업의 규모 확장에만 매달렸다. 변화에 적응하지 못한 컴팩은 델컴퓨터(Dell Computer) 등 새로운 경쟁자의 출현으로 점차 쇠락의 길로 들어섰고 2002년 결국 HP에 합병되고 만다. 파이퍼는 컴팩이 HP에 합병되기 훨씬 이전인 1999년 4월 이사회의 결정으로 퇴진한다. 컴팩의 공동 창업자인 벤저민 로젠(Benjamin M. Rosen) 회장은 "인터넷에 의해 가속화하고 있는 변화의 물결이 컴팩의 경영진을 뒤흔들어 놓았다"고 밝혔다.

또 다른 관점에서 언급한다면 최악의 CEO들은 적응력(adaptability)이 떨어진다고 할 수 있다. 적응하거나 변하려는 의지가 없다는 뜻이다. 블랙베리 제조사인 리서치인모션(RIM)의 공동 CEO인 짐 발자일과 마이클 라자리디스는 2011년 최악의 CEO 1위로 선정됐다. 이들은 애플이 몰고 온 스마트폰으로의 변화를 인정하지 않아 전략적으로 큰 실패를 맛봤다. 반면 훌륭한 CEO들은 무엇이 잘못됐는지 인정하고 빨리 변화에 순응하려 한다. 이들은 더 잘하기 위해, 문제를 해결하기 위해 무슨 일이 벌어질지 꾸준히 지켜본다.

2012년 최악의 CEO 2위, 4위로 뽑힌 오브리 매클렌던 전 체서피크에너지 CEO와 마크 핀커스 징가 CEO를 보자. 그들은 회사를 자신의 소유물로 생각했다. CEO 1명이 모든 상황 판단과 전략적 결정을 내리게 되면 직원들은 매번 그가 옳기만을 기도할 수밖에 없다. 매클렌던 전 CEO는 회사 제트기를 개인 용도로 사용했으며 직원들을 자신의 집수리에 동원했다. 결국 2013년 1월 CEO 자리서 물러났다. 소셜게임업체 징가는 스마트폰 게임으로의 무게중심 이동을 읽지 못하고 매출의 80%를 페이스북에 의존했다. 핑켈스타인 교수는 핀커스의 제왕적이고 초보적인 리더십이 문제라고 지적했다.[218)]

1.3 현장과의 괴리[219)]

현장과 괴리된 제한된 정보에 의존(Remoteness from reality)하는 것도 리더의 실패를 초래하는 중요한 요인의 하나다. 실패하는 리더의 경우, 자신은 핵심적인 결정만 하면 된다는 생각으로 보다 세세한 것들은 무시하는 경우가 많다.

실례로 A보험사의 전 최고경영자(CEO)는 지점장이나 지역본부장들에게 도전적인 목표를 주고 그에 필요한 판매비를 지원했지만, 그 추진과정이나 결과에 대한 관심과 확인 노력은 기울이지 않았다. 이처럼 최고경영자가 현장을 간과함으로써 용두사미의 성과와 아울러 목표와 실적을 부풀려 보고하는 잘못된 관행만을 낳고 말았다. 그리고 수년 후 업계 1위의 자리마저 경쟁사에게 내어주고 마는 결과를 초래하고 말았다. 이처럼 군주가 간사한 자를 신임하여 귀와 눈을 가리듯, 현장을 소홀히 하거나 참모의 보고 자료만으로 의사결정을 하는 경우 자칫 치명적인 실수를 할 수 있다.

물론 모든 일에 일일이 관여하여 부하의 문제해결 능력을 키우지 못한다면 이 역시 문제가 될 것이다. 하지만 업무 내용이나 사업 현황을 상세하게 파악하여 이를 바탕으로 직접 현장을 진두지휘해 나가려는 노력은 IBM의 루 거스너[220)]와 전임 CEO인 에이커스를 구분 짓게 하는 중요한 차이라고 할 수 있다.

1.4 실행력 결여

실행력이 뒷받침되지 않은 채, 비전과 전략에 대한 말만 무성(Talk only, no

---

218) 매일경제(2013.05.), [매경 MBA] 이들은 '최악의 CEO'였다…이유는 독선·안주: '실패 전문가' 시드니 핑켈스타인 다트머스대 터크경영대학원 부학장, MK The Biz Times, 2013.05.24.

219) 매일경제(2013.05.), ibid.

220) 루 거스너(Louis V. Gerstner, Jr.)는 미국의 기업인으로 맥킨지 & 컴퍼니 컨설턴트, 아메리칸 엑스프레스 CEO, RJR 나비스코 CEO를 거쳐 1993년부터 2002년까지 IBM 회장 겸 CEO를 역임했다. IBM 80여년 역사상 최초로 외부에서 영입된 CEO였으며, 역사상 최악의 적자행진을 계속하던 IBM을 되살렸다는 평가를 받는다.

action)하게 내세우는 경우다. 미래에 대한 방향성이 맞아야 한다는 점은 분명한 사실이다. 그러나 전략과 비전은 경쟁우위의 충분조건이 아니라, 필요조건일 뿐이다.[221]

실행력은 조직 구성원들에게 단순히 동의를 구하는 수준을 넘어 실제 이들을 움직이게 하는 원동력으로 리더십의 요체라고 할 수 있다. 도요타나 사우스웨스트항공이 뛰어난 전략만으로 1등 기업이 된 것은 아니다. 이들이 가진 저원가 고효율서비스나 린 생산방식(Lean Production System)[222]을 먼저 도입한 기업들이 있었다. 문제는 이를 어떻게 효율적으로 실행하느냐다. 1등 기업으로 성공하기 위해서는 궁극적으로 실행력이 뒷받침돼야 한다. 실행력이 부족한 리더는 의사결정을 제때 내리지 못해 기회를 잃기 쉽다.[223]

우리나라 TV 사극 프로그램에서도 많이 보이듯, 외침에 대비하지 못하고 탁상공론만을 일삼다 결국 치욕을 겪는 무능한 군주가 있는가 하면, 적에 대한 분석과 그를 바탕으로 철저하게 준비를 갖춘 유능한 장수가 연승을 거두는 것도 같은 맥락이라고 할 수 있겠다.

1.5 인기주의

인기에 영합하는 행동(Populism)도 혼란을 초래하는 원인의 하나다. 실패하는 리더들이 보이는 또 하나의 문제점은 인기나 호감에 연연하는 것이다. 우리 주위에는 부하에 대한 따끔한 질책을 꺼리는 성격 좋은 리더들도 있다. 그런데 이것도 사실 인기주의에 영합하는 소극적 형태의 하나일 수 있다. 문제는 그 결과 부하들에게 성과에 대한 상벌을 명확히 하지 않는 경우처럼, 오히려 고성과자의 사기를 떨어뜨리는 문제를 초래할 수 있다는 것이다. 또한 대외적으로 성과를 내보이고 싶어 하는 개인적 욕심 역시 장기적인 조직의 성과에는 부정적인 영향을 초래하게 된다.

다시 말해 실패한 기업의 CEO 중에는 종종 끊임없이 세간의 이목을 끌기 위해 노력하는 리더들이 있다. 이들은 대중 연설에 힘쓰고 언론과 방송에 자주 등장하며 많은 시간을 인터뷰에 할애한다. 조직 내부에서도 인기나 호감에 연연해 조직의 구성원들을 제대로 평가하거나 적절한 피드백을 주지 못한다. 말 그대로 대중 영합주의로,

---

221) 팝스애드(2017), 실패하는 리더의 핵심오류(리더십 실패), (https://press17.tistory.com/158), 2017.11.21.

222) 린 생산방식(Lean Production System)은 도요타社의 대표적인 생산방식으로 각 생산단계에서 인력이나 생산설비 등 생산능력을 필요한 만큼만 유지하면서 생산효율을 극대화하는 방식을 말한다. 이와 관련하여 네이버 블로그(m.blog.naver.com/wjn21/220998004990), Lean Production(린 생산방식), 2017.05.04. 참조.

223) 일례로 사우스웨스트의 저가 전략은 이보다 앞서 피플익스프레스라는 항공사가 도입하였지만, 이를 실현할 수 있는 고효율의 관리 시스템과 실행력이 뒷받침되지 못하여 결국 파산하고 말았다.

기업 본연의 목적이 아니라 대중의 인기 그 자체를 목적으로 하기 때문이다. 이런 인기주의로 인해 실패한 대표적 사례가 엔론(Enron)이다.

대형 회계 스캔들로 유명한 엔론(Enron) 파산의 주역인 제프 스킬링(Jeffrey Skilling)과 케네스 레이(Kenneth Lay)는 기업을 열심히 경영하기보다 열심히 경영한다는 이미지를 만들어 내는 데 더 노력을 기울였다. 이들의 홍보 덕분에 자본시장에서의 엔론의 기대치는 엄청나게 높아졌고 계속 높아지는 기대치를 충족하기 위해 이들은 결국 부정한 방법을 사용, 회사를 파산에 이르게 했다.

1.6 대인관계 문제

오늘날 리더는 복잡한 경영환경과 조직시스템으로 수없이 많은 역할과 능력을 요구받고 있다. 따라서 본인의 역량만으로 이를 헤쳐 나간다는 것은 불가능하며 주변의 도움을 받아야만 한다. 글로벌 인재 전문 컨설팅회사인 DDI(Development Dimensions International)의 2007년 설문조사를 보면, 신임 리더들이 고민하는 대부분의 이슈는 상사, 동료, 부하직원 등과의 관계 형성이었다. 조직 내에서 대인관계를 잘 유지하는 것은 어떤 측면에서는 정치적이며 비윤리적인 행위로 인식되기도 한다. 따라서 오히려 개인적 재능으로 성공한 능력 있는 리더들이 이러한 정치활동에 어려움을 겪고 궁극적으로 실패한다.

1990년대 중반 러버메이드(Rubbermaid)의 CEO였던 볼프강 슈미트(Wolfgang Schmitt)는 조직 혁신을 추구하며 지나치게 위협적인 분위기를 조성했다. 그 결과 굳이 해임을 하지 않아도 사람들이 제 발로 회사를 떠나게 만들었다. 즉 중역으로 발탁됐다고 하더라도 CEO와 맞지 않으면 해고 통고를 받기 전에 그 자리를 박차고 나갔다. 슈미트와 그의 참모들 간의 인식차이는 생각보다 컸고, 불행하게도 그는 추종자가 없는 리더로 혁신에 실패하고 말았다.

1.7 자신의 출세와 자리보전에만 급급[224)]

아무리 합리화를 해도 리더가 출세에 매달리는 것은 신뢰를 저버리는 행동이다. 자신의 세를 부풀리기에 정신이 팔린 사람들은 정당한 방법으로 성과를 올려서는 남들을 이길 수 없다고 생각한다. 직급을 우선시하는 사람들은 눈에 보이는 지위나 권력에 과도하게 의존한다. 하지만 자신에 대한 과장과 허풍, 권위주의 등은 스스로 자존감이 부족하다는 것을 드러내는 증거일 뿐이다.

---

224) 봉리브르(2016), 실패한 리더의 특성과 성공한 리더의 경영기법, (https://bonlivre.tistory.com/966), 2016.11.22.

1.8 위기 앞에서 자포자기[225)]

실망스러운 상황이나 역경에 처하면 다시 힘을 내어 일어서지 못한다. 해결책을 찾는 대신 방어적인 태도로 다른 사람을 탓하고 책임을 전가한다. 마치 기초공사가 탄탄하지 못한 건물과도 같아서 위기를 만나면 일순간에 무너져버리는 것이다.

02 열린 마음으로 듣지 못한 리더십[226)]

파리 디즈니랜드 실패 뒤엔 아이스너 前 CEO의 독단이 있었고, '쇠고기 협상' 논란 이면엔… 여과되지 않은 의견 직언해주는 '구원의 인물'이 곁에 있었던가? 쇠고기 협상과 대운하 문제로 나라 전체가 시끄러웠던 시절. 왜 이러한 사태가 일어났을까? 많은 사람들이 쇠고기 문제는 한국 정부의 협상 실패이고, 대운하는 경제적·환경적 파급효과를 명확히 이해하지 못했기 때문이라 분석한다. 하지만 두 가지 이슈의 가장 근본적인 원인이자 공통점은 리더십의 실패에 있지 않을까? 국가 중대사를 결정하고 추진하는 과정에서 리더들이 다양한 의견을 열린 마음으로 듣지 못한 것이다.

2.1 파리 디즈니랜드 실패의 교훈

기업 경영의 실패 사례를 자세히 살펴보면 공통점을 발견할 수 있다. CEO가 기업의 사활이 걸린 결정을 하는 과정에서 자신의 의견만을 고집하고, 다양한 목소리, 특히 자신의 의사와 상반된 목소리를 경청하지 않았다는 사실이다.

대표적인 사례가 바로 디즈니(Disney)의 전임 CEO였던 마이클 아이스너(Michael Eisner)이다. 그는 카리스마 넘치는 탁월한 리더였다. 그의 리더십에 힘입어 1984년부터 1997년까지 디즈니의 주가는 26배 뛰었고, 라이온 킹을 비롯한 수많은 히트 작

225) 봉리브르(2016), ibid.
226) 정동일(2008.06.), [경영 노트] 리더여, 마음을 열어라, 조선일보 Weekly Biz, 2008.06.20.

품을 내며 제2의 전성기를 맞게 됐다. 미국 3대 방송 중 하나인 ABC와 스포츠 전문 방송인 ESPN을 흡수하고 미국 플로리다에 여러 개의 테마파크를 건설했다.

그러나 성공에 도취된 아이스너는 독단에 빠져든다. 대표적인 예가 유로 디즈니(Euro Disney) 설립이다. 1980년대 중반 디즈니는 도쿄 디즈니의 성공을 발판으로 글로벌화를 확대하기 위해 유로 디즈니를 구상했다. 최종 후보지로 스페인과 파리가 대두되었다.

당시 날씨나 부지 규모, 세금 혜택, 인건비 등 여러 가지 면에서 스페인이 더 합리적인 선택으로 여겨졌다. 더군다나 프랑스 사람들은 미키마우스로 대변되는 미국 문화를 천시하는 경향이 있던 반면, 스페인 사람들에게 미국 문화는 동경의 대상이었던 점도 간과할 수 없는 점이었다.

그럼에도 불구하고 아이스너는 프랑스를 고집했고, 결국 주위의 반대를 무릅쓰고 프랑스로 결정했다. 당시 아이스너는 프랑스 문화와 와인에 흠뻑 빠져 있었다.

1992년 4월 12일 드디어 오프닝 데이가 다가왔지만 입장객 수는 기대에 훨씬 못 미쳤고, 주차장은 '미키마우스, 이건 미친 짓입니다(Mickey! It's madness)'란 피켓을 높이 든 시위자들로 북적거렸다. 유로 디즈니는 이듬해까지 무려 10억 달러가 넘는 적자를 기록하게 된다. 결국 임기를 1년 남겨둔 2005년 3월 아이스너는 쫓겨나다시피 CEO 자리에서 사임하게 된다.

2.2 상반된 아이디어를 늘 접할 수 있는 시스템을 만들라

균형 잡힌 판단을 내리기 위해 리더는 어떻게 해야 할까? 첫째 불편하더라도 다양한 의견을 들을 수 있는 마음 자세를 유지해야 한다. 둘째 다양한 시각을 접할 수 있는 자신만의 시스템을 만들어 이를 자신이 원하건 원하지 않건 강제적으로 활용해야 한다. 리더가 자신의 시간 대부분을 자신의 의견과 일치하는 '듣고 싶은 이야기'만 듣는 데 할애한다면 그건 시간 낭비다. 그보다는 상반된 아이디어를 다양하게 접하고 이를 통해 자신의 생각을 재조명하는 데 보다 많은 시간을 할애해야 한다. 그런데 이게 쉽지 않기 때문에 강제적인 시스템이 필요한 것이다.

인텔의 전설적인 CEO였던 앤디 그로브(Andy Grove)는 이를 가리켜 '구원의 카산드라(그리스 신화에 나오는 여자 예언자)'라고 표현했다. 지금 내게도 구원의 카산드라가 적어도 3명쯤은 있는지, 그래서 이들이 내게 여과되지 않은 의견을 애정을 가지고 직언해주고 있는지 확인해 보라.

미국에서 가장 잘 나가는 전자제품 유통업체를 꼽으라면 베스트바이(Best Buy)를 빠뜨릴 수 없다. 1999년 10조원이었던 매출이 2008년 40조원으로 늘었다. 성공 비결은 바로 이 회사의 CEO인 브래드 앤더슨(Brad Anderson)의 탁월한 리더십에 있다. 그는 가정 형편이 넉넉하지 못했고, 평균 이하의 성적 때문에 대학에 바로 진학하지 못하고 2년제 커뮤니티 칼리지를 졸업했다. 1960년대 후반 청년 앤더슨의 칼리지 시절, 학기 첫날 역사학 교수로부터 이해할 수 없는 과제를 받았다. 미국 남북전쟁 중 벌어진 어떤 전투를 기술한 두 권의 책을 읽고 학기말까지 감상문을 써오는 것이었다. 왜 동일한 전투를 이해하기 위해 왜 두 권의 책을 읽으라는 것일까? 앤더슨은 학기 내내 두 권의 책과 씨름하면서 같은 사건을 이렇게 다른 관점에서 해석하고 평가를 내릴 수 있다는 사실에 큰 깨달음을 얻었고, 이 교훈은 그가 인생을 살면서 가장 중요한 철학 중의 하나가 되었다. 하나의 사건을 다양한 시각에서 관찰하려는 그의 노력은 그가 회사의 CEO가 된 후 여러 가지 어려운 결정을 내리는데 중요한 역할을 하였다. '평균 이하'였던 앤더슨을 성공한 리더로 탈바꿈시킨 비결도 여기에 있었다.

한국 리더들의 단점 중 하나가 바로 열린 마음으로 다양한 시각을 받아들이지 못한다는 것이다. 특히 자신보다 연령, 경험 또는 사회적 위치가 높지 않다고 생각되는 사람으로부터 의견을 수렴하기를 꺼려하는 경향이 있다. 그러나 편협한 판단에서 오는 큰 피해를 막으려면 다양한 의견을 의사결정에 반영할 수 있는 제도와 시스템을 반드시 정착시켜야 한다.

03 나쁜 리더십을 제거하라[227)]

3.1 '또라이' 상사를 제거하는 일이 더 중요한 이유

많은 기업이 천문학적인 돈과 시간을 투자하면서 좋은 리더를 육성하려 한다. 바람직한 현상이다. 결국 기업의 우선순위는 투자하는 시간과 돈이라는 자원에 의해 결정될 수밖에 없다. 따라서 CEO가 외치는 인재육성이 실질적인 시간과 돈의 투자로 이어지지 않으면 좋은 리더를 육성하기란 불가능하다.

하지만 많은 기업들이 좋은 리더를 육성하는 일에만 관심이 있지 부하들의 사기를

227) 정동일(2013.06.), 또라이 기질은 전염된다, 나쁜 리더십을 제거하라, DBR 130호(2013년 6월 Issue 1), 2013.06.

저하시키고 자신의 지위를 오·남용하는 나쁜 리더를 찾아내 이들을 변화시키거나 제거하는 일에는 상대적으로 무관심해서 놀랄 때가 많다. 스탠퍼드대의 유명한 리더십 교수인 제프리 페퍼(Jeffrey Pfeffer)는 일찍이 리더십 무용론을 주장하면서 "역량 있는 리더가 조직에 부임한다고 해서 성과가 반드시 좋아지리라는 과학적인 증거는 없다"고 이야기하면서 "오히려 나쁜 리더가 와서 조직이 쑥대밭이 되고 몰락할 가능성은 더 크다"라고 이야기했다.

같은 대학의 동료인 밥 서튼(Bob Sutton) 교수는 2012년 <굿보스, 배드보스: 가슴으로 따르게 하라(Good Boss, Bad Boss)>란 책을 통해 나쁜 보스가 부임하면 일어날 수 있는 병폐들에 대해 자세히 기술한 바 있다. 서튼 교수에 의하면 좋은 상사와 함께 일하게 되면 부하들에게는 좋은 기회가 생기고, 높은 동기가 부여되며, 업무 성과가 높아질 뿐만 아니라 질병에 시달릴 확률도 현저히 줄어든다고 주장했다. 예를 들면 스웨덴 남성 3122명을 무려 10년간 추적한 연구에 의하면 훌륭한 보스와 일하게 되면 심장발작에 걸릴 확률이 20%가 낮아지고, 4년 동안 같이 일하면 최소한 39%가 감소한다. 직장인들의 약 75%가 자신이 받는 스트레스의 원천 1위가 직속상사이며 기회가 주어진다면 자신의 보스를 주저 없이 해고하겠다고 답한 사람이 24%가 될 만큼 나쁜 상사가 부하들에게 주는 피해는 다양하고 심각하다고 할 수 있다.

3.2 '또라이' 상사는 전염성이 아주 강하다!

나쁜 리더를 제거하는 일이 좋은 리더를 기르는 것보다 더 중요한 이유가 어디에 있을까?

첫째 나쁜 보스는 전염성이 아주 강하기 때문이다. 나쁜 보스의 또라이 같은 행동을 보고 자란 부하들은 자신이 리더의 위치에 올라가게 되면 부하로서 경험했던 나쁜 보스의 행동을 해도 되는 일이라 생각하거나 어쩔 수 없는 일로 정당화시키려는 경향이 크다.

둘째 사회심리학에 의하면 우리가 특정인과 부정적인 경험을 한번 경험하게 되면 이를 극복하기 위해서는 동일인과 5배 정도의 긍정적인 경험을 해야지만 그 사람과 좋은 관계가 유지될 수 있다. 다시 말하면 사람들은 긍정적인 경험보다 부정적인 경험에 훨씬 더 민감하고, 따라서 나쁜 상사와의 부정적인 관계가 자신의 심리상태에 훨씬 더 큰 영향을 미친다고 할 수 있다.

셋째 사람이 부정적인 경험을 하게 되면 다른 사람과의 상호작용을 줄이려 하고 새로운 경험과 도전보다는 사고와 행동의 범위를 축소시키려는 본능에 충실하게 된다. 그리고 이런 경향이 조직의 문화로 자리 잡게 되면 어느 누구도 새로운 것에 대한 열정과 도전 없이 위에서 시키는 일이나 하는 직원들이 넘쳐나는 조직으로 전락하게 된다.

3.3 부하들의 어깨를 축 처지게 하는 상사의 말과 행동 '워스트 5(Worst 5)'

직원들의 동기를 꺾어버리는 상사의 말과 행동 '워스트 5(Worst 5)'에 대해 살펴보기로 하자.[228]

3.3.1 "그것밖에 못하냐? 내 그럴 줄 알았다" - 무시와 모욕

많은 분들이 상사의 최악의 말과 행동으로 무시와 모욕을 꼽았다. 남들 다 있는 데서, 특히 자신도 상사인데 부하 앞에서 모욕감을 주는 행동이 최악이고 이런 경험을 할 때마다 "당장 때려치우고 딴 회사 가고 싶다는 생각이 든다"라고 이야기한 분들이 무척 많았다. 상사가 자신의 인격과 능력을 무시하게 되면 자신이 초등학생이 돼 선생님께 야단맞는 것 같은 생각이 들어 주눅 들고 자괴감에 사로잡혀 우울해질 수밖에 없다. 이런 상태에서 CEO가 아무리 멋들어진 비전을 선포하고 열정적인 연설을 해도 조직과 일에 대한 열정을 갖는 것은 불가능하다.

부하들을 무시하는 상사의 행동과 말을 살펴보면 부하의 능력에 대한 무시와 모욕에 해당되는 것들이 많았다. 예를 들면 "괜히 의견 낼 생각하지 말고 그냥 묻는 말에나 대답해!" "부모님이 어떻게 키우셨는지 모르겠다. 쯧쯧…" 혹은 "지금 하는 모양을 보아 하니 하나를 보면 열을 알겠다" "당신은 관련 경험이 없으니까 잠자코 있어"와 같은 말들이다. 이들의 공통된 특징은 업무적 꾸지람과 인격적 모독을 구분하지 못하고 부하직원들을 야단치는 게 그들을 성장시키는 것이라고 착각한다는 것이다. 심지어는 "아픈데 오히려 몸 관리 제대로 못했다고 꾸짖는 상사를 보며 마음속으로는 이미 사표를 썼다"라고 이야기한 분도 있었다.

무시하고 모욕하는 상사의 말과 행동의 두 번째 유형은 언어폭력인 경우가 많았다. "온갖 욕은 물론이고 '넌 머리가 장식품이냐'라고 몰아붙이는 상사를 보며 치가 떨렸다" 혹은 "욕… 욕… 욕… 그 인간 하면 생각나는 단어는 욕밖에 없다"와 같은 의견도 많이 나왔다.

리더십은 결국 관계를 바탕으로 이뤄진다. 긍정적이고 생산적인 관계 뒤에는 항상 서로에 대한 존중과 배려가 있어야 한다. 주위 사람들 앞에서 대놓고 욕하거나 무시하는 행동은 그 조직 전체를 병들게 한다. '리더십은 관계(Leadership is relationship)'란 생각을 가지고 나를 위해 뼈 빠지게 일하는 부하들에 대한 존중이 그 어느 때보다 필요하다.

---

228) 이하 내용은 정동일 교수가 자신의 리더십 강의에 참석했던 직장인들을 대상으로 한 질문, 즉 "나는 상사의 어떤 행동 때문에 어깨가 축 처지고 일에 회의를 느꼈는가?"에 해당하는 구체적 사례들에 대한 답변 내용을 바탕으로 재정리하여 제시한 것이다.

3.3.2 "잘되면 내 탓, 못되면 네 탓!" - 책임회피

직장인들이 선정한 상사의 최악의 말과 행동 두 번째는 책임회피다. 대기업의 임원 한 분은 "자신의 상사가 모든 결정을 내리고 같이 업무를 진행하다가 성과가 잘 나오지 않자 다른 사람들 있는 데서 자신을 가리키며 '그래서 내가 그렇게 하지 말라고 했잖아'라고 면박을 주는 모습을 보며 나는 다른 건 몰라도 부하들을 끝까지 책임져 주는 상사가 되자고 다짐했다"라고 이야기했다.

"결국 성과 안 나오면 다 당신 잘못이야" "일이 잘 안 풀릴 때 자기만 살고자 하는 모습" 등은 실패 시 그 책임을 부하에게 전가시키려 하는 말과 행동의 대표적인 내용이었다. 비슷하게 자신이 책임을 지지 않기 위해서 "중요한 의사결정을 부하에게 미루는 상사를 보면서 저 양반이 어떻게 저 위치에까지 올라갔나 하는 의구심이 들 때가 있다"라고 이야기한 중간관리자도 있었다.

또한 "부하직원들의 성과를 가로채는 상사를 볼 때 축 처지게 된다" "본인 성과의 도구로만 나를 활용하는 모습" "부하에 대한 진정한 이해나 관심 없이 오로지 성과에 대해서만 이야기하고 일이 잘되면 다 자기 덕분이라고 함"처럼 부하와의 공존과 발전이 아닌 부하를 성과 창출의 수단으로만 바라보는 상사의 모습에 대한 의견들도 상당수 개진됐다.

1996년부터 2007년까지 뉴욕 양키스의 감독으로 12년 동안 매 해 팀을 포스트 시즌에 진출하게 했으며 무려 10번의 아메리칸 리그 동부지구 우승과 6번의 아메리칸 리그 우승, 그리고 4번의 월드시리즈 우승을 이끌었던 조 토리(Joe Torre) 감독. 그는 그 기간 동안 0.605의 승률을 기록했고 통산 2326승을 거둬 역대 메이저리그 감독 다승 5위에 올라 있을 정도로 위대한 감독이다. 그런 조 토리 감독이 가지고 있는 리더십의 비결은 "뭔가 잘못되면 다 내 책임입니다. 이상!" 이라고 외치는 리더로서의 책임감에 있다.

리더의 궁극적인 역할은 결과에 대한 책임을 져주는 것이다. 그런 의미에서 "잘 되면 내 탓, 잘못되면 네 탓"과 같은 상사의 말과 행동은 부하들이 일과 조직에 대한 회의감이 들고 어깨가 축 처지게 만드는 가장 최악의 것 중 하나라는 데 이견이 없을 것이다.

3.3.3 "당신은 시키는 대로 하기나 해!" - 불신과 독선

상사의 세 번째 최악의 말과 행동으로는 "당신은 시키는 대로 하기나 해!"처럼 부하의 경험과 지식에 대한 불신과 모든 걸 혼자 결정하려는 독선이다. 설문에 참여한 많은 분들이 상사가 "비논리적이고 올바른 방향도 아닌데 자기 마음대로 하고 부하들의 의견을 묵살할 때 제일 사기가 떨어진다"라고 이야기했다. 비슷한 내용으로 "부하직원의 의지와 상관없이 권위적으로만 행동하려는 상사" "부하직원에 대한 불신" "독선적으로 행동하고 지시할 때" "자기의 지시대로만 움직이게 하는 사람" "독단적으로 의사 결정하는 상사" "모든 일을 자기중심적으로 처리하는 상사"와 같은 의견들이 있었다.

부하직원들이 가지고 있는 역량과 경험을 무시한 채 "당신이 뭘 안다고 떠들어!" 식의 태도를 가지고 있는 상사는 결국 모든 걸 혼자 해결해야 하는 모순에 직면하게 된다. 그래서 부하들에 대한 불신은 리더의 수명을 단축시키는 대표적인 이유가 된다. 무조건 자기가 해봤다며 부하들의 의견 묵살하는 상사는 이제 더 이상 설 자리가 없다는 사실을 반드시 기억하기 바란다.

3.3.4 "자꾸 바꿔서 미안한데, 이렇게 다시 해봐!" – 일관성 결여

직장인들이 선정한 상사의 최악의 말과 행동 네 번째는 일관성이 결여된 말과 행동이다. 상사가 의사결정을 차일피일 미루고 한번 내린 결정이나 방향을 바꾸게 되면 부하들은 언제 또 결정을 번복할까 하는 불안감 때문에 업무 추진에 대한 의욕이 떨어질 수밖에 없다. 많은 분들이 이와 관련해서 "갈팡질팡하는 상사만큼 같이 일하기 짜증나고 의욕이 상실되는 경우도 없을 거다" "방향 제시를 제대로 못 하는 상사… 피곤하다" "계속 수정만 시키고 결과적으로 사장되는 자료를 만들었을 때 그만두고 싶어진다"와 같은 의견을 주셨다.

2010년 잡코리아가 직장인들 809명을 대상으로 한 조사에서도 "직원들이 가장 피하고 싶은 상사는 어떤 유형입니까"라는 질문에 무려 63.4%의 응답자가 "업무지시·평가에 일관성이 없는 상사"라고 답한 것만 봐도 일관성이 결여된 상사의 행동과 말이 얼마나 부하들의 사기를 저하시키는지 알 수 있다.

일관성이 결여된 상사의 행동은 대부분 일관된 가치나 원칙의 부재, 혹은 미래에 대한 확신의 부족에서 나온다. "무슨 생각을 하는지 모르겠고, 이랬다저랬다 생각이 바뀐다" 혹은 "명쾌하지 못하고 방향이 불분명하다. 장기적인 전략과 원칙이 없다"라고 이야기한 부하들의 말이 이를 입증한다고 할 수 있다. 부하들에게 신뢰를 얻고자 한다면 확고한 의사결정과 행동의 원칙을 정해 꾸준히 이를 실천해 보라고 조언하고 싶다.

3.3.5 "해봐야 알겠니? 안 될 거야!" – 부정적 시각과 냉소

부하들이 선정한 상사의 최악의 말과 행동 다섯 번째는 상사의 부정적 시각과 냉소다. "사사건건 안 된다고 하는 상사 때문에 직장 옮기는 것을 심각하게 고민했다" "상사의 회의주의와 허무주의는 전염성이 아주 심각해서 나까지 냉소적으로 변하는 것 같아 깜짝 놀랐다" "내 의견을 무조건 부정적으로 '아니다' '틀리다'라고 이야기할 때 미치는 것 같았다" 등이 상사의 부정적 시각과 냉소 때문에 의욕이 저하됐다는 대표적인 의견들이다.

일에 대한 부정적인 시각도 위험하지만 부하들의 부정적이고 부족한 모습만을 보는 상사에게도 많은 분들이 상처를 받았다는 의견을 개진해 주셨다. “내 부족한 모습만 보는 것 같아 상사를 피해 다니고 싶었다” “열심히 하고 있으나 인정해 주지 않고 실수나 실패만 들춰내서 일할 맛을 딱 떨어지게 했다”와 같은 내용이다. 심지어 “내가 없을 때 뒷 담화 하는 것을 목격하고 상사에 대한 정이 딱 떨어졌다”란 내용도 있었고 “20년 전에 잘못한 일을 들먹일 때 사직서 내고 싶었다”란 웃지 못할 내용도 상사의 부정적 시각과 냉소를 말해주는 것이라 할 수 있다.

리더는 부하들을 한 번도 가보지 못한 길로 인도해야 하는 존재다. 그래서 리더십에 있어 솔선수범과 긍정적 시각이 무엇보다 중요하다. 같이 일하고 있는 상사가 목표달성에 대한 확신 없이 지속적으로 부정적이고 냉소적인 이야기를 한다면 부하들은 그 상사를 리더로 따를 이유가 없어진다. 나는 무의식중에 긍정적인 면보다 부정적인 면을 먼저 쳐다보고 있지는 않은지 체크해보자. “모든 위대한 리더는 희망과 긍정의 전사가 돼야 한다”라고 이야기한 리더십의 대가인 워런 베니스(Warren Bennis)의 이야기를 기억할 필요가 있다.

3.3.6 내 어깨를 축 처지게 했던 기타 말과 행동

▲ 공과 사를 구분하지 못하는 상사 : “개인 비용과 회사 비용을 구분하지 못하는 상사를 보며 혐오감이 들었다.” “사적인 행동을 우선시하는 상사의 모습에 실망했다.”
▲ 정보 공유를 하지 않는 상사 : “모든 정보를 혼자 독차지하고 필요할 때만 선심 쓰듯이 알려주는 상사의 모습을 보며 일하기 싫어졌다.”
▲ 배려 부족 : “금요일 밤에 퇴근하면서 월요일 아침까지 준비해 놓으라는 상사를 보며 미치는 줄 알았다.”
▲ 지나친 아부와 인기영합 : “위에 계신 상사에게는 과잉 충성하고, 자기 말 잘 듣는 부하들만 편애하는 모습을 보며 회의감이 들었다.” “일보다는 정치를 더 잘하는 상사를 보며 떠나고 싶었다.”

3.4 결 론[229)]

인재를 키우는 상사는 시간이 지날수록 삶이 풍성해진다. 나이가 들고 직급이 올라갈수록 내 인생이 외롭고 쓸쓸하다고 느껴진다면 “나는 지금 부하와 후배들에게 긍정적인 영향을 통해 그들을 성장시키고 있는가”라고 자문해보기 바란다. 좋은 상사와 나쁜 상사의 차이는 생각보다 그리 크지 않다. 지금 내가 할 수 있는 일부터 실천해

229) 정동일(2013.06.), op. cit.

그들의 신뢰를 차곡차곡 쌓아보자. 내 일 년 후의 인생이 지금보다 훨씬 풍성해지리라 확신한다.

04 '똑똑한 실패 학습법' 도입 필요[230)]

4.1 기업이 실패에서 배우려면

첫째 잘못에 대해 '그렇다'고 인정을 할 줄 알아야 한다. 인정하지 않으면 고치지도 못한다. 실제로 많은 CEO들이 잘못을 인정하는 것을 매우 두려워한다. 둘째 잘못된 이유를 면밀하게 찾아내야 한다. 어떤 실수들은 피할 수 없는 것들도 있다. 실수가 조직 내에서 어떻게 퍼져 나가는지 파악해야 한다. 셋째 편협한 조직이 아닌 열린 문화를 갖춘 조직으로 탈바꿈해야 한다. 열린 문화를 만들 의지가 없는 CEO들은 실패에서도 배우지 못하는 조직을 만들게 된다.

4.2 아시아 기업들 실패 사례의 공통적인 문제점

많은 아시아 기업들을 일반화하기는 어렵다. 그러나 굳이 공통점을 찾자면 아시아 기업들은 CEO 등 리더에게 대단한 존경심을 보인다. 꼭 나쁘다는 얘기는 아니다. 그러나 이런 것들이 너무 지나치면 아무도 경영진에 문제제기를 하지 않게 된다. 맬컴 글래드웰의 책 '아웃라이어'에 소개된 1997년 대한항공 괌 항공기 추락 사고처럼 문제가 생겨도 아무도 말하지 않는다. 반면 네덜란드에서는 직원들이 문화적으로 경영진에게 도전하고 문제를 제기하는 데 익숙해져 있다.

4.3. 해외기업들의 사례

영화 '야망의 함정'은 조직이나 그 조직의 우두머리를 대상으로 의문을 제기하는 것

230) 매일경제(2013.05.), op. cit.

이 얼마나 위험한 것인지 잘 보여준다. 유명 로펌에서 탄탄대로를 걷던 주인공(톰 크루즈)은 로펌 내부의 부도덕하고 불법적인 활동을 발견하면서 삶이 뒤바뀐다. 그가 이 사건을 조사하려 하자 급기야 자신의 생명까지 위협 받는다. 현실의 조직에서도 마찬가지다. 기업의 노선에 복종하지 않거나 회사에 잠재적으로 피해가 될 수 있는 정보를 밝혀내려 하는 사람들은 직장을 잃게 되는 경우가 많다.

시드니 핑켈스타인 다트머스대 터크경영대학원 부학장은 자신의 저서 '실패에서 배우는 성공의 법칙'에서 엔론, 월드콤, 타이코 등 수많은 기업의 CEO들이 내부에서 지적하는 실패 요인을 인정하지 않고 현상 유지에만 급급하다 비극을 맞았다고 언급했다. 핑켈스타인 부학장은 똑똑한 경영자들이 편협한 조직을 만드는 것을 막기 위해 임직원 간 쌍방향 소통 창구를 마련하라고 제안한다.

보잉은 윤리적인 핫라인(hot line)을 설치해 누구든 문제를 지적할 수 있도록 했다. GE는 최신 IT기술에 능한 젊은 경영자들이 고위 경영자들에게 기술을 전수하는 逆멘토링 프로그램을 진행했다. 홈데포의 설립자 버니 마커스는 현장 피드백을 듣기 위해 전국을 돌며 진행했던 '버니 로드쇼'로 유명하다. 그는 공개회의에서 자신에 대해 그 어떤 공격적인 질문도 서슴없이 하도록 허용했다. 그리고 그 어떤 어리석은 질문에도 결코 '보복'을 하는 법이 없었다. 조직 내에서 최상의 업적뿐 아니라 최악의 실적을 공유하는 시간을 갖고 실수를 자연스레 인정할 줄 아는 문화를 만들어야 한다고 핑켈스타인 부학장은 강조했다.

미 공군은 임무를 마친 뒤 사후 보고를 위한 팀 회의 때 서로 관등성명을 대지 않는다. 또한 팀 외부의 사람은 아무리 계급이 높아도 팀 회의에 참석할 수 없도록 하고 있다. 이를 통해 팀원들은 서로 자신의 잘못을 쉽게 인정하고 임무 상 실수의 근원적인 이유를 들여다보기 위해 노력하게 된다.

05 리더십 모델의 모순[231)]

리더십 이론은 시대별로 특성이론(trait theory), 행위이론(behavioral theory), 상황이론(contingency theory), 변혁적 리더십 이론(transformational leadership

231) 심형석(2011), op. cit.

theory) 등으로 발전해 왔다. 리더십 모델은 이러한 이론을 통해 도출됐는데, 크게는 관계지향과 과업지향으로 나눌 수 있다.

최근 구성원들의 감정적 요소를 기업 경영에 활용하는 사례가 늘어나면서 과업지향형 리더에 비해 관계지향형 리더를 선호하고 있다. 관계지향형 리더는 과업지향형 리더에 비해 조직 내의 갈등을 숨기거나 모른 척 넘기려는 성향이 상대적으로 강하다. 이에 따라 해결되지 않은 문제가 쌓여 회사 경영에 심각한 위기상황을 초래하기도 한다. 나아가 구성원들을 지나치게 배려하는 탓에 실행력 저하를 가져올 수도 있다. 배려와 경청은 리더에게 꼭 필요한 덕목이지만 업무 실행력과 결합되지 않을 경우 조직을 친목집단화 할 수 있다.

릭 왜고너(Rick Wagoner) 회장 취임 이후 9년 동안 GM은 매출이 수백억 달러 줄고 부채는 그만큼 늘었다. 시장점유율 또한 엄청나게 줄어들었으며 주가는 95% 하락했다. GM은 정부에 손을 벌리는 최악의 상황을 맞이했고, 왜고너는 사임하고 만다. 불명예스럽게도 2010년 뉴스위크는 릭 왜고너를 대표적인 '먹튀'[232]2 경영자로 뽑았다. 하버드비즈니스리뷰(HBR) 온라인판[233]은 2009년 GM에서 불명예 퇴진한 왜고너의 실패 이유를 분석하면서 그가 난국을 헤쳐 나온 경험이 없으며, 그를 좋아하지 않는 사람이 없을 정도로 부드러운 성격의 소유자였음을 중요한 원인으로 지적했다.

이에 반해 성과지향형 리더는 부담스럽기는 하지만 관계지향형 리더와는 반대의 장점을 지니고 있다. 이들은 강한 성과 압박으로 구성원들에게는 가혹한 리더로 평가받을 수는 있지만 주도적이며 강한 추진력으로 목표를 달성하고 성과 향상에 매진한다. HP의 전임 CEO였던 칼리 피오리나는 '워커홀릭(workaholic)'이라고 불릴 정도의 성과지향형 인물로 구성원들에게는 가혹한 리더로 기억됐지만, 그녀의 성공요인은 이런 몰입 때문이기도 했다.

이렇게 리더십 모델은 경영환경과 조직특성에 따라 명암이 갈릴 수 있다. 따라서 우리는 리더십의 밝은 면과 함께 어두운 면까지 살펴보는 혜안이 필요하다. 실패학의 관점에서는 오히려 리더십에 드리워질 그림자를 놓치지 않는 노력이 필요하다. 실패를 다양한 시각과 기준을 가지고 분석해야 실패의 진정한 측면을 이해할 수 있듯이, 특정 리더십의 그림자는 리더십의 밝은 면과 함께 리더십 모델을 분석하는 다양한 시각과 기준의 준거가 될 수 있다.

---

232) 먹고 튄다는 의미로 높은 연봉을 받았으나 제 역할을 못함을 이른다.

233) John Baldoni(2009), "How GM's Rick Wagoner Failed to Lead in a Crisis", Harvard Business Review Blog Posts, 2009.3.30.

06 마무리

6.1 악마의 옹호자를 두자[234)]

성공적인 리더십을 발휘하기 위해 가장 중요하지만 쉽게 간과하는 부분이 피드백이다. 많은 리더들, 특히 뛰어난 성과를 내면서 미래를 개척해온 경영진일수록 자신에 대한 비판에 익숙하지 않은 경우가 많다. 이 때문에 자신에게 부정적인 이야기를 하는 주변사람을 싫어하거나 배척할 가능성이 크다. 그러나 적극적으로 피드백을 수용하는 자세는 리더의 실패를 줄이는 데 매우 중요한 역할을 한다.

조직 차원에서 성공적인 리더를 양성하는 방법으로 '악마의 옹호자(devil's advocate)' 제도를 도입할 수 있다. 악마의 옹호자란 가톨릭에서 한 인물을 시성(성인으로 인정함)할 때, 그의 업적과 순교가 성인으로서의 지위에 합당한지를 판단키 위해 성인의 반대편 입장에서 그를 논박하는 역할을 맡은 성직자에게 주어지는 칭호다. 흥미로운 점은 마피아 업계에도 이와 유사한 역할을 하는 사람이 있다. 이탈리아어로 조언자나 변호사를 뜻하는 '콘실리어리(consigliore)'인데, 마피아에서는 공식적인 지위이며 상당한 권력을 갖는다고 한다.

영화 <대부>에서 영화배우 로버트 듀발이 돈 콜레오네 가족을 돕는 냉정한 책사 역할로 분했던 톰 헤이건이 바로 콘실리어리다. 콘실리어리는 신임 보스에 적극적인 조언을 하는 것으로 알려져 있다. 대기업과 흡사한 구조를 가지고 있으며 오랜 생존을 자랑하는 마피아에서도 저돌적인 행동 대원과 현명한 콘실리어리를 함께 두고자 했던 이유는 실패 경영의 좋은 사례일 것이다.[235)]

리더는 자신이 성공한 원인이 과거의 성공 경험 때문이라는 인식이 강하다. 하지만 새로운 경영환경은 새로운 경영방식을 요구하게 마련이다. 이를 위해 리더는 상사, 동료, 부하와의 우호적 관계 형성을 넘어 악마의 옹호자를 적극적으로 육성해야 한다. 추진하는 사업의 문제점과 부정적인 요인들을 지적하는 악마의 옹호자 의견을 적극적으로 받아들일 때, 사업의 성공 기반을 효과적으로 다질 수 있고 더 나아가 실패를 줄일 수 있다.

---

234) 심형석(2011), op. cit.
235) 마이클 프란시스(2010), 거절할 수 없는 제안을 하라, 쌤앤파커스, 2010.03.

6.2 이상적 조직의 조건 6가지를 반영하도록 노력하라[236)]

6.2.1 롭 고프의 'DREAMS' 6가지

롭 고피(Rob Goffee) 런던 비즈니스스쿨 교수가 제안한 이상적 조직의 조건 'DREAMS' 6가지는 다음과 같다. 전 세계 기업의 경영진과 관리직, 일반 근로자들을 설문조사[237)]해 그가 찾아낸 답이 'DREAMS'였다. ▲Difference(개성 존중)[238)] ▲Radical honesty(진실성)[239)] ▲Extra value(역량 개발)[240)] ▲Authenticity(진정성)[241)] ▲Meaning(의미)[242)] ▲Simple rules(규칙의 단순성)[243)]

첫째 사람들은 누구나 자기 자신을 표현하고 싶은 욕구가 있다. 다양성을 존중하는 회사가 돼야 한다. 개성 존중 부문에서 뛰어난 곳은 세계적 건축회사인 아럽(Arup)이다. 시드니 오페라하우스와 파리 퐁피두센터를 비롯해 홍콩의 스카이라인을 구성하는 아름다운 건물들을 디자인하고 시공했는데, 개성을 존중하니 창의성이 자극되는 좋은 실례이다.

둘째 직원들은 회사에서 진짜로 무슨 일이 벌어지는지 어떤 상황에 처해 있는지 속속들이 알고 싶어 한다. 기업의 불합리한 사항도 외부에서 폭로되기 전 직원들에게 투명하게 공개해야 좋다. 많은 경영진이 좋은 뉴스만 듣고 싶어 하는데, 직원들이 나쁜 뉴스를 상사와 공유할 수 있는 기업을 만들어야 한다. 인슐린 분야 세계 1위인 덴마크 제약회사 노보 노디스크(Novo Nordisk)는 전 세계 직원이 소통할 수 있는 회의를 수시로 개최해, 나쁜 소식을 더 신속하게 공유한다. 제약 산업은 나쁜 뉴스를 빨리 공유해야 효과적으로 대처할 수 있는 분야이다. 신약 개발이 실패했을 때 이를 빠

---

236) 조선일보(2018.04.), [WEEKLY BIZ] 왜 당신이 우리를 이끌어야 하죠? 왜 우리가 이곳에서 일해야 하죠?, 2018.04.21.

237) 6가지 조건은 각각의 문항이 3개(총 문항: 18개, 총점: 90점)이다. 문항별 5점 척도(매우 아니다: 1점, 아니다: 2점, 보통: 3점, 그렇다: 4점, 매우 그렇다: 5점)이며, 모든 부문(6가지 조건)에서 9점 이상, 총점 54점 이상 받은 조직은 '이상적인 기업'에 가깝다.

238) 설문 문항: ①직원들이 거리낌 없이 자신의 생각을 표현할 수 있는 분위기다. ②조직 차원에서 직원들이 본인의 개성을 표현하도록 권장한다. ③다양한 유형의 사람들이 모여 일할 수 있는 곳이다.

239) 설문 문항: ①정보를 조작하거나 부정적인 정보를 숨기지 않는다. ②사내 의사소통 창구가 다양하다. ③관리 직급이 나쁜 소식도 기꺼이 보고받으려고 한다.

240) 설문 문항: ①모든 직원에게 자기개발 기회가 주어진다. ②성과가 부족한 직원은 역량을 개발할 방법을 찾을 수 있다. ③성과에 대한 보상이 공정하게 분배된다.

241) 설문 문항: ①직원들이 조직의 목적을 확실하게 인지하고 중요하게 여긴다. ②회사의 경제적 이익 때문에 다른 가치를 무시하지 않는다. ③직원들이 기쁜 마음으로 직장에 대해 이야기한다.

242) 설문 문항: ①직원들이 자신의 업무가 합당하다고 여긴다. ②직원들이 본인의 업무를 가치 있게 생각한다. ③직원들이 일을 하면서 즐거움과 보람을 느낄 수 있다.

243) 설문 문항: ①규정의 목적과 내용이 명확하다. ②조직의 규칙은 모든 구성원에게 동등하게 적용한다. ③불필요한 규칙이나 서류 작업은 최소화한다.

르게 상부에 전달하지 않으면 결국 더 많은 비용을 치르곤 한다.

셋째 사람들은 직장을 다니면서 스스로 더 나은 존재가 되고 업무능력도 향상되길 기대한다. 컨설팅회사 맥킨지와 투자은행 골드만삭스는 수십 년 동안 내부 직원 역량을 효과적으로 키워온 기업으로 꼽힌다. 직원 교육에 투자하는 규모가 남다르다. 사실 인재개발은 새로운 발상은 아니지만, 실제 제대로 수행하는 조직은 많지 않다. 여기서 또 중요한 포인트는 역량 개발을 엘리트 직원에만 한정해선 곤란하다는 거다. 모든 직원이 혜택을 받을 수 있어야 한다. 그런 차원에서 영국만 놓고 보면 일단 직원 교육까지 투자를 많이 하는 기업은 이상하게 들릴 수 있지만 미국 패스트푸드 체인 맥도날드이다.

넷째 선언한 기업 가치를 실제 집행하라. 이상적인 직장도 진정성을 갖춰야 한다. 네 번째 조건인 진정성을 조직에 적용하면, 자신이 말하는 가치를 실제로 행동으로 옮기는 기업이다. 미국 보험사인 뉴욕생명보험(NYLI)은 안전, 신뢰성, 품질을 중시한다. 성과 보상을 할 때 단지 실적만 보는 게 아니라 기업이 추구하는 가치와 전통을 일상 속에서 존중하고 실천한 점도 중요하게 판단한다.

다섯째 사람들은 업무가 합리적이고 몸담은 곳이 가치 있는 조직이기를 바란다. '더 나은 직장 만들기(Building a better working world)'가 모토인 회계법인 언스트앤드영(EY)은 효율성뿐 아니라 조직 문화에도 심혈을 기울인다.

마지막으로 관료화되지 않아야 한다. 쓸데없는 서류작업이나 절차를 최대한 없애야 한다는 뜻인데, 대기업일수록 실행하기 어렵다. 넷플릭스는 인재 관리 정책이 단순하고 자유로운 것으로 유명하다. 직원들이 본인 연차 일수를 정할 수 있을 정도로 자율성을 중요시한다.

6.2.2 특정 항목 미반영에 따른 실패 사례

롭 고피 교수가 제안한 이상적 조직의 조건 'DREAMS' 6가지를 모두 제대로 실천하긴 쉽지 않다. 하지만 이 중 한 항목이라도 온전히 반영하면 조직 성장에 보탬이 된다. 마찬가지로 특정 항목에서 결정적 공백이 생기면 조직 문화에 악영향을 끼친다.

1) 개성 존중 실패한 유니레버

고피 교수는 전통이 오랜 대기업일수록 이미 확립한 회사 문화에 맞는 사람만 고용하는 경향이 있어, 다양성을 확보하는 데 어려움을 겪는 경우가 많다고 지적한다. 소비재 기업 유니레버는 고위 경영진을 내부 승진 인사로만 채우는 관행이 오랫동안 있었다. 자사 문화와 업무 방식에 익숙한 사람으로만 회사를 꾸려온 것. 그러나 10여 년 넘게 부진한 실적이 이어지고 주주들을 중심으로 유니레버에 변화가 필요하다는 요구가 빗발치자 지난 2009년 경쟁사 P&G 출신인 폴 폴먼 현 최고경영자(CEO)를 영입하기에 이르렀다. 유니레버는 폴먼 CEO 취임 후 CFO(최고재무책임자)를 포함한 주요 직급에 능력 있는 외부 인재를 적극적으로 영입하고 기업을 재정비해 실적 난을 탈출했다.

2) 진실성 부족했던 폴크스바겐

지난 2015년 불거진 '폴크스바겐 배기가스 스캔들'은 진실성 있는 조직 문화의 중요성을 다시 한 번 깨닫게 한 사건이었다. 폴크스바겐 사태는 배기가스 배출량을 속였을 뿐 사고나 인명 피해를 유발하지 않았음에도 사안은 일파만파로 커졌다. 기업 이미지와 실적에도 엄청난 타격을 줬다. 고피 교수는 나쁜 뉴스를 사실대로 공유하지 않는 사내 문화, 외부에 문제점을 신속하게 밝히지 않는 의사소통 방식 등이 '조직의 진실성'과 직결되는 사안이라고 말했다. 그는 현재 진행 중인 '페이스북-케임브리지 애널리티카 정보 스캔들'[244]에 대해서도 "페이스북은 정보 유출 사태가 폭로되자 뒤늦게 수습에 나섰고, 피해를 본 사용자 수도 5000만 명으로 축소 발표하는 등 진실성이 부족한 모습을 보이고 있다"고 지적했다.

6.3 성공과 실패 리더십의 차이

앞서 살펴본 바와 같이 리더가 실패하는 이유는 다양하다. 본인이 (상황에 맞게) 변화하지 못해 실패할 수도 있고, 자신이 내린 결정을 끝까지 밀어붙이는 용기와 끈기가 부족해서 실패할 수 있다. 또 투명한 소통을 하지 못해 성공하지 못하거나 밥 아이거 디즈니 CEO가 말한 것처럼 "보스가 되면 자신의 포지션에 고립되고 사람들의 말을 듣지 않아 결국 직원들이 리더에게 사실을 말하지 않기 때문에" 실패할 수도 있다.

무엇보다 리더는 기업 성장을 위한 리더십의 덕목으로 변화에 준비된 열린 마음과 새로운 트렌드에 맞춰 (빨리) 적응하는 능력이 있어야 한다. 말 그대로 현재는 급변하는 시기다. 모든 것이 빠르게 바뀐다. 제조업, 서비스업, 기술 분야 등 모든 산업이

---

244) 페이스북이 2016년 미국 대선 당시 회원 5000만 명의 개인 정보 유출을 방조했다는 의혹이 일파만파 커지면서 2004년 창사 이래 최대 위기를 맞고 있다. 사건의 발단은 영국에 기반을 두고 있는 데이터 분석 기업 케임브리지 애널리티카(CA)가 선거 기간 동안 페이스북에서 회원 정보를 불법으로 유출해 당시 공화당 후보였던 도널드 트럼프 후보를 지원하는 데 활용한 것이 알려지면서다. 페이스북은 2년 가까이 지난 2018년 3월에 이 사태를 파악하고 CA와의 계약을 해지한 것으로 알려졌다. 페이스북 이용자들은 전 세계적으로 21억 명이 넘는다. 이용자들은 "광고 수익을 늘리는 데 급급한 나머지 이용자들의 데이터 보호 의무를 소홀히 했다"며 페이스북을 비난하고 있다. 그 후 페이스북은 '미국 대선 데이터 스캔들'과 관련하여 미국 워싱턴 D.C. 검찰로부터 기소를 당했다. 관련기사는 중앙일보(2018.03.), 5000만 명 정보 샌 '데이터 스캔들' … 최대 위기 맞은 페이스북, 2018.03.21. 조선일보(2018.12.), 페이스북 수난시대...'美대선 데이터 스캔들' 검찰 기소당해, 2018.12.20. 참조.

급변하고 있다. 시장에서 (각 수요자가) 무엇을 필요로 하는지, 또 그 요구를 어떻게 들어주고 배송하는지에 대한 개념이 바뀌고 있다. 이 때문에 리더는 모든 변화에 맞춰 움직이고 그 변화가 무엇인지 정확히 말할 수 있어야 한다. 리더와 기업은 변하지 않으면 살아남을 수 없다.

리더십에서 가장 중요한 요소는 호기심(curiosity), 열린 마음(openness), 유연성(flexibility)이다. 리더는 지속적으로 배워야 한다. 자신이 속한 산업뿐만 아니라 다른 분야에서 탄생된 아이디어도 습득해야 한다. 그렇지 않으면 리더의 비전은 제한적이게 된다. 다시 말하자면 리더는 언제든지 변화를 맞이할 열린 마음을 갖고 있어야 하며, 그 변화가 무엇인지 또 그 변화가 왜 찾아왔는지 확실하게 이해하고 말할 수 있어야 한다. 마지막으로 (그에 맞춰 자사 비즈니스) 변화를 실행해야 한다.

이에 주디 올리언 UCLA 앤더슨경영대학원장이 오랫동안 리더십에 대해 연구하면서 내린 결론은 다음과 같다. 첫째 모든 리더들은 좌절한다. 모두들 한 번쯤은 실패를 했다. 그렇지만 실패한 경험이 있다는 것은 그가 실패한 리더라는 의미가 아니다. 좌절의 순간을 잘 극복하는 방법을 배워야 하는 것뿐이다. 회복력(resilience)이 중요한 이유가 여기에 있다. 둘째 리더가 조언을 받아야 할 사람들은 생각보다 폭넓다. 소셜미디어를 통해 리더가 내린 결정이 널리 퍼지기 때문이다. 셋째 직원들이 이해하는 기업의 핵심과 목표를 설정해야 한다. 기업의 핵심과 목표를 얘기하는 데에는 끝이 없다. 얼마만큼 상대방과 소통을 했는지가 중요한 것이 아니다. 끊임없이 대화해야 한다.[245)]

리더십의 핵심은 구성원들에게 영향력을 미치는 것이다. 리더들은 자신의 비전과 열정을 전달하는 과정에서 혁신가의 성격을 띠는 것이 일반적이다. 그러나 구성원들과 소통과 공감이 없이는 비전이 달성될 수 없다. 조직의 변화나 혁신은 리더 한 사람이 이루는 것이 아니라 리더에 공감하고 이해하는 구성원들로부터 이루어지기 때문이다.[246)]

아무쪼록 다양한 실패의 사례를 반면교사로 삼아 조직이 성공으로 가기 위한 성공 리더십을 각자 효과적으로 발휘해 주길 기대해본다.

---

245) 매일경제(2015.09.), [The Biz Times] 리더가 실패하는 이유, 뒤집어서 생각하면 리더가 성공하는 이유 : 주디 올리언 UCLA 앤더슨경영대학원장의 충고, 2015.09.18.

246) 배귀희(2014), 성공과 실패의 리더십의 차이는?, 숭대시보, 2014.05.27.

Chapter

11 팔로워십

1. 리더와 팔로워의 관계
2. 팔로워십의 의미와 중요성
3. 굿 팔로워십
4. 사례로 살펴본 좋은 팔로워
5. 직장인의 시각에서 바라본 유능한 팔로워의 조건
6. 리더의 성공은 팔로워십에 달려있다
7. 조직의 성공을 이끄는 팔로워십
8. 마무리

우리 사회에는 수많은 리더가 존재한다. 과거 관료화된 조직사회에서는 강력한 리더십이 강조되었다. 그러나 리더만을 강조하던 시대는 지났다. 그들을 리더로 인정하고 따라준 사람들이 있기 때문에 훌륭한 리더가 존재할 수 있다는 인식이 확산되면서 리더를 따르는 자, 즉 팔로워의 존재가 부상하고 있으며 리더를 따르기 위해 팔로워에게 필요한 자세인 팔로워십, 그리고 리더와 팔로워의 올바른 파트너십에 대한 논의가 이뤄지고 있다.

리더십에 대한 관심은 매우 높지만, 그에 못지않게 중요한 팔로워십(followership)에는 별로 관심이 없다. 조직성과의 80~90%는 리더를 따르는 팔로워들이 만드는데도 말이다. 관리자가 되고 사장이 되어도 자신보다 높은 상사나 오너에게 좋은 팔로워십을 발휘해야 조직과 자신이 발전한다.

01 리더와 팔로워의 관계[247)]

"조직의 성공에 리더가 기여하는 것은 많아야 20% 정도이다. 나머지 80%는 팔로워들의 기여다"라고 조직학자 캘리(Robert E. Kelley)는 말했다. 리더십은 빙산의 일각일 뿐 팔로워십이 잘 받쳐주느냐에 따라 리더십은 빛을 발하기도 하고 어둠 속으로 빨려 들어가기도 한다. 리더의 위임만큼이나 팔로워의 책임도 중요하다.

리더십과 팔로워십은 이원화되어 따로 떨어져 있는 것이 아니라 씨줄과 날줄처럼 서로 기대어 얽혀있다. 서로 관계하고 서로를 지지한다. 리더와 팔로워는 동반자다. 팔로워는 부하가 아니라 파트너다. 추종자나 견제자가 아니라 동반자이자 조력자이다.

팔로워는 무조건 복종하는 예스맨도 아니고 언제든 제치고 올라갈 기회를 노리는 2인자도 아니다. 국민의 수준이 대통령의 수준을 결정하는 것처럼 팔로워의 수준이 리더의 수준을 좌지우지한다. 바람직한 팔로워는 리더에게 긍정적 영향력을 행사하며 리더의 부족한 점을 메워준다.

팔로워십은 리더십을 발휘하기 위한 징검다리이자 예행연습이다. 빨리 리더의 자리에 오르는 것보다 팔로워로 숙성하며 리더십을 고찰하자. 짧은 기간에 거저먹는 것은

247) 이승철(2013), 팔로워십, 충청타임즈, 2013.04.09.

지름길이 아니라 망하는 길이다. 까칠한 상사를 맞추면서 완벽한 일처리를 배우는 것이 돌아가는 길인 것 같지만 지름길이다.

02 팔로워십의 의미와 중요성[248)]

2.1 주목받는 팔로워십

한때 개그콘서트의 한 코너에서는 '1등만 기억하는 더러운 세상'이라고 팔로워들의 신세를 한탄하는 자조어가 나돈 적이 있다. 과연 그런 것일까? 과거에는 리더가 조직을 움직였다. 그러나 이제는 팔로워의 힘을 빌리지 않으면 변화된 환경에 적응해나갈 수 없을 정도로 세상은 빛의 속도로 빠르게 바뀌고 있다. 심지어는 "대통령도 국민이 고용한 5년 단임의 비정규직으로 생각하고 사회적 약자의 목소리에 귀를 기울여야 한다"고 목소리를 높이고 있을 정도다. 시골의사 박경철은 그의 저서 '자기혁명'에서 "종전에는 잘난 사람의 리더십이 중요했지만, 지금은 대중의 팔로워십이 중요한 시대"라고 강조했다. 유아독존이더라도 1만 명을 먹여 살리는 한 명의 인재가 "나를 따르라"고 외치면 9천999명이 뒤를 따랐지만, 이제 그런 시대는 끝났다는 것이다. 훌륭한 팔로워가 훌륭한 리더를 만들고, 훌륭한 조직을 형성해간다는 것이 요지의 골자다.

일찍이 장자크 루소는 "이끄는 법을 배우려면 먼저 따르는 법을 배워야 한다"고 했다. 애당초 우리는 모두가 팔로워였다. 어린 시절에는 부모를 따랐고, 커서는 조직의 리더를 따랐다. 그렇게 성장한 팔로워들은 또 다시 성장하여 조직의 리더로 활약하게 된다. 때문에 성공한 리더가 되려면 팔로워십부터 배워야 한다. 리더십의 출발점은 팔로워십에서 시작된다.

리더와 팔로워는 어떤 차이가 있을까. 리더가 이끄는 사람이라면 팔로워는 밀어주고 끌어당기는 사람이다. 그런데 조직 속의 팔로워는 상사에겐 팔로워이지만 부하직원에게는 다시 리더가 된다. 그와 동시에 팔로워는 동료인 펠로우(Fellow)들과 조직

---

248) https://blog.skhynix.com/2354 [SK하이닉스 공식 기업블로그 하이라이트], [직장생활] 리더십보다 팔로워십? 리더를 만드는 중요한 요소 '팔로워십', 2017.10.23.

의 가치와 공동의 목적을 달성하기 위해 함께 노력하는 사람들이다. 때문에 팔로워십은 리더십과 펠로우십(Fellowship)을 포괄하는 총괄개념이기도 하다. 이처럼 과거에는 그다지 중요하게 생각하지 않던 팔로워십 교육에 대해 최근 들어 기업은 물론 지자체에서도 많은 관심을 보이기 시작하고 있다.[249)]

과거 관료화된 조직체계에서는 효과적으로 조직을 운영하기 위해 리더의 강력한 리더십이 중요하게 작용했다. 우리 사회는 뛰어난 리더를 요구했고 리더 중심적인 사고가 지배적이었다. 그러면서 리더십은 리더가 갖춰야 할 '조건'이 아닌 일종의 '힘'으로 여겨졌다. 하지만 세상은 변화하고 있다. 수직적이었던 조직체계가 유연하게 바뀌어가고 있을 뿐만 아니라 리더는 물론 리더를 따르는 구성원들이 리더에게 미치는 영향력도 중요해지고 있다. 리더와 팔로워의 관계가 상사와 부하가 아닌 파트너의 관계로 인식되면서 리더와 팔로워 간의 거리가 좁혀지고 있는 것이다. 이제 리더십만이 독자적인 힘을 갖고 있는 것이 아니라 조직에서 리더십이 효과적으로 발휘되기 위해 팔로워들에게도 '따르는 자세'가 요구되고 있다. 즉 리더의 의욕을 고취시키고 지도력을 이끌어내는 '팔로워십'이 리더십만큼이나 중요해지고 있다.

무엇이 훌륭한 리더를 만들까? 리더십? 배려심? 추진력? 진정한 팔로워십(Followership)을 갖춘 팔로워라고 생각한다. 팔로워십의 사전적 의미는 상사를 대하는 부하의 바람직한 특성과 행동이다. 그럼 무조건 상사에게 '예스(YES)'만을 말하는 사람만이 팔로워십을 갖춘 사람이라고 볼 수 있을까? 결론부터 말하자면 '노(NO)'이다. 상황에 맞게 자신의 의견을 제시하는 팔로워야 말로 훌륭한 리더를 만들 수 있다.

회사 생활을 하면서 뼈저리게 느끼는 것 중 하나는 파트너의 중요성이다. 대학교 수업시간에 했던 팀플레이, 하다못해 게임을 하더라도 어떤 팀원을 만드느냐에 따라 결과는 완전히 달라진다. 조직이라면 그 크기와 상관없이 리더와 팔로워 모두 존재한다. 아무리 역량이 뛰어난 리더일지라도 팔로워들이 잘 따라주지 않는다면 좋은 결과는 장담할 수 없다. 리더만큼 팔로워들도 중요한 것이다.

2.2 따르는 자의 자세, 팔로워십[250)]

팔로워는 리더로 하여금 조직을 이끌어갈 수 있는 리더십을 발휘할 수 있도록 리더에게 강한 영향력을 행사해야 한다. 그것이 바로 팔로워십의 근본적인 목표다. 그렇다면 과연 따르는 자의 자세, 팔로워에게 요구되는 자세란 어떤 것일까?

팔로워는 단어의 의미가 그렇듯 누군가를 따르는 자이다. 그렇기 때문에 리더를 잘 따르는 것이 당연시 되어야 한다. 그렇다고 무조건적인 추종은 옳지 않다. 리더에게

---

249) 이상의 내용은 정문섭(2012), 리더십보다 중요한 팔로워십, 중부매일, 2012.09.12.
250) 덕성여대 신문(2011), 리더십, 팔로워십, 그리고 파트너십, 2011.12.14.

부족함이 있다 해서 그것을 옳다 그르다 평가하는 것이 아니라 그 부족함을 보충하고 보완하는 능력이 필요하다. 리더에게 끌려가는 것이 아닌 자신이 리더를 보필한다는 생각을 갖는 것이 팔로워가 갖춰야 할 가장 중요한 자질이라 할 수 있다.

신뢰성도 필요하다. 훌륭한 팔로워는 리더에게 따끔한 충고와 비판을 아끼지 않아야 하며 여기에는 반드시 신뢰성이 수반돼야 한다. 팔로워의 정직하고 용감한 생각과 판단은 리더에게, 조직에게 신뢰를 주기 마련이다. 무엇보다 자신의 리더에 대한, 자신이 속해있는 조직에 대한 관심이 필요하다. 이들에 대한 사랑이 없다면 리더를 제대로 따를 수 없을 뿐만 아니라 조직을 올바른 방향으로 이끌 수도 없다. 자신이 속한 곳에 대한 사랑이 있다면 팔로워들도 얼마든지 조직에 영향력을 행사하고 조직을 빛낼 수 있다.

한양대학교 리더십센터 송영수 센터장은 "팔로워십은 리더를 도와 성공을 이루고 파트너십을 가짐으로써 조직력을 강화시켜 나가는 능력이다"라며 "그렇기 때문에 팔로워는 리더와 공감대를 형성하고 소통을 하며 리더를 파트너로 인식하는 자세를 갖춰야 한다"고 훌륭한 팔로워의 자질을 설명했다.

2.3 훌륭한 팔로워의 조건

2.3.1 책임감은 기본이다

자신의 일도 완수하지 못했으면서 리더의 꽁무니만 쫓아다닐 필요는 없다. 리더와 팔로워들은 하나의 목표를 정해두고 일하는 파트너라는 것을 잊으면 안 된다. 리더와 팔로워, 각자 역할을 충실히 수행하는 것은 올바른 조직으로 가는 기본자세이기도 하다. 남의 일만 해주다가 정작 자신의 일을 다 하지 못하거나, 다른 팔로워들에게 피해만 주는 사람은 리더에게 근심걱정을 안길 뿐만 아니라 조직 전체의 분위기를 훼손한다. 팔로워들 각자가 맡은 일을 완벽하게 한다면, 리더의 입장에서는 업무의 짐을 하나 덜게 된다는 걸 잊지 말기 바란다.

2.3.2 헌신을 두려워하지 않는다

조직의 일은 개인 상황, 조건 등 각각의 변수에 따라 달라지기 마련이다. 자신의 업무를 다했음에도 본의 아니게 다른 사람의 업무까지 해야 하는 경우도 생긴다. 대부분의 리더는 자신이 신임하는 팔로워에게 일을 맡긴다. 만약 자신에게 팀원의 일이 맡겨진다면 어쩔 수 없이 도와줄 수 없다는 태도보다는 팀을 위해 헌신하는 모습을 보여주기 바란다. 헌신을 두려워하지 않는다면 누구에게나 인정받을 수 있다.

2.3.3 때론 용기가 필수다

상사의 말에 무조건 긍정적 신호만 보내는 건 결코 좋은 팔로워가 아니다. 리더 역시 사람이기 때문에 잘못된 선택을 하고, 부당한 지시를 내릴 수 있다. 그럴 때는 단호히 잘못된 것을 지적하는 편이 좋다. 단 앞서 소개한 두 가지 조건을 채우는 사람일 경우에만 효력이 있다는 걸 잊지 말아라. 자신의 일을 제대로 하지 않고, 조직에 그다지 관심도 없어 보이는 사람이 직언만 한다면, 리더는 그저 불평, 불만쯤으로 여길 것이다.

2.3.4 대안을 제시하는 것도 필요하다

조직이 길을 잃어 헤매는 경우, 리더가 그 상황에서 갈피를 잡지 못한다면 팔로워들이 대안을 제시하는 것도 중요하다. 아무것도 하지 않은 채, 손 놓고 결정만 기다리는 것은 리더에게 지나친 부담을 줄 수 있다. 조직을 이끄는 건 리더의 몫이지만 조직을 움직이는 건 팔로워들의 몫이다. 구성원인 팔로워들의 조력 없이는 아무리 뛰어난 리더라 하더라도 조직 운영에 어려움을 겪기 마련이다. 이처럼 조직 자체의 위기 상황이 닥칠 때나 적절한 대안 제시는 꼭 필요하다.

2.4 팔로워들이 벌이는 최악의 실수

2.4.1 팔로워십은 복종이 아니다

훌륭한 팔로워가 되기 전, 상사가 어떤 리더인지를 먼저 파악하는 것이 필요하다. 다수의 직원들에게 두터운 신임을 받는 상사라면 두말없이 그의 지시를 따르는 것이 좋겠지만, 그 반대 경우도 있다. 상사의 부당한 지시를 '힘없는 부하 직원'이라는 이유로 따랐다가 최악의 결과를 초래할 수 있다. 독일 나치 정권 아래 히틀러를 충실하게 따랐던 부하들을 생각해보면 아주 간단하다. 말 그대로 그들은 성실히 자신의 리더인 히틀러를 따른 것이다.

2.4.2 답을 찾는 '노(NO)'가 필요하다

자신의 지시에 침묵하며 암묵적 동의를 하는 게 부하 직원이 지녀야 할 미덕인 것처럼 여기는 상사들이 있다. 리더와 팔로워는 각각의 역할이 따로 있을 뿐, 서로 공생 관계이며 파트너라는 것을 잊지 말아야 한다. '미국 역사상 최대 규모의 파산'이라는 기록을 남겼던 기업 '엔론(Enron Corporation)'은 리더들의 도덕적 해이와 부도덕한 시스템 탓에 파산했다. 무기력하고, 그저 묵묵히 추종한 '침묵의 팔로워'들도 파산의 원인으로 손꼽혔다. 상사의 말에 어떤 의견도 달지 않고 자신의 안위를 위해서 침묵하는 팔로워는 리더와 조직을 잘못된 길로 인도한다. 침묵의 팔로워가 되지 않기 위해서는 예전 한 광고의 카피처럼 모두가 '예'라고 말할 때 '아니오'라는 용기가 필요하다.

2.4.3 충신과 간신은 한 끗 차이다

역사적 사실을 살펴보면 충신은 훌륭한 왕을 만들지만, 간신은 왕과 나라 전체를 흔든다. 리더의 신임을 받는 팔로워들의 실수 중 하나는 자신의 입맛에 맞게 리더를 움직이는 것이다. 리더에게는 좋은 부하가 될 수는 있겠지만, 또 다른 부하직원들에게는 좋은 평가를 받을 수 없다. 이런 사람들은 리더가 자리에 없으면 팀원들 앞에서 군림하려 든다. 꼬리가 길면 언젠가는 잡히는 법! 리더 뒤에서 꾀만 부리고 이리저리 요령만 피우는 사람은 언제까지나 간신으로 남을 뿐 리더가 될 수 없다는 걸 잊지 말아라. 방송에 비유하자면 어쩌면 팔로워는 리더와 조직을 빛나게 해주는 보조 MC 혹은 리포터에 불과할지 모른다. 그러나 그 역할에 충실할수록 당신의 존재감은 더욱 커진다는 걸 잊지 말기 바란다.

03 굿 팔로워십[251]

3.1 상사와 부하는 서 있는 지점이 달라 보는 시각도 다르다

상사와 부하는 시각이 다르다. 상사가 인간적으로 더 훌륭하다는 뜻이 아니라, 서 있는 지점이 다르다는 얘기다. 등산에 비유하자면 부하가 고도 500m 지점에서 정상을 향해 올라가는 상황이라면, 상사는 이보다 높은 고도 1500m에서 바라보고 있는

251) 고현숙(2012.04.), [고현숙의 HR 컨설팅] 리더십 탓만 하지 말고 팔로어십도 연마하라, 조선일보 조선경제, 2012.04.12.

것과 같다.

조직의 꼭대기에 있는 전문경영인과 오너의 시각에도 이런 차이가 있다. 전문경영인은 단기성과, 즉 자신의 재임 기간 중 성과를 중시한다. 훌륭한 경영자로 인정받아 좋은 평판을 받는 게 중요하다. 오너의 입장은 전혀 다르다. 오너의 관심사는 '기업의 지속적인 번영'이라는 오직 한 가지이고, 나머지는 모두 부차적이라고 해도 과언이 아니다. 극단적으로 말하면 누가 사장이냐 조차도 기업의 지속적인 번영이라는 본질적 과제 앞에서는 큰 관심사가 아니라고 할 수 있다. 이처럼 서로 완전히 고도가 다른 곳에서 사고하는 것이다.

부하들은 상사가 말이나 방침을 쉽게 바꾼다든지 공적을 인정해주지 않으면 인간적으로 상처받기도 하지만, 상사 입장에서는 상대를 낮게 평가하거나 모욕감을 주려는 의도가 전혀 없는 경우가 많다. 단지 자신의 시각에서 중요한 것만 생각하면서 나오는 자기중심적 행동일 수 있다.

3.2 상사 입장에 서면 팔로워로서 시각이 트인다

중견기업 전문경영인 A 사장은 오너인 B 회장의 근검절약 정신이 지나치다고 생각해왔다. 오너 스스로 검소한 것은 미덕이지만, 고객과 식사할 때조차 가장 싼 메뉴를 주문해 식사자리를 썰렁하게 만들곤 했기 때문이다. 출장 때 적립되는 마일리지도 회사 마일리지로 돌려놓게 하고, 할인 쿠폰을 모아 직원 회식 때 쓰라고 나눠주곤 해 B 회장은 짠돌이라는 별명을 갖고 있다. 최근엔 한 기업을 인수·합병하면서 B 회장은 계열사 사장들의 차종을 한 등급 낮은 것으로 바꾸라고 지시했다. A 사장은 자존심이 무척 상했다. 잘 대접해 주면 알아서 성과를 더 낼 텐데 하는 생각에 사기가 떨어졌다. '나를 인정해주지 않는 조직에 남아 있어야 하나' 하는 자괴감까지 들었다.

고민에 빠진 A 사장에게 먼저 오너의 시각을 충분히 숙지하고 일을 대해 보도록 했다. B 회장은 자수성가한 사람으로, 가난에 대한 두려움을 무의식적으로 떠안고 살았다. 하지만 겸손하고 건전한 리더로서 무(無)차입 경영을 실천했고, 자녀에게 회사를 물려주지 않겠다고 공언하는 모범적인 경영자였다.

그런 B 회장의 시각에 충분히 머물면서 지금 처한 상황을 생각해 봤다. 그러자 차종을 낮은 등급으로 바꾸도록 한 것과 싼 음식을 주문한 것은 돈이 아까워서라기보다는 무의식적인 가치관에 따른 것이고, 본인도 모르게 행동한 것임을 이해하게 되었다. A 사장에게 모욕감을 주기 위한 게 아니라, 조직에 자신의 가치관을 심고 싶었던 것이 오너 생각이었던 것이다. 구두쇠 회장님이라는 생각에서 벗어나 리더의 가치관이 표출되는 상황으로 이해하게 되자, A 사장은 개인적인 시각에서 B 회장을 판단하고 불평하는 것을 멈췄다. 그리고 고민했다. “회장의 가치관은 팔로워인 내가 고칠 수 있는 게 아니다. 그렇다면 그의 가치관을 인정하고 팔로워로서 그와 함께할 것인가? 그게 함께할 수 없을 정도로 중대한 문제인가? 만약 이 문제를 회장에게 제기하려면 어떻게 접근하는 게 현명한 것인가?” 등을 생각해 봤다. 결과적으로 A 사장은 자신의 체면보다는 오너와 한 방향에 서기로 선택했다. 스트레스가 낮아졌음은 물론이다.

3.3 굿 팔로워십은 리더십을 빛나게 만든다

카네기멜론대학의 로버트 켈리 교수는 좋은 팔로워십을 발휘하려면 독립적이고 비판적인 사고와 적극성이 필요하다고 했다. 두 가지를 모두 갖춘 팔로워는 리더에게 자원이 되고 성과를 내는 모범형 팔로워다. 반면 비판적 사고는 발달했는데 적극적으로 일하지 않으면 소외형 팔로워, 적극적으로 일만 하지 독립적 사고가 부족하면 순응형 팔로워, 둘 다 부족하면 수동형 팔로워다.

굿(good) 팔로워십은 리더십을 빛나게 만들어 준다. 동조(同調) 현상을 나타내는 심리학 용어로 ‘3의 법칙’이라는 게 있다. 3의 법칙은 한 명이나 두 명이 어떤 행동을 하면 아무도 관심이 없다가 3명 이상이 같은 행동을 하면 다른 사람들도 따라 하는 현상을 말한다. 이처럼 처음에 누군가 특이한 행동을 하면 사람들은 무시하지만, 두 번째 세 번째 동조자가 나타나면 상황이 달라진다. 하나의 집단 움직임으로 형성되기 시작하면서 동조자들이 늘어나고, 무리가 커질수록 그에 속하지 않는 것이 이상해져서 하나의 주류가 만들어지는 것이다. 아무리 의로운 리더라도 팔로워가 없으면 미치광이에 불과할지 모른다. 외로운 미치광이를 진정한 리더로 만들어내는 것은 두 번째 세 번째 동조자, 즉 초기의 팔로워들이다. 기꺼이 리더를 따를 수 있는 용기가 굿 팔로워십이다.

3.4 굿 팔로워십을 키우려면

굿 팔로워들은 상사에게 새로운 아이디어를 주고, 결정된 사안을 적극적으로 따르며 신뢰를 얻는다. 신뢰를 얻는 만큼 팔로워들의 영향력도 커진다. 굿 팔로워의 공통적인 덕목이 있다. 리더와의 시각 차이를 인정하고 자기 주관대로 리더를 평가하고 해석하지 않는다. 또 이상적인 리더의 모습을 그려놓고 비판하기보다는 현실적인 기준으로 리더를 바라본다. 리더의 자원이 되어 주고 리더의 성공을 돕는다. 어려운 상황에 처하더라도 상사의 행동을 개인적으로 받아들이지 않는다. 조직은 굿 팔로워십을 개인에게만 맡겨둬서는 안 되고 조직 차원에서 굿 팔로워십을 키우는 노력을 해야 한다.

로버트 켈리 교수가 팔로워 유형별로 조직이 해야 할 일을 제시한 것을 보면 다음과 같다.

첫째 우선 팔로워십의 중요성을 인식시키고 임직원들에게 팔로워십 교육을 강화해야 한다.

둘째 불평만 하는 소외형 팔로워들은 먼저 인정해 줌으로써 긍정적인 사고를 할 수 있도록 도와야 한다. 그들은 조직이 불공평하고 자신을 제대로 대우하지 않는다고 생각한다. 이들의 잠재력을 이끌어내면 조직에 큰 힘이 될 수 있다.

셋째 시키는 대로 따르기만 하는 순응형 팔로워에겐 작은 일이라도 스스로 알아서 하도록 위임하고 적극적으로 인정해 줘야 한다. 이들에게는 차분히 가르치는 교사 같은 리더가 필요하다. 대화할 때난 업무를 지시할 때 솔직히 얘기할 수 있는 분위기를 만들고 계속 격려해 줘야 한다.

넷째 특징이 보이지 않는 일반 부하직원들은 주인의식을 높여줘야 한다. 업무를 과감하게 위임해 책임의식을 갖게 하고, 선후배 동료들의 성공을 지원하는 역할을 맡겨 협동의식을 키울 필요가 있다. 특히 상사와 부하 사이의 메신저 역할만 하고 자신의 가치를 높이지 못하는 직원들은 도전의 기회를 주는 게 좋다.

다섯째 리더의 결정을 적극적으로 수용하고 따르는 조직 문화를 만들라. 조직 문화는 구호를 외치는 것으로 충분하지 않다. 굿 팔로워십에 대한 사례를 찾고 조직에 전파해야 한다.

04 사례로 살펴본 좋은 팔로워[252]

4.1 팔로워를 어떻게 바라볼 것인가[253]

'등잔 밑이 어둡다'고 리더와 리더십이 각광을 받고 있는 가운데 우리가 간과하고 있는 것이 바로 팔로워와 팔로워십(followership)이다. 즉 조직원 내지 추종자의 역할

252) 강현숙(2018), 조직을 이끄는 힘, 팔로워십, 현대케피코 홈페이지, 2018.11.13.
253) 박은종(2014), [한밭춘추] 리더십과 팔로워십의 재조명, 대전일보, 2014.11.18.

과 자세, 마음가짐과 헌신적인 봉사 등을 의미한다. 사실 리더십과 팔로워십은 손바닥과 손등의 관계이다. 현대 경영학에서는 리더십과 팔로워십의 공통점을 타고나는 것이 아니라, 생활 과정에서 만들어진다고 보고 있다. 즉 앞에서 이끄는 리더와 뒤에서 미는 팔로워가 조직의 목표 달성을 위해 함께 뜻과 힘을 모아 노력해야 하는 것이다.

일찍이 철학자 아리스토텔레스는 '남을 따르는 법을 알지 못하는 사람은 좋은 지도자가 될 수 없다'고 설파했다. 아무리 능력과 자질이 특출한 리더도 팔로워들이 마음을 열고 따르지 않으면 제대로 조직을 이끌고 갈 수 없다. 즉 리더십과 팔로워십은 동전의 양면, 수레의 두 바퀴 등에 비견되는 중요한 관계인 것이다.

동서고금의 역사를 통틀어 위인으로 불리는 불세출의 영웅호걸이 많았다. 그들은 한 시대를 풍미하며 청사(靑史)에 길이 빛날 위대한 업적을 남겼다. 하지만 그들이 명장, 군주, 국가 원수, 애국지사 등으로 위대한 공적을 쌓도록 보이지 않는 곳에서 도와준 무명 필로워들의 헌신과 희생을 외면해선 안 된다. 주연보다 더욱 빛나는 조연이 있었기 때문에 공연과 드라마가 빛나는 것이다.

오늘날 카네기 리더십, 나폴레옹 리더십, 에디슨 리더십, 이순신 리더십, 세종대왕 리더십, 신사임당 리더십, 유관순 리더십이 뜨고 있다. 하지만, 우리는 그러한 위대한 리더들의 리더십을 빛나게 도와준 이름 없는 팔로워들의 팔로워십을 간과해서는 안 된다.

4.2 나쁜 팔로워십과 좋은 팔로워십

따르는 것은 뒤처지는 것, 나약한 것으로 여기는 태도가 그동안 팔로워십의 존재감을 약화시킨 게 사실이다. 과연 그럴까? 리더는 몇몇에 불과하지만 팔로워는 그보다 훨씬 많은 수로 구성된다. 팔로워가 뒷받침되지 않으면 아무것도 변하지 않고 어떤 것도 움직일 수 없다. 리더와 팔로워가 서로 어긋나거나 팔로워가 비판 없이 맹목적 추종만 일삼는다면 조직은 혼란에 빠질 수밖에 없다. 나쁜 팔로워십과 좋은 팔로워십을 구분해야 하는 이유이다.

제2차 세계대전 후 독일은 수많은 나치 전범을 처벌했다. 그런데 많은 이들의 공통적인 항변이 '나는 위에서 시키는 대로만 했을 뿐 죄가 없다'였다. 그들의 호소를 받아줘야 했을까? 어긋난 리더의 어리석은 명령에 일사불란하게 따른 나치의 최후는 모두가 알고 있다. 용서는 없었다. 그들은 선택할 수 있었고 잘못된 방향을 좇았기 때문이다.

화제의 드라마 <미스터 선샤인>에는 의병이 등장한다. 나라를 지키겠다고 하나둘 모인 이들 역시 일사불란하게 움직인다. 리더와 수시로 소통하고 그 메시지를 빠르고 정확하게 공유한다. 주모, 지게꾼, 포수, 기생, 양반집 애기씨까지 각자의 역할을 충실히 수행하고 조직을 위해 비밀을 발설하지 않는 끈끈한 신의도 과시한다. 그들의 추종력(팔로워십)은 구국이라는 옳은 방향으로 거침없이 나아간다.

리더십 전문가인 바버라 켈러먼 하버드대 교수는 팔로워의 성격을 명료하게 구분했다. 나쁜 팔로워는 '아무것도 하지 않는 것, 비효율적이고 비도덕적인 리더(나쁜 리더)를 지지하는 것, 효율적이고 도덕적인 리더(좋은 리더)에 반대하는 것'이 특징이다. 반면 좋은 팔로워는 '좋은 리더를 지지하고 나쁜 리더에 반대하는 것'으로 드러났다. 나치 전범은 나쁜 팔로워, 조선의 의병은 좋은 팔로워로 쉽게 나뉜다. 그렇다면 지금부터 고민해야 한다. 조력과 협업의 가치를 높이는 좋은 팔로워가 되기 위해서는 무엇이 필요할까? 긍정적 팔로워십은 어떻게 기를 수 있을까? 그 방법을 구체적인 사례를 통해 살펴보자.

4.3 위대한 팔로워의 법칙[254)]

오늘날 우리 사회에서 '위대한 리더가 없다'는 것을 걱정하는 사람들이 많다. 하지만 이보다 더 큰 문제는 '위대한 팔로워가 부족하다'는 점이다. 모두들 리더의 잘못에 손가락질하지만 정작 '나부터' 변화하려는 노력은 기울이지 않는다. 그래서 리더에 무조건 맞서는 것을 마치 정의의 화신으로, 지문이 없어지도록 아부하는 것을 충성이라 착각하는 오류가 발생한다. 조직에서 대부분의 사람은 리더이자 팔로워이다. 그런 점에서 팔로워로서의 성공은 리더로서 성공하는 지름길이기도 하다.

우리 사회 각 분야에서 새로운 리더가 많이 등장하고 있지만, 이들에게 리더십을 기대하는 말은 넘쳐도 정작 리더십의 양면인 팔로워십을 요구하는 것은 부족하다. 그런 점에서 위대한 팔로워의 조건을 짚어보는 것도 의미 있다고 생각된다. 위대한 팔로워의 조건은 자동차의 역할에 비유해볼 수 있으며, 역사적으로도 귀감이 될 만한 훌륭한 사례를 수없이 만날 수 있다.

첫째는 브레이크 역할이다. 상사에게 상처를 주게 되더라도, 진실을 직시하게 하는 브레이크 역할을 할 수 있어야 한다. 무조건 복종하는 '딸랑맨' 부하는 상관의 이기심과 자만심을 충족시켜줄 망정 조직을 건전하게 발전시키지는 못한다. 역사적으로 이런 사례는 수없이 많지만, 그 중에서도 당태종 시대의 명신 위징이 충신(忠臣)과 양신(良臣)을 구별해 한 말은 팔로워십의 에센스라 할 수 있다. 충신은 간언을 통해 자신의 공명만 역사에 남기지만 양신은 간언을 하는 데 그치지 않고 그것을 받아들이게까지 한다.[255)] 위대한 팔로워가 되기 위해선 '무엇(what)'의 좋은 안을 내는 것만으

254) 리더십(2013), 위대한 팔로워의 법칙, (사)한국리더십개발원 홈페이지의 주요활동 가운데 리더십칼럼, 2013.02.04.

255) 충신(忠臣)은 옳고 그름을 떠나 주군의 명령에 완벽하게 충성을 하는 자이고, 양신(良臣)은 자신의 능력에 따라 먹고사는 자로 시의 적절하게 뛰어난 책략을 내 놓아 막사 안에서도

론 부족하다. 리더가 수용할 수 있도록 설득하는 '어떻게(how)'에도 노력을 기울여 불편한 진실을 기꺼이, 하지만 정중하게 지적해 제동을 걸 줄 알아야 한다.

둘째 엑셀레이터 역할이다. 리더도 외롭고, 약점이 있을 수밖에 없는 인간이다. 많은 팔로워들이 리더가 약점이 없는 전지전능한 존재가 되길 내심 기대한다. 리더들도 속내를 알고 보면 약한 존재다. 그들의 약점을 보완하고 자신감을 가지고 추진해갈 수 있도록 가속기의 역할을 해야 한다. 삼국지의 유비와 제갈공명, 현대사에서 주은래와 모택동의 관계가 이에 해당한다. 제갈공명이란 엑셀레이터가 없었다면 유비는 촉을 건국할 수 없었을 것이다. 중국현대사에서 주은래는 그 자신이 뛰어난 인물이었지만 자신에게 지략가로서의 능력은 있으나 지도자로서의 능력이 없다는 것을 깨닫고 모택동을 위해 일생을 바친다. 주은래는 41년간 그림자처럼 보좌, 조용히 일을 추진하며 끝까지 리더십 동력이 되어주었다. 위대한 팔로워는 리더가 원하는 것은 물론 필요한 것까지 지원함으로써 용기를 준다.

셋째 백미러 역할이다. 위대한 팔로워는 리더가 보지 못하고 챙기지 못한 일, 리더의 사각지대를 바라보고 사고를 예방할 수 있도록 한다. 이들 팔로워를 통해 리더의 시행착오와 판단실수는 예방되는 것이다. 중국 춘추전국 시대 제나라 정승인 맹상군은 지식인 식객을 많이 두었다. 맹상군이 수십 년 간 장수재상으로서 베개를 높이 베고 편안히 잘 수 있었던 것은 바로 풍훤이란 식객이 백미러 팔로워십을 발휘한 덕분이었다. 풍훤은 맹상군에게 빚진 사람들을 모아서 차용증더미를 불 지르는 등으로 백성에게 은혜를 베풀었다. 당장은 군주를 화나게 했으나, 장기적으론 군주가 보지 못한 사각지대를 헤아리고 의리를 쌓게 함으로써 재기의 발판을 마련해놓은 것이다.[256]

천리 밖 승패를 결정지을 수 있는 능력을 가진 자이다.

256) 식객 풍훤은 1년 동안 아무 일도 하지 않고 있다가 처음으로 맡게 된 일이 빚쟁이들에게서 돈을 뜯어오는 일이었다. 당시 맹상군은 제나라의 재상이긴 했어도 워낙 식객이 많아 그 재정을 충당하기 위해 자기 고향 땅인 설(薛)에서 돈놀이, 즉 대부업을 하고 있었다. 이 때 말발 말고는 할 줄 아는 게 아무 것도 없는 풍훤의 재능을 시험해 볼 겸 맹상군은 풍훤에게 수금을 부탁했고, 풍훤도 흔쾌히 여기에 응하여 길을 떠났다. 그런데 설 땅에 도착한 풍훤은 집집마다 돌아다니며 이자를 갚을 수 있는 집에서는 돈을 받아 10만 전이란 거금을 거두어 맹상군에게 보고했고, 맹상군은 "집에 부족한 게 있으니 무엇인가 사서 돌아오도록 하라"는 답장을 보냈다. 맹상군의 편지를 받은 풍훤은 이자를 낼 수 있든 없든 맹상군의 빚쟁이들을 모두 한 자리에 불러 모은 후 받아낸 이자 10만 전을 가지고 큰 잔치를 벌였고, 잔치가 막바지에 접어들었을 때 빚을 갚을 백성들 중에서 돈을 갚을 능력이 있는 사람들은 상환 일자를 약속하고, 빚을 갚지 못하는 사람들이 가지고 있던 빚 문서를 모아다 죄다 불태워 버렸다. 이후 풍훤이 설에서 돌아오자 그의 비범한 일처리 소식을 들은 맹상군이 화가 나서 풍훤을 소환한 후 나무라자 이에 풍훤은 "일단 충분한 고기와 술을 준비하지 않으면 사람들을 빠짐없이 모이게 할 수 없어 돈에 여유가 있는 자와 아닌 자를 알 수가 없습니다. 여유가 있는 사람에게는 갚을 기한을 정해줄 수 있지만 여유가 없는 사람은 10년을 기다려도 이자는 못 받고 그들은 도망갈 것입니다. 이걸 독촉하느니 공과 백성들 사이에 의(義)를 사서 돌아오게 되었고 명성을 높이는 것만 못하니 그렇게 하였습니다."라고 답한다. 이때 할 말을 잃은 맹상군은 그제야 그의 뜻을 이해하며 그를 칭찬하고 자신의 잘못을 사과했다. 그리고 얼마 뒤, 잘나가던 맹상군도 결국은 진나라와 초나라의 이간질 끝에 제나라 왕의 미

권력은 부자간에도 나눌 수 없다. 하지만 위대한 팔로워들은 역할을 나누고자 한다. 바야흐로 각 분야에 등장하는 새 리더들이 리더로서의 권한뿐 아니라 팔로워로서의 의무에도 주목해 백미러, 액셀레이터, 브레이크의 역할을 건전히 수행하길 기대해본다.

4.4 긍정적 팔로워십의 사례

4.4.1 모두가 리더이자 팔로워, 기러기의 비행

철새인 기러기는 바다를 건너 약 4만 킬로미터를 비행한다. 눈에 띄는 것은 무리를 지어 V자형으로 날아가는 모습이다. 이는 꽤 과학적인 비행이다. 맨 앞서가는 기러기가 공기저항을 줄여줘 뒤따르는 무리는 훨씬 수월한 비행이 가능하게 된다. 편대를 이룸으로써 약 30%의 에너지를 절약할 수 있고 혼자 이동할 때보다 70% 이상 더 멀리 날아갈 수 있다.

주목해야 할 점은 선두에 선 대장 기러기가 한 마리가 아니라는 점이다. 한 마리가 선두에서 이끌다 지치면 힘을 아껴둔 후미 기러기가 교대해 편대를 이끈다. 그렇게 돌아가며 긴 여정 동안 지지치 않고 나아간다. 모두가 리더이자 팔로워인 기러기는 강점을 최대화하고 약점을 서로 보완하며 조직의 힘을 극대화한다.

또한 기러기 떼는 끊임없이 소리를 내며 날아가는데 이는 헌신하는 리더를 향한 응원의 신호이다. 한 마리가 뒤처지거나 다칠 경우에는 동료 기러기 두 마리가 함께 이탈해 동료를 끝까지 돌보다 죽음을 지키거나 회복해 함께 무리로 합류한다. 아무리 강인한 기러기라도 혼자라면 결코 쉽지 않은 장거리 비행, 든든한 팔로워가 있기에

움을 사서 파면 당했고, 뜯어먹을 게 없어져서 식객들도 뿔뿔이 흩어져 버렸는데, 풍훤만은 곁에 남아 맹상군에게 설로 가자고 진언했고, 그 말을 듣고 설로 간 맹상군은 그곳의 백성들이 남녀노소 할 것 없이 몰려와 자신을 맞이하자 "일전에 의를 사왔다는 말뜻을 오늘 알았소"하고 매우 감동했다. 이후 풍훤의 계략이 성공하여 우여곡절 끝에 맹상군이 복직하자 흩어졌던 식객들도 뜯어먹을 거 없나 하고 다시 모여들었고, 풍훤이 그런 식객들을 맞이할 준비를 하고 있자 맹상군은 "난 식객 대접하길 좋아해서 언제나 그 놈들을 최선을 다해서 대접해줬더니, 내 처지가 어렵다고 튈 땐 언제고 이제 와서 무슨 낯짝으로 다시 기어들어와! 만약 그들이 돌아오면 내가 저놈들 낯짝에 침을 뱉어줄 테다."라며 매우 화를 냈다. 이에 풍훤은 갑자기 함께 타고 가던 수레에서 내려서 맹상군에게 절을 하였고, 이를 의아하게 여긴 맹상군은 "식객들을 대신해서 사과하는 것이오?"라고 물었다. 그러자 풍훤은 다음과 같이 진언했다. "사과가 아니라 군의 말씀에 실수가 있기 때문입니다. 시장이 아침엔 바글바글하다 저녁에는 썰렁한 이유가, 아침 시장을 좋아하고 저녁 시장을 싫어해서는 아닙니다. 마찬가지로 돈이 많고 자리가 높으면 사람들이 모여드는 것은 당연한 이치입니다. 당신이 지위를 잃자 선비들이 전부 떠났다고 해서 일부러 식객들이 오는 것을 막을 필요까진 없습니다. 이전처럼 그들을 대우하시길 바랍니다." 이 말을 들은 맹상군은 뭔가 깨닫는 바가 있어 수레에서 내려와 풍훤에게 깨달음을 줘서 고맙다고 절하며 식객을 대접했다고 한다. 네이버 블로그(2016), 제나라 맹상군과 풍훤의 고사, m.blog.naver.com/odisy2000/220698416273, 2016.05.01. 참조.

가능한 기러기의 생존법이다. 조직도 마찬가지다. 바른길을 이끄는 리더를 향한 긍정적 응원과 팔로워 사이의 끈끈한 유대는 어떤 길도 두렵지 않은 힘을 선사한다.

4.4.2 세종 시대를 꽃피운 팔로워의 지지와 간언

역사 속 위대한 리더로 꼽히는 세종에게도 든든한 팔로워가 있었다. 첫 번째는 집현전. 팔로워로서 집현전 학자들의 진가는 수동성을 벗어난 데서 찾을 수 있다. 단순히 왕의 명령에만 따르는 것이 아니라 스스로 의사 결정권을 갖추고 다양하고 혁신적인 정책들을 기획해 그것이 리더가 추구하는 방향에 힘이 되도록 뒷받침했다. 일례로 세종의 가장 큰 업적인 '훈민정음'은 반포 당시 사대부들의 큰 환영을 받지 못했다. 하지만 집현전 학자들은 훈민정음의 내용을 풀이한 <훈민정음 해례본>과 한자음을 훈민정음으로 정리한 <동국정운>을 발간해 힘을 실었다. 위기에 더 빛을 발하는 팔로워십이다. 당시 한글이 널리 쓰일 수 있었던 데는 리더 한 사람의 의지뿐만 아니라 집현전 학자라는 팔로워의 조력도 중요한 역할을 했다.

무조건 복종하고 따라야만 좋은 팔로워일까? 물론 아니다. 세종이 '고집불통'이라고 불만을 터트린 이조판서 허조도 의미 있는 팔로워이다. 그는 당대 소문난 'No man'이었다. 어전회의에서 나오는 정책마다 꼬투리를 잡은 그는 이면의 문제나 약점들을 지적했고 덕분에 정책의 완성도를 높이는 데 일조했다. 조직을 위해 따끔한 간언을 할 수 있는 팔로워의 용기, 그리고 이를 받아들일 줄 아는 리더의 포용력은 세종 시대를 꽃피운 근간이 되었다. 허조는 '세종의 은총을 만나 간(諫)하면 행하시고 말하면 들어주었으니 죽어도 한이 없다'라고 유언을 남겼다. 더 나은 길을 위해 뼈있는 한마디를 주저하지 않는 용기는 팔로워가 갖춰야 할 기본 덕목이다.

4.4.3 0.01초로 승부를 가르는 밀당의 봅슬레이

4인승 봅슬레이는 팔로워의 역할을 선명하게 보여준다. 가장 먼저 탑승하는 파일럿은 조종키를 담당하고, 맨 마지막에 타는 브레이크맨은 결승점 통과 후 썰매가 멈추도록 제동을 거는 역할을 한다. 중간에 자리한 두 선수는 푸시맨이다. 출발할 때 썰매를 힘차게 밀고 나가 초반에 속도를 올리는 역할이다.

방향을 이끄는 것은 파일럿이지만 초반 기세를 잡는 추동력은 푸시맨으로부터 나온다. 출발선에서 밀어주는 힘이 제대로 받쳐주지 않으면 0.01초로 갈리는 승부에서 1위로 나아가기 쉽지 않다. 평균 시속 135km로 질주하는 썰매가 완벽한 타이밍에 안전하게 멈추는 것 또한 중요하다. 브레이크맨은 언제 멈출지를 아는 냉정한 승부사여야 한다. 리더격인 파일럿은 14~22개의 곡선 주로를 머릿속에 담은 채 매끄럽게 통과할 수 있도록 본능적이면서도 세심한 조종을 한다. 봅슬레이의 짜릿한 속도전은 이

셋의 조화가 만든다.

변화의 속도가 점점 빨라지고 있는 시대, 기업들도 속도전으로 승부해야 할 때가 많다. 리더는 급격한 방향 전환에 능숙하게 적응하며 키를 잡아야 하고 팔로워는 한껏 힘을 모아 두려움 없이 나아감으로써 변화의 속도를 끌어올려야 한다. 여기에 때때로 속도를 줄이고 냉철하게 돌아볼 줄 아는 반성과 점검이 팔로워로부터 나올 수 있는 조직이라면 안정적으로 변화의 속도전을 즐길 수 있을 거라 생각된다.

4.4.4 복종 아닌 자율이 필요한 팔로워십

이제는 꽤 유명해진 스탠리 밀그램 교수의 '권위에 대한 복종' 실험이 있다. 사람들은 잔혹한 행위로 이어지는 비도적적인 명령에 얼마나 순순히 복종할까? 밀그램은 선생 역할을 맡은 피실험자가 학생 역할을 맡은 대상이 문제를 틀릴 때마다 전기 충격을 가할 수 있도록 실험을 구성했다. 학생 역할은 배우가 맡았다. 전기 충격기는 가짜였지만 학생은 150볼트가 넘어가면 통증을 호소하며 그만둘 것을 애원하고 더 전압이 높아지면 기절하는 연기까지 더했다. 300 볼트 이상은 인체에 치명적이라는 경고도 있었다. 그런데 선생 역할을 맡은 피실험자의 65%가 450볼트까지 전압을 올리는 충격적인 결과가 나왔다. 피실험자는 고통 받는 이들을 보며 불편하고 괴로워하면서도 실험을 주관한 밀그램이 권위적으로 다그치거나 자신이 책임지겠다고 하는 말에 시키는 대로 전압을 높였다.

이 실험 결과는 권위자의 명령이 잘못되었더라도 팔로워는 반기를 들기 쉽지 않음을 보여준다. 권위적인 리더, 딱딱한 조직 문화 안에 있는 팔로워일수록 맹목적 복종은 더 자연스럽게 나타날 수밖에 없다. 리더는 물론 팔로워도 긍정적으로 나아갈 수 없게 만드는 환경이다. 눈에 빤히 보이는 잘못을 지적하고 바로잡기 위해 팔로워는 자율적이고 독자적인 판단이 가능해야 한다. 명백한 잘못을 지적하고 때론 뒤집을 수 있는 자신감과 용기가 있어야 한다. 그것이 모두를 한발 나아가게 하는 건강한 팔로워의 모습임을 밀그램의 실험이 보여준다.

사실 팔로워와 리더는 서로 떼려야 뗄 수 없는 상호보완적인 관계이다. 팔로워의 변화와 혁신을 원한다면, 진취적이고 용기 있는 행동을 원한다면, 조직문화와 리더도 함께 변해야 한다. 좋은 팔로워에게 지지받는 좋은 리더인지, 좋은 리더를 지지하는 좋은 팔로워인지 함께 점검하며 올바른 방향으로 나아가야 할 것이다.

4.4.5 이순신 장군의 승리를 뒷받침해 준 민초들의 믿음과 지원[257)]

이순신 장군을 다룬 영화 '명량'이 공전의 히트를 기록했다. 이렇게 영화 '명량'이

257) 배종호(2014), 리더십(Leadership)과 팔로워십(Followership), 목포시민신문, 2014.08.21.

대히트를 기록하면서 이순신의 리더십에 대해 국가적 관심이 집중되고 있다. 과연 이순신 리더십의 요체는 무엇일까? 철저한 사전준비와 성실성, 전문성과 능력, 임전무퇴의 용기와 승리에 대한 확신, 백절불굴의 정신력, 비전제시와 솔선수범, 겸손함과 따뜻한 인간미, 통합능력 등이 이순신 장군의 리더십 요체일 것이다. 그러나 이순신 장군이 '명량해전'에서 불과 13척의 배로 300척이 넘는 왜선을 상대로 승리할 수 있었던 것은 이순신 장군에 대한 민초들의 믿음과 지원이 있었기에 가능한 일이었다.

한마디로 이순신 장군의 리더십도 뛰어났지만, 이순신 장군의 뛰어난 리더십이 발휘될 수 있었던 것은 호남의 훌륭한 민초들, 다시 말해 팔로워들의 팔로워십이 있었기 때문이었다. 이순신 장군은 약무호남 시무국가(若無湖南 是無國家), 즉 다시 말해 '호남이 없으면 국가가 없다'라며 호남의 중요성을 강조했다. 실제로 호남은 당시 이순신 장군이 삼도수군통제사에서 물러나자 이에 반발해 처음으로 봉화를 올렸다. 그리고 호남의 민초들은 이순신 장군이 이끄는 수군들과 의병들에게 군량미를 제공했다. 호남의 민초들이 있었기에 이순신의 승리가 있을 수 있었다는 이야기다. 바로 이러한 힘이 팔로워십(Followership)이다.

우리가 리더십과 관련해 간과하면 안 될 것은 리더가 존재하기 위해서는 반드시 리더를 따르는 누군가가 있어야 한다는 것이다. 다시 말해 팔로워(Follower)가 있어야 한다는 것이다. 물론 리더가 가지는 중요성은 절대적이다. 그러나 리더 혼자서 모든 것을 다 할 수 있는 것은 아니다. 리더는 다른 사람, 즉 '팔로워'들을 통해서 성과를 만들어내는 사람이다. 따라서 좋은 '리더'가 존재하기 위해서는 반드시 좋은 '팔로워'들이 존재해야 한다. 나쁜 '팔로워'들만이 있는데서 좋은 '리더'가 탄생할 수가 없기 때문이다.

05 직장인의 시각에서 바라본 유능한 팔로워의 조건

'팔로워십'의 저자인 바버라 켈러먼은 팔로워를 다음과 같이 정의하였다. 팔로워는 지위에 의해 정의될 수 있다. 상대적으로 권력, 권한, 영향력이 상급자에 비해 적은 하급자다. 팔로워는 또 행동에 의해 정의될 수 있다. 다른 사람들이 원하거나 의도하는 것에 따라주는 사람이다. 직장인으로 과거 팔로워로서, 그리고 리더로서 경험한 바를 중심으로 박헌건(2014)[258]이 제시한 유능한 '팔로워'로 인정받는 8가지 팁을 소개해 보고자 한다.

5.1 F : Fast Response(반응이 매우 빠르다)

지식이 없어도 실력이 없어도 구사할 수 있는 능력이다. 경험상 열 명이 넘는 리더들을 겪어 봤는데 빠르게 반응해서 좋아하지 않은 분이 없었다. 이것이 맞을 수도 있고, 틀릴 수도 있지만 빠른 응대를 통해 문제를 해결해 나갈 수 있다. 능력이 다소 부족하더라도 빠른 응대로 회사생활을 한다면 상위권에 랭크할 수 있다. 리더가 업무를 지시한 지 삼일이 지나서도 아무런 피드백을 하지 않는다면 직원은 문제가 있다고 보면 된다.

5.2 O : Originality(나를 차별화할 수 있어야 한다)

일정 기간이 지나기까지 내가 누구인지를 알려야 한다. 같은 분야에서 3년 정도 일하면 그 분야에서 '홍길동'하면 떠오르는 이미지가 있어야 한다. 전공 지식이 뛰어나든지, 보고서를 잘 쓰든지, 프레젠테이션을 잘하든지, 정리를 잘 하든지 어느 한 분야에서 뛰어난 모습을 보여 줘야 한다.

5.3 L : Limitless(나에게 한계는 없다)

팔로워는 주어지는 일에 어떤 제한을 두지 말아야 한다. 이것은 이래서 안 되고, 저것은 저래서 안 되고, 업무를 받는데 도전하는데 한계를 두지 말아야 한다. 리더가 업무를 지시할 때는 팔로워가 할 수 있는 일을 배분하는 경우가 대부분이다. 할 수 없다는 생각으로 자신을 제한한다면 되는 일도 잘 안될 수 있다. 자신의 제한을 벗어버리는 순간 자신의 능력도 부쩍 성장하게 된다. 'Mission Impossible'이 아니라 'Mission Possible'이다.

---

258) 박헌건(2014.08.), 유능한 '팔로워'로 인정받는 8가지 팁, LG전자 공식 블로그, 2014.08.29.

5.4 L : Listen(리더가 하는 말을 잘 들어라)

리더도 잘 들어야 하지만 팔로워는 더 잘 들어야 한다. 리더가 말하는 것이 무엇인지, 리더가 진정 바라는 것이 무엇인지, 리더의 말 속에 다 들어 있다. 일을 할 때에도 잘 들어야 하고, 커피를 마시든, 회식을 하든 리더가 말하는 것을 잘 들어야 한다. 리더의 말 속에 리더의 철학이 들어있고, 리더의 철학을 이해해야 진정한 팔로잉(following)을 할 수 있다.

5.5 O : Optimistic View(긍정적인 면을 보는 눈을 가져라)

회사에서 리더가 지시하는 모든 일에는 이유가 있다. 모든 일에는 긍정적인 면과 부정적인 면이 항상 공존한다. 그 중에서 긍정적인 면을 바라보는 시각을 확보하고 있어야 한다. 리더가 업무를 지시하면 안 되는 이유보다 될 수 있는 방향으로 생각을 해야 한다. 아무리 어려운 일이라도 일단 시작하면 완료할 수 있다는 긍정적인 시각을 가져야 한다. '왜 나에게만 일을 시킬까'가 아니라 '나에게 성장할 수 있는 기회를 줘서 감사하다'는 마음을 가져야 한다.

5.6 W : Wisdom(지식보다 지혜가 필요하다)

회사에서 지식이 모자라서 업무가 해결되지 못하는 경우는 그리 많지 않다. 업무를 수행하는 데 필요한 지식은 생각보다 그리 높지 않고, 앞선 선배의 보고서에 대부분 들어 있다. 그러한 지식을 바탕으로 자신의 지혜를 덧입혀 자신만의 결과를 만들 수 있어야 한다. 지식은 한계가 있지만 지혜는 끝이 없다. 작은 지혜가 하나 둘 모여서 자신만의 지식을 만들 수 있다. 지혜의 샘은 파내면 파낼수록 수원이 더욱 더 풍부해지기 때문에 지속적으로 파내야 한다.

5.7 E : Energy(조직의 분위기를 바꿀 수 있는 에너지가 있어야 한다)

내가 속한 조직의 분위기를 밝고 활기차게 만드는 것은 좋은 팔로워의 기본조건이다. 아침에 출근하면 가장 높은 톤의 목소리로 하루를 활기차게 시작해야 한다. 일을 하면서는 항상 에너지가 넘쳐야 한다. 심지어 밤을 새우더라도 기운 없는 모습을 보이지 말아야 한다. 회식을 할 때는 더욱 활기차게 분위기를 리드해야 한다.

5.8 R : Crazy Reader(책을 읽어 좋은 리더의 경험을 간접 흡수한다)

바쁜 와중에도 다양한 분야의 책을 읽는다. 전공 보고서 또는 관련 서적을 많이 읽어야 한다. 선배들의 지식을 왕성하게 흡수해야 한다. 자신의 영역을 새로 구축하기까지 말이다. 좋은 팔로워라면 많은 지식을 미리미리 채워 놓아야 한다. 10년 넘게 쌓은 그 지식은 나중에 폭발적인 힘을 발휘하게 된다. 못 믿겠다고요? 믿고 실천해 보라. 후회하지 않을 것이다. 이 모든 것을 한 문장으로 정리하면, 'Good Follower is good at F.O.L.L.O.W.E.R.'이다.

06 리더의 성공은 팔로워십에 달려있다[259)]

리더십은 리더 혼자만의 노력으로 이루어지는 것은 아니다. 성공하는 기업, 성공하는 리더를 위해서는 리더와 뜻을 함께 하고 행동하는 건전한 팔로워(Follower)가 필요하다. 대다수의 사람들은 몰락해가던 공룡기업 IBM의 성공적인 부활은 루 거스너라는 걸출한 리더가 있었기에 가능했다고 말한다. 하지만 경영학의 대가인 헨리 민쯔버그의 생각은 좀 다른 듯하다. 민쯔버그는 루 거스너가 모든 것을 다 한 것으로 알려져 있지만, 사실 루 거스너는 구성원들이 IBM의 부활을 위해 최선을 다 할 수 있는 여건만 만들어 주고, 정작 자신은 뒤로 적당히 물러서 있었다고 이야기한다. 리더와 뜻을 함께 하고 행동하는 구성원(팔로워)들의 역할 또한 리더십 못지않게 중요함을 시사하는 바라 하겠다.

성과가 좋지 않거나 일이 잘못되었을 때, 리더만을 비방하거나 리더에게 모든 책임을 지우는 경우가 종종 있다. 조직에서 경영상 중추적인 역할을 수행하며, 높은 위상을 갖고 있다는 면에서 경영 성과에 대한 최종 책임을 리더가 진다는 것은 어느 정도 이해할 만하다. 그렇지만, 손뼉도 마주 쳐야 소리가 난다고 했던가? 리더 혼자만 뛰어난 실력을 갖고 있거나, 홀로 고군분투한다고 해서 좋은 성과를 얻을 수 있는 것은 아니다. 리더의 비전을 함께 바라보고 이를 뒤에서 적극적으로 지원하는 팔로워십 또

259) 한상엽(2005), 리더의 성공, 팔로워십에 달려있다, LG경제연구원, 2005.02.07.

한 절실히 필요하다. 리더와 함께하여 조직을 성공으로 이끄는 팔로워들이 있는가 하면, 리더의 노력을 헛되게 하여 조직과 리더를 실패의 나락에 빠뜨리는 팔로워도 있다. 그 몇 가지 대표적인 유형과 특징을 살펴보자.

6.1 리더를 죽이는 팔로워십

6.1.1 팔로워임을 거부하는 팔로워

'사공이 많으면 배가 산으로 간다'라는 속담이 있다. 모든 사람이 리더임을 자처하는 상황이 얼마나 위험한지를 잘 보여주는 말이다. 조직에서도 자신이 팔로워 본연의 역할을 하기 보다는 마치 리더인 양 생각하고 행동하는 사람들이 있다. 이들은 상당한 수준의 역량과 경험을 근거로 강한 자신감과 자존심을 갖고 있기 때문에, 리더가 주목받는 만큼 자신들도 주목받기를 원한다. 이들은 '내가 리더보다 못한 것이 무엇인가, 나도 잘 할 수 있는데….'와 같은 생각을 하곤 한다. 그 결과, 이들은 리더가 내리는 의사결정에 대해 감정적으로 반발하거나 비판하는 경우가 있다. 더욱이 나름대로의 대안 제시를 위한 비판보다는 무조건적인 비판, 소위 '딴지'를 걸기도 한다는 것이 더 큰 문제이다.

리더와 팔로워는 나름대로 해야 할 역할이 다른데 팔로워들이 모두 리더의 역할만을 원한다면 조직이 원활히 굴러갈 수 없다. 팔로워들의 반대를 무마하고 동참을 이끌어내기 위해 리더는 일일이 설득의 과정을 거쳐야하기 때문이다.

6.1.2 '여기는 내 땅', 텃세형 팔로워

리더의 자리에 처음 오르거나, 새로운 조직을 맡게 된 병아리 리더를 대상으로 소위 '텃세'를 부리는 유형이다. 이러한 유형의 팔로워들은 특정 조직에 오랜 기간 근무했거나 부서 내 여러 사람과 폭 넓은 인간관계를 맺고 있는 사람에게서 주로 나타난다. 텃세형 팔로워는 병아리 리더의 실수를 감싸거나, 리더가 새로운 환경에 적응할 수 있도록 도움을 주기보다는 텃세부리기와 같은 행동으로 리더가 발붙일 틈을 주지 않는다.

새롭게 리더로 승진한 사람이나, 신 조직을 맡게 된 리더들은 아직 세부적인 조직 현황에 대해 깊이 알지 못할 뿐더러, 새로운 자리에도 익숙하지 않기 때문에 모든 것이 어설프기 마련이다. 이런 시기에는 일시적으로 리더가 제시하는 방향과 방침이 다소 혼란스럽더라도 이를 이해하고 적극적으로 협조해주는 팔로워들이 필요하다. 초기에 팔로워들이 리더를 제대로 받쳐 주지 못한다면, 병아리 리더는 잠재되어 있는 리더십을 채 발휘해보지도 못하고 자리에서 물러날 가능성이 높다.

6.1.3 불평불만형 팔로워

리더에 대한 불만을 여기 저기 퍼뜨려 리더의 부정적인 이미지를 형성함으로써 조직 안팎에서 리더십을 훼손하는 유형이다. 이런 팔로워들은 불만이 있을 경우, 리더와 직접 대면하여 이야기하고 건설적인 방향으로 문제를 풀려 하기보다는, 주변 사람과 이야기하면서 불만을 해소하려는 경향이 있다. 예컨대, '상사가 내린 결정에 대해 내가 이런 식으로 수정해야 되지 않는가라고 말했는데, 잘 받아들이지 않더라…. 내 상사는 고지식하고 자기주장만 너무 센 거 같다'고 말하곤 한다. 이런 팔로워 유형이 미치는 가장 큰 부정적 영향은 구성원들의 리더에 대한 신뢰 형성을 막을 수 있다는 점이다. 특히 리더에 대한 사전적인 정보가 없는 신입이나 외부 고객들에게 리더에 대한 부정적인 이미지를 심어 줄 수 있는데, 이는 리더는 물론, 회사나 팔로워 자신에게도 도움이 되지 않는다.

6.1.4 예스맨형 팔로워

리더에게 항상 듣기 좋은 말만을 하거나, 리더나 회사에 대한 부정적인 정보를 의도적으로 차단함으로써 리더를 현실로부터 괴리시키는 유형이다. 흔히 말하는 간신(奸臣)이나 예스맨(Yes-man)이 이에 해당된다. 학연, 지연 등을 이유로 리더와 과다하게 사적인 친분을 쌓거나, 사조직을 만드는 팔로워들도 여기에 해당된다. 이러한 유형은 리더의 바른 생각과 합리적 경영을 가로 막거나 자신의 이익만을 챙긴다. 또한 조직 내에서 파벌을 만들어 팀워크를 저해하는 경우도 있다.

역사를 돌아보면 이런 유형의 팔로워를 쉽게 접할 수 있다. 삼국지에 나오는 황제를 측근에서 보필하던 환관들로 이뤄진 십상시(十常侍)가 대표적인 예다. 당시 황제였던 영제는 십상시를 너무나 총애하여 다른 사람들의 말은 듣지도 않았다고 한다. 채옹이라는 신하는 영제에게 상소를 올려 외척과 십상시를 멀리 할 것을 간언했지만, 영제는 채옹을 헐뜯는 십상시의 말만 믿고 오히려 채옹을 멀리 내치고 만다. 십상시에 둘러싸여 있던 영제에게는 채옹과 같은 충신의 말은 거짓으로 들릴 수밖에 없었던 것이다. 십상시는 영제의 눈과 귀를 막아버리고 자신들의 사리사욕을 채우기에 급급했고, 혼란에 빠진 나라는 결국 황건적의 난으로 망해버렸다.

6.1.5 시키는 것만 하는 팔로워

자신에게 주어진 일은 나름대로 성실하게 수행하나, 그 이상의 창의적인 생각이나 리더나 조직을 위한 적극적인 행동은 하지 않는 유형이다. 이들의 가장 큰 특징은 책임감 부족과 소극적인 태도라 할 수 있다. 이들은 충분한 역량을 가지고 있으면서도 조직에 대한 주인의식이나 리더에 대한 애착이 부족하여 '적당히 하면 되지', '이 정도 하면 나머지는 리더가 알아서 해 주겠지' 등의 생각을 하곤 한다. 그 결과 회사를 위한 적극적인 의견 개진 또는 개선 활동이나 자신의 업무 영역을 넘어서는 추가적인 노력이 드는 일에는 소극적인 태도를 보인다. 이러한 팔로워들은 어찌 보면 앞서 언급한 유형보다는 상대적으로 리더를 덜 죽이는 유형이라 말할 수도 있겠지만, 리더가 모든 일에 끊임없이 관여하고 일을 챙기게 만들어 정작 리더로서 집중을 해야 할 중요한 일에 신경을 쓰지 못하게 할 가능성이 높다.

이와 같이 리더를 죽이는 팔로워가 있는 반면, 리더를 살리는 팔로워도 있다.

6.2 리더를 살리는 팔로워십

'Built to Last'의 저자인 제리 포라스는 '위대한 2인자들(Co-Leaders)'이라는 책의 추천사에서 '지속적으로 위대한 기업을 경영해 나가기 위해서는 통찰력 있는 최고경영자와 그를 보조할 위대한 2인자 또한 필요하다'고 지적한 바 있다. 최고경영자가 위대한 2인자를 필요로 하듯이, 리더 역시 자신을 도와줄 팔로워가 필요하다.

6.2.1 리더 입장에서 생각하는 팔로워

리더를 살리는 팔로워십은 리더 입장에 서서 리더가 원하는 것이 무엇인가를 진지하게 고민하는 데에서 시작된다. 부모가 되어 봐야 부모 맘을 안다는 말처럼 팔로워들은 리더의 입장이 되기 전까지는 리더들이 왜 그렇게 행동하는지 도저히 이해할 수 없을 수도 있다. 하지만 건전한 팔로워는 리더에 대해 다소 불만이 있더라도 왜 리더가 그러한 결정을 했는지, 그럴 수밖에 없었는지 등에 대해서 한 번쯤 진지하게 고민하는 사람들이다.

이는 단순히 업무적인 측면만을 이야기하는 것은 아니다. 감성적인 측면에서도 리더의 고충을 이해하고 마음으로 다가가려는 노력 또한 필요하다. 리더가 아무리 다가서려고 해도 구성원들이 무조건적으로 심리적 방어선을 치고 거부하면 리더로서는 마땅히 방법이 없다. 바쁜 시간을 쪼개 점심 식사를 같이 하고, 수시로 현장을 찾아다니며 이런 저런 이야기를 들으려고 하는 리더의 행동을 그저 냉소적인 시선으로 바라 봐서는 곤란하다. 물은 건너봐야 알고, 사람은 겪어 봐야 안다. 리더를 마냥 거부하기보다는 함께 동고동락하면서 서로의 생각과 마음을 가슴으로 느끼는 것이 필요하다. 높은 자리에 있는 그 특성상 외로울 수밖에 없는 리더들에게 힘을 불어 넣어 주는 것은 다른 무엇보다도 팔로워들의 리더에 대해 열린 마음과 협조임을 명심해야 할 것이다.

6.2.2 절반의 책임을 지는 팔로워

과거 대학생들에게 가장 존경받는 CEO로 뽑힌 안철수씨가 자신의 저서 '지금 우리에게 필요한 것은'이라는 책에 나오는 글의 제목 중 하나가 '절반의 책임을 믿는 사람'이다. 저마다 사람을 판단하는 기준을 가지고 있는데, 안철수씨가 중요하다고 생각하는 기준 중의 하나는 바로 '절반의 책임을 믿는 사람인가?'라고 한다. 안철수씨는 자신의 인생과 몸담고 있는 조직을 위해서 절반의 책임을 지는 마인드를 가져야 하며, '나만 잘 하면 된다'는 소극적인 인식을 버릴 때만이 진정으로 발전하는 개인, 발전하는 조직이 될 수 있다고 이야기하고 있다. 리더에게만 전적으로 의지하고 책임을 전가하기보다는 내 몫에 대한 책임감을 가지고 일하면서 리더와 함께 성공을 이루어 가는 자세가 중요하다는 의미다.

이런 팔로워들은 리더의 목표나 지시를 냉철하게 검토를 하고 보다 더 나은 의견을 제시하려 노력하며, 일단 결정이 내려지면 최선을 다해 완수하려 한다. 조용히 입을 다물고 시키는 일이나 하는 것은 책임질 줄 아는 사람의 자세가 아니다. 필요하다면 건설적인 방법으로 리더에게 문제를 제기하고 기존의 의사결정을 재고하도록 조언하여야 한다. 이와 더불어 결정이 된 사항에 대해서는 한 팀으로서 '운명공동체'라는 인식을 가지고 최선의 결과를 얻기 위해 노력을 다하는 팔로워가 건전한 팔로워다. 때로는 '조국이 당신에게 무엇을 해 줄 수 있는가를 묻기 전에 당신이 조국을 위해 무엇을 할 수 있을지를 고민하라'는 존 F. 케네디의 말처럼 리더에게 무엇을 요구하기 전에 리더와 조직을 위해 자신이 무엇을 할 수 있을지를 고민할 필요가 있다.

6.3 건전한 팔로워십은 Win-Win

지금까지 언급한 건전한 팔로워십은 리더에게만 득이 되는 것처럼 느껴질 수도 있다. 하지만 건전한 팔로워십은 리더와 팔로워 모두에게 도움이 되는 Win-Win의 관계라고 할 수 있다. 우선 리더와 팔로워는 기본적으로 성공과 실패를 함께하는 관계이기 때문이다. 조직의 성과가 좋을 때 리더가 더 많은 조명을 받는 것은 사실이지만, 뛰어난 성과를 보인 구성원들에게도 더 많은 보상이 돌아가는 것 역시 자명한 사실이다.

한편 건전한 팔로워십은 자아성장의 원천이 되기도 한다. 리더의 생각을 잘 헤아리고 적극적으로 실천하는 사람에게는 보다 많은 성장 기회와 일이 주어질 수 있다. 팔로워가 어떤 태도를 가지는가에 따라 리더들이 팔로워를 대하는 태도 역시 달라지기 때문이다. 예컨대 리더와 같이 책임을 나눠진다고 생각하지 않고 리더만이 모든 책임을 진다고 생각하는 구성원과 일하고 싶은 리더는 없을 것이다. 반대로 책임을 나누어질 줄 아는 팔로워라면 리더 역시 믿고 중요한 일을 맡김으로써 팔로워에게 더 많은 성장의 기회를 제공하는 등의 배려를 줄 수 있다. 또한 이런 팔로워들에 대해서는 리더가 개인적으로 시간을 할애하여 코칭을 해 주기 때문에 업무와 리더십에 대해 학습할 수 있는 좋은 기회를 얻을 수도 있을 것이다.

6.4 모든 사람은 리더이자 팔로워

건전한 팔로워십을 이끌어 내기 위해서는 무엇이 필요할까? 이 질문의 답은 의외로 쉬운 곳에 있다. 모든 사람은 리더이자 팔로워라는 사실이다. CEO나 신입 사원을 제외하곤 모두 자신의 상사가 있고, 아래 사람이 있다. 이를 알고 나면 답은 분명해진다. 스스로 자신의 리더에게 바라는 바를 자신의 팔로워에게 베풀고, 자신의 아래 사람에게 바라는 것을 자신의 리더에게 실천하는 것이다.

'남을 따르는 법을 알지 못하는 사람은 좋은 지도자가 될 수 없다'는 아리스토텔레스의 말처럼 좋은 팔로워가 된다는 것은 좋은 리더가 되기 위한 선행 조건이다. 건전한 팔로워십을 발휘하다 보면 어느 순간 자신의 부하에게서 존경과 신뢰를 받는 리더로 커가고 있는 자신을 발견할 수 있을 것이다.

07 조직의 성공을 이끄는 팔로워십[260)]

7.1 조직의 성공과 팔로워십의 조건

최근 언론보도에 따르면 한국사회는 선진국 집단 중 가장 부패한 나라로 평가받는다. 가장 청렴해야 할 국세청장이나 검사, 공무원들이 끊임없이 뇌물의 덫에 걸려든다. 리더들의 부패는 그만큼 부하들이 수동적 태도를 보이고 있음을 말해준다. 무능력하고 부패한 리더에게 저항하는 훌륭한 부하가 없는 조직이나 사회의 미래는 어두울 수밖에 없다. 흔히 리더십은 조직·사회의 성공을 견인하는 결정적 요소로 거론된다.

260) 안상윤(2013), 팔로워십의 시대, 충청일보, 2013.08.05.

그러나 이것은 언제나 신화에 불과하다. 아무리 뛰어난 장수도 오합지졸로는 전투에서 승리를 장담하기 어렵다. 뛰어난 리더와 부하가 환상의 조화를 이룰 때 승리할 가능성도 높아진다.

경쟁에서 승리하는 조직은 뛰어난 리더와 자신에게 주어진 역할 이상을 해내는 직원들이 있기 때문이다. 리더가 아닌 구성원들이 자신에게 주어진 역할 이상을 해냄으로써 조직을 성공으로 이끌어가는 것을 바람직한 팔로워십이라고 한다. 오늘날 팔로워십이 중시되는 이유는 환경의 변화가 극심해지고 대중의 지식수준이 높아졌기 때문이다. 예를 들어 기술 환경의 변화가 극심한 현대에는 첨단기술을 익힌 신입사원의 역량이 관리자의 그것을 앞지르기도 한다. 따라서 관리자들도 특정 분야에 있어서는 부하로부터 코칭을 받을 것이 권장된다. 상황이 이렇기 때문에 부하 직원들이 무조건 수동적 '예스맨'이거나 무비판적이라면 그것은 조직실패의 심각한 징후이다. 부하들은 리더의 지휘를 받아야 하지만, 수동적 추종자가 아니라 효과적인 추종자로서의 역할을 해내야 한다.

그렇다면 조직의 성공을 이끌어내기 위한 팔로워십의 조건은 무엇인가?

첫째 올바른 일을 하는 리더에게 지지를 표명할 줄 안다. 리더가 정확한 목표를 수립하고 윤리성을 가지고 도전해가는 것에 대해 아낌없는 지지를 표시하는 것이다. 부하들의 이런 지지에 의해 리더십이 더욱 강화되기 때문이다.

둘째 일을 추진하는데 있어서 주도권을 잡고 앞서간다. 팔로워십이 뛰어난 직원들은 주어진 책무 이상의 일에 대해 호감을 가지고 스스로 도전해서 달성해내고 보고할 줄 안다. 그들은 조직의 발전에 긍정적 영향을 주고자 이와 같은 행동을 취하는 것이다.

셋째 필요에 따라 리더에게도 상담을 제공하고 코치도 한다. 리더는 전지전능한 사람이 아니다. 언제든지 실수할 수 있고 약점을 가지고 있다. 이것이 보완되지 않으면 조직은 실패한다. 성공하는 조직의 직원들은 리더의 부족한 점을 헐뜯기보다 리더의 체면을 세워주면서 보완할 줄 안다.

넷째 리더의 부적절한 영향력에 대해 저항할 줄도 안다. 어떤 리더든 자신에게 주어진 힘을 사적으로 사용함으로써 조직에 해를 입히고 심지어는 조직을 쇠퇴하게 만드는 경우가 있다. 정의가 살아있는 선진사회나 조직에서는 리더의 부정적인 영향력에 동조하지 않으며 저항해야 한다고 교육받는다. 우리가 선진국으로 도약하고자 한다면 이와 같은 가치관과 철학을 가지고 실천할 것이 요구된다.

7.2 구체적 사례[261)]

격동적인 위기상황에서 완벽한 정책을 시행하고 이해관계를 원활하게 조정해 사회

261) 한국일보(2009.03.), [팔로어십, 리더십] <1> 팔로어십의 성공학, 2009.03.27.

구성원의 역량을 하나로 모으는 것은 말처럼 쉬운 일이 아니다. 팔로워십을 이끌어내는 능력은 바로 우수한 리더십의 요체이기도 하다.

전문가들은 역사적으로 볼 때 위기극복에 성공한 국가나 지역사회에서는 적극적으로 위기극복을 위한 대안을 제시하며, 합의된 정책의 실행에는 능동적으로 참여하는 구성원들이 반드시 존재했다고 강조한다. 반대로 무조건 비타협적인 태도를 고수하며 정책집행을 지연시키거나 대안 없이 반대를 위한 반대만 내세우는 경우에는 위기가 더욱 확산됐다.

7.2.1 실패 사례

1) 아르헨티나의 국가부도 사태

2001년 아르헨티나의 국가부도 사태는 건강한 팔로워십 부재로 인한 위기확산의 대표적 사례다. 1990년대 이후 아르헨티나는 재정적자 누적 등으로 심각한 경제위기에 직면해 있었다. 이에 정부는 1990년대 중반부터 재정적자 축소 및 수출경쟁력 확보를 위해 사회복지 및 노동시장 개혁을 시도했으나 결국 실패로 돌아갔다. 이후 재정적자를 외채조달로 충당하면서 대외채무가 급증, 결국 2001년 12월 23일 대외채무 지불유예를 선언하기에 이른다.

아르헨티나의 개혁이 실패로 돌아간 주요한 원인은 바로 '페론주의 연대(Peronist Coalition)'에서 찾을 수 있다. 페론주의란 1940년대 페론 대통령 이후 아르헨티나에 고착된 인기영합주의(포퓰리즘) 정책 및 그에 대한 국민들의 추종을 의미한다. 페론주의 연대는 페론주의를 바탕으로, 정부의 경제개혁을 저지하려는 일반국민과 노조 및 정치권의 암묵적 공조를 지칭하는 개념이다.

아르헨티나 정부는 재정지출에서 가장 큰 비중을 차지하는 사회복지 지출을 감축하려 했으나 국민과 정치권의 극심한 반대에 부딪쳐 오히려 증액하게 된다. 이 과정에서 국민들은 극단적인 도로점거 운동(피케떼로 운동)과 납세 거부 운동을 전개하며 정부와 정치인을 압박했으며, 상당수 정치인도 지지율을 의식해 동조했다. 그 결과 1991년 116억 달러이던 사회복지 지출은 2000년 267억 달러로 2배 이상 증가해 연방 재정지출의 60%에 이르는 기형적 재정구조를 낳았다.

결국 2000년 3월부터 아르헨티나에 대한 국제통화기금(IMF)의 구제금융이 시작됐으나 정부가 재정개혁에 실패하면서 2001년 자금지원을 유보했으며 그해 12월 디폴트 선언에 이르게 된다. 김선빈 삼성경제연구소 박사는 "문제해결보다 대중인기를 우선한 정부의 잘못된 리더십과 대안 제시력 없는 그릇된 팔로워십이 결국 국가위기를 증폭한 대표적 사례"라고 설명했다.

2) 민생을 외면한 정치권의 행태

우리나라에서도 건강한 팔로워십 부재가 위기극복의 발목을 잡고 있다는 목소리가 많다. 일례로 임시(혹은 정기)국회에서 여야 정치권의 경우 다수의 민생법안을 처리하기로 합의해놓고 며칠 만에 약속을 저버린 사례가 있다. 당리당략 때문에 공약을 저버린 정치인들이 이 법안들을 제대로 심의했을 거란 보장은 결코 없을 것이다.

송영수 한양대 리더십센터장은 "무조건 순응하는 것이 아니라 비판의식을 갖고 대안을 제시하며 논의과정을 통해 합의된 사항을 석극적으로 실전하는 '건강한' 팔로워십이 절실한 때"라며 "지도자부터 모범을 보여야 한다"고 강조했다.

7.2.2 성공 사례

반면 뛰어난 팔로워십을 발휘해 위기를 극복한 사례도 있다.

1) 미국의 뉴딜정책

1930년대 대공황을 극복하기 위한 뉴딜정책 역시 당시 미국 공화당의 팔로워십이 없었다면 빛을 보지 못했을 거라는 지적이 많다.

1929년 주식시장 붕괴로 촉발된 대공황으로 1933년까지 미 제조업 생산은 55.2% 감소하고 실업률은 4%에서 25%로 급증했다. 민주당 소속의 프랭클린 루스벨트 대통령은 대공황을 극복하기 위해 1933~35년 사이에 국가산업부흥법, 사회보장법, 국가노동관계법 등 핵심 뉴딜법안을 의회에 제출했다. 뉴딜법안은 대규모 공공근로사업, 사회복지제도, 노동조합의 권리보호 등 연방정부의 역할을 확대시켜 '작은 정부'를 지향하는 공화당의 이념과는 대척점에 있었다.

당시 민주당이 충분한 상원의원수를 확보하지 못한 상황이어서 야당인 공화당이 '의사진행방해'를 감행할 경우 상원에서 폐기될 수도 있었던 상황. 그러나 공화당 상원의원들은 루스벨트 정부의 뉴딜정책이 통과되도록 허용해 위기극복에 일조했다. 이후 정파 간 경쟁이 치열한 미국에서도 위기 시에는 타협과 양보를 앞세우는 실용주의가 대세로 자리 잡게 된다.

2) IBM의 이노베이션 잼

'특허' 왕국으로서 IBM의 저력은 전 세계 15만 명 직원의 '팔로워십(followership)'에서 나온다. IBM이 2001년부터 해마다 개최하는 '이노베이션 잼(Innovation Jam)'이란 온라인 콘퍼런스는 전 세계 직원들이 자발적으로 창조적인 혁신 아이디어를 내놓고, 서로 토론을 통해 실용적인 사업 아이템으로 다듬어나가는 장이다. 회사는 토론의 키워드를 줘 방향을 제시한다. 2006년 잼에서는 4만6,000개의 아이디어가 쏟아져 나왔고,

IBM은 그 중 실시간거래서비스, 3D동영상기술, 전자의료기록시스템 등 10가지를 차세대 혁신산업으로 발전시켰다.

IBM의 이노베이션 잼은 팔로워십의 성공사례로 꼽힌다. 구성원 개개인의 역량을 최고조로 이끌어내면서 구성원 간에, 그리고 조직과의 파트너십을 더해서 기업, 즉 조직의 성공을 만들어냈다는 이유에서다. 김선빈 삼성경제연구소 수석연구원은 "조직의 운명은 탁월한 리더 뿐만 아니라 80~90%를 차지하는 구성원(팔로워 : follower)에 더 크게 좌우된다"며 "최근의 기업 경영에서는 리더가 곧 팔로워가 되고 팔로워가 곧 리더가 되는 구성원이 요구된다"고 말했다.

08 마무리

팔로워들이 사악한 리더들과 상호작용을 하면서 직면하는 심각한 문제들이 있음에도 불구하고, 희망이 아예 없는 것은 아니다. 작업장에서 뿐만 아니라 미국의 가족에서도 구조적인 변화로 인해, 팔로워들은 점점 그들 자신을 권위주의적인 계급의 일원으로 바라보지 않는다. 맞벌이 부부 가정이나 싱글맘이 이끄는 가정의 환경에서 자란 현대의 노동자들은 양육시설이나 학교에서 만난 또래 혹은 형제와의 경험에서부터 유발된 '쌍방향적인' 사회성을 더 띤다. 그 결과 그들은 계급질서에 따라 명령을 수행하는 경향 대신, 형제와도 같은 동료들과 네트워크를 형성하고 중재하며 협상하는 경향을 띤다.

황제가 옷을 걸치지 않았거나, 더 나아가 위장을 한 악마라는 것을 알아차리는 것은 환상을 깨게 하고 불안하게 한다. 그렇지만 리더라는 존재를 사회의 짐을 덜기 위해 우리가 의존해야만 하는 존재로 인식하는 우리의 환상을 깨뜨린다면, 새롭고 더 건설적인 가능성들이 나타날 것이다. '환상을 깨는 리더들', 이들은 리더십을 향한 우리의 로망은 깨뜨렸지만 우리에게 위대한 서비스를 해주는 것이다. 실제로 그들은 아마 우리, 팔로워들에게 지금 우리가 인간으로서 불완전한 리더에게 던져준 짐을 함께 나누어야 할 정당한 책임을 떠맡아야 하는 길을 안내해주기까지 할 것이다.[262] 사악한 리더들에 대한 팔로워들의 생각과 행태가 그들의 관리와 통제 속에서 완전히 자유로울 수는 없지만, 사회문화적·제도적 환경의 변화로 인해 사악한 리더들의 영향력과 위엄은 상대적 약화가 불가피해졌다. 다행이 아닐 수 없다.

그렇다고 오늘을 사는 우리가 이상적이고 바람직한 리더의 등장을 희망하고 갈망하지 않는 것은 아니다. 다만 팔로워들의 역할과 책임이 그 어느 때보다 더 한층 막중해졌음은 인정하지 않을 수 없다. 세계 도처에서 지도층의 부당한 정책 결정에 대해 민초들이 보여주고 있는 '피플 파워'[263]에 세계가 주목하고 있으며, 이를 통한 사회변화를 우리는 지금도 목도하고 있다.

---

262) 강정애 외 공역(2014), 팔로워십론, Ronald E. Riggio, Ira Chaleff, Jean Lipman-Blumen 지음, 시그마프레스. 2014.09.15.

263) 피플 파워 혁명의 대표적 사례로 필리핀에서 1986년 페르디난드 마르코스 독재정권을 몰아낸 민주화 혁명과 대한민국의 4.19 혁명처럼 독재 정권을 몰아낸 혁명을 들 수 있는데, 그밖에 수많은 사례를 들 수 있다. 중요한 것은 아마 과거보다는 현재, 아니 미래에 피플 파워의 사례는 양적·질적 측면에서 그 위력을 더 발휘하게 될 것이다.

Chapter

12 미래의 리더십 I : 개관

1. 리더와 리더십 어떻게 볼 것인가
2. 진화가 필요한 한국의 리더십
3. 수평적 리더십
4. 포용의 리더십과 공유의 리더십, 그리고 개방적 리더십
5. 미래에 필요한 리더십 : Wheatley와 Nick의 견해
6. 4차 산업혁명 시대의 리더십
7. 미래 리더의 덕목
8. 리더십 개발의 방향

01 리더와 리더십 어떻게 볼 것인가[264)]

리더십은 구성원들에게 동기를 부여해 에너지를 결집하고 분출시켜 목적을 달성하는 수단이다. 도덕론적 리더십의 함정은 그 자체를 목적으로 삼아 성인 반열에 이르는 자기수양의 과정으로 착각한다는 점이다.

리더십이란 군인은 승리, 종교인은 포교, 기업은 성장, 국가지도자는 번영이라는 목적을 달성하기 위한 수단이다. 훌륭한 인품에 신망도 높은 군대 지휘관이 정작 전투에서 연이어 패배한다면 그 리더십은 무의미하다. 국가지도자가 숭고한 명분과 정의를 추구하였지만 막상 나라가 패망하는 경우도 마찬가지다. 명분이 아무리 숭고하고 인품·신망이 뛰어나도 조직이 망하면 최악(最惡)의 리더다.

리더는 연예인이 아니고, 리더십은 장식물이 아니다. 연예인은 대중의 인기 자체가 목적이지만, 리더는 현실을 타개하고 미래의 목적을 추구하기 위해 리더십을 수단으로 쓴다. 이런 리더십은 평상시에 단련돼 실전(實戰)에서 빛나고 결과로 평가받는다. 리더십이 장식물이 되면, 평상시 의전(儀典)에는 강해도 실전에는 약한 군대가 되기 십상이다. 실전에 강한 군대의 의전은 소박하다. 겉치레가 아무리 화려해도 리더로서의 목적 달성을 위한 수단이 되지 못하는 리더십은 허상(虛像)에 불과한 것이다.

02 진화가 필요한 한국의 리더십[265)]

한국회사와 미국회사의 중요한 차이점으로 한국은 일사분란하게 조직적으로 움직이는 반면 미국은 개인 단위로 움직인다는 점을 꼽는다. 이것은 한국인들의 '집단주의'

264) 김경준(2018), [김경준의 리더십 탐구] 리더는 연예인이 아니고, 리더십은 장식물이 아니다, 조선일보, 2018.06.05.

265) 은진기(2014), 리더십의 미래, https://jinkieun.wordpress.com/tag/리더십의-미래/, 2014.06.23.

성향의 영향도 있겠지만 한국의 리더십 스타일도 큰 영향을 미쳤으리라 생각된다.

조직이 우선시되는 회사에서는 지위가 곧 리더십이다. 토론을 통해 의견을 모으고, 다양한 관점들을 반영하여 아랫사람들을 설득할 필요가 없다. 군대와 같이 Top down식의 수직적인 구조로 개인의 개성과 의견을 존중하기보다는 집단의 방향에 철저히 맞춰야 한다. 따라서 조직을 위한 개인의 희생과 헌신은 당연한 문화로 정착되며, 상사들의 명령은 무조건적으로 따라야 하는 불문율이 된다. 상사들은 여러 면에서 자기가 '관리'하는 직원들에 대한 영향력이 커지며, 막대한 권력이 주어진다. 그리고 주어진 권력을 활용하여 조직을 확실하게 이끄는 카리스마 있고 결단력 있는 리더십으로 엄청난 추진력을 발휘한다.

이러한 조직 '관리'에 집중한 리더십 형태는 위에서 의사결정을 하면 모두가 한 방향으로 움직이는 '효율성'과 '생산성'을 극대화하여 지금까지 한국의 경제성장을 이끌어낸 굉장한 경쟁력이기도 하다. 아직까지도 조선, 제조, 건설 등 전통적인 산업에서는 삼성, 현대, LG, 포스코 등 우리 기업들이 글로벌한 경쟁력을 갖추고 세계무대에서 좋은 성과를 내고 있다는 점이 이를 말해준다.

리더십과 반대되는 말은 '관리'다. 관리는 어제보다 조금 더 빨리, 조금 더 낮은 비용으로 뭔가를 만들어내는 일이다. 우리는 관리하는 방법을 잘 알고 있다. 복종의 미덕을 찬미하고, 끊임없이 비용을 낮추고, 오차를 줄이면 된다. 반면, 리더십은 차원이 다른 게임이다. 진정한 리더는 항상 위험에 노출되어 있고, 다른 이들을 완전히 통제하려 들지 않는다. 그리고 값싸고, 빠르고, 복종적인 안전한 세상이 아니라 완전히 새로운 세상으로 사람들을 데리고 들어간다.

조직 효율성과 생산성에 집중한 '관리'는 오늘날에서는 진정한 리더십이 아니다. 하지만 안타깝게도 많은 한국 기업들은 아직도 이러한 리더십으로 임직원을 '관리'한다. 더 나아가서 이러한 형태는 한국의 고질병인 눈치문화를 만들어내는 주범이라고 생각한다.

산업의 진화와 글로벌화에 맞춰 조직의 관리나 리더십의 형태는 진화할 필요가 있다. 상대적으로 경제수준에 비해 한국이 취약한 소프트웨어(software) 중심의 IT 산업, 금융업, 서비스업 등은 권한을 가진 리더가 위에서 의사결정한 데로 긴밀하게 움직이는 상명하복 방식의 '조직적인 움직임'보다는 창의력과 다양성을 포용하는 문화와 개인단위로의 권한이양이 필수이다.

또한 관리 중심의 리더십 역시 글로벌 환경에서 성공하기 힘든 리더십 형태이다. 한국 기업들의 '조직 중심'의 문화는 다양성과 개인의 특성을 존중하는 대부분의 국가에서는 통용되기 힘들다. 비단 미국, 유럽뿐만이 아니라 공산권 국가인 중국과 베트남 회사들의 리더들도 한국만큼 조직적이고 집단적인 행동을 요구하지 않으며, 한국의 강압적인 리더십에 반감을 가진다는 것이다. 더 나아가서는 외국인뿐만 아니라 요즘 한국의 젊은 세대도 점점 개인적인 개성과 성향을 존중하는 리더와 일과 삶의 균형(Work life balance)이 있는 기업을 선호하고 그러한 환경에서 업무 효율도 더 높아진다는 것이다.

지금 세계를 움직이는 기업들을 보라. 생산성과 효율성 보다는 창의력과 혁신적인 가치가 경쟁력인 시대이다. 아직도 많은 한국의 대기업들은 오랫동안 쌓아온 기업 문화와 업무 관행을 버리지 못하고 '관리'에 집중하고 있다. 오히려 새로 생기는 다양한 벤처회사들이 리더십과 조직운영 관련 다양한 시도를 하고 있다. 이들에게서 다양하고 성공적인 한국형 리더십 스타일이 나올 것이라고 믿어 의심치 않는다.

03 수평적 리더십[266)]

카리스마 리더십은 리더의 특성(초인간적 또는 비범한 능력)에서 나오는 힘과 부하들이 리더와 동일시하는 심리적 과정을 통해 영향력이 발휘된다. 1920년대 독일의 사회학자 막스 베버가 카리스마의 개념을 발전시켰고, 1980년 이후 미국기업들이 외국기업들과의 경쟁에서 생존하기 위해 조직변환의 관점에서 카리스마 리더의 필요성을 인식하여 경영학 분야에서 본격적인 연구가 시작되었다. 이러한 카리스마 리더십을 발휘한 대표적인 경영자로서는 미국의 잭 웰치, 스티브 잡스, 일본의 경우 마쓰시타 고노스케, 이나모리 가즈오, 한국의 경우는 이병철, 정주영회장 등을 들 수 있겠다.

이러한 카리스마 리더십은 환경변화에 따라 팔로워의 역할이 보다 강조됨에 따라 변혁적 리더십, 그리고 서번트 리더십으로 발전하게 된다. 그러나 겸손과 구성원에 대한 존중, 그리고 조직에 대한 헌신을 강조하는 서번트 리더십조차도 소수의 리더를 중심으로 한 패러다임 하에 있다.

미래의 리더십의 가장 큰 특징은 리더들이 조직의 전 계층에 존재한다는 것이다(그레첸 M. 스프라이처와 토마스 G. 커밍스, '퓨처 리더십'). 전통적으로 리더는 조직의 최고 경영자층으로 간주되어 왔다. 그러나 점점 복잡해지는 조직의 상황 속에서 리더

266) 김병헌(2017), [김병헌] 미래의 리더십, 코칭경영원, 2017.11.29. (https://www.coachingi.com/bbs/board.php?bo_table=letter&wr_id=210...5),

십은 반드시 조직 전체를 통해 살아있어야 하며, 단지 임원들 수준에서 그치는 것이어서는 안 된다는 점이 큰 차이점이다. 따라서 앞으로의 조직은 조직전반에 걸쳐 두터운 리더층을 준비하지 않으면 도태되고 말 것이라는 점이다.

따라서 미래의 리더십은 조직의 전 계층에서 발휘되어야 하며, 리더십이 상사중심이 아니라, 상사와 부하, 동료 간의 보다 수평적인 파트너십의 관점에서 이해하는 것이 중요하다. 이러한 관점에서 미래의 리더십을 '수평적 리더십'이라고 부를 수 있겠고 수평적 리더십의 키워드는 셀프 리더십과 코칭 리더십, 그리고 이 둘의 조화라고 정의하고 싶다.

미래 환경의 특징이 불확실성과 복잡성이라고 한다면, 이러한 환경 하에서는 소수의 리더가 방향을 정하고 구성원이 따라가는 식으로는 성공할 수가 없다. 구성원들이 전략적 의도는 공유하되 각자가 자율(자기결정권)과 아울러 파트너십을 가지고 협업을 해나가는 것이 중요하게 된다.

3.1 셀프 리더십[267)]

먼저 구성원 각자가 셀프 리더십을 갖추어야 한다. 셀프 리더십이 필요한 이유는 자신을 진실로 리드할 수 있는 것은 바로 자기 자신 뿐이기 때문이다. 다른 사람들을 효과적으로 리드하기 위해서는 자신을 먼저 리드할 줄 알아야 한다. 셀프 리더십은 우리 스스로 자신을 리드하여 참된 자신의 리더가 되는 것을 실현시키는 것이다.

셀프 리더십은 '자기 스스로를 동기화시켜 주도적으로 무엇인가를 실천하려는 마음'이다. 셀프 리더십은 누구나 어느 정도는 발휘하고 있다. 다만 그것이 생활을 주도하고, 자신의 삶에서 많은 부분을 차지하지 못하고 있을 뿐이다. 셀프 리더십은 특정부문의 사람들에게만 필요한 것이 아니고 모든 사람들에게 다 필요한 것이다. 그리고 학습을 통해 얻어지기도 하고, 선천적으로 타고나기도 한다.

그렇다면 셀프 리더십이 발휘되려면 어떻게 해야 하는가. 셀프 리더십이 제대로 발휘되기 위해서는 '자기설정목표'가 있어야 한다.[268)] 즉 자기 스스로 어떤 목표를 설정하는 것은 셀프 리더십을 발휘하는데 있어서 무엇보다 중요한 요소이다. 목표를 설정

---

267) 김철수(2009), 셀프 리더십이란?, 한국인재개발센터, 2009.06.04. 가은정(2013), '셀프 리더십'이란?, 다음 블로그(blog.daum.net/_blog/BlogTypeView.do?blogid=0EubU&articleno=3342679), 2013.06.03.

268) 이장로(2012) 역시 하버드 MBA 졸업생들을 대상으로 한 연구조사 결과를 제시하면서 목표를 설정하고 그에 따라 자신을 이끌어가는 셀프 리더십이 성공한 삶을 사는데 중요하다고 언급하였다. 진정한 의미의 성공은 인생의 뚜렷한 비전을 세우고 이를 성취하기 위한 목표를 설계하고 달성해 나가는 일련의 행동과정이라고 정의내릴 수 있는데, 이를 위해서 셀프 리더십이 필요하다는 것이다. 이장로(2012), 성공을 위한 셀프 리더십, 고대신문, 2012.04.02. 참조.

할 때는 최고의 효과를 얻기 위해서 도전적이고, 의욕적이어야 하겠지만 달성 가능한 목표이어야 하고 구체적으로 기술되어야 한다. 결국 셀프 리더십을 발휘하기 위해서는 일에 대한 철학, 환경변화에 대한 성찰, 그리고 자기결정권이 중요한 요소이다. 이러한 셀프 리더십이 확립될 때 비로소 자발적 몰입과 창의성 발휘가 가능해지게 된다.

3.2 코칭 리더십

코칭 리더십은 파트너십을 바탕으로 존중, 소통, 협업이 근간이 되어야 하겠다. 따라서 코칭 리더십은 구성원들이 파트너의 관점을 가지고 ▲개인의 잠재력에 대한 인정과 상호존중의 조직문화가 정착되고, ▲경청, 강력한 질문, 효과적 피드백과 같은 소통스킬이 필요하며, ▲모두가 함께 아이디어를 내고 힘을 합치는 협업문화가 정착되어야 한다.

GE같은 지극히 전형적인 대기업도 이제는 '125년차 스타트업'으로 불리기를 원하는 것도 이런 배경 때문이다.[269] 우리나라 최고기업 중 하나인 삼성의 경우도 2016년 3월 '스타트업 삼성 문화 혁신' 선포식을 개최하여 스타트업 기업의 실행력과 수평적 소통문화를 조직전반에 뿌리내리겠다고 선언했다. GE와 삼성 같은 최고기업들의 이런 움직임은 미국 스탠포드 대학의 에릭 리스 교수가 그의 저서 '린 스타트업'[270]에서 스타트업 방식을 받아들이는 대기업만이 미래의 수혜자가 될 것이라고 주장한 것과 맥을 같이하는 것이다.

3.3 밀레니얼 세대의 특성 반영

대학생 멘토링에 참여하여 이들과 함께 이야기를 나누다 보면, 그들에게 주는 것 못지않게 밀레니얼 세대에 대해 배우는 것도 많아 큰 즐거움을 얻는다. 과거와는 달

---

269) GE의 경우 조직의 계층화를 줄이고, 민첩하게 만들기 위해 린 스타트업 방식을 맞춤형으로 응용한 '패스트웍스'를 시작했다. 연례 인사고과도 지속적인 피드백을 통한 역량개발 기회로 전환했다.

270) 린 스타트업(Lean Startup) : 단기간 동안 제품을 만들고 성과를 측정해 제품 개선에 반영하는 것을 반복하여 시장에서의 성공 확률을 높이는 경영 방법론의 일종이다. 일단 시제품을 제조해서 시장에 내놓고 반응을 살펴 제품을 수정해 나가는 것이 핵심이다. 일본 도요타자동차의 린 제조 방식을 본뜬 것으로 미국의 벤처기업가 에릭 리스가 만들어 낸 개념이다. 린 스타트업은 '제조-측정-학습'의 과정을 반복하면서 꾸준히 혁신해 나가는 것을 주요 내용으로 한다. 에릭 리스가 쓴 동명의 《린 스타트업》이라는 저서는 2011년 미국에서 출판된 후 실리콘밸리에서 큰 인기를 끌었다. 2012년 11월 국내에서도 번역서가 출간돼 스타트업 뿐 아니라 대기업 임직원과 벤처투자자 사이에서 필독서가 되었다. 이와 관련하여 <네이버 지식백과> 린 스타트업(Lean Startup) 참조.

리 많은 학생들이 여러 가지 다양한 직무경험과 사업체험을 대학시절에 이미 하고 있고, 자존감이 매우 높다는 것을 느끼게 된다. 이러한 밀레니얼 세대의 특성을 잘 반영하지 못하는 기업은 어떤 조직이라도 민첩성의 상실과 우수인재의 이탈로 쇠락의 길로 갈 수밖에 없다는 점을 인식하고 수평적 리더십을 근간으로 한 조직문화와 사업방식의 변화를 서둘러야 할 것 같다.

04 포용의 리더십과 공유의 리더십, 그리고 개방적 리더십[271)]

미래 조직은 새로운 리더십을 요구하고 있다. 선택된 소수의 리더가 다수를 이끈다는 개념의 전통적 리더십은 더 이상 조직에 잘 들어맞지 않을 가능성이 높다. 이에 주목받는 미래형 리더십으로 제시되고 있는 것이 바로 포용의 리더십과 공유의 리더십이다. 포용의 리더십은 이해와 수용을 기반으로 구성원들의 차이를 잘 인식하고, 이러한 차이가 잘 통합되어 작용할 수 있도록 해주는 리더십을 의미한다. 공유의 리더십은 구성원 모두가 리더가 될 수 있다는 의식을 공유하고 함께 문제를 해결해 나가는 조직 리더십을 구축하는 것을 말한다. 포용의 리더십과 공유의 리더십 모두 구성원 전체를 더 중요시 한다는 공통점을 가지고 있다. 모든 구성원이 주도적으로 리더십을 발휘하려고 노력하는 기업은 한두 사람의 리더가 조직의 운명을 좌우하는 기업보다 미래 변화에 유연하게 대응할 수 있다. 미래에도 지속적으로 살아남고 성장하기 위해서는 변화의 패턴을 정확하게 잡아내고 대응할 수 있는 미래형 리더십 준비가 더욱 중요해지고 있다.

소통 방식의 변화와 조직 구성의 다양성 심화가 요구하는 미래형 리더십은 어떤 모습일까? 최근 많은 사람들이 주목하는 리더십 대안으로 '포용의 리더십'과 '공유의 리더십'이 있다. 여기에 포용의 리더십에서 한 걸음 더 나아간 개방적 리더십이 있다.

271) 주로 강진구(2010), op. cit. 참조.

4.1 포용의 리더십

미래 조직의 모습에서 가장 확실하게 말할 수 있는 것 중 하나는 '다양성(Diversity) 심화'이다. 세대 다양성 외에도 글로벌화에 따른 인종과 국적의 다양화, 여성 인력의 확대, 신체장애자의 고용 확대 등 다양성의 범위와 깊이가 점점 더해지고 있다. 아직 우리 기업들에게는 낯선 이슈일 수 있으나 해외 글로벌 기업들은 직원들의 성(性)정체성까지도 필수적인 다양성 이슈로 다루고 있다.

다양성이 심화될수록 리더십에서는 조정보다 포용(Inclusion)이 더 중요하다. 조정은 지시와 통제가 중시되는 반면, 포용은 이해와 수용에 기반을 두는 개념이다. 경영컨설팅 기업인 알티머그룹의 CEO 샬린 위는 그의 저서 「Open Leadership」을 통해 "미래의 리더는 잘 조정하는 사람이 아니라 잘 포용하는 사람이다"라며, "다양한 생각을 잘 수용하는 것은 잘 조정하는 것보다 훨씬 더 많은 노력이 필요하다"라고 강조한다.

포용의 리더십이 단지 세심한 배려나 이해, 관용의 개념에 머무른다면 기존의 서번트 리더십 등과 큰 차별화가 없을 것이다. 인사조직 분야의 글로벌 경영 컨설팅사인 휴잇어소시엇츠의 다양성 최고책임자(Chief Diversity Officer) 안드레 타피아는 "포용은 사람들 사이의 차이를 인정하는 데서 그치지 않고, 그 차이를 탐구하는 방법을 아는 것이며 그 차이들이 잘 혼합되어 작동할 수 있도록 해주는 것이다"라고 말한다.

포용의 리더십을 잘 보여준 사례는 남아공 월드컵에서 16강의 감동을 선사해준 축구 국가대표팀의 주장 박지성 선수이다. 노장 선수의 경험을 존중하고 가장 나이 어린 선수의 의견도 끝까지 경청함은 물론 팀의 목표를 향해 말이 아닌 행동으로 솔선수범함으로써 모두가 자발적으로 팀에 기여할 점을 찾아 움직이게 만들었다. 박지성 선수는 강력한 카리스마 발휘를 통한 팀 장악을 중시하는 과거 방식이 아닌, 포용의 리더십을 발휘함으로써 신·구가 조화된 뛰어난 팀워크를 창출해 내었다.

4.2 공유의 리더십

지식과 정보가 리더에 의해 독점되지 않고 구성원들의 주도적 성향이 증가할수록 리더십 발휘는 어려워진다. 경영코치 전문가인 마샬 골드스미스는 "지금까지는 통합적 사고, 비전 제시 등 리더 개인의 역량이 리더십 발휘의 주요 요소로 작용했다면, 앞으로는 모든 구성원들이 리더십을 얼마나 효과적으로 공유하는지가 더 중요해질 것이다"라고 말한다.

구성원들이 리더십을 공유할 때, 리더십은 더 이상 리더 개인의 이슈가 아니다. 과연 리더십의 공유는 가능한가? 그리고 가능하다면 그 결과로 나타나는 조직은 어떤 모습일까?

오르페우스 챔버 오케스트라(Orpheus Chamber Orchestra)는 1972년 설립된 지휘자 없는 관현악단이다. 지휘자가 없다 보니 연주곡목의 선정이나 리허설 진행 과정에서 모든 단원들이 의견을 제시하고 결과에 강한 책임감을 가진다. 매번 진행을 담당하는 리더는 동료들에 의해 선출된다. 연주 준비는 일반 오케스트라보다 약 3배의 시간이 더 걸리지만 음악에 대한 이해와 해석에서 모두가 리더십을 가지고 참여하기 때문에 음악에 모든 단원의 영혼이 들어 있다는 자부심이 대단하다.

앞서 언급하였던 포용의 리더십 관점에서 보면 전통적인 지휘자는 독재자로 불려야 마땅한 최악의 리더이다. 아무리 뛰어난 단원이라도 오직 지휘자가 요구하는 음악만을 강요받으며 음악적 해석이나 기교에서 자신의 주장을 조금도 펼칠 수 없기 때문이다. 오르페우스는 이런 점에서 새로운 시도를 하였다. 구성원들의 음악적 재능과 지식이 존중되고 공동의 목표에 대한 다양한 의견이 수용될 때 더 가치 있는 음악적 성과가 나올 수 있다고 믿었기 때문이었다. 오르

페우스는 단원 모두가 리더십을 공유하는 민주적 조직 운영 방식을 통해 뛰어난 연주를 이루어내며 성공함으로써 미래형 수평 조직의 모델로 연구 대상이 되고 있다.

공유 리더십 실천한 미국 기업 사례272)
* 공유 리더십 개념을 적용한 미국 기업들은 팀 성과는 물론 혁신적인 아이디어, 조직 몰입, 소속감 증진, 개인의 학습과 성장 등에 효과가 있다고 보고하고 있다. * 고어: 래티스를 통해 공유 리더십 극대화 대표적인 사례로 아웃도어 의류 원단인 고어텍스로 잘 알려져 있는 미국의 원단제조 회사인 W. L. 고어 앤 어소시에이츠(이하 '고어')를 들 수 있다. 고어는 우수한 기업문화와 선진적 HR제도로 유명하며, 포춘에서 선정하는 '일하기 좋은 100대 기업'에 1998년부터 2017년까지 연속으로 20년 간 선정된 훌륭한 기업이다. 홈페이지에 있는 회사소개 메뉴에는 "고어는 다른 종류의 직장입니다. 상사와 직원이라는 전통적 아이디어 대신 리더, 다양한 팀, 그리고 개개인의 직원들이 모두 회사의 성장을 위해 함께 노력합니다"라고 쓰여 있다. 조직구조에 대해서는 다음과 같이 명시돼 있다. "고어에는 전통적인 계층 구조는 없지만 그렇다고 완전히 평평한 조직(Flat organization)은 아닙니다. 고어의 래티스(The Lattice: 격자무늬 조직)는 우리가 어떻게 함께 일하고 의사소통 하는지 보여줍니다. 래티스를 통해 고어의 모든 직원들은 일을 잘 수행하기 위해 필요한 모든 사람과 소통합니다."...

오르페우스의 사례가 기업 현실과 동떨어진 이야기라고 생각될 지도 모르겠지만 혁

272) 박종규(2017), 밀레니얼 세대의 새로운 조직문화-공유 리더십의 시대, HR Insight (2017년 11월호 vol.750), 2017.10.27.

신 기업의 대표 주자 고어사는 리더십 공유가 일반 기업에도 적용될 수 있음을 보여준다. 고어사에는 호칭이나 보스, 심지어 공식 직급체계도 없다. 동료들로부터 인정을 받으면 누구나 프로젝트를 주도할 수 있으며 평가도 동료들에 의해 실시된다. 수많은 기업들의 조직 운영방식을 연구한 미래경영학자 게리 하멜은 “위대한 리더를 채용하거나 키우는 것만이 미래를 대비하는 유일한 길은 아닐 수 있다. 오히려 완벽하지 못한 리더와 함께 성장할 수 있는 조직과 시스템이 더 중요하다”고 말한다. 리더십을 위원회나 협의회 형태로 분산시킴으로써 독점되지 않도록 하고 있는 시스코의 존 챔버스 회장은 “이제는 소수의 선택된 리더가 아니라 모든 종업원의 집단 지성을 활용하는 협업 DNA가 기업을 성공으로 이끄는 시대이다”라고 강조한다.

4.3 개방적 리더십[273)]

포용적 리더십에서 한 걸음 더 나아간 것이 개방적 리더십이라고 부를 수 있다. 개방적 리더십은 적어도 두 가지 의미를 지닌다. 첫째는 리더가 개방적 사고, 특히 세계화 시대에는 세계의 흐름을 파악하고 국제적 마인드를 가진다는 뜻이다. 한국은 세계에서 가장 대외의존적인 경제를 가지고 있으며, 지정학적으로도 명확한 판단을 해야만 생존할 수 있는 위치에 있다. 리더십의 개방적 사고가 그 어느 나라보다도 필요한 경우라는 뜻이다.

한국은 미국과 중국에 많은 수의 유학생을 파견하여 개방적 리더십의 형성에 어느 정도 앞서 있다. 다만 아쉬운 점은 많은 사회 영역에서와 같이 너무 한쪽으로의 쏠림 현상이 강하게 나타난다는 사실이다. 한 바구니에 모든 달걀을 담고 움직이는 일은 매우 위험하다. 특히 한국 엘리트는 매우 국제화 되어 있고 개방적이지만 미국 중심의 사고와 지향성을 갖고 있다는 한계를 안고 있다. 우수한 인재는 미국 뿐 아니라 중국이나 인도와 같은 떠오르는 세력, 그리고 유럽과 같이 오랜 문화적 전통을 가진 지역으로 분산할 필요가 있다.

개방적 리더십이 점차 더 필요한 이유는 세계화 현상이 한국 사회에도 그대로 반영되어 나타나기 때문이다.

APEC회의, 동아시아 관련 회의, G20회의 등 국가 지도자들의 국제적 포럼은 늘어나고 있으며, 중요한 사안들이 국제적으로 결정되는 경향을 나타낸다. 국가 원수의 회동을 동반하는 장관 및 관료의 회의도 점점 늘어나는 추세다. ‘우물 안 개구리’의 인식과 사고방식으로 21세기를 이끌어 가는 것은 이제 불가능해졌다. 대통령에서 말단 관료까지 국제적 마인드의 개방적 리더십이 요구된다는 뜻이다. 또한 한국의 기업이

---

273) 조홍식(2014), 미래 한국사회의 리더십, 2014 미래전략 포럼, POSTECH 박태준미래전략연구소, 2014.12.09.

해외에 투자하거나 해외 기업을 인수함으로써 국제적 경영과 관리가 필요한 상황이 늘어나고 있다. 개방적 사고와 국제적 마인드가 없는 리더십은 외국에서 문화적 반발을 일으킬 것이고, 경제적 부작용도 커질 위험이 있다. 심지어 선교와 같은 국제 활동, 가난한 나라에 도움을 주기 위한 개발협력 등의 분야에서조차 개방적 리더십은 필수적인 조건이 되는 것이다.

개방적 리더십의 둘째 의미는 외부에서 리더를 영입함으로써 열린 조직으로 운영한다는 뜻이다. "고인 물은 썩는다"는 진실은 21세기의 상식에 속한다. 우선은 우수한 해외의 인재들이 한국에서 적극적으로 활동하고 활약할 수 있도록 제도를 강화하는 것이 필요하다.

한국의 발전은 국내의 인재를 키워서 가능했다. 하지만 한국이 여기서 한 걸음 더 나아가 세계 최고의 수준으로 성장하기 위해서는 국제적 인재의 보고(寶庫)로 발전해야만 한다. 이런 점에서 한국은 아직 싱가포르나 홍콩에 많이 뒤지는 것으로 판단된다. 여전히 과거의 동질성을 추구하는 배타적 문화가 남아 있는 것으로 보이고, 외국인들이 이를 피부로 느끼는 것 같다.

다음은 중요한 자리에 리더로 외국인을 임명하는 일이다. 축구에서 히딩크 감독의 역할은 한국을 월드컵 4강이라는 상상조차하기 어려웠던 결과를 낳았다. 모든 외국인 리더가 이 같은 최상의 결과를 낳기는 어렵겠지만 히딩크류의 실험은 사회의 여러 영역에서 다양하게 진행될 가치가 있다. 과거 많은 제국에서 노예나 환관, 외국인 등이 중용되었던 이유는 가족이나 족벌, 학연이나 지연 등 챙겨야 할 소속 집단이 없었기 때문에 상대적으로 자신의 임무에 충실할 수 있었기 때문이다. 히딩크가 한국에서 성공했던 이유와 유사하다.[274)]

4.4 모두가 주인공이 되는 조직을 만들어라

4.4.1 긍정적 사례

리더십이 공유될 수 있다면 리더의 필요성이 사라지는 것은 아닐까? 과연 리더 없는 조직이 성공할 수 있는 것일까? 경영 컨설턴트인 오리 브라프먼은 저서 「불가사리와 거미」에서 전통적인 의미의 책임자나 위계체계가 없으면 오히려 더 효과적인 조직 운영이 가능하다고 주장한다.

---

274) 조홍식(2014)은 21세기 리더십의 공통된 요구 사항은 적어도 민주성, 도덕성, 포용성과 개방성이라는 네 가지 기둥을 바탕으로 만들어져야 한다고 말하면서, 이것은 효율성의 문제이자 생존을 위한 선택임을 강조하고 있다. 이러한 요구는 세계 어느 나라의 리더십이나 동일하게 적용될 수 있는데, 이를 종합적으로 가장 잘 대표하는 리더 집단을 가진 국가가 세계적 경쟁에서 제일 선두에 설 가능성이 높다고 보았다.

가장 대표적인 사례로 전 세계 수천 명의 자발적 기여자들이 중앙의 통제가 거의 없이 세계에서 가장 큰 규모의 무료 백과사전을 창출한 위키피디아를 든다. 리더 없는 조직의 또 다른 성공 사례는 역사적 사실에서도 살펴볼 수 있다. 1680년대 초 북멕시코 지역, 잉카제국을 정복한 스페인 군대는 아파치족을 맞아 처음으로 패배를 당한다. 아파치족은 그 뒤로도 2세기 동안이나 계속해서 스페인 군대를 물리친다. 잉카제국이 완전히 사라지는 데 채 1년도 걸리지 않았음을 감안하면 놀라운 일이다. 아파치족과 3년간 함께 지내며 이들을 연구한 문화인류학자 톰 네빈스는 '확실한 리더나 위계 체계, 중앙본부의 개념이 없는 분권화된 조직 운영 방식'이 아파치족의 승리 요인이었다고 결론지었다. 전투에서 아파치족 전사들은 다른 부족과 달리 리더이면서 동시에 추종자가 된다. 주어진 상황에서 어떤 역할을 해야 하는지 개개인이 명확히 알고 있으며 행동에 나설 때 누구로부터도 지시를 받지 않는다. 스페인 군대가 아파치족과의 싸움에서 승리하기 어려웠던 이유는 리더처럼 보이는 대장을 죽이거나 사로잡아도 별다른 타격을 주지 못하였기 때문이었다. 아파치족 전사들은 리더의 유무와 상관없이 모두가 필요한 만큼의 리더십을 가졌던 것이다.

리더와 非리더를 나누는 경계의 벽이 높을수록 리더의 실수나 리더십 공백이 치명적일 수 있다. 1950년대 일본의 소고(Sogo) 백화점은 미즈시마라는 탁월한 CEO로 인해 성공신화를 썼지만 리더에 지나치게 의존한 결과 변화 대응에 실패하여 몰락하고 말았다. 스티브잡스의 건강 문제로 회사의 주가가 요동친 애플의 경우 역시 탁월한 리더가 오히려 조직의 미래를 불안하게 만들 수도 있음을 보여준다.

4.4.2 리더에 집중되는 스포트라이트를 분산시켜라

포용의 리더십이나 공유의 리더십 모두 리더 한 사람보다 구성원 전체를 더 중요시한다는 점에서 공통적이다. 즉 구성원 각자가 맡은 부분에서 리더의 지시만을 기다리지 않고 주도적으로 리더십을 발휘하는 것이다. 미국 텍사스주에 본사를 둔 자연주의 식품체인 기업 홀푸드에서는 매장을 담당하는 일선 구성원들이 직접 어떤 제품을 들여 놓을지 스스로 알아서 결정한다. 또 신입사원 채용 역시 실제 함께 일하게 될 팀의 구성원들이 모두 참여하여 투표로 결정한다. 구성원들이 스스로를 조직의 주인공이라 생각하고 일하는 홀푸드는 업계에서 가장 높은 성장률을 구가하고 있다. 구글에 입사하는 인재들은 '세상을 바꾸는 주인공이 될 수 있는 기회를 드리겠습니다'라는 문구에 감동한다. 이들은 실제로 하고 싶은 일을 할 수 있는 시간과 기회를 부여받아 각자가 조연이 아닌 주연이라는 생각으로 일한다. 구글을 최고의 혁신 기업으로 만드는 힘도 개별 구성원까지 공유되는 리더십이라 말할 수 있다.

그러나 고어사, 홀푸드, 구글에서 발견되는 리더십 공유 모델은 창업 때부터 수십년에 걸쳐 조금씩 다듬고 발전시킨 고유한 조직문화이다. 우리 기업들이 단기간에 같은 수준의 리더십 모델을 정착시키는 것은 쉽지 않다. 그렇다고 단순히 흉내내는 것 또한 바람직하지 않다. 보다 중요한 것은 '모두가 주인공이 되는 조직'으로 나아가는 리더십 트렌드를 놓치지 않는 것이다. 그리고 리더에서 구성원 전체로 조직의 무게중심을 서서히 옮기는 노력이 필요하다.

05 미래에 필요한 리더십 : Wheatley와 Nick의 견해

21세기의 리더들은 컨트롤하고 명령하는 리더가 아니라, 참여하고 협동하고 스스로 발전하는 과정을 사용하는 리더라야 된다고 마가렛 휘틀리(Margaret Wheatley)박사[275]는 강조한다. 그리고 어느 조직체나 기관에서 일하거나 속해있는 사람들을 축복이라고 간주하고, 문제라고 생각하지 않는 리더라야 된다고 강조한다. 인간 조직체도 살아있는 생물 조직체처럼 오랜 세월동안 견디고 적응하고 인식하고 창조적인 과정을 겪어야만 성장하고 발전할 수 있다.

마더 테레사(Mother Teresa)는 자신이 본 가난(poverty) 중 가장 큰 가난은 물질은 풍부하나 정신적 궁핍(spiritual poverty)에 시달리는 서구문명이 발달된 선진 국가에서 보았다고 말했다. 인간 본래의 좋은 성격인 협동, 돌보는 정신, 관대함을 장려하는 조직체는 수명이 길다고 휘틀리 박사는 지적한다. 직원들이 분리되지 않고 상호연관성(interconnectedness)을 지니도록 장려하는 리더십이 필요하다.

리더들은 말만 하는 것이 아니라 행동으로 보여주는 변화를 다스릴 줄 알아야 하

275) 마가렛 J. 휘틀리(Margaret J. Wheatley)는 하버드 대학에서 조직행동체계로 박사학위를, 뉴욕 대학에서 미디어생태학으로 석사학위를 받았다. 브리검 영 대학과 케임브리지 칼리지의 교수를 역임하기도 했다. 어려서부터 세계 곳곳을 경험하며 글로벌 시민으로 자라났고, 1960년대 한국에서 평화봉사단으로 2년간 일하기도 했다. '베르카나 인스티튜트'의 공동 설립자이자 명예회장이며, 베스트셀러 『리더십과 뉴 사이언스(Leadership and the New Science)』, 『서로에게 기대기: 미래의 희망을 회복하는 간단한 대화(Turning to One Another: Simple Conversations to Restore Hope to the Future』, 『보다 소박한 길(A Simple Way)』, 『나의 길 찾기: 불확실한 시대의 리더십(Finding Our Way: Leadership for an Uncertain Time)』 등을 썼다. 세계 곳곳을 다니며 강연과 자문 및 상담, 봉사 활동을 하고 있으며, 해외 일정이 없을 때에는 유타 주에 있는 한 산자락에서 한가로운 시간을 보낸다.

며, 너무 성급하게 단기적인 결과를 추구하기보다 장기적으로 조사·탐구하는 자세를 가져야 한다. 모든 사람들을 참여시키고 모든 사람들과 다시 생각해보고, 조직을 다시 디자인해보고, 다시 재조정해 보아야 된다. 여럿이 일함으로써 새로운 인간관계, 새로운 통찰력, 그리고 더 많은 노력을 얻게 되고 더 잘 실행하게 된다.

리더로서 리더 자신이 내적인 질문을 스스로 해 보는 성찰의 시간이 필요하다. 내 인생의 목적이 있는가? 생의 의미를 나는 어디서 찾을 수 있는가? 내가 계속 집중하는 용기와 신념을 어디서 찾을 수 있는가? 그래서 리더십은 영적인 일(spiritual work)이라고 말한다. 인생이 불확실하고 돌고 도는(cyclical) 것이기 때문에 더욱 그러하다.

국경과 거리가 없어지고 가치, 역할, 규칙들이 점점 똑같이 되어가는 정보화시대(Information Age)에 지식관리는 기본적인 생존스킬이다. 지식관리를 잘 하기 위해서는 더 생각하는 힘을 길러 더 똑똑해져야 한다.

마가렛 휘틀리(Margaret Wheatley) 박사는 "새로운 리더는 과거를 해결하는 동시에 미래를 고안해야 한다."라고 말한다. 의견이 다를 때 서로 파워로 분리되지 말고 지성에 의해 모든 일이 해결되어야 한다. 지성적인 행동은 몰입 혹은 헌신(commitment), 팀워크(teamwork), 배움(learning)에 의해 이루어진다.

리더로서 중요한 일은 듣는 일이다. 경청은 연습이 필요하다. 리더라고 충고하거나 더 현명하다고 뽐내지 말고 중간에 거들지 말고 그냥 참을성 있게 들을 때 치유의 힘(healing power)이 생긴다. 잘 듣는 일은 사람들을 더 가깝게 만들어주는 치유의 힘(healing power)을 주게 된다.

"모든 인간의 정신을 번영시키려면 자유와 존중이 필요하다."라고 믿는 리더, 경쟁이나 사기, 욕심, 이기주의를 행사하지 않아도 성공할 수 있는 기회를 주는 리더, 고정관념으로 사람들을 소외시키지 않는 리더가 21세기에 존경받고 필요한 리더이다.[276]

한편 닉(Nick)[277]의 미래의 리더십 관련 리서치 역시 "전통적인 영웅의 모습을 한 리더보다는 더 활동적이고 커뮤니티를 형성할 줄 아는 사람"이 리더로 키워져야 한다고 언급하고 있다. 이는 마치 오케스트라의 지휘자(앞에서 모든 이들을 조정하는 역할)로 비유되는 리더에서 열정적인 지휘자의 모습을 한 리더로 변화되어야 한다는 것과 유사하다. 이러한 사람들은 조직 내、외적으로 많은 사람들과 쉽게 관계를 형성하고 다른 사람들이 자신의 것에 흥미를 가지도록 끌어당기는 매력이 있다. 또한 이들은 내、외의 많은 사람들이 협력하고 함께 변화하도록 하는 혁신적인 능력과 에너지를 발휘하여, 아이디어와 열정을 전달하는 역할을 한다.[278]

---

276) 이상의 내용은 수지 오(2015), 리더십(Leadership), 미주 한국일보, 2015.10.19. 수지 오(2016), 미래에 필요한 리더십, 미주 한국일보, 2016.08.22. 참조.

277) 뉴질랜드인인 Nick Petrie는 프로 럭비 선수로 세계투어를 했으며, 프로를 그만 둔 후에는 기업 교육 비즈니스를 시작하였음.

06 4차 산업혁명 시대의 리더십

6.1 미래 리더像[279]

컨설팅그룹 맥킨지는 4차 산업혁명 시대에 미래의 리더십이 가져야 하는 자질을 다섯 가지 키워드로 요약하였다.

첫째 과거와 구분되는 가장 큰 특징은 '민첩성(agile)'이다. 지금까지 기업이 리더의 경험에 따라 방향을 결정하고 거기에 맞춰 성장해왔다면 앞으로는 조직 전체가 외부의 변화에서 기회를 포착하는 기민성을 가져야 한다. 타이밍을 놓치지 않기 위해 유연한 의사결정 체계는 필수다.

둘째 기업의 성장방식은 '변혁성(game changing)'에 무게를 둬야 한다. 앞으로는 새로운 게임의 룰을 세우고 창조적 파괴에 나설 수 있는 과감함이 성장을 주도한다. 조직운영의 효율성을 극대화하는 방식으로 성장을 일구는 것은 과거 공식일 뿐이다.

셋째 리더는 '연결성(connected)', 즉 외부지향성을 갖춰야 한다. 일부 고위급의 '제한적' 네트워킹이 아닌, 조직 전체의 광범위한 네트워킹이 필요하다. 합종연횡의 시대, 필요할 경우 경쟁자를 포함한 외부 파트너와도 협력하고 다양한 이해관계자들과의 교류에도 활발히 나서야 한다.

넷째 조직체계의 변화도 필요하다. 맥킨지는 '증폭성(multiplying)'을 키워드로 제시했다. 지금까지 소수 리더의 권위를 바탕으로 조직을 지휘했다면 앞으로는 구성원 전체의 능력을 극대화하기 위한 지원·조율·협상에 초점을 맞추라는 조언이다.

마지막으로 '보편성(globally effective)'이다. 세대와 지역적 차이를 극복하는 영향력을 발휘해야 혁신적인 기업을 이끌어나갈 수 있는 토대가 구축된다.

강혜진 맥킨지 조직 부문 파트너는 "리더가 조직의 의견을 듣고 싶어도 '경험'에 근거한 필터링을 거치며 새로운 아이디어가 떨어져 나가고 이 같은 일이 몇 차례 반복되면서 직원들은 지레 포기하는 것이 한국 기업들의 현실"이라며 "빠르게 변화하는 시장의 니즈에 대응하기 위해 외부자원을 자기 것처럼 쓰고 기업 내 사업간 자원 재분배에 과감히 나설 수 있어야 한다"고 강조했다.

---

278) 한국포럼(www.forumkorea.co.kr:8025), 현재, 그리고 미래의 리더십 개발. 참조.
279) 서울경제(2017.01.), [리더십4.0시대] 맥킨지가 뽑은 4차 산업혁명 시대 5대 리더십, 2017.01.11.

6.2 테크놀로지 리더십[280)]

미래의 유통기업에는 '테크놀로지 리더십'이 필수요소가 될 것이란 지적이 나왔다. 새로운 기술을 먼저 개발해 도입하는 유통기업이 시장을 선도한다는 얘기다.

류한석 기술문화연구소장은 "2021년까지 전 세계 유통업체의 70%가 사물인터넷(IoT)에, 68%는 머신러닝(기계학습)에 투자할 계획"이라며 "유통·제조 등 모든 산업군에서 IT(정보기술)를 선제적으로 개발하고 선도하는 기업이 시장에서 두각을 나타낼 것"이라고 말했다. 류 소장은 "IT 조직을 만들고, IT 기술을 평가할 수 있는 능력을 갖추는 등 누가 더 IT 기업화되느냐가 유통기업의 성패를 좌우할 것"이라고 강조했다.

손건일 한국IBM 전무는 미래 유통업의 비즈니스 키워드로 '파괴적 혁신(Distruptive Innovation)'을 제시했다. 그는 "공급망은 물론 소비자 접점에 이르는 전반적인 과정에서 파괴적 혁신에 대한 요구가 거세지고 있다"며 "인공지능, 가상·증강현실, 사물인터넷 등 혁신기술을 유통산업에 접목시켜 개인화된 고객 경험을 강화해 나가야 한다"고 말했다.

또 김태양 SK플래닛 본부장은 '챗봇'(사람과 채팅하는 인공지능)의 국내외 도입 사례를 소개했다. 그는 11번가의 챗봇 '바로'를 설명하며 "챗봇이 쌍방향 소통으로 구매에 대한 신뢰감을 심어주고 신속하게 고객맞춤 서비스를 제공해줄 수 있는 만큼 미래형 커머스로 발전할 가능성이 크다"고 전망했다. 다만 "챗봇은 한계가 존재하기 때문에 활용 영역을 신중히 선택해야 한다"며 "챗봇 도입의 유망 분야는 전자상거래, 사업 영역은 고객서비스와 판매、케팅 분야가 될 것"이라고 예상했다.

이경일 솔트룩스 대표는 "유통업계가 고객 맞춤형 서비스 강화를 위해서는 빅데이터를 넘어 스마트 데이터 기술을 활용해야 한다"며 "기계에서 생성되는 머신 데이터를 인간이 생성하는 휴먼 데이터와 통합해 실시간으로 양질의 데이터를 뽑아내는 스마트 데이터 시대가 도래할 것"이라고 말했다.

서덕호 대한상의 유통물류진흥원장은 "산업에 혁신기술을 접목하는 산업 패러다임의 변화는 더 이상 거스를 수 없는 메가트렌드"라며 "혁신기술을 어떻게 적용하고 활용하느냐에 유통기업의 미래가 달렸다"고 말했다.

280) 연합뉴스(2017.07.), "미래 유통기업, 테크놀로지 리더십이 필수", 2017.07.12.

07 미래 리더의 덕목

7.1 전략적 사고와 혁신, 그리고 미래를 내다보는 안목[281)]

불확실성이 그 어느 때보다도 높은 시대에서 살아남을 수 있는 방법은 전략적 사고와 혁신뿐이며, 21세기의 혁신은 네트워크에서 나온다는 점을 인식해야 한다. 그리고 21세기에는 큰 물고기가 작은 물고기를 잡아먹는 게 아니라 빠른 물고기가 느린 물고기를 잡아먹는 시대이기 때문에 변화를 통해 지속적으로 성장을 이뤄내기 위한 전략적 사고가 필요하다.

한편 새 시대의 경영자가 갖춰야 할 덕목으로 넷플릭스, 에어비앤비, 우버, 아마존 등의 사례에서 보듯이 이제 과거의 열쇠로 미래의 문을 열 수 없는, 새로운 열쇠가 필요한 시점이기 때문에 매니지먼트를 보는 눈과 트렌드 변화를 내다볼 수 있는 눈을 동시에 갖춰야 새로운 시대에서 성공을 열어나갈 수 있다. 또한 경영자는 미래를 내다볼 수 있는 능력을 갖춰야 하며, 골을 넣는 것보다 먼 비전을 생각해야 새 시대를 이끌어나가는 기업을 만들어낼 수 있다.

7.2 질문을 고민하는 사람[282)]

중소기업 사장들을 인터뷰 할 때는 몇 가지 질문만 준비하면 된다. 나머지는 본인이 모두 말한다. 그들이 정말 말하고 싶은 것을 묻기만 하면 된다. '어떻게 사업을 시작하셨습니까?' '사업을 하면서 어떨 때 보람을 느낍니까?' '사장님 회사는 세상에 어떤 기여를 하고 있습니까?' '큰 고비를 겪었을 때는 언제였습니까?' '성공스토리를 책으로 낸다면, 어떤 책일까요?' '직원들과 자녀들에게 물려주고 싶은 것은 무엇입니까?' 이 질문들에 대한 대답을 모두 듣고, 반응하고, 공감하려면 적어도 세 시간 이상의 여유를 가져야 된다. 이 질문들은 상대방이 하고 싶은 말, 자랑하고 싶은 말, 보람을 느끼는 말, 무용담 등을 묻고 있다. 좋은 질문은 상대방이 말하면서 신이 나고, 계

281) 한국프랜차이즈산업신문(2017.06.), KFCEO 15주차…"백전불패 리더십과 미래 변화 경영 4.0", KFN, 2017.06.12.
282) 김종명(2017), 질문 고민하는 사람이 미래의 리더, 이코노미스트 1401호, 2017.09.18.

속 말하게 만든다.

새로운 조직에 리더로 부임했을 때 많은 사람이 곤란을 겪는다. 의욕에 넘쳐서 말한다. “여러분이 지금까지 해오던 방식은 모두 잊으세요. 이제 모든 것을 바꾸겠습니다. 변화하지 않으면 도태할 수밖에 없습니다.” 이렇게 말하고 나면 30분도 지나지 않아서 전임자에게 이 소식이 전해진다. “팀장님, 새로 온 팀장이 여태까지 우리가 엉터리로 일했다고 하는데요. 마누라하고 자식 빼고는 모두 바꾸겠다고 하네요.” 이렇게 되면 전임자와 관계가 나빠질 뿐만 아니라, 앞으로 함께 일해야 할 직원들과의 관계도 좋아질 가능성이 매우 적다. ‘바꾸라, 변화하라’는 말에는 ‘지금이 엉터리’라는 전제가 깔려 있기 때문이다.

처음 부임하자마자 전임자와 구성원들을 적으로 만드는 바보 같은 짓을 하면 안 된다. 묘수가 있다. 질문하면 된다. ▶여태까지 우리 조직이 잘 했던 게 뭔가요? ▶그동안 잘하려고 했지만, 아쉬운 점이 있다면 뭔가요? ▶앞으로 더 잘해보고 싶은 건 뭔가요? ▶우리 조직에 대해 나에게 더 알려주고 싶은 건 뭔가요? ▶내가 리더로서 꼭 해주기를 바라는 건 뭔가요? ▶내가 리더로서 절대 하지 말았으면 하는 게 있다면, 뭔가요?

처음 부임해서, 잘 알지도 못하면서 이래라저래라 하는 건 하수들이 하는 행동이다. 잘못하면 무식이 탄로 날 수도 있고, 전임자와 관계가 악화될 수도 있으며, 구성원들에게도 환영받지 못할 수 있다. 이때는 그냥 우아하게 질문하면 된다. 이 질문들은 조직의 상태와 구성원들의 생각, 의욕, 열정, 태도 등에 대해 있는 그대로 알게 해주는 위력을 발휘한다.

언제 어디서 어떤 질문을 해야 하는지에 따라 모든 게 달라진다. 피터 드러커는 “과거의 리더는 지시하는 사람이었지만, 미래의 리더는 질문하는 사람”이라고 했다. 이 말을 이렇게 바꾸는 게 더 좋을 것 같다. ‘미래의 리더는 질문을 고민하는 사람이다.’ 언제, 어떤 질문을, 어떻게 하는지가 리더의 실력이다.

7.3 피드백만 하지 말고 ‘피드포워드’ 하라[283)]

미래의 대안을 제공하는 측면에서 코칭 과정 중에 이뤄지는 피드백은 개인의 성장과 관련하여 매우 중요한 부분이다. 무엇보다 피드백(Feed Back)은 다음의 조건들을 충족시킬 때 활성화된다. 즉 피드백의 선결 조건은 ▲구체적으로 ▲즉시 ▲감정 아닌 사실 중심으로 ▲긍정적 사실을 가미하여 이뤄져야 효과가 있다.

하지만 피드백에도 한계가 있다. Feed Back 단어에서도 볼 수 있듯이 이는 ‘과거’

283) 백충호(2016), [코칭Tip] 피드백 vs 피드포워드(Feed Forward), 네이버 블로그 (m.blog.naver.com/chbaek1207/220766221149), 2016.07.19.

를 다루는 기술이다. 과거는 이미 지난 일이기 때문에 결코 바꿀 수 없다는 문제가 있다. 특히 누군가 피드백을 받는 경우를 관찰해보면 당사자가 느끼고 반응하는 감정이나 태도는 쑥스러움, 창피함, 지루함, 후회 등 불편하고 부정적인 반응이 대부분이다.

바꿀 수 없는 '과거'를 다루는 기술인 피드백의 한계를 극복하고자 나타난 방법이 바로 '피드포워드(Feed Forward)'이다. 피드포워드는 지나간 과거를 다루지 않고, 변화시킬 수 있는, 다가올 미래를 다룬다. 과거의 잘못을 분석하고 증명하는 데 초점을 둔 피드백과는 상반된다.

피드포워드는 코칭 리더십 분야의 마셜 골드스미스 박사가 고안한 코칭 모델[284]로서 미래에 대한 대안을 제공할 때 과거를 다루는 피드백이 아닌 피드포워드(feed forward), 즉 성공을 위한 정보를 미리 제공하는 기법을 말한다. 피드포워드를 한 마디로 정의하면 "어떤 사안이나 문제에 대한 미래 지향적인 아이디어나 해결책을 제공하는 것"을 말한다.

피드포워드는 어떤 사안에 대해 수많은 가능성을 열어두고, 많은 이들로부터 생생한 아이디어를 듣는 것으로부터 시작된다. 사실, 피드백(Feed back)은 이론적으로 그 대상이 사람이 아니라 성과, 결과물을 다뤄야 한다. 하지만 실제로 이뤄지는 피드백을 보면 사람을 걸고넘어지는 경우가 허다하다. 그래서 과거의 실수나 실패를 디딤돌로 삼는 건설적인 대화가 이뤄지기는커녕 비판의 연속으로 인해 서로의 감정의 골만 깊어져 관계를 망치는 경우가 발생한다.

피드포워드는 그래서 아직 일어나지 않은, 실행 가능한, 변화 가능한 미래의 일을 중심에 둔다. 피드백이 과거의 실패에 대한 기억을 강화한다면 피드포워드는 미래의 변화 가능성에 대한 생각과 의지를 강화시킨다.

예를 들면 다음과 같다.

> **▲ CASE 1 : 일이 잘못됐을 때**
> 팀원이 최종 결재를 위해 계약서를 Tom에게 가져가 서명을 받았어야 하는데, 잘못으로 Bob에게 가져가 서명을 받아왔을 때
> 〈Feed Back : 과거 조명〉
> "왜 이걸 Tom에게 가져갔나요? 내가 분명 Bob에게 가져가라 했을 텐데요? 왜 그랬나요?"
> 〈Feed Forward : 미래 행동 방향 제안〉
> "다음부터는 계약서 결재를 받으러 가기 전, 매니저인 Job에게 결재자를 한 번 더 확인하고 가는 게 좋을 것 같네요"

---

284) 관련 내용을 보려면 다음을 참조하기 바람. Marshall Goldsmith, Laurence S. Lyons, Sarah McArthur(2017), 리더십을 위한 코칭: 세계 최고의 코치들이 말하는 리더십, 고태현 옮김, 코쿱북스, 2017.07.30.

▲ CASE 2 : 가이드가 필요할 때

팀원이 나에게 다가와 지난 사안에 대해 발전적인 조언을 구할 때 "제가 발표를 앞두고 종종 발표 자료를 빠트리고 발표장에 가는데...어쩌면 좋죠?"

〈Feed Back : 과거 조명〉

"왜 빠트리고 갔나요? 어떻게 할 셈이죠?"

〈Feed Forward : 미래 행동 방향 제안〉

"발표장으로 향하기 전 체크 리스트를 만들어 재확인하는 습관을 만드는 방법이 유용할 것 같은데 참고하시면 좋을 것 같네요~"

▲ CASE 3 : 혼자 의사결정을 할 때[285)]

사실 피드포워드는 상대가 있는 경쟁상황에서도 중요하지만, 자신이 혼자 의사결정을 할 때도 매우 유용하다. 스티븐 코비의 '7 Habits'에도 피드포워드에 대한 언급이 나온다. 코비가 제시한 습관 중에 '끝을 생각하며 시작하라'라는 것이 있다. 이 말의 의미는 오늘부터 시작하여 최후 순간에 갖고 싶은 이미지, 모습 그리고 패러다임을 매사를 검토하는 기준과 표준으로 삼는 것이다. 일례로 '끝을 생각하며 시작하라'를 실천하기 위해 내가 죽고 싶은 모습을 상상해 보자. "충분히 늙은 다음, 따뜻한 햇살이 소박한 나의 텃밭에 쏟아지는 어느 봄날, 태어난 지 몇 개월 되지 않는 강아지 두 마리가 텃밭에서 한참 장난을 치는 모습을 보며 툇마루에서 책을 읽다가 너무도 졸린 사람처럼 스르르 눈을 감는다." 그렇게 나의 삶을 마감하려면 나는 어떻게 살아야 하나? 이것이 바로 피드포워드를 위한 질문인 것이다. 어쨌거나 그게 몇 살인지는 모르지만 충분히 늙으려면 지금부터 건강에 신경을 써야 할 것이다. 그리고 늙어서 조그만 툇마루에 텃밭이 딸린 집 한 채는 있어야겠다. 상추며 고추며 내가 직접 재배해서 먹을 수 있으면 좋을 것 같다. 그 정도라면 재산에 대해 큰 욕심 부리지 않고 살아도 좋을 것 같다. 죽을 때까지 책을 손에서 놓지 않겠다고 하니 돈을 버는 일 보다는 책 읽고 글 쓰는 일에 마음을 두고 살아야 할 것이다.. 등등. 내가 원하는 마지막 순간을 위해 지금 내 삶이 어때야 하는지 그 지침을 얻을 수 있다.

사실 피드포워드는 상대가 있는 경쟁상황에서도 중요하지만, 자신이 혼자 의사결정을 할 때도 매우 유용하다. 스티븐 코비의 '7 Habits'에도 피드포워드에 대한 언급이 나온다. 코비가 제시한 습관 중에 '끝을 생각하며 시작하라'라는 것이 있다. 이 말의 의미는 오늘부터 시작하여 최후 순간에 갖고 싶은 이미지, 모습 그리고 패러다임을 매사를 검토하는 기준과 표준으로 삼는 것이다.

285) 이건호(2018), 피드백만 있는 것은 아니다. '피드포워드'하라, 퍼포마스 블로그 (blog.performars.com/), 2018.10.13.

일례로 '끝을 생각하며 시작하라'를 실천하기 위해 내가 죽고 싶은 모습을 상상해 보자. "충분히 늙은 다음, 따뜻한 햇살이 소박한 나의 텃밭에 쏟아지는 어느 봄날, 태어난 지 몇 개월 되지 않는 강아지 두 마리가 텃밭에서 한참 장난을 치는 모습을 보며 툇마루에서 책을 읽다가 너무도 졸린 사람처럼 스르르 눈을 감는다." 그렇게 나의 삶을 마감하려면 나는 어떻게 살아야 하나? 이것이 바로 피드포워드를 위한 질문인 것이다. 어쨌거나 그게 몇 살인지는 모르지만 충분히 늙으려면 지금부터 건강에 신경을 써야 할 것이다. 그리고 늙어서 조그만 툇마루에 텃밭이 딸린 집 한 채는 있어야겠다. 상추며 고추며 내가 직접 재배해서 먹을 수 있으면 좋을 것 같다. 그 정도라면 재산에 대해 큰 욕심 부리지 않고 살아도 좋을 것 같다. 죽을 때까지 책을 손에서 놓지 않겠다고 하니 돈을 버는 일 보다는 책 읽고 글 쓰는 일에 마음을 두고 살아야 할 것이다.. 등등. 내가 원하는 마지막 순간을 위해 지금 내 삶이 어때야 하는지 그 지침을 얻을 수 있다.

계획하고 실행하여 결과를 평가하는 프로세스에 따라 피드백은 이루어진다. 하지만 피드포워드는 예측하고 추론하여 실행하는 방식으로 이루어진다. 짐승이던 인간이던 피드백은 거의 본능적인 행위이다. 그러나 전략적인 사람은 피드포워드를 더 많이 한다. 그러면 시행착오성 피드백은 줄어들게 된다.

중요한 점은 '제안'이 강요나 지시, 가르침과는 조금 다르다. 일방적으로 "이렇게 하세요!"라고 말하는 것과 다양한 가능성과 아이디어를 펼쳐주는 건 완전히 다른 이야기다. 특히 상대의 기술 수준이 다소 낮은 상황에서는 피드포워드가 큰 기능을 발휘하게 된다. 선택의 가능성을 넓혀주고 선택은 본인이 스스로 할 수 있게끔 도와주는 방식이 피드포워드의 핵심이라 할 수 있겠다.

마셜 골드스미스 박사가 말하는 피드포워드의 핵심 전제는 다음과 같다. ▲Let go of the past (과거는 언급하지 않기) ▲Listen to ideas without Judging (판단 없이 열린 마음으로 상대 제안을 경청하기) 이다.

오해하지 말아야 할 것은 그렇다고 피드백이 맹목적으로 지양되어야 하는 기법은 아니다. 피드백도 그 쓰임새가 다양하며 매우 유용하게 사용된다. 다만 누군가에게 미래의 일에 대한 대안을 제공할 때 상대의 변화와 가능성을 고려한 미래지향적인 답변, 해결책을 제안해줄 수 있다는 점에서 피드포워드의 강점이 드러난다. 따라서 대안을 제시한다는 측면에서 코칭의 기본 원리와 일부 이질적인 요소가 있지만, 상대의 요청에 따라 혹은 상황에 맞게 사용하면 유용할 것이다.

논의를 정리하고자 한다. 피드포워드는 세계적 리더십 전문가 마셜 골드스미스로부터 시작되어, 오늘날 기업은 물론 학교, 가정, 정부조직에 이르기까지 적용되고 있는 새로운 소통 전략이다. 행동과학에 기반 하는 피드포워드의 기본 개념은, 바꿀 수 없는 과거보다는 바꿀 수 있는 미래에 에너지와 주의를 집중할 때 최선의 성과를 도출할 수 있다는 것이다.

피드포워드는 일과 배움, 학습에 관한 새로운 접근방식을 제안한다. 관리자와 근로자, 교사와 학생, 부모와 자녀, 어떤 관계에서든 마찬가지다. 지금까지의 틀에 박힌 평가, 비판, 칭찬은 잊어버리고 이제 조언을 받아들이고, 서로를 지지하고, 발전을 모색하는 피드포워드를 시작해야 한다.

"왜 우리는 지나간 과거에 집착하는가?" 바꿀 수 없는 과거를 복기하느라 시간 낭비하지 말고 미래의 가능성을 평가하라. 세상이 바뀌고 있다! 새로운 피드백이 필요하다. 과거의 실적을 중심에 두고 평가하는 피드백도 벽돌을 얼마나 쌓았고, 레일을 얼마나 깔았는지 일일이 셀 수 있는 산업시대에는 분명 효과가 있었다. 하지만 이제 시대가 달라졌다. 그저 비판하고, 부정적인 결과를 한 번 더 곱씹고, 시간도 오래 걸리고, 과거만 바라보며, 미래를 바꾸지 못하는 피드백은 시간 낭비일 뿐이다. 혁신을 위해서는 피드백의 협소함에서 벗어나 피드포워드를 추구해야 한다. 늦기 전에 미래의 리더가 갖춰야 할 덕목임에 분명하다.[286]

08 리더십 개발의 방향[287]

8.1 문제점

전통적인 리더십 개발 접근방식이 더 이상 조직이나 개인의 니즈를 충족하지 못한다. 리더십의 개발이 이렇게 절실하게 필요했던 적은 없었다. 오늘날의 기업환경은 불안정하고 불확실하고 복잡하고 모호하다. 여기서 살아남으려면 과거의 성공에 도움이

286) 이와 관련하여 최근에 발간된 책의 저자 '조 허시'는 피드포워드가 어떻게 작용하고, 왜 효과가 있는지 자세하게 설명하고, 과학적인 연구를 예로 들며 실제 목격한 사례를 소개하고 있다. 딜로이트와 같은 세계적인 기업, 이스라엘의 작은 학교, 그 외에 다양한 조직에서 피드포워드가 일과 삶을 어떻게 변화시키는지 생생하게 전달하고 있다. 조 허시(2019), 피드포워드: 사람의 마음을 움직이는 미래형 피드백의 6가지 비밀, 박준형 역, 보랏빛소, 2019.06.30. 참조.

287) Das Narayandas & Mihnea Mold(2019), 리더십 개발의 미래, Harvard Business Review KOREA, 류아람 번역, 2019 3-4월호.

됐던 것과는 다른 종류의 리더십 스킬과 조직역량이 필요하다. 어느 기업이나 이런 점을 알고 있다. 또한 리더십 개발이 최고경영진이나 고위임원에 국한돼서는 안 된다는 인식도 커지고 있다. 문제해결을 위해 협업 플랫폼을 사용하는 경우가 늘어나고 있으며 개별 프로젝트를 강조하는 디지털 '애드호크라시'[288]가 확산되고 있기 때문에, 모든 직원이 조직의 전략과 문화에 부합하게 주요 의사결정을 내려야 한다는 기대도 점점 높아진다. 따라서 전 직원이 적절한 업무 관련 역량, 인간관계 관련 역량, 의사소통 기술을 갖추고 있는 것이 중요하다.

그러나 리더십 개발 업계는 격변을 겪고 있다. 기업 경영자에게 필요한 하드 스킬(생산, 마케팅, 재무, 회계, 인사조직 등 경영 전문지식)과 소프트 스킬(커뮤니케이션, 협상, 팀워크, 리더십 등을 활성화할 수 있는 능력)을 교육하는 업체가 급증했다. 하지만 현재와 미래의 임원을 양성하는 데 연간 수십억 달러를 쏟아 붓는 조직은 교육 결과에 실망하고 있다. 외부 연구 결과와 교육 참가자를 대상으로 진행한 심층 인터뷰에 따르면, 회사에서 하는 교육이 중요한 스킬을 익히고 조직역량을 구축하는 데 기여하지 못한다고 여기는 사람이 절반 이상이다.

8.2 현실과의 괴리 발생원인

리더십 개발에서 이런 괴리가 발생하는 이유는 크게 세 가지다. 첫째 조직은 리더십 개발에 비용을 투자하지만 개인 학습자만큼 항상 이득을 얻는 것은 아니다. 둘째 교육서비스 제공자들은 조직이 요구하는 소프트 스킬을 길러주지 않는다. 셋째 강의실에서 배운 내용을 현업에 적용하기 어렵다.

다시 말해 첫째 교육 동기의 차이다. 조직은 장기적인 이익을 위해 임원교육에 투자한다. 하지만 개인은 스킬을 개발하고 커리어를 향상시킬 요량으로 교육에 참여하며, 교육비를 지불한 고용주에게 반드시 남아 있을 필요도 없다. 둘째 임원 역량개발

288) 애드호크라시(Adhocracy): 다양한 분야의 전문가들이 주어진 문제를 해결하기 위해 프로젝트를 수행하는 임시적 조직구조를 일컫는 용어이다. 미국의 행정학자인 베니스(Bennis, W.)가 1968년 자신의 저서 《임시사회 (The Temporary Society)》에서 처음 언급한 이후 1970년 미래학자 앨빈 토플러(Alvin Toffler)의 저서 《미래의 충격(Future Shock)》을 통해 널리 알려졌다. 베니스에 의하면 애드호크라시는 다양한 전문기술을 지닌 비교적 이질적인 전문가들이 프로젝트를 중심으로 집단을 구성하여 문제를 해결하는 적응적이며 임시적인 체제로 정의된다. 앨빈 토플러는 미래 사회에서 혁신적 변화에 신속하게 반응할 수 있는 새로운 조직유형으로서 애드호크라시를 제안했다. 애드호크라시는 획일화된 통제나 역할의 명확화 대신에 전문가들 간의 협동, 상호조정, 수평적 의사소통을 통해 혁신을 추구한다. 고도의 수평적 직무 전문화를 이루며 변화에 지속적으로 대응하는 조직구조이다. 구조적 차원에서 보면 복잡성, 공식화, 집권화의 정도가 낮으며 유연한 특성을 지닌다. 매트릭스 조직이나 태스크포스 등은 애드호크라시의 대표적인 예이다. <네이버 지식백과> 애드호크라시(두산백과) 참조.

프로그램에서 교육하는 스킬과 기업이 요구하는 스킬 간 격차다. 특히 오늘날의 수평적이고, 네트워킹 돼 있고, 협업이 증가한 조직에서 성공하기 위해 반드시 필요한 대인 스킬의 차이다. 전통적 교육기관은 인지기술을 가르치고 그 발전 정도를 측정하는 심도 깊은 전문지식을 갖고 있다. 하지만 효과적인 커뮤니케이션과 협업 방법을 교육한 경험은 훨씬 부족하다. 셋째 스킬 전이 격차다. 간단히 말해, 강의실에서 배운 내용을 현업에 적용하는 임원이 거의 없다. 이 격차는 학습 위치가 적용 위치에서 멀어질 때 더욱 벌어진다. 핵심 리더십 역량과 경영 역량을 갖춘 인재를 육성하기 위해 이 세 가지 격차를 해소해야 한다.

8.3 해결책

기존의 교육서비스 업체와 신규 업체가 제공하는 다양한 온라인 교육과정, 소셜 플랫폼, 학습도구 등이 이 문제를 해결하는 데 도움을 줄 것이다.

반가운 소식이 있다. 전통적 교육기관과 신생 교육기관 모두 다양한 온라인 강좌, 소셜 인터랙티브 플랫폼, 학습도구 등을 출시하며 솔루션을 제공한다는 점이다. 우리는 이를 '개인 학습 클라우드(PLC)'라고 부른다. 조직은 PLC에서 구성요소를 선택해 개인과 팀의 요구와 행동에 맞춰 사용할 수 있다. PLC는 유연하고 언제든 이용할 수 있어서, 직원들이 필요할 때마다 적시에 스킬을 습득할 수 있다. 사실상 21세기 방식의 현장학습이다.

PLC는 지난 10여 년 동안 모양새를 갖춰왔다. 그 구성요소를 몇 가지 살펴보자. 우선 대규모 공개 온라인강좌 MOOC와 인터랙티브 콘텐츠를 온라인으로 전달하는 코세라, 에드엑스, 2U 등의 플랫폼이 있다. 링크트인 러닝, 스킬소프트, 디그리드, 세일즈포스 트레일헤드 등 기업용 교육 및 역량개발 생태계도 있다. 이들은 인터랙티브 학습 환경에서 핵심기술을 빠르게 숙달하고 인증 받을 수 있도록 하는 것을 목표로 한다. 맥킨지솔루션즈, 맥킨지아카데미, BCG인에이블먼트, 디지털BGC 등이 내놓은 서비스는 리더십 개발을 온디맨드(On-Demand)[289] 형식의 솔루션 중심으로 접근한다. 학습 니즈와 학습 성과를 직원 채용, 유지, 승진 여부 결정에 연결하는 인재관리 플랫폼도 등장했다. 스매시플라이, 옐로, 페넘피플 등이다.

289) 공급 중심이 아니라 수요가 모든 것을 결정하는 시스템이나 전략 등을 총칭하는 단어로 정보기술(IT) 업계에서는 폭넓게 쓰여 왔다. 예컨대 수요자가 원하는 동영상을 마음대로 보는 '비디오 온디맨드'가 대표적인 예다. 2002년 10월 IBM의 CEO인 샘 팔미사노가 IBM의 새로운 차세대 비즈니스 전략으로 '온디맨드'라는 개념을 사용하면서 최근 IT업계에 새롭게 회자되고 있다. IBM이 최근 강조하는 '온디맨드 전략'은 하드웨어는 물론 애플리케이션, 솔루션 등 전산 자원과 서비스를 소비자가 원하는 대로 골라 쓰게 하겠다는 개념이다. <네이버 지식백과> 온디맨드 참조.

Chapter

13

미래의 리더십 II
: 민첩한 리더십

1. 계속 진화하는 리더십
2. 민첩한 조직 만들기 실행전략
3. 불확실한 경영환경, '애자일'이 답이다
4. 사례 분석 : 파크와 고어

과연 하나의 리더십으로 한 사람의 리더십을 규정할 수 있을까? 그렇다면 "당신은 어떤 리더십을 가지고 있는가?" 라는 질문이 잘못된 것은 아닐까? 질문을 조금 수정하면, "당신은 현재 어떤 리더십을 추구하고 있습니까?" 라던가 "당신은 과거에 어떤 리더십을 주로 보여주었습니까?" 라는 질문이 조금 더 적절하지 않을까도 싶다. 결과적으로 이야기한다면 리더십은 계속 변화하고 진화한다는 것이다.

01 계속 진화하는 리더십[290)]

과거에는 하나의 결정을 내리는데, 오랜 심사숙고를 통해 이루어지고, 이러한 결정을 끝까지 흔들림 없이 밀고 나가는 추진력이 있는 리더십이 각광을 받았었다. 굳이 예를 들자면 예전 현대그룹의 고 정주영 회장이 대표적인 사례가 아닐까 싶다. 이러한 전통적인 리더십은 당시의 산업구조에 많은 영향을 받았을 거라 쉽게 생각할 수 있다. 농업부터 제조업 위주의 성장을 거듭하던 산업구조에서 어떤 상품을 제조하기로 결정을 했으면 공장에 생산라인부터 포장, 마케팅까지 일사분란하게 준비를 하고 그 제품을 팔아야만 하는 것이다. 중간에 문제가 생긴다고 해서 제품을 포기하는 게 아니라 그 문제를 해결하면서 앞만 보고 가는 것이다.

하지만 지금 현재의 산업구조는 이러한 제조업 혹은 농업 위주의 형태가 아니다. 4차 산업혁명이라 일컬어지는 다양한 기술의 발전에 따라 경영환경이 급속도로 변하며, 이러한 변화를 따라가기 위해서는 끊임없이 계획을 수정하고, 새로운 것을 반영해야 하는 시기가 온 것이다. 그렇기에 오랜 시간 심사숙고를 할 시간적 여유도 갖기가 어렵고, 한번 결정한 내용은 쉽사리 뒤집어지는 게 현실이다.

이러한 구조에서 필요한 리더십은 뚝심 있는 리더십보다는 유연성(flexibility)이 있는 리더십이 더 중요하다. 변화를 신속히 받아들이고, 남들보다 먼저 결정을 해야 하는 것이다. 내 이전의 의사결정이 쉽사리 변경될 수 있으며, 더 중요한 것은 새로운 의사결정을 더 신속하게 내려야 하는 것이다. 4차 산업혁명의 주된 축이 되는 3D 프린팅, 인공지능, 사물인터넷 등의 발전 속도는 어마어마한 정도이다. 예전에는 3D 프

290) 선배의 노하우(2017.12.), 리더십의 진화: 유연하고 민첩한 리더십, 브런치, 2017.12.11.

린팅만을, 인공지능만을, 사물인터넷만을 개발하고 적용하는 기업들이 변화를 주도해 왔다면, 지금은 이러한 것들을 어떻게 융합하여 새로운 서비스와 기술을 창출해 내느냐가 화두가 되고 있는 것이다. 나만의 것이 신념처럼 옳게 믿고 가는 시기는 이미 오래전에 지났고, 다른 사람의 것을 얼마나 빨리 받아들일 수 있는 유연성을 가지느냐가 리더십의 중요한 포인트가 되었다. 그리고 이렇게 정신없이 빠르게 발전하는 기술 속에 적응해 나가기 위해 민첩성(agility)이라는 가치가 리더십에 더해지면 더욱 금상첨화일 것이다.

이러한 측면에서 다시금 스티브 잡스가 대단하게 느껴지기도 한다. 새로운 형태의 스마트폰과 앱스토어를 개발하면서 그 가능성에 대한 의문부호를 뚝심 있게 헤쳐나간 전통적인 리더십부터 새로운 기술을 선도적으로 접목시키면서 시장의 트렌드를 주도해 나가는 유연성과 민첩성을 함께 갖추고 있었으니 말이다. 그것도 단지 기술만을 다루는 것이 아닌 디자인의 영역까지 그 능력을 확장하기까지 했다.

02 민첩한 조직 만들기 실행전략[291]

민첩한 조직(Agile Organization)은 어떻게 만들어질까? 민첩한 조직은 민첩한 직원이 만들고, 민첩한 직원은 민첩한 리더가 만들며 민첩한 리더는 민첩한 조직이 만든다. 민첩한 조직은 이처럼 선순환 구조로 되어 있다. 그렇다면 민첩한 조직의 출발점은 어디일까? 과연 무엇이 선행되어야 이 선순환이 정상적으로 작동될까?

민첩한 조직과 직원, 그리고 리더는 합(+)의 관계가 아니라 곱(×)의 관계이다. 어느 것 하나라도 제로(0)가 된다면 전체 구조는 무너진다는 점에서 무엇 하나 소홀히 다룰 수 없는 주체들이다. 결정만 빠르고 지원은 부족한 조직, 지시만 빠르고 설명은 부족한 리더, 불평만 많고 실행은 부족한 직원이 존재한다면 혁신은 하나의 구호로 끝날 공산이 크다.

그동안 우리 주위에 혁신이라는 명분으로 조직을 뒤흔들어 직원들을 시달리게 하다

291) 신제구(2019), [신제구의 '리더십 레슨'] 민첩한 조직을 위한 주체별 실행전략, FORTUNE KOREA 2019년 2월호.

가 갑자기 시들해진 혁신들이 얼마나 많았던가. 민첩한 조직 또한 양치기 소년처럼 조직에서 반복되는 유행병 정도로 해석될 수도 있다. 그러나 최근 급격한 경영환경 변화를 고려하면 민첩한 조직으로의 변신은 꼭 필요해 보인다. 조직과 리더, 그리고 직원들이 동시적이고 역동적으로 움직여만 준다면 민첩한 조직의 실현 가능성이 높아질 수 있다는 믿음으로 민첩한 조직을 만들기 위한 3가지 실행전략을 살펴보고자 한다.

2.1 민첩한 조직이 되기 위한 실행전략

조직에는 다양한 사람이 존재한다. 생각이 다르기에 해석도 다르고, 해석이 다르기에 반응도 제각각이기 마련이다.

요즘 단기성과에 지나치게 집중하는 조직현장에서 조직 본연의 정신이 담긴 조직문화와 핵심가치가 제 역할을 못하고 있다. 실적만 잘 내면 모든 것을 용서받는 조직문화에서 조직의 사회적 가치와 비전은 사치에 불과한지도 모른다. 눈앞의 실적만을 쫓다 보니 오히려 조직에 해로운 행위를 하거나 부당한 행위를 서슴지 않는 경우도 종종 발생한다. 민첩하게 움직여도 부족한 상황에서 불필요한 경쟁과 갈등이 양산되기도 한다.

이제는 조직이 어느 방향으로 향하고 있는가를 직원들에게 정확하게 알려줄 수 있는 비전을 재점검하고 재구성해야 한다. 그러려면 조직 내부에 민첩한 조직을 실현하기 위한 평가제도가 구축되어야 한다. 민첩한 조직을 만들어야 하는 이유와 방법, 그리고 예상되는 장애요인에 대해 임직원들의 이해와 양해를 구하는 것과 동시에 제도적인 기준이 선행되어야 한다.

구호는 구호일 뿐이다. 눈에 보이는 제도적 기준이 행동의 결정을 이끈다. 따라서 조직이 먼저 민첩한 조직으로 변신하기 위한 비전과 가치를 임직원들에게 설명해 '공감'과 '합의'를 유도해야 하고, 그 다음으론 명확한 실행을 위한 평가제도 같은 '제도적 장치'를 명확히 해 임직원들의 혼란을 최소화하는 것이 중요하다.

2.2 민첩한 리더가 되기 위한 실행전략

리더야말로 조직과 직원 사이에 끼여 가장 힘든 역할을 해야 한다. 조직의 명령을 여과 없이 전달만 하거나 리더가 먼저 조직에 대한 불만을 토로한다면 리더의 설 자리는 없어진다.

직원을 민첩하게 만들기 위해선 직원들 입장에서 볼 때 뭔가 이익이 있어야 한다. 민첩한 조직이란 용어만 봐도 '조직을 위해 죽어라 일하라'는 소리로 밖에 들리지 않을 수 있다. 천천히 하라고 해도 짜증날 판인데 민첩하게 움직이라는 건 한정된 시간 내에 더 빨리 움직여서 성과를 더 내라는 소리로 해석될 수 있다. 그렇게 되면 리더의 고민이 깊어질 수밖에 없다. 단축근무제도로 근무시간은 줄었음에도 업무량이 줄지 않은 상황에서 직원들에게 민첩하게 움직이라고만 한다면 리더는 곧장 공공의 적으로 전락하고 만다.

그렇다면 어떻게 해야 할까? 우선은 리더 스스로가 업무를 명확히 장악하고 있어야 한다. 리더가 일을 알아야 업무분장을 잘할 수 있다. 업무분장을 잘해야 성과도 내고 직원들의 불만을 줄일 수 있다.

다음으론 일이 주는 개인적인 혜택을 반드시 이해시켜야 한다. '조직을 떠나면 조직에 머물던 시간만큼 홀로 경제적 활동을 해야 하는 세상이니 조직에 있을 때 전문가로 거듭나야 한다' 등과 같은 진정성 있는 격려를 해줘야 한다. 전문가로의 성장을 앞당기는 방법은 일하는 방식의 변화에 있으며, 일하는 방식의 변화 중 하나는 동일한 시간일지라도 민첩하게 움직여 더 많은 지식과 정보, 그리고 경험을 체득하는 것임을 알려주는 방법도 있다.

조직의 이익은 개인의 이익을 넘지 못한다고 했다. 리더가 직원 개인의 이익을 전제로 한 설득에 실패한다면 지는 게임을 시작하는 것과 같다. 민첩한 직원으로 거듭나는 것이 전문가로 거듭나는 가장 빠르고 지혜로운 길이며, 개인과 조직의 동반 성공을 가져올 수 있음을 리더가 먼저 말해줘야 한다. 영리해진 직원들이 자신을 위한 일에 더 집중할 테니 말이다.

2.3 민첩한 직원이 되기 위한 실행전략

조직이 원하는 대로 민첩하게 움직이면 직원은 무엇을 얻을 수 있을까? 조직 좋은 일만 하고 정작 직원 자신은 죽도록 일만 하다가 결국 조직으로부터 버림받는 건 아닐까 하는 두려움은 월급쟁이라면 누구나 어렵지 않게 상상할 수 있는 불쾌한 가정이다.

직장생활의 수명은 점점 줄어들고 여생은 더 길어졌다. 부모로부터 물려받은 것이 많다면 별걱정 없겠지만, 맨몸 하나로 인생을 버텨야 한다면 방법은 딱 한 가지다. 스스로 단단해지는 것이다. 그 누구한테도 구속당하지 않고 온전히 자신의 내공과 깡다구로 인생을 살고 싶다면 먼저 조직에 있을 때 자기만의 내공을 쌓아야 한다.

수영장에 오랜 시간 몸을 담그고 있다고 해서 수영선수가 되는 건 아니다. 내공은 그냥 보낸 시간이 아니라 농밀한 노력의 결과로 만들어진다. 직장인이 내공을 키우는 가장 좋은 방법은 지금의 일을 통해 그 일을 조직에서 가장 잘하는 사람이 되는 것이다. 그러면 다른 일도 잘할 수 있다.

하는 일마다 민첩해지면 농밀해지고, 농밀해지면 단단해진다. 단단해지면 내공도 커진다. 내공이 커지면 떠날 준비가 되었다고 해석해도 무방하다. 조직에서의 민첩함을 자기발전의 기회로 해석하면 힘겨운 조직생활도 견딜 만하다. 조직에서 보내는 시간을 조직에 대한 불만과 냉소적 태도, 그리고 갈등을 겪는데 낭비한다면 본인만 손해다.

결국 민첩한 조직은 조직과 리더, 그리고 직원들 각 주체의 이해관계와 이익의 관점에서 해석되고 조정되어 합의에 이르러야 한다. 한 주체의 일방적인 이익 추구만으론 민첩해지기 어렵다. 그 누구도 손해 볼 생각은 없을 테니 말이다. 따라서 민첩한 조직을 만들기 위한 현실적이고 성공적인 방법은 서로의 입장을 수용하고 함께 노력하는 실행전략에 달려있다고 볼 수 있다.

03 불확실한 경영환경, '애자일'이 답이다[292)]

인터넷 시대 초창기인 1990년대 중반, 웹 브라우저 시장은 '넷스케이프'가 80% 이상을 장악하고 있었다. 넷스케이프를 몰아내고 시장의 새로운 주인공으로 등장한 웹 브라우저가 바로 마이크로소프트의 인터넷 익스플로러 3(IE3)이었다.

당시 IE3 개발 프로젝트는 큰 관심을 끌었는데, 그 이유가 보안을 중요하게 여기던 당시 관행과 거리가 멀었던 까닭이다. IE3 개발팀은 3개월 만에 제품 아키텍처의 첫 베이스라인을 대중에 제시하였다. 곧이어 30% 정도가 개발된 알파 버전을 공개하였고, 한 달 만에 다시 60% 정도를 구현한 퍼블릭 베타 버전을 세상에 내놓았다. 회사는 두 달 후엔 80% 정도를 구현한 두 번째 퍼블릭 베타 버전을 보여주더니 채 1년도 안 된 1996년 8월 정식 IE3을 출시하였다. 가장 고객 친화적인 웹 브라우저로 인정받은 IE3는 3년 만에 시장점유율 80%를 차지하는 대성공을 거두게 된다.

3.1 변화에 대한 현명한 대응, 애자일

마이크로소프트가 IE3에 사용한 개발 방식은 애자일(Agile)이란 이름으로 세상에 알려진다. 애자일은 한 마디로 '짧은 주기의 반복 실행을 통해 변화에 적극적으로 대

292) 강진구(2018), 불확실한 경영환경, '애자일(Agile)'이 답이다, GS칼텍스 매거진, 2018.01.31.

응하는 것'이다. 소프트웨어의 새로운 개발 패러다임으로 부상한 애자일은 이미 실리콘밸리에서 대세가 되었다. 아마존이나 자포스와 같은 혁신 기업에서는 거의 예외 없이 애자일 기법이 활용되고 있을 정도이다.

애자일 방식에서는 앞을 예측하거나 계획을 정교하게 세울 필요가 없다. 일을 작게 쪼개고, 우선순위를 가려 중요한 것부터 반복적으로 실행하면 되기 때문이다. 시행착오가 많은 것은 당연하게 여겨진다. 변화에는 민감하게, 그리고 유연하게 대처하면 되므로 끊임없이 프로토타입을 만들어 가면서 필요한 요구를 반영하고 수정한다. 이러다 보면 애초 생각하지 못한 것이라 하더라도 결과적으로 가장 좋은 결과를 얻게 된다.

애자일은 본질적으로 '고객 지향적'이다. 계약과 협상보다 고객과의 협력을 강조한다. 계획의 준수보다 변화에 민첩한 대응에 더 큰 가치를 둔다. 작업에서는 프로세스 자체보다 팀원 간 상호작용에 우선순위를 둔다. 문서로 된 것보다 소프트웨어 자체에 집중한다. 최종 목적지는 '계획의 완수'에 있지 않다. '고객에게 가치를 전달하는 것'에 있을 뿐이다. 따라서 작업을 관리하는 것이 아니라 능동적으로 변화에 대응하는 것이 핵심이다.

3.2 애자일, 그 확장성에 대하여

최근 들어 환경적 변화는 극심해졌다. 시간이 지날수록 앞날에 대한 예측은 더욱 어려워지고 고객의 요구사항도 갈수록 까다로워진다. 경영전략의 수정 역시 빈번해지는 것도 당연한 일이다. 그러므로 전략의 개발 초기에 모든 요구 사항을 정확하게 맞춰 시작하기란 거의 불가능하다. '전체 계획 수립 및 단계적 달성'이라는 전통적 개발 방식은 더 이상 잘 작동하지 않는 것이다.

애자일의 필요성이 커진 또 다른 이유는 IT 시스템의 수명도 점점 짧아지고 있다는 점이다. 한 연구 결과에 의하면 아무리 많은 공을 들여 오랜 시간 개발한 소프트웨어라 하더라도 업그레이드되기 전까지 사용되는 기능은 전체의 20%에 불과하다는 분석이 있을 정도이다. 이런 상황에서 협력과 실행, 개방과 효율성, 스피드와 민첩성 등이라는 애자일의 특징이 중요하게 작용할 수 있다. 이런 덕목들은 개발 프로세스에만 국한되지 않는다. 그 때문에 기업경영 전반으로 활용할 수 있는 확장성 또한 지니고 있다. 기업경영에 활용 가능한 철학과 원칙을 담고 있기에 애자일은 기업과 경영자들로부터 많은 관심을 받게 된 것이다.

3.3 애자일을 경영 전략으로 활용하다

최근 들어 애자일을 단지 소프트웨어 개발 프로세스로만 보지 않고 경영 전략으로 활용하는 기업들이 늘고 있다.

미국의 솔루션 회사 엑스텐시스(Extensis)나 소셜미디어 기업 비투닷컴(Be2.com)은 애자일 프로세스에 기반을 두어 엔지니어링 조직을 재구성한 기업이다. 런치미트[293]를 판매하는 기업 랜드오프로스트(Land O'Frost)는 시장 예측과 고객 개발에 애자일을 활용하고 있다. 애자일 기법을 이용해 고객서비스를 개발하는 법률회사나 코칭 방식을 바꾸는 코칭 기업들도 늘고 있다.

유행 주기가 짧아지는 패션 산업의 자라(ZARA), H&M, 유니클로(UNIQLO) 등과 같은 패스트패션 브랜드[294]의 경우, 애자일 활용이 가장 잘 알려진 사례이다. 이들은 더 이상 패션쇼를 통해 다음 시즌에 물량을 준비하는 전통적 방식을 사용하지 않는다. 트렌드를 예측하되 한번 정한 디자인은 초기 생산 물량을 15% 이내로 유지할 뿐이다. 이후 고객 반응에 따라 제품별 생산비율을 조정하는 것이다.

3.4 우리도 '애자일한' 조직이 가능할까?

애자일 정신은 조직문화와 리더십에도 적용된다. 일본의 서비스 기업 무사시노를 이끄는 고야마 노보루 사장은 "언젠가 하겠다는 사람은 결국 안 하겠다는 것과 같다. 지금 바로 할 것인지, 아니면 평생 안 할 것인지 둘 중의 하나를 결정하라"고 충고한

293) 서양에서 쓰이는 진짜 런천미트는 우리가 흔히 보는 그 런천미트로 한정되지 않고, 범위가 엄청 넓은 것이 특징이다. 서양의 런천미트는 콜드 컷(cold cut)이라고도 하며, 미리 조리되어 있으며 덥히지 않고(cold) 바로 얇게 썰어서(cut) 먹을 수 있는 고기류를 통칭한다. 흔히 샌드위치에 끼워 먹기도 하며, 점심에 간단히 먹을 수 있기에 이름도 런천미트(luncheon meat) 혹은 런치미트(lunch meat)로 불리는 것이다. 주로 소세지, 미트 로프를 뜻하지만 살라미, 볼로냐, 햄, 심지어 닭가슴살도 런천 미트에 포함된다. 덴마크에서는 한국의 런천미트와 유사한 통조림 햄을 자주 볼 수 있다. 한국에서 '런천미트'는 저가형 프레스햄 캔을 가리키는 다소 좁은 의미로 굳어졌다. 위키백과 참조.

294) SPA(Specialty stores/retailers of Private-label Apparel)란 미국의 의류 브랜드 GAP이 1986년 도입한 개념으로, 전문점(Speciality retailer), 자사상표(Private label), 의류(Apparel)의 첫 글자를 조합하여 만든 명칭이라고 한다. 다만 주의할 것은 "SPA"란 단어 자체는 정작 영미권에선 잘 통용되지 않는 약어다. 영어권에선 SPA보단 패스트 패션(Fast Fashion) 브랜드라고 해야 알아듣는다고 한다. 패스트 패션은 이미 영미권 언론에서도 일반 대중 독자를 상대로 폭넓게 쓰고 있는 단어이다. 기획부터 생산, 유통까지 한 회사가 직접 맡아서 판매하는 의류 브랜드를 흔히 가리키는 말이다. 이들은 백화점과 같은 고비용 유통업체를 통하지 않고 대형 직매장을 운영하는 경우가 많은데, 이런 중간유통과정 생략을 통해 재고부담을 덜고 생산원가를 절감시켜 저렴한 가격에 제품을 공급하며 소비자의 욕구와 트렌드를 빠르게 반영하는 특징이 있다. 즉 최신 유행, 상대적으로 저렴한 가격, 빠른 상품 회전이 특징이다. 기존 업체의 경우 의류 유행을 예측해 기획, 디자인하는데 약 6개월가량이 소요되는 반면, 자라 같은 SPA 브랜드는 물론 이중에서도 빠른 편이긴 하지만 소비자에게 전달하기까지 대체로 2주 정도가 걸린다고 한다. 국내외 유명 SPA 브랜드로는 SPAO(한국), 탑텐(한국), 에잇세컨즈(한국), 유니클로(일본), H&M(스웨덴), ZARA(스페인), GAP(미국), Forever 21(미국), Topshop(영국) 등이 있다. 나무위키, SPA, 2019.07.07. 참조.

다. 조금이라도 하는 편이 나은 것 같으면 주저 없이 실행에 옮기고, 만약 도중에 아니라고 느껴지면 그때 가서 그만두면 된다는 것이다. 정확한 판단을 내리는 사람보다 당장 결정하고, 당장 잘못을 알아채고, 당장 변경하는 신속함과 민첩함이 더 필요하다는 것이다. 신중한 현자(賢者)보다 실행력 강한 용자(勇者)의 리더십이 점점 더 주목받을 가능성이 높다. '빠르게 행동하고, 빠르게 후회하며, 빠르게 배우는' 용기 있는 리더라야 애자일한 조직문화를 만들어 낼 수 있다.

이와 함께 제도와 시스템은 형식보다 내실을 중시하고 환경 변화에 유연하게 대응하는 방향으로 고쳐가는 것이 첫걸음이 된다. 예를 들면 채용, 평가, 보상, 승진 등의 인사관리에서 연간 단위로 정형화하는 기존의 관행에 얽매일 것이 아니라, 필요에 따라 더 효과적인 시기에 실행되어 구성원들의 공감대를 높이는 방식으로 바꿔나가는 것도 필요하다.

일하는 방식에서도 변화가 필요한데 이는 생각의 변화가 선행되어야 할 것이다. 예컨대 책임과 역할을 명확히 해야 한다는 강박관념보다는 상황 대응력이 높은 방식이 무엇인지 고민할 필요가 있다. 모든 업무를 빈틈없이 매뉴얼화 하고 잘 배분하는 것은 현실적으로도 어렵고 제대로 실행되지도 않는 기계론적 접근일 수 있다. 창의와 혁신은 '중복과 여유'에서 만들어진다고 한 지식경영의 대가 노나카 이쿠지로 교수[295]의 말은 애자일한 조직을 추구할 때 새겨들어야 할 지침이라 하겠다.

---

295) 일본의 피터 드러커로 불리는 노나카 이쿠지로(野中郁次郎) 일본 히토쓰바시대 명예교수는 전 세계가 글로벌 경제위기 여파로 어려움을 겪고 있을 당시, 리더의 역할과 관련하여 "리더는 기업이 지향하는 비전과 공동선을 확실하게 제시하고, 조직의 지식 창조를 이끌어가야 한다. 나는 이것을 실천적 지혜를 겸비한 '사려 깊은(prudence) 리더십'이라 부르고 싶다. 기업이 추구하는 미래가 사회의 공동선과 일치할 때 구성원 전체가 동기부여가 될 수 있고 성공 확률이 높다."고 말했다. 그리고 위기 극복을 위해 기업에 요구되는 리더십과 관련하여서는 "정답에 해당하는 리더십은 없지만, 바람직한 것은 현장과 이론을 끊임없이 교감시키면서 이노베이션(혁신)을 일으키는 리더십이다. 이노베이션의 본질은 지식이다. 나는 지식을 두 종류로 나눈다. 하나는 암묵지(暗默知)로 경험을 통해 축적된 지식이다. 다른 하나는 형식지(形式知)로 개념화되고 언어로 표현된 이론적 지식이다. 암묵지는 직관이나 경험에서 비롯된 것이어서 개념화가 안 되면 공유하기 어렵다. 즉 형식지와 암묵지는 상호작용을 거듭할 때 지식과 생산성을 높일 수 있다. 형식지와 암묵지가 끊임없이 교감할 수 있도록 이끌어주는 능력이 바로 리더십이다."라고 말했다. 그가 제시한 새로운 가치는 다음과 같다. 첫째 주관적, 직관적, 경험적인 지식의 중시: 이론과 논리적인 분석보다는 현장에서 일하는 직원들이 축적한 지식과 다년간 직접 체험하며 얻은 경험을 중시하고, 이를 객관적인 지식으로 정리하는데 힘쓴다. 둘째 철학과 가치를 추구하는 경영: 효율이나 이윤에 집착하기보다는 사회 전체의 비전이나 공동선과 부합하는 기업의 비전을 세우고 이를 달성하기 위해 끊임없이 노력한다. 셋째 부단한 혁신과 지식창조: 상부에서부터 하달되는 일방적인 혁신이 아닌 일반 직원부터 중간관리자, 경영자에 이르는 구성원 전체가 교감하며 서로의 경영지식을 통합하고 새로운 지식을 창조한다. 이상의 내용은 동아일보(2009), 지식경영의 대가 日노나카 이쿠지로 교수, 2009.05.20. 이광중(2013), 노나카 이쿠지로 <미덕의 경영: 지식경영의 시대, 경영의 본질을 말하다>, m.blog.naver.com/leespider/150177148099, 2013.10.07. 참조.

04 사례 분석 : 파크와 고어

비즈니스가 성숙기에 접어든 기업은 혁신과 규율의 균형을 맞추기 위해 고군분투한다. 이를 위해 조직의 모든 레벨에서 자발적으로 혁신을 꾀하는 창조적인 직원들도 있어야 하지만, 동시에 강력한 내부 통제가 필요하다고 생각한다. 파크(PARC)와 고어(Gore)는 예외적인 경우다. 두 기업은 변화하는 업계 속에서 충분한 성장을 이루어 냈지만 여전히 기업가정신과 혁신역량을 유지하고 있다. 두 회사는 모든 레벨의 직원들이 리더 역할을 수행하도록 장려한다. 또한 직원들의 전체적인 행동에 따라 어떤 성장 프로젝트에 예산을 지원할지 결정한다. 그 결과 전략적 목표에 의거해 주요 의사결정이 이루어지며 관료주의는 최소한으로 유지된다.

케이트 아이작스(Kate Isaacs), 일레인 백맨(Elaine Backman), 데버라 안코나(Deborah Ancona) 이들 세 사람은 오랫동안 기업 활동을 지속하며 여건 변화에 수시로 적응하면서도 기업가정신과 최고의 혁신역량을 유지해 온 두 기업을 깊이 들여다봤다. 연구한 두 기업(조직)은 바로 실리콘밸리에 있는 제록스의 유명 R&D기업 파크(PARC)와 소재과학 업체인 W. L. 고어앤드어소시에이츠(W. L. Gore & Associates)이었다.[296)]

4.1 두 기업의 주목할 만한 특징적 요소

첫째 세가지 유형의 리더들을 확인했다. 창업가형 리더(Entrepreneurial Leaders)는 일반적으로 조직의 하위직급에 몰려 있으며 새로운 제품과 서비스로 고객가치를 창출한다. 이들은 조직을 미개척 영역으로 이끌어가는 집단이다. 조력가형 리더(Enabling Leaders)는 조직의 허리 역할을 하며 창업가형 리더들이 필요한 자원과 정보를 확보할 수 있도록 해 준다. 설계자형 리더(Architecting Leaders)는 조직의 상층부에서 전체적인 그림을 주시하며 조직문화와 거시전략, 조직구조를 감독한다.

둘째 파크와 고어 모두 초창기부터 혁신과 회복탄력성을 뒷받침해 온 문화규범들이 통합된 채 작동되고 있다. 문화규범 중 다수는 회사 초창기부터 계승해 온 것이다. 그 중 가장 중요한 규범은 '리더십'이 직함과 관계없이 이를 가장 잘 행사할 수 있는 사

296) 이하 내용은 케이트 아이작스(Kate Isaacs), 일레인 백맨(Elaine Backman), 데버라 안코나(Deborah Ancona), 민첩한 리더십, 류아람 번역, Harvard Business Review KOREA, 2019년 7-8월호. 참조.

람에게 주어져야 한다는 공통된 신념이다.

이들 세 가지 리더십 역할과 문화규범 덕분에 파크와 고어는 놀라운 수준의 자율경영을 실현할 수 있었다. 직원 다수가 스스로 업무를 정의하고 선택한다. 새로운 제품과 서비스 아이디어는 윗선의 전략가나 현업과 분리된 온실 속 '혁신가'가 아닌 일반 직원들로 구성된 프로젝트 팀이 만든다. 이들은 프로젝트가 추진력을 잃으면 자유롭게 팀을 박차고 나올 수 있다. 초기 예산은 사람이 모여드는 프로젝트에 제공한다. 성공이 누적될수록 더 많은 자원을 투입한다. 작은 투자가 여러 번 이뤄지고 직원들은 어떤 프로젝트 팀에 참여할지 선택한다. 따라서 회사 자체가 좋은 아이디어를 중심으로 인재가 모이고 나쁜 아이디어는 걸러내는 일종의 시장이 된다.

이 시스템의 진수는 자율경영이 가능한 메커니즘 덕분에 자유와 통제가 균형을 이룬다는 데 있다. 조직은 관료적 규칙을 최소화하더라도 효율적으로 작동하며 새로운 기회를 신속하게 활용한다.

4.2 세가지 리더의 유형과 그들이 구현한 문화적 규범의 내용

4.2.1 창업가형 리더(Entrepreneurial Leaders)

파크와 고어의 일선 리더들은 보다 관료적인 환경에서 일하는 직원들에 비해 주변의 기대치가 훨씬 높다. 창업가형 리더는 성장 기회를 감지해 붙잡고, 초기 자원 조달을 위해 로비 활동을 하며, 미래를 향한 비전을 중심으로 사람을 모으고, 성과를 내는 기회를 십분 활용한다. 관찰한 결과 이들이 보인 세 가지 특성, 즉 자신감, 전략 마인드, 사람을 끌어 모으는 능력 등의 자질이 발휘될 때 전략적 목표에 부합하는 새로운 제품 개발 아이디어가 탄생해 하의상달식으로 자유롭게 발전해 나가고 있음을 확인할 수 있었다.

이런 자질이 빛을 발할 수 있는 이유는 오랫동안 지켜온 세 가지 문화적 원칙이 있기 때문이었다. 첫번째는 직무 자율성이다. 고어는 직원이 자신의 직무 과제와 팀을 선택할 수 있어야 한다는 생각으로 출발했다. 고어만큼은 아니지만 파크도 마찬가지다. 업무를 자유롭게 바꿀 수 있으므로 필요에 따라 인력을 자발적이고 신속하게 새 프로젝트에 재배치할 수 있다.

두번째는 작은 시도를 여러 번 하며 적시에 자원을 제공한다는 원칙이다. 어떤 아이디어가 성공할지, 알아내기는 불가능하다. 따라서 여러 번 베팅(betting)해야 한다. 두 조직 모두 어떤 아이디어에 계속 투자할지 결정하는 집단적인 검토 프로세스가 마련돼 있다. 이를 통해 최고의 아이디어를 선택하고 경영진의 승인을 기다리느라 시간을 낭비하지 않고 바로 예산을 제공받을 수 있도록 한다.

세번째는 누구나 리더가 될 수도 있고 물러날 수도 있다는 원칙이다. 두 회사는 공식적인 권한이 주어지는 자리에 있는 사람뿐만 아니라 누구라도 리더 역할을 할 수 있다는 생각을 받아들인다. 고어의 한 관리자는 신제품 개발에 참여하는 사람이라면 누구나 '자신이 리드해야 할 타이밍을 알고자 하는 의지'가 있어야 한다고 말한다. 팔로워 역할을 해야 할 때를 분별할 수 있어야 한다는 뜻이기도 하다. 이런 프로세스에서는 겸손과 존중, 자신의 업적보다 팀과 회사의 성공을 먼저 생각하는 태도를 필요로 한다.

4.2.2 조력가형 리더(Enabling Leaders)

창업가형 리더보다 경험이 많고 수평적 조직 내에서 서열도 높은 편에 속하는 이들 리더들은 프로젝트 리더들이 개인으로서 성장하도록 돕는다. 조직 내 장애요소는 없는지 탐색하고, 다른 사람들과 네트워크를 구축하며, 보다 거시적인 비즈니스 변화에 촉각을 세운다. 이런 역할을 수행하려면 핵심 스킬이 필요하다. 조력가형 리더의 세 가지 특성은 코칭과 직원역량 개발, 연결, 그리고 커뮤니케이션으로 집약된다.

먼저 코칭과 직원역량 개발과 관련하여 이들 조력형 리더는 전통적인 개념의 상사라기보다는 코치나 멘토에 가깝게 행동한다. 코칭 대상이 꼭 직속 부하직원일 필요는 없다. 코칭의 핵심 중 하나는 팀이 제품 개발 프로세스를 헤쳐 나갈 수 있도록 돕는 활동이다. 이런 맥락에서 조력가형 리더는 보다 적극적인 문제해결사가 될 수 있다. 종종 이런 리더들은 프로젝트 팀을 운영해 본 경험이 있기 때문에 어떤 이슈가 발생할 수 있는지 깊이 이해하고 있다. 그 외에도 조력가형 리더는 직원들이 자기개발에 관해 생각해 보도록 독려하고, 점점 복잡해지는 역할들 속에서 회사의 니즈와 직원들의 니즈가 맞아떨어질 수 있도록 돕는다. 누군가가 사람들과 의기투합해 까다로운 프로젝트를 성공적으로 마쳤다면, 새 프로젝트 팀과 더 큰 업무를 맡아 달라고 너도 나도 러브콜을 보내올 것이다. 그 밖의 직원들에게 조력가형 리더는 어떻게 개선할 수 있는지에 관해 피드백을 제공한다.

두번째 코칭이 창업가형 리더의 개인적 성장을 지원한다면, '연결'은 그들이 '창조적인 충돌'을 경험하도록 돕는다. 일반적으로 조력가형 리더는 팀 리더들에 비해 조직 안팎에서 일어나는 일을 넓은 시야로 바라본다. 덕분에 가치창출 기회를 포착하고 메워야 할 '구조적 공백(structural holes)'을 찾는 데 능하다. 기업가를 최종소비자와 이어주거나, 유사하거나 상호보완적인 사내 프로젝트끼리 연결해 주는 경우도 있다. 또한 마케팅, 영업, 법무 등 다양한 기능 집단이 서로의 업무를 이해하도록 신경 쓴다. 조력가형 리더는 여러 곳을 다니며 연결자로서 자신이 보유한 넓은 관계망을 더욱 확장하고 부서와 지리적 경계를 가로질러 사람들을 연결하는 경향이 있다.

세번째 파크와 고어에서는 저직급 직원들조차도 회사의 비즈니스 모델을 깊이 이해하고 있음을 앞서 언급했다. 조력가형 리더는 외부 환경에서 생기는 새로운 기회와 변화에 관해 정보를 공유함으로써 이런 직원들이 알고 있는 내용을 업데이트하도록 엄청나게 애쓴다. 이런 커뮤니케이션의 가장 단순한 형태는 조직의 일부가 다른 부분이 무슨 일을 하고 있는지 알도록 하는 것이다(각 조직의 업무는 전체로 볼 때 서로 유기적으로 연결돼 있다). 특히 지역별 우선순위가 글로벌 목표와 완벽하게 부합하지 않을 때 이는 매우 중요하고도 까다로운 작업이다. 또한 조력가형 리더는 새로운 비즈니스 맥락이 주어져도 조직이 가치를 고수할 수 있도록 감독하는 역할을 한다. 포괄적인 명령보다는 비즈니스 대화를 통해 자연스럽게 소통할 때 이 역할이 가장 큰 효과를 발휘한다.

조력가형 리더의 역할을 가능케 하는 문화적 원칙은 다음 두 가지다.

첫째 파크와 고어는 오래전부터 조직 전반에 걸쳐 정보에 대한 신속한 접근과 높은 수준의 연결성을 중시해 왔다. 고어의 경우 면대면 상호작용과 정보교환을 극대화하기 위해 공장 규모를 인간 공동체 규모인 300명 미만으로 유지하려 노력했다. 기술의 변화와 함께 글로벌 팀이 증가하면서 새로운 IT와 커뮤니케이션 도구도 상호작용을 촉진하고 있다. 고어는 대부분 직원에게 입사 후 6개월 동안은 조직 전반에 걸쳐 인적 네트워크를 구축하는 데 시간을 많이 할애하라고 조언한다. 파크는 세계 최초로 전 직원을 전산망으로 연결한 회사다.

둘째 두 회사는 비전과 핵심가치, 단순한 원칙을 의사결정의 가이드라인으로 사용한다. 고어의 관리자가 공급업체와 공정한 계약을 맺는 데 신경을 썼던 사례도 이를 잘 보여준다. 관찰 결과 이런 의사결정 가이드라인이 성장과 혁신, 문화적 가치를 종종 뒷받침한다는 사실을 알게 됐고, 리스크 관리 메커니즘으로까지 작동하는 것을 보고 매료될 수밖에 없었다.[297]

4.2.3 설계자형 리더(Architecting Leaders)

시니어 리더들은 조직문화와 구조, 자원에 변화가 필요한 거시적 이슈에 집중한다. 소유권이나 지배구조 변화로 인해 판 전체를 재편해야 하는 경우도 있다. 예를 들어, 사업 부문이던 파크는 2002년 제록스 구조조정 과정에서 독립자회사가 됐고, 이에 따라 사업다각화가 필요했다. 생존하려면 돈이 되는 신규 고객을 확보하고, 정부 프로젝트를 더 많이 수행하며, 스타트업에 투자해야 했는데, 이런 메시지는 최고경영진으로부터 나온 것이었다. 기업 내부에서 미처 준비하지 못한 외부 환경의 변화로 인해 판을 다시 짜야 하는 경우도 있다. 고어의 하부조직 중 어느 곳도 아시아에 제조설비

297) 고어에서는 모든 직원이 '수면이 닿는 선 아래로는 배에 구멍을 뚫지 말라'는 원칙을 알고 있다. 대화 중 불편함을 느끼면 직원은 얘기를 중단하고 "이건 회사에 리스크"라고 말해야 한다. 이어서 해당 집단은 그 이슈에 관해 전문가와 상담한다(수면이 닿는 선 아래로 손상을 입히면 배는 가라앉게 마련이다).

를 둘 때 얼마나 가치가 있을지 내다볼 정도로 폭넓은 안목이 없었다. 하지만 최고경영진은 아시아 설비 투자가 회사에 가장 이익이 된다고 판단해 자원을 재분배했다.

설계자형 리더는 외부 위협과 기회에 대응할 뿐만 아니라 내부 운영의 돌봄 역할도 마다하지 않는다. 이런 맥락에서, 이들은 조직 하부에서 시작된 움직임에 힘을 보태기도 한다. 이는 조력가형 리더와 창업가형 리더가 추진한 지속가능성 증진 이니셔티브를 확대 발전시킨 고어 경영진의 모습에 잘 나타난다. 설계자형 리더는 로컬 조직이 인식하지 못한 공백을 메우기도 한다. 파크의 시니어 리더들이 기업가 마인드를 지닌 박사 인력 채용을 추진한 경우처럼, 조직의 효과성과 효율성을 개선하는 길을 찾아내기도 한다.

마지막으로 개별집단 차원에서는 합리적인 의사결정이지만 회사 전체로는 최선이 아닐 경우에 변화가 필요할 수 있다. 예를 들어 개별집단은 자체적인 전산, HR, 재무 시스템을 개발하는 데 관심을 두는 경우가 많다. 하지만 기존 사례를 볼 때, 이런 기능을 분산하면 회사 전체적인 조율과 협업에 방해가 된다.

큰 변화를 추진하는 중이라면 시니어 리더는 하향식 결정을 내려야 할 수도 있다. 이는 물론 집단적인 의사결정 방식에 역행한다. 리더들은 이런 때에 특히 설명하고 경청하는 데 시간을 충분히 할애해야 한다. 그런 노력을 기울여도, 변화에 저항하는 직원이 있고, 시니어 리더가 '인정사정없이' 더 과감하게 밀어붙이길 바라는 직원도 있을 것이다. 이런 변곡점에 직면할 때, 설계자형 리더는 조직 내 평판이 훌륭해야 성공할 수 있다. 회사도 외부 이해 당사자들 사이에서 평판이 좋지 않다면 변화에 성공하지 못할 것이다.

4.3 두 기업이 만들어 낸 시스템의 특징과 성과

4.3.1 전체는 부분의 합보다 크다

앞서 언급된 문화적 원칙들은 세 가지 유형의 리더십을 모두 뒷받침한다. 이렇게 리더십과 문화가 결합하면 유연하게 적응하는 자기강화 시스템이 구축된다. 엄청난 자율성이 주어진 덕분에, 재능 있는 직원들이 언제든 새 프로젝트를 시작하거나 관심가는 프로젝트에 합류할 수 있다. 권력이 조직 전반에 분산돼 있기 때문에, 구성원들은 좋은 아이디어가 있다면 자유롭게 프로젝트로 추진이 가능하다. 이들은 또한 조기에 리더십 교육을 받고 네트워크를 탄탄하게 구축하며 적합한 사람을 프로젝트로 포섭하는 법을 터득한다. 멀리 떨어진 사람들을 연결하고 공동 목표를 커뮤니케이션하면 창조적인 충돌이 일어난다. 이를 통해 서로 단절됐던 프로젝트는 시너지를 발산하는 협업으로 발전한다. 필요에 따라 자원을 일괄 배분하는 방식은 유망한 프로젝트가 필요한 만큼 지원을 받는다는 의미다. 명확한 가치를 폭넓게 공유하고 단순한 원칙을 강조하면 조직의 우선순위에 부합하는 투자 결정을 내릴 수 있다.

4.3.2 시스템의 세 가지 특징

1) 리더십의 분산

파크와 고어에서는 자신을 리더라고 칭하는 직원이 놀라울 정도로 많다. 기업문화도 직원들에게 그런 태도를 기대한다. 그 결과 이 두 기업에는 언제라도 리더 역할을 맡을 수 있는 정예 인력이 수두룩하다. 실제로 상황에 맞게 리더 교체가 쉽게 일어난다.

물론 서로 다른 유형의 리더들이 늘 상호작용하기 때문에 각자의 과업이 딱 떨어지게 구분되진 않는다. 예컨대 '전략 마인드'와 '커뮤니케이션'에 대한 내용은 어떤 리더십 유형에 포함시켜도 무방했을 것이다.

한 사람이 세 가지 리더십 기능을 동시에 수행할 수 있다고 생각하진 않는다. 하지만 이 세 가지 역할은 앞서 설명한 것보다 더 유동적이다. 훌륭한 창업가형 리더는 회사를 운영하면서도 신제품 아이디어를 속속 내놓는다. 타고난 조력형 리더도 어떤 직위나 직급에 있든지 연결하고 커뮤니케이션하며, 코칭하는 역할을 수행할 것이다. 관찰 결과 설계자형 리더가 맡을 법한 대규모 변화 캠페인을 조력형 리더가 시작하고 관리하는 사례도 수차례 볼 수 있었다.

2) 다수의 힘

학계에서는 하위집단의 개인적 상호작용으로부터 시스템 차원의 질서가 발생하는 과정을 설명하기 위해 '출현(Emergence)'이라는 단어를 사용한다. 우리는 파크와 고어에서 이런 과정을 목격할 수 있었다. 앞서 설명한 바와 같이 새로운 제품개발 팀에 합류하는 자원자가 얼마나 되는지는 프로젝트 예산지원 여부에 큰 영향을 끼친다. 프로젝트 시작 후 인력이 추가로 팀에 합류한다면, 자원이 지속적으로 유입된다. 이런 형태의 크라우드소싱[298] 전략과 설계자형 리더십의 결합이 CEO의 상명하달식 의사결정보다 더 효과적일지는 시간이 지나면 알게 될 것이다. 일단 지금까지의 실적은

298) 크라우드소싱(crowdsourcing)은 기업 활동의 전 과정에 소비자 또는 대중이 참여할 수 있도록 일부를 개방하고 참여자의 기여로 기업 활동 능력이 향상되면 그 수익을 참여자와 공유하는 방법이다. '대중(crowd)'과 '외부 자원 활용(outsourcing)'의 합성어로, 전문가 대신 비전문가인 고객과 대중에게 문제의 해결책을 아웃소싱하는 것이다. 이전에는 해당 업계의 전문가들이나 내부자들에게만 접근 가능하였던 지식을 공유하고, 제품 혹은 서비스의 개발과정에 비전문가나 외부전문가들의 참여를 개방하고 유도하여 혁신을 이루고자 하는 방법이다. 내부의 전문가나 해당 분야 전문가들은 소유한 자원 및 결과를 공유하고 개방하여 해당 또는 다른 분야 전문가 혹은 일반 대중과 함께 연구 개발을 진행하게 된다. 이를 통해 한정적인 내부의 인적 자원에만 의존하지 않고 많은 외부의 인적 자원의 도움을 받을 수 있으며 또한 외부인은 이러한 참여를 통해 자신들에게 더 나은 제품, 서비스를 이용하게 되거나 이익을 공유하는 것도 가능하다. 위키백과 참조.

양호하다. 또한 많은 직원이 환경의 변화를 읽고, 고객과 대화하며, 직접 관찰한 사실에 따라 실행하면서 조직 전체가 민첩해지고 새로운 방향으로 움직일 수 있음을 확인할 수 있었다.

3) 자유와 통제가 균형을 이루는 프로세스

리더들과 이런 종류의 시스템에 대해 얘기를 나눠보면 대부분은 권력, 의사결정, 자원을 분산해야 한다는 데 머리로는 동의한다. 그러나 이를 실현하는 것은 별개의 문제다. 이들에겐 조직이 혼란에 빠질지도 모른다는 두려움이 크다. 그러나 파크와 고어의 사례는 다른 어떤 관료주의적 규제보다 질서를 잘 유지하면서도 혁신까지 뒷받침하는 프로세스를 구축할 수 있음을 보여준다. 두 기업이 구체적으로 어떤 방법으로 질서를 유지하는지도 살펴보자.

- ▲ 개인들은 자신이 납득할 수 있어야 프로젝트에 참여한다. 따라서 개발 프로세스 초기에 직원의 피드백과 우려사항을 프로젝트에 반영한다. 성공 가능성이 떨어지는 프로젝트에서는 인재가 빠져나간다.
- ▲ 조력가형 리더가 새로운 정보에 대한 논의에 많은 시간과 에너지를 할애하는 덕에, 어느 누구도 전략적 마인드가 경직되는 법이 없다.
- ▲ 비즈니스 모델과 관련된 문화적 가치와 단순한 원칙들이 일상 대화와 의사결정의 일부가 되기 때문에, 구성원들은 서로 다른 방향으로 가지 않게 된다.
- ▲ 집단적인 검토과정을 거치므로 특정 리더가 아끼는 프로젝트라고 해서 투자 결정에 영향을 끼치진 않는다.
- ▲ 소규모 투자로 프로젝트가 시작되고 재투자가 반복해서 이뤄지는 식이기 때문에, 잘못된 투자 한 번으로 전체 운영이 망가지는 일은 없다.

4.4 결 론

지금까지 설명한 리더십 역할과 문화적 규범, 시스템 차원의 점검은 규정하기는 어렵지만 매우 실질적인 디딤돌을 이 기업들에게 제공해 주고 있다고 생각한다. 일례로 고어를 방문할 때마다 예상치 못한 새로운 분야에 관심을 두고 있다는 얘기를 들을 수 있었다. 최근에는 비행기 안에서도 무선인터넷을 끊김 없이 사용할 수 있게 해주는 절연 케이블에서부터 부피는 크지 않지만 보온 효과가 뛰어난 신발 제조기술까지 다채롭게 연구 중이라고 한다. 파크와 고어에서는 놀라운 에너지와 삶의 즐거움이 넘친다. 신제품 성공률을 개선하고 직원의 몰입도를 높여야 하는 기업이라면 이들 두 기업을 주목할 필요가 있다.

Chapter

14 미래의 리더십Ⅲ : 밀레니얼 리더십

'밀레니얼 모먼트가 도래하고 있다'는 최근 파이낸셜타임스의 특집 기사가 있었다. 20대부터 30대 중반인 밀레니얼 세대가 가장 큰 소비자 집단이자 가장 큰 노동인구의 집단이 됐다는 뜻이다. 그러나 급속히 늙어가는 우리나라에선 밀레니얼 세대가 사실상 주류가 되지 못했다. 우리나라를 이끌어가는 리더십은 빠르게 늙어가고 있지만, 미래 흐름을 내재한 당사자들은 아직 미래에 대한 결정권을 충분히 누리지 못하고 있다.[299] 따라서 고령화되고 있는 X세대와 신세대인 밀레니얼 세대 간 갈등과 리더십 문제를 해결하기 위한 스마트한 밀레니얼 리더십(Millennial Leadership)이 주목받고 있다.

01 밀레니얼 세대로 리드하기[300]

1.1 밀레니얼의 특징과 기성세대 리더십의 변화 필요성

밀레니얼들은 학자마다 차이가 있지만 대개는 1980년대 초반에서 2000년 초반에 베이비부머나 X세대 초반의 부모 밑에 태어난 세대를 지칭한다.[301]

---

299) 제현주(2019), "리더십 빠른 속도로 노쇠화…밀레니얼 세대 주목해야", 조선일보, 2019.04.02.

300) 윤정구(2017), 밀레니얼 세대를 이끌기 위한 스마트 리더십, 2017.11.19. (nlearners.org/gnuboard4/bbs/board.php?bo_table=nlearning&wr_id=1438....),

301) 베이비부머(1945~1964) : 미국에서, 제2차 세계대전이 끝난 1946년부터 1965년 사이에 태어난 사람들, 우리나라에서는 전후 세대, 특히 1955~1963년에 태어난 세대를 이른다. X세대(1965~1980) : 1960년대와 1970년대 베이비붐 세대 이후에 태어난 세대를 지칭하는 말로서, 전체적으로 정확한 특징을 묘사하기 어려운 모호한 세대다. 이 명칭은 주로 1990년대 초에 이르러 신세대의 특징을 지칭하는 말로 사용되었다. X세대라는 말은 캐나다 작가인 더글러스 쿠플랜드(Douglas Coupland)가 1991년 뉴욕에서 출간한 팝아트 스타일의 소설 『X세대(Generation-X : Tales for an Accelerated Culture)』에서 처음 사용하였고, 이전의 세대들과는 분명히 다른 특성을 가지고는 있지만 마땅히 한마디로 정의할 용어가 없다는 뜻으로 X를 붙여 새로운 세대를 지칭하게 되었다. 밀레니얼 세대(1981~2000): 1980년대 초(1980~1982년)부터 2000년대 초(2000~2004년)까지 출생한 세대를 일컫는다. 미국 세대전문가인 닐 하우와 윌리엄 스트라우스가 1991년 펴낸 책 '세대들, 미국 미래의 역사(Generations : The History of America's Future)'에서 처음 언급했다. 밀레니얼 세대는 기존 질서와 연계해 정의하기 어렵다는 의미에서 이름 붙여진 'X세대(1960년대 중반~1970년대말 출생)'의 뒤를 잇는다. 밀레니얼세대는 X세대 다음 세대라고 해서 "Y세대"로 불리거나 컴퓨터 등 정보기술(IT)에 친숙하다는 이유로 "테크세대"라는 별명을 갖고도 있다. 또한

이들의 특징은 한마디로 강한 자기지향성이다. 베이비부머 세대나 초기 X세대 부모들에 의해서 애지중지 길러져서 모든 것을 <자기중심적>으로 생각하는 경향이 강하다. 이런 경향을 반영하여 직장에서도 선배들이 지정해준 조직 정체성에서 벗어나 자기 정체성을 주장하고 있다. 이들의 강한 자기지향성은 직장에서 기성세대가 이해하지 못하는 다양한 행동과 태도로 표출된다. 이들은 어느 세대보다 화려한 스펙[302]으로 중무장되어 있다.

첫째 이들의 자기중심적 경향은 사회문제를 보는 시각에도 반영되어 나타난다. 이들 자체가 우리 사회가 가진 사회구조적 문제에 관심을 보이는 것 같지 않다. 그러나 이 구조적 문제가 자신의 복리와 관련된 것이라면 사회구조적 문제에도 관심을 보인다. 특히 사회의 형평성 등에 무관심해 보이지만 정유라 사건처럼 이것이 자신에 대한 차별로 전개될 때는 참지 않는다.

둘째 이들은 자신에게 납득이 가지 않는 것에 대해서는 행동하지 않는 성향을 보인다. 자신의 정신모형에 맥락화 되어야 행동하는 성향을 보이기 때문에 이들과 같이 일하는 리더들은 아주 소소한 내용이라 하더라도 자세하게 설명해주어야 한다. 또한 이것이 이들 자신의 복리에 어떤 영향을 줄 수 있는지에 대해서 설명이 되어야 이를 위해서 적극적 행동으로 개입하는 성향이 있다. 이들은 탁월한 인터넷 탐색 능력 때문에 축적한 지식이 많은 만큼 질문도 많이 하는 성향을 가지고 있다. 이 질문을 무시한다면 또 다시 이들과 전쟁하겠다는 것이다. 이들과 제대로 일하려면 성심성의껏 답해야 하는 수준을 넘어서 세세히 설명해주어야 한다.

셋째 이들은 자기중심적이나 자신과 관심을 공유하는 사람들과는 적극적으로 협업하는 성향이 있다. 어떤 점에 있어서 이들은 개인주의자도 아니고 집단주의자들도 아니다. 대학 강의실에서 이들을 자세히 관찰해보면 이들이 제일 싫어하는 것이 팀플레이이다. 개인적 성향이 강한 이들은 팀플레이를 선천적으로 싫어한다. 하지만 팀플레이를 통해서만 자신이 원하는 것을 얻을 수 있다는 결론에 이르면 팀플레이를 굳이 마다하지는 않는 유연성도 있다. 이해만 된다면 자신들이 싫어하는 팀플조차도 쿨하게 받아들인다. 자기지향성을 극대화 시킬 수 있다면 집단주의고 개인주의를 따지지 않는 것이다.

넷째 디지털 네이티브답게 자신을 가장 잘 표현할 수 있는 직접적이고, 유연하고, 자유롭고, 수평적인 소통방식을 선호한다. 이런 점에서 이들과 가장 충돌을 일으킬 수 있는 리더는 관료주의적으로 상명하달하는 리더들이다. 상명하달하는 리더는 공개적

타임지에서는 자기 위주로 생각하고 행동하는 이들 세대를 가리켜 '미 제너레이션'이라고 표현하기도 했다. 새로운 밀레니엄(2000년) 이후 성인이 돼 트렌드를 이끄는 주역이 됐다는 뜻에서 '새천년 세대'로도 불린다. <네이버 지식백과> 참조.

302) 스펙은 영어단어 Specification의 준말이다. 직장을 구하는 사람들 사이에서, 학력·학점·토익 점수 따위를 합한 것 등 서류상의 기록 중 업적에 해당되는 것을 이르는 말이다. <위키백과> 참조.

으로 밀레니얼들과 자신도 모르는 전쟁을 선포하고 있는 것과 같다. 결국 상명하달 자체가 이들에게는 갑질인 셈이다.

다섯째 자신을 표현할 수 있는 체험소비에 돈을 쓰는 편이다. 가성비도 따지겠지만 이들에게 상품이나 서비스는 자신을 표현해주는 매체이다. 자신을 가장 잘 표현해줄 수 있는 매체를 골라서 문화소비를 하는 세대이다. 이들은 아마도 가성비를 따져 삼성의 갤럭시를 사기보다는 디자인이 뛰어난 애플의 아이폰을 더 선호할 것이다. 옷이나 라면을 사는 행위에도 이런 문화소비의 성향이 반영된다. 기성세대 리더가 밀레니얼의 이런 행동을 아무 것도 아닌 것을 가지고 까탈스럽게 군다고 생각한다면 또 다시 밀레니얼과 전쟁을 시작한 것이다.

기성세대 리더들은 사회의 가장 많은 인구를 구성하고 있는 이들이 리더로 성장하기 위해 이들을 제대로 이해하고 접근할 것이 요구된다. 먼저 소통하는 방식부터 바꾸어야 할 것이다. 또한 이들이 중시하는 스펙과 경험이 목적과 사명으로 이어져야 변화를 이끌 수 있다는 것을 배우게 해야 할 것이다. 또한 앞으로 세상의 모든 성취는 혼자 할 수 있는 일이 없다는 것을 알리고 다른 사람과의 관계적 자본을 어떻게 축적해야 하는지도 배워야 할 것이다. 또한 리더가 되려는 높은 이상을 가지고 있다 하더라도 이것을 달성하는 현실적 과정은 지난한 어려움과 회복탄력성을 요구한다는 것도 알려야 한다.

한국처럼 회사의 분위기가 관료적이고 수직적으로 밀어내는 식으로 아랫사람들의 고통에 신경 써주지 않는 문화라면 밀레니얼 세대가 버티는 것은 현실적으로 불가능한 일이다. 이들의 고통에 신경 써 줄 수 있는 선배들은 없다. 자신도 치열한 현실에 살아남아야 한다. 결국 밀레니엄 신입들에게 남은 선택지는 이직이다. 이들은 들어오는 순간 이미 이직을 고민한다. 청운의 꿈을 품고 세상을 바꿀 수 있다는 자신감을 가지고 입사했는데 회사는 세상을 바꿀 수 있는 기회 자체를 주지 않는다. 아무리 좋은 직장에 입사했어도 밀레니엄 신입사원들의 70%는 들어가자마자 회사의 분위기에 적응하지 못하고 몰래 이직을 꿈꾼다. 어렵게 이직에 성공하는 밀레니얼도 있지만 결국 이직한 회사도 들어가 보면 사정은 마찬가지이다. 남의 떡이 커보였던 것이다. 남의 떡이 커보였다는 사실을 깨닫지 못한 밀레니얼들은 이직에 이직을 거듭한다. 이직 횟수가 늘어날수록 이들의 하늘을 찌르던 자긍심도 점점 추락한다. 길잃은 밀레니얼들이 마지막으로 문두드리는 곳이 공무원이나 공사시험이다. 성공한다 하더라도 이들 사회는 또 다른 이유를 들어 밀레니얼들을 돌보지 않는다.

밀레니얼 세대는 1980년에서 2000년 사이에 태어난 세대로 우리 인구의 30% 정도를 구성하고 있다. 이들을 대체할 수 있는 인력에 대한 대안은 없다. 결국 이들을 살려내 리더로 길러내지 못한다면 우리나라의 미래가 없는 것이다. 이들을 살려낼 수 있는 열쇠는 이들이 가지고 있다기보다 기성세대가 가지고 있는 셈이다. 기성세대가 이들을 위해 자신의 리더십 스타일에 변화를 주지 못한다면 밀레니얼 세대의 미래는 없고, 그들이 주축이 된 파이프라인[303)]의 노동생산성이 고갈된다면 결국 회사도 무너지게 되어 있다.

결론적으로 밀레니얼들을 살려내고 키워내는 문제는 국가적 과제이고, 이 과제의 열쇠는 기성세대 리더십의 변화에 달려 있는 셈이다.

1.2 밀레니얼 세대와 기성세대의 차이[304)]

1.2.1 사고의 차이인가?

회식, 워크숍, 야유회…. 1980년대 이후 태어난 밀레니얼 세대가 회사 내 조직생활을 하면서 가장 두려워하는 단어들이다. 대부분은 못마땅한 표정으로 마지못해 상사가 주도하는 회식 자리에 참여한다. 그리고 자신들의 마음을 알아주지 못하는 상사를 '꼰대'라고 비난한다.

한편 상사들은 억울하기 짝이 없다. "같이 일하는 동료끼리 소통하고, 서로를 이해하는 사적인 네트워킹이 당연히 필요한 게 아닌가" 하고 반문할 수도 있다. 하지만 밀레니얼 세대를 제대로 이해하지 못한 일방적인 소통 방식은 문제가 된다. 밀레니얼 세대의 성장 배경, 심리상태 등은 기성세대들과는 확연한 차이가 있기 때문이다.

2025년이 되면 밀레니얼 세대는 지구촌 노동 인구의 절반 이상을 차지하게 될 것이다. 특히 아시아태평양 지역은 약 65%의 인력이 밀레니얼 세대들로 구성될 가능성이 높다. 이제 기업들은 경쟁력을 갖추기 위해 밀레니얼 세대의 확보가 필수적이 되었다.

시대의 변화와는 별개로, 여전히 기성세대와 밀레니얼 세대들은 서로를 이해하지 못한 채 소통의 어려움을 겪고 있다. 우선 기성세대는 밀레니얼 세대가 개인주의적이고 조직에 충성심이 없어 리더로서의 역량을 키우기 어렵지 않을까 우려한다. 대부분의 기성세대는 퇴직이 몇 년 안 남은 지금 이 순간에도 남은 모든 열정을 조직에 쏟아 부으며 몸 바쳐 일하고 있다.

한편 밀레니얼 세대에게 기성세대 또한 이해하기 어려운 존재다. 밀레니얼들은 기성세대의 열정과 애사심을 높이 평가하지만 "나는 저렇게 조직만을 위해 평생을 스트레스 받으며 살고 싶지는 않다"고 생각한다.

이러한 관점의 차이가 극명하게 나타나는 또 다른 영역은 회식과 야유회 등 '소통

303) 원래 파이프-라인(pipeline)이란 첫째 석유·천연가스 등을 목적지까지 수송하기 위해 지상·지하에 고정·매설한 관로(管路), 둘째 컴퓨터 관련 용어로서 시스템의 효율을 높이기 위해 명령문을 수행하면서 몇 가지의 특수한 작업들을 병렬 처리하도록 설계된 하드웨어를 말한다.

304) 이경민(2018), 팀장: '혼냈으니 술 사주며 풀어줘야지', 팀원: '혼난 것도 힘든데 제발 놔주세요', DBR 252호, 2018년 7월 Issue 1.

의 시간'에 대한 것이다. 기성세대는 일하면서 윗사람이 싫은 소리도 할 수 있다고 생각한다. 게다가 회식자리에서 같이 술 마시면서 얘기를 하는 것이 마음 속 앙금을 푸는 절차라고 받아들인다. 반면 밀레니얼 세대는 꾸중을 듣는 것만으로도 힘든데 회식까지 가자고 하는 기성세대 상사를 이해하기 힘들어 한다. 워라밸을 중시하는 밀레니얼들은 퇴근 후의 회식이나 긴 시간 눈치를 봐야하는 워크숍을 '인고의 시간'으로 느낄 뿐이다. 물론 모든 워크숍과 회식이 기성세대의 산물이라는 것은 아니다. 친목도모라는 명목으로 열리는 지나치게 잦은 회식, 상사만 발언권이 있는 수직적 회의 등이 세대 간 갈등의 원인이 된다.

1.2.2 밀레니얼 세대의 3가지 사고방식(Mentality)

밀레니얼 세대가 겪어온 시대적, 심리적 배경을 알고 그로 인해 형성된 현재의 사고방식을 이해하다 보면 이들과 소통하기 위해서는 어떤 방식으로 접근해야 하는지 전략을 세우는 데 도움이 될 것이다. 조직에서 더 나은 소통을 하고 밀레니얼 세대를 이해하기 위한 키워드 3개는 다음과 같다.

첫째 밀레니얼 사고방식의 키워드는 '나르시시즘(Narcissism)'[305)]이다. 밀레니얼 세대들을 답답해하는 베이비부머 세대들은 자신의 자녀를 어떻게 키웠는지 생각해 보면 밀레니얼들에 대한 이해가 좀 더 쉬울 수 있다. 베이비부머들은 자신이 어릴 적 가질 수 없었던 좋은 것들을 자녀에게 충분하게 제공해 주기 위해 노력했다. 핵가족화가 진행되고 가정마다 자녀를 1~2명 정도만 두게 되면서 많은 형제자매 사이에서는 가능하지 않았던 물질과 관심이 밀레니얼 자녀들에게 집중됐다. 이런 부모 세대의 욕망이 반영된 양육의 결과, 밀레니얼들은 자신의 행복을 가장 중요하게 생각하는 '나르시시즘' 특성을 갖게 됐다.

둘째 밀레니얼 사고방식의 키워드는 나르시시즘의 손상이다. 가정에서의 집중적인 지원 속에서 자라난 밀레니얼들은 성인으로 접어들면서 IMF와 외환위기, 그리고 저성장의 기조 속에 높은 청년 실업률을 맞닥뜨리게 됐다. 어려운 취업 전쟁을 겪으며 입사한 조직에서는 자신들이 더 이상 특별하거나 탁월하지 않으며, 무언가를 요구한다고 해서 쉽게 이루어지지 않는다는 현실을 깨닫고 다시 한 번 좌절을 경험했다. 이 과정에서 밀레니얼들은 자기애적 손상(Narcisstic injury)을 입게 됐다. 이러한 내적 자존감의 손상은 외부에서 인정받아 자존감을 채우려는 노력으로 나타났다. 그래서 밀레니얼 세대는 개인주의적인 면이 강한 동시에 또래나 다른 사람들의 시선과 평가에 민감하다. 예를 들어 SNS상에 자신의 글이나 사진을 올리며 다른 사람들의 반응

---

305) 나르시시즘(Narcissism): 자기 자신에게 애착하는 일. 자신이 리비도(Libido: 정신분석학 용어로 성본능(性本能)·성충동(性衝動)의 뜻)의 대상이 되는 정신분석학적 용어로, 자기애(自己愛)라고 번역한다. [네이버 지식백과] 참조.

을 살피고, 남들이 경험해 본 것들을 따라 경험한 뒤 '인증샷' 등을 남기기도 한다. "무얼 먹어야 잘 먹었다고 소문나지?"라고 하는 말도 일상에서 쉽게 하는 말이 됐다. 업무 역시 마찬가지다. 밀레니얼들은 자신이 한 결정을 다른 사람들이 "잘했다" 혹은 "멋있다"고 말해주기를 바란다.

셋째 밀레니얼 사고방식의 키워드는 건강한 나르시시즘을 회복하려는 경향이다. 밀레니얼 세대는 손상된 나르시시즘을 회복하기 위해 다른 사람들이 규정한 행복이 아니라 자신에게 중요한 행복을 찾으려고 노력한다. 즉 다른 사람들이 쉽게 망가뜨릴 수 없는 강건한 자기애, 진실된 자아를 찾는 것을 목표로 한다. 따라서 기성세대가 조직에서 임원이 되는 것을 '성공'으로 규정한다면, 밀레니얼들은 지위와 직급보다도 '조직에서 얼마나 가치 있는 일을 하는가'에 의미를 부여한다. 실제로 2015년 메리 미커의 '인터넷 동향 보고서'에 따르면 밀레니얼들에게 가장 중요한 것은 '높은 금전적 보상'이 아니라 '의미 있는 일'이었다. 2016년 한국경영자총협회 발표 자료에서도 1년 내 퇴사자의 퇴직 사유에 가장 큰 부분을 차지한 것은 '급여 및 복리후생(20.1%)'이 아니라 '조직 및 직무 실패(49.1%)'였다. 밀레니얼들은 일을 통해 자신이 인생에서 중요하게 생각하는 것을 실현하기를 원한다. 일을 통해 자신을 성장시키기를 바라며 그러한 욕구가 충족될 때 더 깊게 일에 헌신한다.

1.2.3. 밀레니얼들과 어떻게 소통해야 할까?

그렇다면 이러한 밀레니얼의 심리적 특성을 고려할 때 조직에서는 어떻게 이들과 소통해야 할까?

가장 중요한 소통법은 밀레니얼들의 자기중심성을 인정해 주는 것이다. 밀레니얼들의 자기중심성은 이기적인 것이 아니라, 조직을 건장하게 발전시키는 좋은 원료가 될 수 있다. 이들은 자신이 중요하게 생각하는 인생의 가치와 조직이 추구하는 가치가 같은 방향이라고 생각할 때 다른 세대 못지않게 조직에 헌신한다. 따라서 조직에서는 밀레니얼들이 의미 있는 일을 하고 있다는 느낌을 가질 수 있도록 환경을 조성해야 한다.

두번째로 조직은 밀레니얼들의 인정받고 싶은 욕구를 충족시켜 주어야 한다. 수직적인 조직, 느린 피드백, 칭찬이나 인정이 결여된 환경은 밀레니얼들의 업무 몰입도를 저해한다. 밀레니얼들과 소통하기 위해서는 일과 관련해 정확하고 전문적인 업무 피드백을 해 주어야 한다. 중간관리자의 리더십도 중요하다. 무턱대고 밀레니얼들에게 최종결과물을 만들라고 지시해서는 곤란하다. 이후 그 결과물을 가지고 상사에게 갔을 때 전혀 다른 방향이었음을 알게 되면 밀레니얼들은 자신의 시간과 노력이 존중받지 않았다고 느낄 수 있기 때문이다.

마지막으로 조직은 밀레니얼들이 선호하는 수평적인 의사소통을 확산시켜야 한다. 만일 상사라면 자신이 수직적인 사람인지, 수평적인 사람인지 간단하게 아는 한 가지

방법이 있다. 바로 같이 일하는 아래 직원의 근황을 자신이 잘 기억하는지 생각해보면 된다. 나의 생각이나 취향, 좋아하는 음식 등에 대해서는 아래 직원이 잘 아는데 나는 반대로 그렇지 않다면, 그동안 식사 시간이나 업무 중에 모든 대화가 수직적인 방식으로 오갔을 가능성이 크다. 수평적인 의사소통은 상대를 나와 동등한 존재로 존중하는지에 관한 의식의 문제로 결정된다. 회식에서도, 야유회에서도 상사의 이야기를 듣느라 고개를 끄덕이기만 한다면 누구든 그 시간을 좋아하지 않는 것이 당연하다.

소통은 그들의 언어를 이해해 그들에게 맞추는 것이다. 그러므로 밀레니얼들에게 맞는 소통을 하려면 업무 현장에서 그들의 존재를 존중하고 그들의 자기중심성을 이해해야 한다. 회사의 야유회는 이미 좋은 관계 속에 있는 사람들이 가서 친밀함을 확인하는 시간이지, 없던 친밀함을 새롭게 만드는 시간이 아니다. 그러므로 밀레니얼들과 소통을 하고 싶다면 현장에서 날마다 접촉하는 순간에 진정성을 담아 상대에게 닿으려고 노력하기를 권한다. 나와 다른 상대를 진심으로 이해하려 할 때 관계의 진정성이 생겨난다.

1.3 밀레니얼 리더십의 방향성306)

관리자로서 밀레니얼 세대를 이해하며, 성과까지 내려면 어떻게 해야 할까?

1.3.1 착한 리더는 NO, 신뢰감을 주는 리더는 YES

회식 자리에서 직원들의 불만을 듣고 싶어 하는 관리자, 그는 정말 배려 깊은 것일까? 밀레니얼 세대들은 가식적인 친절함보다 신뢰를 주며 진정성 있는 리더를 원한다. 실수를 했다면 은근 슬쩍 넘어가지 말고 솔직히 인정하라. 준비해온 계획이 무산되었다면, 앞뒤 상황과 타당한 이유를 말해서 납득할 수 있게 해주어라. 약속한 여름휴가는 꼭 보내주도록 하라.

평상시 구성원들을 인간적으로 대한다면, 그들은 따끔한 조언에 대해서도 받아들이게 된다. 오히려 관리자의 피드백을 통해 개선해야겠다는 생각을 한다. 팀(조직) 구성원들이 관리자를 신뢰하게 되면, 해당 조직은 업무생산성이 높아지고 안정감이 느껴진다. 그런 조직의 구성원들일수록 더 혁신적인 시도를 할 가능성이 높아질 수 있으니 진정성 있게 대해 주도록 하라.

306) 협업툴 플로우 공식 블로그(post.flow.team/leadership), 밀레니얼 세대-우리는 이런 관리자를 원한다, 2018.09.20.

1.3.2 일과 기회는 타당하게, 인정할건 쿨하게

"000가 뭘 잘 알겠어?" 라고 말하는 권위주의형 관리자들은 보통 회사 정보, 권한, 목표를 독점한다. 독단적인 명령 보다는 과정을 공유하여 구성원들의 역량을 강화시켜주는 게 좋다. 업무 권한을 위임하는 스케줄 관리를 통해 직원이 스스로 헤쳐 나갈 수 있도록 하라. 다만 권한 위임과 일을 떠넘기는 것의 차이를 알아야 한다. "00씨, 이거 0시까지 해서 000에게 전달해줘"라고 말하기 보다는 업무의 목적, 취지, 맥락 설명을 통해 타당성을 부여시켜야 한다.

피드백과 칭찬도 중요하다. 각자가 맡은 업무에 대한 가치를 느낄 수 있게 결과를 공유해 주도록 하라. 물론 개개인의 역량평가는 냉정해야 한다. 그래야만 구성원들이 각자의 역량을 최대치로 발휘할 수 있는 업무를 배분할 수 있다. 이런 선순환이 반복된다면, 개인의 만족도는 물론 회사도 동반성장하지 않을까?

1.3.3 4차 산업혁명 시대에 필요한 스마트 업무 환경의 조성

이제는 근면성보다 효율성을 따져야 한다. 글로벌 기업 S사조차 '자율출퇴근제도'를 운영하며 창조적 파괴(Creative destruction)[307]를 시도하고 있다. 생산성을 떨어뜨리는 불필요한 야근 문화, 이제는 IT 기술로 극복할 수 있다.

스마트 업무 환경, 막상 시도하게 되면 다른 세상의 이야기로 느껴질 수도 있다. 업무관리용 툴을 사용하는 것도 해결책이 될 수 있다. 예를 들어 협업툴 '플로우'에서는 업무과정을 공유하여 불필요한 회의, 결재 시간을 줄일 수 있다. 팀원들은 각자 맡은 업무들의 우선순위를 파악할 수 있어 업무생산성은 증가하게 된다. 밀레니얼 세대가 많은 팀의 관리자라면, 이러한 업무 환경을 조성하여 팀 전체의 생산성을 향상시켜 보기 바란다.

---

307) 창조적 파괴: 오스트리아의 경제학자 조지프 슘페터가 1912년 '경제발전론'에서 주장한 이론이다. 기술의 혁신으로 낡아진 것은 파괴하고, 새로운 것을 창조하여 변혁을 일으키는 과정을 말한다. 그는 기술의 혁신이 생산성을 향상시켜 생산비는 낮추고, 새로운 수요를 창조한다고 보았다.

02 BTS의 성장을 통해 살펴본 밀레니얼 세대와 경영[308)]

2.1 BTS의 놀라운 성장과 밀레니얼 세대

대형 기획사 출신이 아닌 아이돌그룹 BTS는 데뷔 후 불과 4년 만에 한국 시장을 넘어 글로벌 시장에서 가장 핫한 아티스트가 됐다. 이들의 성공 요인을 분석해 보면 최근 소비 및 경영의 핵심 주체로 부상하고 있는 밀레니얼 세대의 특성을 잘 파악했음을 알 수 있다. BTS는 데뷔 전부터 SNS를 통해 팬들과 소통에 나섰다. 또 밀레니얼 세대의 고민을 잘 반영한 노래 가사들을 직접 써서 팬들의 마음을 샀다. 멤버별로 확실한 역할을 정해주고 역할 중심의 리더십을 발휘할 수 있도록 해 팀워크를 극대화했다. 이런 특성들이 밀레니얼 세대에게 어필하면서 BTS는 자발적이고 수평적인 팬덤을 만들어냈다. 그것도 전 세계 곳곳에.

세계의 주목을 끌고 환호를 얻는 것은 모든 비즈니스 업계가 원하는 바가 아닌가? 단순한 매출 증대보다 강력한 로열티(Loyalty)를 갖는 브랜드를 육성하고자 많은 기업이 노력하고 있다. 그것을 언어와 문화의 장벽이 높은 산업에서, 큰 자본력도 없는 신생 엔터테인먼트 소속팀이 4년이라는 짧은 기간에 만들어낸 것이다.

BTS는 불과 4년 만에 유튜브 조회 수 25억 회 이상, 트위터 팔로어 1200만 명 이상, 역대 최다 음반판매량 등 전대미문의 기록을 달성하고 이 시간에도 새로운 기록들을 만들어내고 있다. 이 기록들은 BTS가 일방적으로 일군 성과가 아니다. 그래서 BTS 측 자신도 지금의 이 성공이 의도된 것도, 예측된 것도 아니라고 말하고 있다. 그럼 BTS 성공은 어디에서 비롯된 것인가. BTS를 들여다볼수록 보이는 것은 바로 다름 아닌 사람과 일하는 방식이었다. 이른바 밀레니얼 세대의 특성에 대한 근본적 이해와 그들의 공감대 형성 방식을 주목해야 한다.

그렇다면 밀레니얼 세대란 무엇일까. 1980년대 이후에 태어난 세대를 밀레니얼 세대로 통칭하는 경우도 있지만 명확하게는 1990년 이후의 출생자들이 밀레니얼 세대의 특성을 뚜렷이 보인다. 이들은 현재 전 세계적으로 25억 명 규모를 차지하고 있다. 2030년 즈음에는 전 세계 노동 인구의 85%를 차지할 것으로 예상된다. 그들은 이미 최고의 소비계층으로 주목받고 있다. 밀레니얼 세대는 제품·서비스 구매 시 기존

308) 길태민(2018), Issue Highlight : BTS와 밀레니얼 세대의 경영, DBR 246호, 2018년 4월 Issue 1.

의 브랜드 파워를 고려하는 비율이 10%에 불과하다. 구직 시 자신의 가치를 무엇보다 우선시하는 비중은 25%에 이르며 현재 회사 자체의 가치보다 자신의 커리어를 성장시켜줄 회사를 이상적으로 보는 비율은 52%에 달한다.

흔히들 소비자로서의 밀레니얼 세대를 어떻게 공략할까를 깊이 고민하는데, 그에 못지않게 고민의 한 축을 이루는 것은 조직의 일원으로서의 밀레니얼 세대를 어떻게 규정하고 그들과 어떻게 일해 갈 것인가이다. 그런 의미에서 밀레니얼 세대인 BTS 멤버들의 성장과 그들 팬의 상호관계는 의미 있는 시사점을 던져주고 있다.

2.2 조직에서의 밀레니얼 세대

과거 추격자 경제모델에서는 벤치마킹을 통한 목표 설정, 최단기간 목표를 달성하기 위한 상명하복식 일사불란한 조직 운영 방식이 성공의 핵심이었다. 이 과정에서는 통제 및 관리를 위한 시스템 경영이 주를 이뤘고, 누구라도 특정 포지션을 대체 가능할 수 있도록 해 조직의 영속성을 유지했다. 하지만 4차 산업혁명으로 시작된 융복합형 혁신 모델에서는 더 이상 이러한 조직 운영 방식이 작동하지 않을 것이다. 참여자인 조직원의 특성이 바뀌고 있기 때문이다. 먼저 BTS는 기존의 여타 아이돌 가수들과 다른 어떤 특징을 가지고 있는지, 그들의 태생, 즉 조직육성 방식을 살펴보면 크게 4가지 시사점을 찾아볼 수 있다.

2.2.1 공동의 비전, 최대의 자율권

밀레니얼 세대는 수직적 상명하복 문화에 강한 반감을 가지고 있다. 공유되고 공감되는 비전과 목표 하에서 자율적으로 업무를 추진할 때 더욱 열정적으로 반응한다. BTS의 소속사인 빅히트엔터테인먼트(Big Hit Entertainment)는 대형 기획사 3사(SM, YG, JYP)의 시장지배력이 막강하던 2010년대 초 설립됐다. 이들은 BTS가 연습생이던 시절부터 대형 3사와는 다르게 상대적으로 높은 자율성을 부여한 것으로 보인다. 밀레니얼 세대인 멤버들이 주도권을 가지고 모든 곡의 작사를 스스로 하도록 독려하고, 대부분의 프로듀싱에 멤버를 참여시켰다. 외출과 휴대폰을 금지하고 팬들과의 소통 역시 회사의 엄격한 관리를 통하게 하는 통제방식 대신 공식 프로듀싱 작업을 제외한 모든 개인 활동을 멤버 각자에게 위임하는 방식을 취한다.

그렇다고 이것이 자유방임, 방종으로 흐르는 것은 아니었다. 가장 핵심적으로 BTS 스스로의 아이덴티티를 함께 설정해 그들의 존재 목적을 확고히 공유하도록 한다. '10대부터 20대들이 사회적 편견과 억압을 받는 것을 막아내고 당당히 자신들의 음악과 가치를 지켜낸다'라는 스스로의 자기사명(Mission statement)을 공유한다. 그리고 SNS에 멤버들이 올리는 자체 콘텐츠도 노출, 욕설 금지 등 최소한의 제한 규정만을 설정하고 나머지는 알아서 할 수 있도록 한다. 회사에 프로듀싱, 퍼포먼스 측면에서 최고 수준의 전문성 있는 트레이닝팀이 있지만 이들은 육성하고 이끌지만 강제하지는 않았다. BTS는 자발적으로 멤버 개인이 프로듀싱한 노래를 무상으로 유튜브에 올리기도 하고, 자신들의 연습 장면, 일상생활을 여과 없이 올렸다. 그 분량이 실로 방대한데 팬들이 이를 찾아보면서 강력한 유대감을 형성한다. 이러한 방식은 절대로 회시 차원에서 기획, 관리한다고 될 수 있는 일이 아니다.

이즈음 생각나는 기업이 하나 있다. 넷플릭스(Netflix)다. 넷플릭스는 이제 100조의 기업 가치를 보유한 거인으로 성장했다. 1997년 설립된 넷플릭스는 2002년 상장 이후에도 구성원들에게 최대한의 자율성을 제공하는 문화를 유지하고 있다. CEO인 헤이스팅스(Hastings)는 'Freedom & Responsibility Culture'라는 조직운영 철학을 통해 최고의 인재를 고용 및 유지하고(High Performance), 이들에게 자율적 책임(Freedom & Responsibility)을 부여하는 조직 운영 방식을 지속하고 있다. 구성원들을 통제하는 것이 아니라 맥락을 이해시키는 것(Context, not Control)에 초점을 맞춘다. 하나부터 열까지 모든 것을 제도화하고 규정화하는 것이 아니라 스스로 책임질 수 있는 자율권을 최대한 부여한다. 더 많은 시간을 일하는 사람이 있는데 근무일 기준의 연차 제도가 불합리하지 않느냐는 질문을 받자 아예 연차제도를 없애 버린다. 세세하게 규정된 비용 규정이 없고, 스스로 판단하기에 꼭 필요한 경우에 집행하라는 비용집행 기준만 있을 뿐이다.

급변하는 비즈니스 환경 속에서 추적(Tracking)하고 통제(Control)하는 데서 나오는 복잡성(Complexity)이 회사의 경쟁력을 오히려 깎아내린다는 인식이다. 최고경영진은 상명하복 의사결정 방식이나 경영진 승인 등의 구성원을 통제하는 방식을 철저히 배격하고, 전략적 목적 및 배경, 전사 관점에서의 우선순위를 구성원에게 이해시키는 데 집중한다. 어딘가 BTS 멤버들의 성장과 닮아 있는 대목이다.

2.2.2 위험 감수(Risk taking)를 장려하는 심리적 안정감

BTS는 또한 기존 업계에서의 성공 방식에 반하는 새로운 접근을 다양하게 시도했다. 중독적인 멜로디 중심의 후크송을 위주로 한 싱글 앨범이 유행하던 시기에 돈과 시간이 많이 소요되는 서사형 정규 앨범을 출시한 것이나, 가벼운 가사가 유행하던 트렌드에 반해 멤버들이 직접 동시대가 겪는 아픔을 가사로 쓴다거나 하는 식이다. 아이돌의 사건·사고가 많이 발생해 SNS 노출을 자제하던 시기에 오히려 자신들의 일상과 고민을 최대한 공개하는 것 등 지속적으로 새롭고 도전적인 방식을 취한 것도 특징이다. 이 때문인지 그들은 정통 힙합 아티스트 및 다른 팬클럽 등으로부터의 강한 비판과 견제에 지속적으로 노출돼 왔다. 실제로 BTS는 이 과정에서 느낀 두려움과 불안감을 때로는 노래 가사로, 때로는 인터뷰를 통해 토로해 온 바 있다.

하지만 이들은 멤버 개개인을 서로 위로하고 격려하는 강한 팀워크와 결속력, 공동 운명체로서의 유대감을 통해 이를 극복해왔다. 서로의 아픔을 이해하고, 공감하고, 서로의 성장을 격려하고, 외부의 비판을 쿨하게 받아넘기며 지속적으로 유대감을 고취하는 과정(안타깝게도 이런 과정들을 몇 줄의 글로 표현하는 것은 불가능하다)을 거치면서 그들은 하나의 조직으로 단단해졌고 하나의 목표를 향한 강력한 추진력을 유지해 왔다. 연습생 기간을 포함해 7년여의 기간을 원팀(One team)으로 성장한 그들은 이제 빌보드 어워드 2017에서 소개됐듯이 'International Superstar'라는 표현이 모자랄 정도의 그룹으로 성장했다.

2013년 구글에서는 한 가지 흥미로운 연구를 진행했다. '프로젝트 아리스토텔레스(Project Aristotle)'라는 이름으로 진행된 이 연구는 구글 내부의 180개 팀을 분석해 팀 성과에 영향을 미치는 핵심 요인을 규명하는 것이 목적이었다. 2년여에 걸쳐 250여 개의 변수와 팀 성과 간의 상관관계를 분석한 결과 총 5가지의 핵심 요인이 도출됐다. 그중에서 가장 중요한 요인으로 나타난 것은 심리적 안정감(Psychological Safety)이다. 즉 팀원이 리스크 테이킹(Risk taking)을 하는 데 있어 실패할 경우 주변의 비난과 비판에 노출되는 심리적 불안감을 안 가져도 되고, 팀원 간에 서로의 취약점과 불안감을 허심탄회하게 터놓을 수 있는 팀 문화가 가장 중요하다는 것이다.

구글은 지속적으로 세상에 없는 서비스와 제품을 출시해 오고 있는 가장 혁신적인 기업이다. 주지하다시피 구글은 회사 설립 이후 '20% Rule'을 지속적으로 운영해 모든 구성원으로 하여금 자기 시간의 20% 를 스스로의 관심과 역량에 맞는 주제를 찾아 연구 개발하는 데 쓰도록 했다. 이 제도는 여러 가지 혁신적인 비즈니스를 만드는 데 큰 역할을 했다. 하지만 이는 거꾸로 모든 구성원에게 혁신의 피로감, 실패에 대한 불안감으로 다가왔다. 구글은 프로젝트 아리스토텔레스의 연구결과를 바탕으로 실패에 더욱 관대한 팀 운영 원칙 및 팀원의 불안감을 해소할 수 있는 회사 차원의 지원 정책을 강화하게 된다. 혁신을 위해서는 새로운 시도가 필요하고, 새로운 시도 과정에서는 수많은 실패가 따를 수밖에 없다는 점을 인정한 것이다. 실패를 해도 회사로부터, 팀으로부터 불이익을 당하지 않는다는 심리적 안정감이 자리 잡을 때 혁신적인 성과를 창출하는 팀이 만들어지는 것이다.

2.2.3 역할 중심의 리더십

BTS에는 7명의 멤버가 있다. 이들 중에 나이로는 세 번째인 랩몬스터(RM, 1994년생)가 BTS의 리더 역할을 맡고 있다. 그는 때로는 강하게, 때로는 스스로 망가지면서 수평적인 리더십을 발휘하기 위해 노력하는 것으로 보인다. 리더인 RM이 홀로 부각되는 것이 아니라 7명의 멤버가 각자의 개성에 맞게 주도적인 팀 내 역할을 수행하면서 분화된 역할별 리더십을 만들어 내고 있다. 프로듀싱에서는 슈가(1993년생), RM이 주도적인 역할을 수행하고, 퍼포먼스 안무 분야에서는 제이홉(1994년생)이 리더 역할을 맡는다. 실제 무대 퍼포먼스에서는 막내 라인인 지민(1995년생), 뷔(1995년생), 정국(1997년생)이 맨 앞에서 주도적인 역할을 수행한다. 이들 막내 라인은 SNS에 올리는 자체 제작 동영상에서도 가장 에너지 넘치고 재미있는 역할을 수행해 팬들과의 유대감을 형성하는 데 큰 역할을 담당한다. 가장 나이가 많은 진(1992년생)은 어린 동생들과 스스럼없이 지내며 팀 전체의 수평적인 문화를 형성하는 데 큰 역할을 한다.

BTS 전 멤버들은 '단점의 최소화' 관점보다 '장점의 극대화' 관점으로 각 멤버들의 개성과 역량을 최대한 활용하려고 한다. 실제로 인기도 특정 멤버들에게 쏠리지 않고 각자의 성향에 맞게 고르게 분포돼 있다. 원팀이지만 멤버 각자가 저마다의 색깔을 잘 살려내고 있는 것이다.

아마존의 제프 베이저스 역시 혁신적인 조직문화를 위해 노력했다. 이 때문에 그는 자포스(Zappos)의 조직운영 방식 및 조직문화에 큰 감명을 받아 인수를 단행하고, 아마존에 그 조직문화를 이식해 왔다. 자포스는 일반적인 조직 운영 체계인 사업부제·기능부제 방식과는 다른 제네럴 컴퍼니 서클(GCC·General Company Circle)이라는 방식으로 조직을 운영하고 있다. 사업부제·기능부제 조직이 소수의 리더에게 의사결정 권한이 편중돼 있다면 서클에서는 서클 구성원이 상호 협상을 통해 각 역할을 가장 잘 수행할 수 있는 구성원을 선정해 그에게 리더십을 부여한다. 즉 구성원들의 업무 방식을 규정하지 않고 롤 마켓플레이스(Role marketplace)를 통해 역할의 할당 및 조정이 구성원 자율적으로 이뤄지도록 한다. 구성원 1인당 보통 7~8개의 역할을 수행한다. 가치 있는 역할에 자신의 시간을 투자할 책임은 구성원 각자에게 있다. 특정 리더십을 보유한 구성원이 그 역할에 적합하지 않다고 판단될 경우, 다른 리더 구성원에게 리더십이 이양된다.

이렇게 자포스는 업무 리더십을 구성원 전원에게 나누어줌으로써 업무 전문성과 효율성의 극대화를 도모하고 있다. 상명하복식의 수직적 조직 운영 체계의 한계를 극복하고자 하는 새로운 시도가 이뤄지고 있는 것이다. 조직의 구성원 모두가 자신의 역량과 관심사에 부합하는 리더십 역할이 부여되고, 아무리 작은 일이라도 현장에서의 혁신을 주도하도록 유도하는 것이다. 연공서열형 리더십의 한계를 극복하는 일이 관건이다.

2.2.4 밀레니얼 세대를 위한 경영진의 역할

어떤 조직이든 그 조직의 성공과 실패에 대한 책임은 조직의 최고경영진이 질 수밖에 없다. 그렇다고 조직의 모든 사안에 대해 일일이 추적하고 통제하는 것은 가능하지도 않을뿐더러 바람직하지도 않다. 특히 그것이 밀레니얼 세대를 대상으로 할 때는 이미 한두 세대를 앞선 전 세대가 효과적인 판단을 적시에 내릴 가능성은 더 낮다. 설령 최고경영진이 판단하기에 의미 있는 방향을 제시한다 하더라도 이것이 통제와 관리의 방식으로 구성원들에게 강요된다면 밀레니얼 세대 구성원이 자기 주도적으로 혁신을 추구하고 리스크 테이킹을 할 리 만무하다. 대부분의 한국 대기업이나 중견기업에서 아직도 횡행하는 '윗사람 눈치 보기' '리스크를 감수하지 않는 보신주의' '서로 간에 견제하는 사내정치' 등은 결국에 최고경영진을 중심으로 하는 의사결정 방식으로부터 비롯되는 것이다.

조직 내 밀레니얼 세대가 열정적이고 주도적으로 일할 수 있도록 하는 조직문화 형성에 가장 핵심이 되는 것은 권위주의를 내려놓되 권위를 놓치지 않는 최고경영진의 역할이다. BTS를 지금의 위상으로 만들어 낸 데는 아무래도 빅히트엔터테인먼트의 수장인 방시혁 PD의 역할이 핵심적이었다. 신생 기획사였음에도 불구하고 방시혁 PD는 BTS 멤버들에게 한국 시장이 아닌 글로벌 시장을 지향한다는 점을 지속적으로 각인했다. 별다른 기반이 없었음에도 불구하고 데뷔 초반부터 일본, 유럽, 미주 등을 지속적으로 방문해 BTS를 노출하려는 노력을 기울였다. 모바일 시대로의 전환을 주목하고 지속적으로 SNS, 유튜브 등을 통해 팬들과 직접 소통하는 부분에 노력을 가한 것으로 보인다. 그러한 노력이 2~3년간 꾸준히 지속되자 서서히 글로벌 팬층이 반응을 보이기 시작했다.

회사의 재무적인 여력과 미래에 대한 불안감을 감내하는 것은 최고경영층의 책임이지만 이러한 과정을 이겨냈을 때의 성과는 더욱 눈부시다. 자율성에 기반한 육성으로 이제 BTS 멤버 각자의 역량이 한층 강화된 것은 더 큰 소득일 것이다. 명확한 가치와 목표를 제시하고, 자율성에 기반한 육성 지원을 하면서, 인내하고 기다릴 수 있는 것, 그리고 마침내 성과를 함께 나누는 것이야말로 밀레니얼 세대와 함께 일하는 최고경영진의 역할은 아닐까.

2.3 밀레니얼 세대와 함께 일하기

한국경제가 새로운 동력을 찾지 못하는 상황에서 밀레니얼 세대와 기성세대 간의 세대 갈등의 양상이 다방면에서 표출되고 있다. 그래서인지 BTS의 성공에 더욱 눈이 간다. 불과 4~5년의 단기간에 폭발적인 글로벌 팬덤을 만들어 낸 BTS의 성공은 말 그대로 전례를 찾기 힘들다. 더구나 언어와 문화라는 넘기 힘든 장벽이 존재하는 엔터테인먼트 업계에서 이룬 결과라서 더욱 놀라운 성과다. '보편적 동시대성'을 갖는 글로벌 가치를 지향하고, 최고의 품질 이상의 경험을 제공하며, 모바일 시대의 초연결성을 제대로 구현했다는 등 여러 가지 성공 요인이 여기저기서 분석되고 있지만 이 모든 BTS 현상은 역시 '사람'과 '일하는 방식'에서 비롯되는 것이다. 즉 재능 있는 밀레니얼 세대 멤버들과 이들의 재능을 최대한 발현할 수 있도록 조직을 운영하고 지원한 기성세대의 조직 육성 방식 사이의 협업에도 조명이 비쳐야 하는 것이다.

멤버들이 미래지향적인 꿈을 꿀 수 있게 하고, 최대한의 자율권을 가지고 과감한 리스크 테이킹을 통해 다양한 시도를 할 수 있게 지원을 하면서도, 불안감을 느끼지 않도록 심리적 안정감을 부여하며, 각자의 장점을 극대화할 수 있도록 유도한다면, 그러한 노력이 성과로 연결될 때까지 꾸준히 기다려주고 지원해줄 수 있는 경영진이 있다면 그 어떤 조직이라도 BTS처럼 상상하지 못한 성공을 일궈낼 수 있지 않을까? 우선 기성세대 인식의 전환이 그 모든 성공 스토리의 출발점이 될 것이다.

03 밀레니얼 세대 잡는 리더십[309)]

컨설팅 회사 딜로이트는 2016년에 29개국 7,700명의 밀레니얼 세대 젊은 직장인을 인터뷰해 보고서를 발간했다. 보고서 내용을 보면, 이들 중 25%는 1년 안에 직장을 옮길 계획이 있었고 2년 내에 이직할 계획이 있는 비율은 44%로 더 높았다.

평생직장이란 개념이 완전히 사라지고 있다. 처음 취업했던 회사에서 은퇴를 생각했던 세대들에게는 이렇게 '항상 떠날 준비'를 하고 직장 생활을 하는 후배들이 생소하고 이해가 되지 않을 수 있다. 그렇다고 이들에게 서운한 감정을 갖고 원망만 할 수는 없다. 이끌어야 할 대상의 가치가 변했다면 이끄는 방법을 바꾸어야 성공한 리더가 될 수 있기 때문이다. 젊은 직장인을 열광하게 하는 가장 중요한 것은 무엇일까.

첫째 다름을 인정하는 것이 스마트한 리더십의 시작임을 잊지 말자. 불필요한 갈등이 시작되는 이유 중의 하나가 자신이 가진 기대치를 상대에게 일방적으로 요구하려 하기 때문이다. '나는 저 나이에 이렇게 했는데 저 친구들은 왜 이럴까?' 하는 생각에서 벗어나 '이 친구들은 나와 완전히 다른 사람들이야'라고 다름을 쿨하게 인정해 보자. 이제까지 보이지 않았던 그들의 장점과 가능성이 보이기 시작할 것이다.

309) 정동일(2017.04), "氣를 살려주세요" 떠나려는 부하 직원 잡을 비법, 조선비즈, 2017.04.15.

둘째 리더십을 자신의 관점에서만 보고 있지는 않은지 고민할 필요가 있다. '멀티플라이어'란 책[310]에 다음과 같은 내용이 나온다. "사람들은 영국 수상인 윌리엄 글래드스턴을 만나면 누구나 '수상이 세상에서 가장 똑똑한 사람'이라는 생각을 가지고 돌아갔다. 하지만 그의 경쟁자인 벤저민 디즈레일리를 만나면 사람들은 '내가 세상에서 가장 똑똑한 사람'이란 생각을 하며 방을 나섰다." 후배들은 어떤 상사와 같이 일하길 원할까. 벤저민 디즈레일리처럼 나에게 확신을 주고 나를 돋보이게 해주는 상사와 일하고 싶다는 생각을 할 것이다.

셋째 모두 성장시키겠다는 생각을 버려야 한다. 직원 육성에 실패하는 가장 큰 이유는 모두를 다 키워야 한다고 생각하기 때문이다. 공정해야 한다는 생각에 사로잡혀 시간과 관심을 골고루 나눠주다 보면, 정작 관심을 쏟아야 할 사람에게 충분한 도움을 주지 못할 수 있다. 따라서 지금 A급은 아니지만 나의 관심과 격려가 있으면 A급으로 성장할 잠재적 가능성이 큰 직원에게 초점을 맞춰야 한다.

넷째 내게 없는 장점을 가진 직원들 위주로 성장시키자. 대부분의 리더는 자신과 비슷한 유형의 직원을 키우고 싶어 한다. 그들에게서 자신의 옛 모습을 발견하고 친근함과 편안함을 느끼기 때문이다. 하지만 이런 유형은 인간적으로 정이 갈지는 몰라도, 업무적으로 더 좋은 성과를 만드는 데 도움이 되지 않을 수 있다. 나의 단점을 보완해줄 사람을 영입한다는 마음으로 실천해보자. 예컨대 스스로 '나는 전체적인 방향 설정은 잘하는 것 같은데, 디테일을 챙기는 게 좀 부족해'라는 생각이 든다면, 내가

310) 저자인 리즈 와이즈먼과 그렉 맥커운이 수많은 리더들과의 인터뷰를 통해 훌륭한 리더인 멀티플라이어(Multiplier)와 이와 반대 개념인 독불장군식 리더 디미니셔(Diminisher)를 정의화 하였다. 멀티플라이어의 5가지 특징과 이에 반대되는 디미니셔의 특징을 간결하면서도 쉽게 설명해준다. 대부분의 리더십 책이 그러하듯이, 이 책의 저자들도 멀티플라이어는 어떻게 리더십을 발휘하는지, 그리고 평범한 사람들도 어떻게 하면 멀티플라이어가 될 수 있는지에 대해 매우 실질적이고 구체적인 방법을 쉽게 설명해주고 있다. 멀티플라이어가 되기 위해서는 5가지의 특징을 갖추어야 한다. ▲재능자석: 인재를 끌어들이고 최대한 활용한다. ▲해방자: 최고의 생각을 요구하는 열성적인 분위기를 만든다. ▲도전자: 도전의 영역을 넓힌다. ▲토론주최자: 토론을 통해 결정한다. ▲투자자: 주인의식과 책임감을 심어준다. 멀티플라이어의 반대 개념인 디미니셔는 위의 5가지 특성에 반대되는 5가지의 특징을 가지고 있다. ▲제국건설자 ▲독재자 ▲전지전능자 ▲결정자 ▲간섭자. 한편 이 책에서 멀티플라이어는 함께 일하는 사람들이 충분한 재능이 있다고 믿고, 이를 찾아서 발견하여 인지할 뿐만 아니라 이를 그 사람에게도 인정시킨다. 또한 멀티플라이어는 모든 사람들이 보다 자유롭고 편안하게 자신들의 의견을 표출하는 환경을 만들고, 사람들이 더 높고 더 힘든 목표를 향해 도전하도록 고무시키는 역할을 하는 리더이다. 게다가 모든 결정을 자신만이 독식하거나 일부 몇몇 사람들과의 논의를 통해 비밀스럽게 결정하고 공표하는 것이 아니라 개방적인 토론을 통해 모든 사람들의 의견을 수렴하여 결정하는 것을 선호하는 리더이며, 다른 사람들에게 일에 대한 소유권을 과감히 부여하여 그 일에 대한 책임까지도 감당하게 하며 자신은 간섭하고 싶은 욕망을 참고 오로지 코치로서의 역할을 감당하는 리더이다. 이와 관련하여 이정일(2012), 멀티플라이어(MULTIPLIER): 내가 천재가 되기보다 남을 천재로 만드는 리더, Happy Company Happy Community, 2012.12.23. 리즈 와이즈먼, 그렉 맥커운(2012), 멀티플라이어, 출판사 한국경제신문사, 2012.06.08. 참조.

성장시켜야 할 직원은 디테일을 꼼꼼하게 챙기는 유형이다.

다섯째 잔소리가 아닌 코칭과 질문, 그리고 높은 목표 설정을 통해 성장시키는 것이다. 직원을 잘 키우는 리더를 관찰해보면 잘못된 행동을 지적하고 잔소리로 가르치려 드는 게 아니라, 높은 목표를 정해주고 질문을 통해 스스로 깨우치게 하려는 경우가 많다. 글로벌 기업의 대부분이 핵심 인재의 리더십 개발을 위해 코칭을 가장 중요한 수단으로 활용하고 있다. '지금 이 업무 방식보다 더 효율적인 방법이 없을까?'와 같은 질문을 수시로 던져보는 것도 아끼는 후배를 위한 좋은 자극이 된다.

04 마무리

지금까지의 논의가 향후 미래 세대를 책임질 밀레니얼들의 자발적 헌신과 몰입을 이끌어낼 수 있는 리더십에 관해, 더 나아가 그들이 바람직한 리더로 성장할 수 있도록 어떻게 지도하고 가르칠 것인지 등에 관해 각자의 위치에서 효과적인 답(실제로 답이 있는 것은 아니지만)을 찾는데 도움이 됐으면 한다.

Chapter

15 효과적인 리더십의 발휘

01 리더십은 딜레마의 경영이고 모호함을 용인하는 것

리더십에 대한 다양한 주장들 가운데는 특정한 효과나 장점을 지나치게 부각시켜 마치 반대 입장이 틀린 것처럼 호도하는 경우가 있다. 그러나 리더십은 본질적으로 딜레마의 경영이고 모호함을 용인하는 것이다. 정반대의 것이 공존할 수 있음을 이해하고, 모순을 회피하지 않고 대처할 때 좋은 리더가 될 수 있다.

이런저런 행동의 효과에 초점을 맞추는 리더십 주장들은 조금만 더 깊이 생각해보면 반대 논리도 성립하는 경우가 많다. 예컨대 스피드 경영이 중요하므로 리더는 빠르게 결정하고 실행에 옮겨야 한다는 주장은 리더십의 대가 스티븐 코비 박사가 '리더는 급하지 않고 중요한 것을 챙겨야 하며 중요한 것일수록 급하게 해서는 안 될 것들이 많다'고 말한 내용과 상충되어 보인다.

리더십 패러독스를 연구한 리처드 파슨은 리더십에 대해 본질적으로 딜레마의 경영이고 모호함을 용인하는 것이라고 말한다. 분권화와 통합, 속도와 신중 등 개념적으로 병립하기 어려운 모순에 현명하게 대처해야 하고, 나아가 정반대의 것이 공존함을 이해해야 한다는 것이다. 비논리적으로 들릴 수 있지만 조직과 사업의 현실에서는 정반대의 것이 서로 밀접한 관계가 있는 경우가 많다. 가령 냉동가공식품의 발전은 인스턴트식품의 발전을 가능하게 함과 동시에 신선한 재료, 유기농법, 요리사에 대한 새로운 존경과 같은 예상치 못했던 정반대의 현상도 가져왔다. 이처럼 극과 극은 서로 통하며 정반대의 것은 공존할 뿐만 아니라 서로를 개선시키기도 한다.[311]

이것을 효과적인 리더십의 발휘라는 측면에서 비유적으로 언급해 본다면, 결국 리더의 행위는 가령 엄마(엄마 이외에 가족 구성원 중 누가 담당하든 상관없음)가 가족 구성원의 건강을 위해 밥상을 잘 차려 놓고 각자 자신에게 맞는 음식을 선택해 섭취하도록 이끌어주는 행위와 유사하지 않나 싶다. 밥상을 잘 차리기 위해서는 우선 가족 구성원들이 각자 본인의 맡은 바 소임을 잘 수행해 나가야 함은 물론이다. 그 다음에 엄마는 가족 구성원의 체질과 건강상태를 고려하여 유용한 음식으로 밥상을 잘 차려놓아야 하는데, 이때 중요한 것은 엄마가 개별 음식에 대한 기본적 지식을 습득하고 있을 때 효과적인 상차림이 가능해진다는 것이다. 우리가 리더십을 바라보는 입장도 이와 유사하지 않나 싶다. 효과적인 리더십의 발휘를 위해 다양한 리더십 이론과 사례 부문을 살펴본다는 것은 마치 해당 조직의 구성원들에게 최선의 상차림을 마

311) 이상의 내용은 강진구(2014), op. cit. 참조.

련해주기 위한 리더의 당연한 의무가 아닌가 싶다. 이후 리더로서 남은 과제는 다양하고 복잡한, 그리고 모순되기도 하면서 중첩된 수많은 리더십 이론들을 바탕으로 자신의 조직에 맞는 리더십 스타일을 스스로 정립(상황변화에 따른 리더십 스타일의 변화는 언제든지 가능하며 또한 필요한 사항임)하고 실천해 나감으로써 설정한 목표를 달성하여 조직에 기여하는 것이다.

02 위기 극복을 위한 리더像

2.1 일반적 접근[312)]

요즘 나라나 기업이 위기에 처해있다는 목소리들이 높다. 미·중 간 치열한 무역 전쟁이 끝날 기미를 보이지 않고, 정치집단의 정쟁은 최고조에 달하고 있기 때문일 것이다. 하지만 역사적으로 볼 때 사회나 기업이 위기에 처하지 않은 적은 별로 없다. 그런 위기를 얼마나 잘 극복해내느냐가 더 중요하다.

그렇다면 위기 극복의 주체는 누구인가? 그것은 두말할 것도 없이 국가나 각종 기업 및 가정의 리더들이다. 리더가 발휘하는 리더십에 따라 위기는 극복될 수도 있고, 조직이 아예 나락으로 떨어질 수도 있다. 위기 극복의 리더십은 어떻게 발휘되어야 하는가?

첫번째는 정확한 상황분석에 의거 올바른 비전을 제시하는 것이다. 이것은 조직이 생존을 위해 반드시 도달해야 할 앞날의 상황을 보여주는 것이다. 조직 구성원들은 제시된 비전이 신뢰할 만한 것이라고 판단되면 자신을 변화시켜 나가게 된다. 따라서 비전은 조직의 미래를 보장함과 동시에 구성원들이 공감할 수 있는 것이어야 한다. 만약 그 비전이 리더 자신이나 소수 집단만을 위한 편협한 것으로 인식된다면, 조직 내 공감은 사라지고 갈등만 키우게 된다.

두번째는 조직의 여건이나 상황에 부합하는 긴장감을 조성해야 한다. 읍참마속(泣斬馬謖)의 본보기는 반드시 필요하다. 조직은 저절로 변화의 장애물을 통과하고 성과

312) 안상윤(2019), 위기 극복의 리더십, 충청일보, 2019.06.17.

를 성취하는 것이 결코 아니다. 이것을 위해서는 사실에 입각한 적절한 긴장감 내지는 위기감을 조성해야 한다. 그러나 이 긴장감이 습관적이거나 너무 조작적이어서는 안 된다. 드러나게 조작된 위기감은 다음 기회를 상실하게 만든다.

세번째로 리더는 늘 변화의 표상이 되어야 한다. 현대인은 변화 그 자체에 습관화되어 있다. 모든 사람들이 '변화만이 살길'이라는 말은 너무 잘 안다. 의상에서부터 말투까지, 그리고 일하는 방식도 변화시키려고 노력한다. 그러나 위기극복을 위해서는 보이는 것이 아니라 보이지 않는 것을 변화시켜야 한다. 즉 리더는 구성원들의 마음을 움직일 수 있는 변화를 추구해내야 한다는 뜻이다. 리더가 구성원들이 기대하는 표상이 되지 못한다면 구성원들의 마음과 행동은 잘 바뀌지 않는다.

네번째로 리더는 어떤 경우에도 제시한 비전에 대한 확고한 신념을 지니고 있어야 한다. 그것은 비전이 옳다는 것과 반드시 달성할 수 있다는 두 가지 차원의 신념이다. 리더 스스로 비전에 대하여 의심을 갖게 되면 그 비전은 순식간에 무너진다. 때문에 비전의 수립 시부터 철저한 고민과 토의가 이루어져야 한다. 또한 아무리 어려운 비전이라도 달성할 수 있다는 가능성을 부여해야 한다. 그렇지 않으면 구성원들은 비전을 한낱 상상의 목표로만 치부하고 만다.

마지막으로 리더는 목표달성을 위한 조직력을 강화시켜야 한다. 리더가 개인적으로 아무리 뛰어나다고 할지라도 목표를 달성하기 위하여 구성원들의 힘을 결집시키지 못하면 결국 실패한다. 조직력이 있어야 어떤 어려운 상황이 닥쳐와도 효율적으로 돌파할 수 있다. 조직력을 만들어내지 못하는 리더는 주어진 시간동안 허둥대기만 하다가 조직을 결딴내고 말 것이다.

2.2 경영자들의 접근313)

2019년 글로벌 경제상황이 예사롭지 않다. 하지만 경제전망이 어둡다고 걱정만 할 수는 없는 법. 우리가 겪은 과거의 위기에서 경제적 불확실성에 대한 해답을 찾을 수 없을까? 라는 생각에 시계를 10년 전 일어난 금융위기로 되돌려 보았다. 2009년 7월, 매킨지(Mckinsey)는 금융위기를 성공적으로 극복해가고 있는 P&G의 앨런 래플리, 3M의 조지 버클리 등 14명의 세계적인 최고경영자(CEO)를 인터뷰하고, 위기 극복에 가장 중요한 것이 무엇인지 찾아보는 보고서를 발간했다.

14명의 CEO들이 이구동성으로 외친 경제위기 상황에서 리더의 가장 중요한 역할이 무엇이었을까?. 그것은 바로 '위기가 찾아왔다는 사실을 인정하고 이를 받아들여야 한다'는 것이었다. 다소 진부하고 실망스러운 이야기를 가장 먼저 강조한 이유는 대부

313) 정동일(2019.03.), [정동일의혁신리더십] 세계적 CEO의 경제위기 극복 노하우, 세계일보, 2019.03.18.

분의 리더들이 위기가 찾아오면 이를 인정하고 적극적으로 대응하려 하기보다 '부정' 하려는 경향이 강하기 때문이다. 위기가 감지되고 여기저기서 이를 뒷받침하는 경영 지표나 통계가 나오더라도 '아이쿠, 큰일 났구나. 단단히 대비해야되겠군'이라고 생각하기보다 '뭔가 잘못된 것임이 분명해'라고 생각하며 이를 뒷받침하는 통계를 찾거나 이러한 판단을 지지하는 사람의 이야기에 더 귀를 기울이게 된다는 것이다.

사람은 누구나 자신에게 닥친 부정적 상황을 부정하고 싶은 본능이 강하다. 이를 행동경제학자인 아모스 트버스키와 대니얼 카너먼은 '손실회피경향(loss aversion)'이라고 불렀다. 이들은 다양한 실험을 통해서 사람들이 손실을 회피하려는 경향이 이익을 추구하려는 욕구보다 적어도 2배 이상 크다는 사실을 밝혀냈다. 강한 손실회피경향이 경제적 위기에 대해 '현실 부정'이라는 반응을 불러일으키는 것이다.

하지만 한 조직을 이끌어가는 리더라면 개인의 주관적 판단과 '감'에 의존하거나 왜곡된 통계와 지표를 바탕으로 리더가 듣기 원하는 말만 나열하는 부하들로부터 벗어나야 할 의무와 책임이 존재한다.

14명의 세계적인 경영자들이 위기 극복의 리더십에서 가장 중요하다고 강조한 '현실 직시'가 그 어느 때보다 필요한 시점이다. 열린 마음으로 경청하고 다양한 데이터를 객관적으로 바라볼 때 비로소 위기 대응에 대한 현실적인 전략 수립이 가능하다. 불확실성이 점점 커져가는 현재의 상황이 왜 위험한지를 명쾌하게 이야기한 피터 드러커의 지혜를 가슴에 품고 조직을 이끌어야 할 시기이다. "혼란한 시기가 위험한 시기이기는 하지만, 그런 시기에 가장 위험한 것은 현실을 부인하고 싶은 유혹이다."

03 시대 변화에 맞는 리더십의 발휘

3.1 잡노마드 시대와 리더십[314)]

최근 신문 기사에 따르면, 직장인 1322명을 대상으로 '연차별 이직 경험'에 대한 설문조사를 했는데 10년차 직장인이 평균 4회 이직 경험이 있으며, 특히 경력 1년차

314) 정동일(2019.06.), [정동일의혁신리더십] 잡노마드 시대와 리더의 위기, 세계일보, 2019.06.07.

직장인 중에도 '이직 경험이 있다'는 응답자가 무려 64.7%였다는 결과였다. 대졸 신입사원 1년 내 퇴사율이 28%란 또 다른 통계도 존재한다. 이직의 가장 중요한 이유로 '낮은 연봉'과 '상사에 대한 불만과 불화'가 꼽혔다고 한다.

요즘 젊은 직장인은 선배들처럼 처음 입사한 기업에서 은퇴를 꿈꾸며 일하는 세대가 아니다. 이들은 조금이라도 더 나은 환경을 찾아서 이직을 두려워하지 않는 세대이다. 그래서 학자들은 이들을 '잡노마드족'이라 부른다. 가축을 키우기 좋은 곳을 찾아 유목민이 이리저리 떠돌 듯 좋은 직업을 따라 유랑하는 유목민 같기 때문이다. 어떤 구직업체가 20~30대 성인 남녀 848명을 대상으로 실시한 설문조사에서 잡노마드에 관한 인식을 묻자 68.6%가 긍정적이라고 대답했으며, 43.6%가 스스로 잡노마드족이라 생각한다고 답했다.

장기적인 계획을 수립하고 이를 실행해야 하는 리더에게 어떤 직원이 언제 그만둘지 모르는 이런 상황은 악몽과도 같을 것이다. 그리고 젊은 직원의 높은 이직률은 기업에 점점 감당하기 힘든 미래의 가장 큰 비용이 될 것이다. 그래서 잡노마드 시대는 기업과 리더에게 이제까지 경험하지 못한 큰 위기가 될 수도 있다. 과연 우리는 잡노마드 시대를 맞이할 준비가 돼 있는가.

낮은 연봉으로 인한 이직은 회사의 이런저런 사정으로 어쩔 수 없다 하더라도 자유롭게 참여하고 자신의 잠재력을 조금이라도 발휘할 기회가 주어지는 문화가 있다면 잡노마드란 시대적 흐름에 조금은 효과적으로 대처할 수 있게 되지 않을까. 지시와 명령으로 일하는 것이 아니라 일에 대한 의미를 공유하고 자율적이고 수평적으로 일하는 문화를 만들어 간다면 지금 몸담은 회사를 떠난다는 것이 아쉬워지지 않을까.

무엇보다 요즘 젊은 직장인은 일과 삶의 균형을 중요하게 생각한다. 지금 일부 대기업에서 시도하는 주 4일 근무제는 직원의 '워라밸'을 높이기 위한 효과적인 방법일 것이다. 주 4일 근무제는 대기업뿐만 아니라 에듀윌, 배달의 민족 등 중기업도 조금씩 실천하는 추세이고, 2010년부터 이를 시행하고 있는 에네스티란 화장품 제조 기업은 이후 매출이 20%가량 높아졌다고 한다. 주 4일 근무가 부담스럽다면 징검다리 연휴 공동연차와 같이 비교적 적은 비용으로 실천 가능한 방법을 하나씩 찾아내 구성원에게 '우리 회사는 직원의 워라밸을 위해 지속적인 노력을 하고 있다'는 확신과 진정성을 심어주는 것은 어떨까.

잡노마드 시대에는 긍정적이고 수평적인 조직문화를 구축하는 것이 경쟁우위를 창출하는 데 가장 효과적인 방법이 될 수 있다는 사실을 잊지 말아야 한다.

3.2 예측하기 어려운 경영환경의 변화와 리더십[315)]

기업 경영에 있어 변동성이 커진 이유는 기업의 경계가 허물어져 변화가 전혀 예상하지 못했던 곳에서 시작되고 얼마나 지속될지 모르기 때문이다. 변동성이 커지다 보니 당연히 불확실성이 높아질 수밖에 없다. 과거처럼 수립한 계획과 전략이 어긋나는 경우가 많이 생기고, 그래서 지속적으로 상황을 관찰하고 전략을 수정해 실행하는 노력이 필요하니 긴장을 한시라도 놓을 수 없게 된다. 전략을 수립하고 실행하는 과정에서 고려해야 할 요소가 훨씬 더 많아지고 과거와는 비교가 안 될 정도로 복잡성이 높아져서 전혀 예상치 못했던 곳에서 또 다른 문제가 발생하기도 한다. 도대체 우리가 직면한 문제가 어떤 이유로 발생했으며, 해결책이 무엇인지도 가늠이 안 되는 애매모호한 상황이 지속된다는 느낌을 지울 수 없다.

그렇다면 이런 경영환경 하에서 조직을 좀 더 스마트하고 전략적으로 이끌어가려면 어떻게 해야 할까.

첫째 변동성에 대응하는 가장 효과적인 방법은 빠른 의사결정과 이를 뒷받침할 수 있는 강한 실행력이다. 한 글로벌 컨설팅회사의 조사에 따르면, 의사결정 효율성이 높은 기업은 그렇지 못한 기업보다 매년 5% 성장률이 높았다고 한다.

둘째 불확실성에 효과적으로 대응하려면 실험중심의 문화가 정착돼 새로운 시도를 지속적으로 하려는 노력이 필요하다. 그리고 시장과 고객에 대한 데이터를 수집해 경영계획에 실시간 반영하는 것도 효과적인 방법이다.

셋째 복잡성에 대처할 수 있는 가장 바람직한 방법은 역설적으로 단순함이라 생각한다. 단순함은 장기적으로 복잡성을 이길 수밖에 없다. 따라서 조직 운영에 단순함을 극대화하기 위해 제거 가능한 모든 것을 없애 나간다는 기본철학을 실천해 보라.

넷째 애매모호성에 대한 가장 효과적인 대응방법은 전략적 사고라 생각한다. 뭐가 뭔지 잘 모를 때는 단기적인 대응보다 치열하게 본질에 대해 고민하고 큰 그림 속에서 어떻게 장기적인 성장을 도모할 수 있는지에 대한 선택과 집중이 무엇보다 중요해진다.

VUCA[316)]로 표현되는 지금의 경영환경은 기업을 이끌어가는 리더에게 많은 변화를 요구하고 있다. 하지만 과거와 비교할 수 없는 엄청난 성공의 기회도 동시에 제공하고 있다. 그래서 VUCA에 대한 치열한 고민은 지금 기업을 이끌어가고 있는 많은 리더에게 혁신의 출발점이자 전략적 사고의 원동력이 될 수도 있다는 사실을 잊지 말자.

---

315) 정동일(2019.05.), [정동일의혁신리더십] VUCA 시대와 전략적 사고, 세계일보, 2019.05.23.

316) VUCA란 기업을 둘러싼 경영환경이 얼마나 변동성이 크고(Volatile), 불확실하며(Uncertain), 복잡하고(Complex), 애매모호한지(Ambiguous)를 나타내는 단어의 앞글자만 따서 만든 표현이다.

04 리더십의 맹점[317)]

4.1 리더의 맹점은 이상한 것이 아니다

로버트 브러스 셔(Robert Bruce Shaw)는 리더 스스로 자신의 성공을 침식할 가능성이 있는 위협이나 약점을 인식하지 못하는 상황을 맹점이라 표현하고 있다. 맹점의 정의와 관련하여 그는 서로 관련된 두 가지 개념을 제시하고 있다.

첫째 소위 예측 불가능하고 통제 불능이며 드물게 나타나는 도저히 일어날 것 같지 않은 일이 일어나는 것의 결과로, 리더의 능력 밖에서 발생하는 일들이다. 리더가 이에 대비하는 최선의 방법은 상황을 피할 수 있는 다양한 경우를 모두 고려해 대처 방안을 미리 생각하는 것이다. 그렇지만 이는 불가항력적인 부분이기도 하다. 이에 반해 맹점은 흔히 나타나지만 사전에 인지할 수 있는 가능성이 있다는 점에서 이러한 상황과는 다르다. 맹점은 인지할 수 있고 대책이 가능하다.

둘째 실수는 때때로 상황을 인지하지 못해서 생긴다. 즉 주변 환경이 약점이나 위험을 거의 인지하지 못하게 만드는 것이다. 이런 상황은 첫째 상황만큼 심각하지는 않지만 리더의 인식을 차단하기도 한다. 리더가 직면한 사건을 정확하게 판단하려면, 시간이 흐르면서 전개되는 새로운 데이터를 인식해야 한다.

로버트 브러스 셔는 리더십의 맹점이란 논의을 통해 위의 두 가지 상황을 다루기보다는 리더의 非이론적 실수를 조사하고자 하는데 있다고 말한다. 즉 지도자들이 그들 앞에 무엇이 와 있는지 보지 못할 때 피해를 야기할 가능성이 있는 것들이다. 이런 종류의 맹점 중 가장 눈에 띄는 것은 일반적으로 자신의 행동이 다른 사람에게 끼치는 영향에 대해 인지하지 못하는 것이다. 이는 자기 팀원에게 전권을 주는 것이 효율적이라고 믿으면서도 중요한 결정은 직접 내리는 형태로 나타난다. 그러면 팀원은 자연히 리더가 원하는 것을 따라 하게 될 뿐이다. 현실에서 리더는 모든 업무 처리 권한을 팀원들에게 위임하는 것처럼 행동하면서, 실제 결정은 자신이 내리는 이중적인 행동을 하고 있는 것이다. 리더는 분명 팀원들을 당황하게 만들면서도 전혀 인지하지 못하고 있다.

맹점은 자기 자신이나 자신의 행동을 정확하게 바라보지 못하는 경우뿐만 아니라 팀이나 조직 또는 시장을 바라보는 방법에서도 분명히 나타난다. 예를 들어 어떤 리

317) Robert Bruce Shaw(2015)), 리더십의 맹점(Leadership Blindspots), 토마스 안·벨라 정 옮김, 앰버리트, 2015.05.15.

더는 특정 팀의 직원들을 실제보다 더 능력 있는 사람으로 보거나, 다른 사람의 확인되지 않은 능력을 파악하지 못해 아예 폭 넓은 역할을 할 수 있는 기회조차 주지 않는다. 또 다른 리더는 그들의 조직에 대해 잘못된 견해를 품고 있다. 경영진 이사 중 한 사람은 회사의 조직 개편이 지속적으로 발전한다고 믿고 있다. 그러나 사내 장기 근무자들 중 일부는 새로운 계획에 저항하면서 자신들은 경영진과 입장이 다르다고 생각하고 새로운 시도를 성공시키는 데 필요한 지원도 꺼리고 있는 사실을 그는 알지 못하고 있다.

이처럼 맹점은 다양한 분야에서 나타난다. 즉 '당신은 자신에 대해 어떻게 생각하는가? 타인에 대한 영향을 어떻게 바라보는가? 당신이 경쟁하는 산업체와 시장에서 회사에 끼치는 힘을 어떻게 바라보는가?' 등의 질문에 관하여 현명한 리더는 위의 여러 가지 종류 중 한 가지의 맹점은 가지고 있을 수 있다는 것을 알고 있는 사람이다.

4.2 좋은 판단은 나쁜 판단 위에서 이루어진다

사람은 누구나 경험과 실수의 결과에서 성공을 배운다. 사람은 자신이 내린 선택의 결과를 교훈 삼아 살아가면서 더 좋은 판단을 내릴 수 있게 된다. 그리고 다른 리더의 모습을 지켜보면서, 그들이 결정하는 과정에서 교훈을 찾을 수도 있을 것이다. 하지만 완전한 진실은 경험이 절대 만병통치약은 아니라는 것이다. 사람은 똑같은 실수를 다시는 저지르지 않을 수 있고, 경력이 쌓이면서 실수가 줄어들 가능성이 크다. 하지만 실수를 아예 저지르지 않을 수는 없다. 사람이라면 실수는 하게 마련이다. 능력이 아주 뛰어나고 맡은 일에 준비가 잘된 지도자라 할지라도, 일을 하면서 계속 배워나가고 상황은 언제나 변화무쌍할 것이며 그 속에서 예측조차 힘든 복잡하고 어려운 상황을 만나게 된다. 이럴 때 실수하면 본인은 승진 기회에 치명적 대가를 지불하게 될 것이다.

실수는 여러 가지 이유로 발생한다. 어떤 경우는 리더가 이용할 수 있는 정보가 불완전하거나 잘못됐을 수도 있고, 또 다른 경우는 회사가 활발히 움직이는 동안에도 영업적 분석이 최선의 추진 전략에서 충분하지 못할 수도 있다. 또 리더의 선택이 잘못된 경우도 있다. 모든 투자가 다 성공하는 건 아니다. 하지만 여기서 중요한 점은 합리적인 실수는 범하지 말아야 한다는 것이다. 즉 사건 발생 전에는 몇 사람만이 말하지만, 사건이 발생한 후(리더의 결정이 있은 후)에는 많은 사람이 한결같이 말하는 종류의 일반적 실수를 저질러서는 안 된다는 것이다.

4.3 리더십 맹점의 아이러니

첫째 리더십의 장점은 대체로 맹점과 가까운 곳에서 발견된다. 예를 들어 대단히 정열적인 리더는 반대 견해를 철저히 무시하면서 자기 확신과 계획에 어울리지 않는 정보는 받아들이지 않으며 자기 견해만 확신한다. 그렇다면 분석 능력이 탁월하고 다른 사람에게 영향을 주는 경영 리더의 경우는 어떠한가? 이런 경우에는 리더의 고도로 발전된 분석 기술이 그로 하여금 물러서지 못하게 만들고 팀원들에게 동기를 부여할 명확한 메시지를 내놓지 못하게 한다는 것이 문제가 된다. 아니, 그럴 필요조차 느끼지 못할 것이다. 왜냐하면 사업 추진에 있어 자신의 분석적 해결을 최우선으로 생각하는 믿음 때문이다.

둘째 리더가 자신의 맹점의 특성을 일찍 발견할 수 있지만, 나중에 리더에게 그 맹점이 다시 나타날 수도 있다. 다시 말해 맹점을 인식한다는 것이 결코 맹점이 사라진다는 의미는 아니다. 리더 스스로 강점이라고 인식된 특성이 곧 맹점이었고, 많은 경우에 그 맹점이 적용되어 잇따라 사업에 실패한 사례가 많이 있음은 이를 반증해준다.

상기의 내용에서 맹점은 피해야 하는 나쁜 것이고 제거되어야만 하는 것이라고 결론을 내릴 수도 있다. 하지만 맹점을 받아들일 수 있는 상황도 있고 때론 맹점이 큰 도움이 되기도 한다. 경제학자 조지프 슘페터는 리더가 이전에 이루지 못했던 일을 할 때 항상 따라다니는 경계심과 불안을 극복할 수 있는 무한한 의지력이 지도력에 필요하다고 믿었다. 맹점은 한 리더를 의심에서 보호하고 불확실한 역경 속에서 앞으로 계속 나아가는 데 도움이 될 수도 있다. 리더의 소위 '근자감(근거 없는 자신감)'은 흔히 리더가 회사에 닥칠 어려운 도전들의 실체를 부정하고 이에 따른 지식이 없을 때 비롯된다. 이런 경우 맹점은 한 리더가 맹점이 없을 때 이룰 수 있는 업적보다 더 크고 높은 업적을 이루게 한다.

맹점에 의한 실패는 일시적인 것으로 보이기 때문에 자신감을 유지하지만, 그렇다고 맹점이 조직을 이끌 수 있는 능력은 아니다. 맹점은 분명히 대가가 따른다. 맹점은 지나칠 정도로 현실을 모르면 위험부담이 커지고 엄청난 약점과 위험을 보지 못한 채 행동하게 한다. 모든 일은 '균형잡기'가 어렵다. 결국 맹점을 인식하고 개선하는 방법을 배우는 것은 맹점에 관한 지식을 가지고 어떻게 회사를 운영하고 자신과 다른 사람을 더 효과적으로 관리하는지에 대한 反직관적인 면을 이해하는 일이다.

4.4 맹점에 주목하라

이제 현실적인 접근은 이러하다. 우선 자신과 회사에 손해를 끼칠 가능성이 있는 맹점을 찾아내어 극복하는 것이 중요하며, 다음으로 다른 사람의 맹점을 이해하고 맹점을 가진 사람과 최선의 거래를 어떻게 잘할 수 있을 것인지가 관건이다.

우리는 권위 있는 책임자의 실수가 일반인보다 더 드러나고 언론의 관심을 받는 시대에 살고 있다. 그 결과 지난 수십 년 동안 생활의 모든 분야에서 리더십의 자신감이 많이 퇴색했다. 어떤 경우에는 충분히 그럴 만한 이유로 퇴색되기도 한다. 예를 들어 엔론(Enron), 타이코(Tyco), 월드컴(WorldCom)과 같은 회사에서 일어난 사건은 일부 리더가 주변의 신뢰를 어떻게 완전히 파괴했는지 잘 보여주고 있다. 어떤 리더들은 비록 윤리적이기는 했지만, 자기 회사를 잘못 운영했고, 경쟁적인 회사가 되는 데 필요한 행동을 하지 못했다. 대부분의 리더에게 결점이 전혀 없는 것은 아니다. 하지만 리더는 그들에게 의존하는 고객, 동료, 회사, 주주의 필요성을 만족시키려고 노력한다. 맹점의 탐구는 지도자들이 중압감을 느끼고 영향력 있는 위치에 오를 때 직면하는 실제적 자아인식의 어려움에 균형을 맞추는 데 필요하다.

리더는 흔히 안주하지 않고 크고 뚜렷한 명분을 추구할 때 취약점과 단점이 드러나게 된다. 따라서 리더의 높은 동기나 장애물을 충분히 이해하지 않고 그들의 실패에만 주목하는 사람은 앞을 내다볼 수 없다. 현실은 결코 이론대로 움직이지 않는다. 무모하고 허무맹랑한 목표라고 비난받았던 일들 가운데 맹점을 지닌 리더의 강력한 의지와 추진력으로 성공을 거둔 사례가 있지 않은가. 다만 우리는 이를 통해 그들이 저지른 실수를 피하고자 노력해야 한다는 점은 분명하다.

결론적으로 맹점이란 맹점을 무시하는 데 따르는 대가가 대단히 클 수 있기 때문에 주목할 가치가 있으며, 지도력이 중요하기 때문에 리더의 맹점에 대해 리더 스스로는 물론이고, 조직의 구성원들 모두 관심을 가져야 한다는 것이다. 그렇다고 리더의 맹점에 대해 무조건 거부하고 저항하는 자세를 보이는 것이 조직의 구성원으로서 현명한 태도인지는 주어진 상황을 고려해 합리적 논의과정을 거친 후 결정하는 것이 바람직할 것이다. 현명한 리더라 함은 궁극적으로 균형적 시각과 바람직한 의사결정을 위해 부단히 노력하고 많은 경험으로 체득하지 않으면 안 되는 존재임에 틀림없다.

05 마무리[318)]

'에어비엔비'를 이끌고 있는 브라이언 체스키 대표는 "한국에선 뭐든 새로운 것이

318) 정동일(2019.06.), [정동일의혁신리더십] 위대한 기업엔 요란한 비전선언 없다, 세계일보, 2019.06.20.

나오면 일단 크게 보는 것 같다. 4차 산업혁명이라는 말이 실리콘밸리에는 없다. 에어비앤비는 블록체인에 관심이 없다. 인공지능(AI)에도 신경 안 쓴다. 그저 고객이 호텔에 머물렀을 때 불편하게 느꼈던 문제를 해결하고 싶을 뿐이다"라고 이야기했다.

물론 이 이야기를 100% 믿는 것은 아니다. 숙박 공유 플랫폼에서 한층 더 진화한 비즈니스 모델을 만들기 위해 경쟁사 몰래 엄청난 분량의 빅데이터를 활용하고 최첨단 AI를 개발하고 있는 중일 수도 있다. 우리가 빅데이터, AI, 블록체인 등 4차 산업혁명과 관련된 노력을 당장 그만둬야 한다는 이야기는 더더욱 아니다. 하지만 체스키 대표가 이야기한 내용의 본질에 대해서는 한 번쯤 고민해볼 필요가 있을 것 같다.

기업이 존재하는 이유와 혁신의 목적이 무엇일까. 바로 고객이 원하는 가치를 제공하고 이를 통해 불편함을 해결하는 것이라 생각한다. 에어비엔비는 비싼 호텔비 때문에 여행이 망설여지는 고객에게 방이 남아 있는 숙박업체를 연결해 줌으로써 여행객은 저렴한 비용으로 숙박문제를 해결할 수 있고, 방을 제공하는 업체들에게는 이를 통해 수익을 창출하는 기회를 제공한 것이다. 이를 통해 세계적인 기업으로 성장했고 혁신의 아이콘이 됐다. 이 과정에서 효율성을 높이기 위해 필요한 기술 중 하나가 AI가 될 수도 있고, 블록체인이 될 수도 있다는 단순한 논리다.

그런데 한국에서는 4차 산업혁명이 체스키 대표의 말대로 점점 달콤한 미래를 대변하는 선전문구가 돼 간다는 느낌을 지울 수 없다. AI가 개발되고 빅데이터만 활용하면 모든 것이 다 해결될 것만 같은 논리로 너무 많은 정책과 전략이 난무하고 있다. 화려한 목표는 있지만 구체적이고 지속적인 실천방안이 부재하며, 이로 인해 혁신을 해야 하는 본질을 망각하고 있지는 않은지 걱정스러울 때가 많다.

중요한 사실은 혁신은 화려한 현수막이 걸려 있고 많은 언론사가 취재경쟁을 벌이는 행사현장에서 이뤄지는 것이 아니라 고객 불편함의 해결을 위해 치열하게 고민하는 과정에서 이루어진다는 것이다.

그래서 역설적으로 혁신지향적인 기업은 혁신에 대해 떠들어대지 않는다. 혁신을 이렇게 추진하겠다고 임직원을 모아놓고 선포식 같은 행사를 진행하는 것보다 이를 자연스럽게 실천하는 문화를 만들기 위해 노력할 뿐이다. 스티브 잡스는 비전이나 가치를 요란하게 떠들어대는 회사나 경영자를 경멸한다고 이야기하며 '우리는 그냥 실천할 따름이다'라고 담담히 이야기했다.

결과적으로 효과적인 리더십의 발휘, 이를 통한 성과창출의 핵심은 다양한 리더십 이론의 습득과 수많은 리더십 관련 사례들의 학습도 중요하지만, 이보다 더 고려해야 할 우선순위는 바로 자신의 조직에 부합함으로써 구성원들 모두의 공감 속에 그들의 자발적 동참을 이끌어내는 혁신 리더십의 실천에 있다는 점을 명심해야 할 것이다. 이와 함께 리더 스스로 자신의 리더십 맹점에 주목하여 이를 극복하려는 노력과 함께 타인의 평가에도 귀를 기울일 필요가 있다.

참고문헌

가은정(2013), '셀프 리더십' 이란?, 다음 블로그, 2013.06.03.
(blog.daum.net/_blog/BlogTypeView.do?blogid=0EubU&articleno=3342679)

강정애 외 공역(2014), 팔로워십론, Ronald E. Riggio, Ira Chaleff, Jean Lipman-Blumen 지음, 시그마프레스. 2014.09.15.

강진구(2010), 모두를 주인공으로 만드는 미래형 리더십, LG경제연구원, 2010.09.07.

강진구(2014), 리더가 빠지기 쉬운 리더십 오해, LG경제연구원, 2014.05.19.

강진구(2018), 불확실한 경영환경, '애자일(Agile)'이 답이다, GS칼텍스 매거진, 2018.01.31.

강한수 외(2002), 히딩크 리더십의 교훈, Issue Paper, 삼성경제연구소, 2002.06.10.

강현숙(2018), 조직을 이끄는 힘, 팔로워십, 현대케피코 홈페이지, 2018.11.13.

강혜련(2015), 서번트 리더십이란?, 홍주일보, 2015.11.14.

고현숙(2012.04.), [고현숙의 HR 컨설팅] 리더십 탓만 하지 말고 팔로어십도 연마하라, 조선일보 조선경제, 2012.04.12.

고현숙(2012.05.), [고현숙의 HR 컨설팅] 내 사람만 챙기는 '거래적 리더십'은 '조폭 리더십', 조선경제, 2012.05.10.

국민안전처, 리더와 리더십의 개요, 사이버 콘텐츠 교안.

권봉주(2003), 21세기 새로운 패러다임에 적합한 리더십에 관한 연구 : 서울특별시 영등포구 지역을 중심으로, 국민대학교 석사학위논문.

김경준(2018), [김경준의 리더십 탐구] 리더는 연예인이 아니고, 리더십은 장식물이 아니다, 조선일보, 2018.06.05.

김경준(2019), 몰려오는 삼각파도… 리더들이여, 겁먹지 말고 키를 움켜쥐어라, 조선일보 WEEKLY BIZ, 2019.07.05.

김기우(2010), "섬김의 리더십 실천해야" 강영우 박사, 사법연수생들에 특강, The Korea Daily, 2010.07.03.

김동철(2012), 긍정조직행태의 주요 요인 간 관계에 관한 연구: 진성 리더십, 심리적 자본, 심리적 주인의식을 중심으로, 강원대학교 박사학위논문, 2012.02.

김명훈(1975), 리더십론, 대왕사.

김미연(2015), [기자 24시] 다시 생각하는 유일한 박사 리더십, 매일경제, 2015.01.16.

김방희(2015), "롯데 사태와 한국 재벌의 승계 딜레마… 포드와 잡스에게 배워야", 주간한국, 2015.08.09.

김병일(2018), 채찍과 당근은 동물을 길들이는 방식, DBR 243호 (2018년 2월 Issue 2).

김병헌(2017), [김병헌] 미래의 리더십, 코칭경영원, 2017.11.29.
(https://www.coachingi.com/bbs/board.php?bo_table=letter&wr_id=210...5),

김영천(2006), 서번트 리더가 되려면 높은 소속의식과 사명감을 가져야 한다, 포항공대신문, 2006.06.07.

김재득(2012), 리더십 : 수신제가치국평천하의 길, 대영문화사.

김종명(2017), 질문 고민하는 사람이 미래의 리더, 이코노미스트 1401호, 2017.09.18.

김철수(2009), 셀프 리더십이란?, 한국인재개발센터, 2009.06.04.
김현기(2008), '無감성 리더'를 과감히 쫓아내라, DBR 4호, 2008.03.
김혜리·이정원(2011), 이미지경영론, 신아사.
길태민(2018), Issue Highlight: BTS와 밀레니얼 세대의 경영, DBR 246호, 2018년 4월 Issue 1.
네이버 블로그(m.blog.naver.com/selli508/30153538040), [조직행동] 리더십-특성이론, 행동 이론, 2012.12.10.
네이버블로그(m.blog.naver.com/mr16ms1/220211414841), 리더십의 종류와 사례 조사, 2014.12.16.
네이버블로그(m.blog.naver.com/sichoi47/70183844148), 리더십 이론, 현장소장의 리더십, 2014.01.28.
네이버블로그(m.blog.naver.com/sichoi47/70183981333), 리더십 주요 이론, 현장소장의 리더십, 2014.01.30.
네이버블로그(m.blog.naver.com/sichoi47/70184159673), 리더십 주요 이론, 현장소장의 리더십, 2014.02.03.
네이버 블로그(m.blog.naver.com/jdyi8589/220494254175), 리더십의 개념과 이론들, 2015.09.29.
네이버 블로그(m.blog.naver.com/odisy2000/220698416273), 제나라 맹상군과 풍훤의 고사, 2016.05.01.
덕성여대 신문(2011), 리더십, 팔로워십, 그리고 파트너십, 2011.12.14.
동아일보(2009), 지식경영의 대가 日노나카 이쿠지로 교수, 2009.05.20.
동아일보(2018.03.), 김창완 "리더란 도덕적으로 무장하고 무한책임을 지는 사람", 2018.03.24.
리더십(2009), 감성적 리더십이 소프트 파워다, (사)한국리더십개발원 홈페이지의 주요활동 가운데 리더십칼럼, 2009.12.14.
리더십(2013), 위대한 팔로워의 법칙, (사)한국리더십개발원 홈페이지의 주요활동 가운데 리더십칼럼, 2013.02.04.
리즈 와이즈먼, 그렉 맥커운(2012), 멀티플라이어, 출판사 한국경제신문사, 2012.06.08.
마음수련 블로그(www.meditationlife.org/blog), 무한도전 유재석, 리더의 조건을 말하다, 2014.08.19.
마이클 프란시스(2010), 거절할 수 없는 제안을 하라, 쌤앤파커스, 2010.03.
매일경제(2013.05.), [매경 MBA] 이들은 '최악의 CEO'였다…이유는 독선·안주: '실패 전문가' 시드니 핑켈스타인 다트머스대 터크경영대학원 부학장, MK The Biz Times, 2013.05.24.
매일경제(2015.08.), 서번트 리더십이 팀원들의 팀 몰입을 증진시킨다, 2015.08.21.
매일경제(2015.09.), [The Biz Times] 리더가 실패하는 이유, 뒤집어서 생각하면 리더가 성공하는 이유 : 주디 올리언 UCLA 앤더슨경영대학원장의 충고, 2015.09.18.
매일경제(2018.08.), "리더에게 카리스마 필요하다는 건 착각이죠", 2018.08.02.
매일경제(2019.06.), 韓축구 새 역사 뒤엔…정정용 '믿음의 리더십', 2019.06.16.
문화일보(2008), "'3C'로 주는 감동이 '섬김의 리더십'의 핵심", 2008.07.31.
문화일보(2019.06.), '무명 리더십' 정정용 감독 누구? 상대 분석 철저·전략 다채로운 학구파, 2019.06.05.
문화일보(2019.06.05.), '무명 리더십' 정정용 감독 누구? 상대 분석 철저·전략 다채로운 학구파, 2019.06.05.
박서영(2008), 리더의 진정성이 부하의 리더 몰입 및 정당성 인식에 미치는 영향에 대한 연구, 이대 대학원 석사학위논문.
박성태(2019.06.), [칼럼] 정정용 감독의 리더십을 배우자, 시사뉴스, 2019.06.12.
박은종(2014), [한밭춘추] 리더십과 팔로워십의 재조명, 대전일보, 2014.11.18.
박종규(2017), 밀레니얼 세대의 새로운 조직문화-공유 리더십의 시대, HR Insight (2017년 11월호 vol.750), 2017.10.27.
박헌건(2014.07.), 최고의 리더는 L.E.A.D.E.R.에 강하다, LG전자 공식 블로그, 2014.07.25.
박헌건(2014.08.), 유능한 '팔로워'로 인정받는 8가지 팁, LG전자 공식 블로그, 2014.08.29.
배귀희(2014), 성공과 실패의 리더십의 차이는?, 숭대시보, 2014.05.27.
배종호(2014), 리더십(Leadership)과 팔로워십(Followership), 목포시민신문, 2014.08.21.
백지은(2015), 세종대왕에게 배우는 리더십, (사)한국리더십개발원 홈페이지의 주요활동 가운데 리더십칼럼, 2015.03.31.
백충호(2016), [코칭Tip] 피드백 vs 피드포워드(Feed Forward), 네이버 블로그 (m.blog.naver.com/chbaek1207/220766221149), 2016.07.19.
봉리브르(2016), 실패한 리더의 특성과 성공한 리더의 경영기법,

(https://bonlivre.tistory.com/966), 2016.11.22.
부산외국어대학교 국제통상지역원(GLE), 리더십의 개념과 리더십 연구의 전개과정, (available at gle.bufs.ac.kr/Addons/WebUI_Board/handler/Download.ashx?cid...file=/...).
삼성경제연구소(2016), 어제와 다른 리더십이 필요한 시대, 열린지식존, 얼무리 322호, 2016.06.27.
서울경제(2017.01.), [리더십4.0시대] 맥킨지가 뽑은 4차 산업혁명 시대 5대 리더십, 2017.01.11.
선배의 노하우(2017.12.), 리더십의 진화: 유연하고 민첩한 리더십, 브런치, 2017.12.11.
수지 오(2015), 리더십(Leadership), 미주 한국일보, 2015.10.19.
수지 오(2016), 미래에 필요한 리더십, 미주 한국일보, 2016.08.22.
스티븐 R. 코비 , 켄 블랜차드, 워렌 베니스 지음, 리더십: 21세기 33인의 리더가 말하는 오늘을 이끄는 힘, 김윤창 옮김, 베이스캠프, 2008.03.14.
신제구(2019), [신제구의 '리더십 레슨'] 민첩한 조직을 위한 주체별 실행전략, FORTUNE KOREA 2019년 2월호.
심형석(2011), 평균 기업수명 24년… 실패한 리더가 되려는가, DBR 82호 (2011년 6월 Issue 1).
안병민(2017), CEO와 두목은 뭐가 다를까, DBR 229호(2017년 7월 Issue 2), 2017.07.
안상윤(2013), 팔로워십의 시대, 충청일보, 2013.08.05.
안상윤(2019), 위기 극복의 리더십, 충청일보, 2019.06.17.
연합뉴스(2017.07.), "미래 유통기업, 테크놀로지 리더십이 필수", 2017.07.12.
우종민(2014), 부장님 찌푸린 얼굴에 사무실 분위기 '싸~' 감정통제 하는 감성 리더십을 길러라, DBR 144호 (2014년 1월 Issue 1), 2014.01.
웹진 와(www.wasuwon.net/90445), 서번트 리더십, 조직과 구성원 상호 신뢰의 배경, 수원시 평생학습관, 2015.08.25.
위키백과(2019.05.), 상황적 리더십 이론, 2019.05.12.
위키백과(https://ko.wikipedia.org/wiki/, 서번트 리더십, 2019.07.26.
유경철(2019), 긍정적 카리스마 리더는 세상을 변화시킨다, 품질경영(2019년 2월호), 2019.01.31.
윤석화(2013), 신뢰와 진정성(Integrity): 리더십 101, SBL 컬럼, (https://cba.snu.ac.kr/ko/sblcolumn?mode=view&bbsidx=77870), 2013.08.21.
윤승옥(2019.06.), 기적 일궈낸 정정용 감독의 '특별한 리더십' 비법은?, 채널A, 2019.06.13.
윤정구(2017), 밀레니얼 세대를 이끌기 위한 스마트 리더십, (nlearners.org/gnuboard4/bbs/board.php?bo_table=nlearning&wr_id=1438....), 2017.11.19.
윤정구(2018), 어떤 기업인들을 진성 리더로 볼 것인가, 월간 리더피아, 2018.04.
은서기(2019), [은서기 칼럼] '감성의 리더' 조직을 승자로 만든다, 세이프타임즈 (http://www.safetimes.co.kr), 2019.02.07.
은진기(2014), 리더십의 미래, https://jinkieun.wordpress.com/tag/리더십의-미래/, 2014.06.23.
이건호(2018), 피드백만 있는 것은 아니다. '피드포워드'하라, 퍼포마스 블로그 (blog.performars.com/), 2018.10.13.
이경민(2018), 팀장: '혼냈으니 술 사주며 풀어줘야지', 팀원: '혼난 것도 힘든데 제발 놔 주세요', DBR 252호, 2018년 7월 Issue 1.
이광중(2013), 노나카 이쿠지로 <미덕의 경영: 지식경영의 시대, 경영의 본질을 말하다>, m.blog.naver.com/leespider/150177148099, 2013.10.07.
이승철(2013), 팔로워십, 충청타임즈, 2013.04.09.
이장로(2012), 성공을 위한 셀프 리더십, 고대신문, 2012.04.02.
이정일(2012), 멀티플라이어(MULTIPLIER): 내가 천재가 되기보다 남을 천재로 만드는 리더, Happy Company Happy Community, 2012.12.23.
이지영(2011), 윤리적 리더십 척도 개발 및 타당화 연구, 호서대학교 석사학위논문.
이창준(2018), 미래시대 리더십과 기업 경쟁력 핵심은 '목적'이다, IT News, 2018.04.28.
정동일(2017.04), "氣를 살려주세요" 떠나려는 부하 직원 잡을 비법, 조선비즈, 2017.04.15.

정동일(2008.04.), 기업에서 CEO의 가치는 얼마나 될까?, 조선일보 Weekly Biz. 2008.04.25.
정동일(2008.06.), [경영 노트] 리더여, 마음을 열어라, 조선일보 Weekly Biz, 2008.06.20.
정동일(2008.11.), [경영 노트] 리더의 긍정적 생각 조직을 춤추게 한다, 조선일보 Weekly Biz, 2008.11.01.
정동일(2008.11.), [경영 노트] 사람이 중요하다고? 말로만 떠드는 당신은 부적격 리더, 조선일보 Weekly Biz, 2008.11.29.
정동일(2008.12.), [경영 노트] 성공에 목마른 CEO여 학습하라! 실천하라!, 조선일보 Weekly Biz, 2008.12.27.
정동일(2009.04.), [정동일 교수의 리더십 이야기] 성공적 리더가 되는 방법? 골프 잘 치는 노하우와 흡사, 조선일보 Weekly Biz, 2009.04.17.
정동일(2009.05.), [정동일 교수의 리더십 이야기] 당신 회사엔 지금 CEO 승계 계획이 있나, 조선일보 Weekly Biz, 2009.05.16.
정동일(2009.06.), [정동일 교수의 리더십 이야기] 새로운 경영의 패러다임에 가장 이상적인 리더는?, 조선일보 Weekly Biz, 2009.06.13.
정동일(2009.10.), [정동일 교수의 리더십 이야기] 샘 월튼·허브 켈러허…훌륭한 리더들의 공통점은?, 조선일보 Weekly Biz, 2009.10.16.
정동일(2010.01.), [정동일 교수의 리더십 이야기] 꿈은 CEO 된 후에 꾼다고? 꿈꾸지 않는 리더 따윈 가라, 조선일보 Weekly Biz, 2010.01.23.
정동일(2011), '참된 나'를 찾아라, '진정성 리더십'이 온다, DBR 75호(2011년 2월 Issue 2), 2011.02.
정동일(2013.05.), 배려와 격려… 어떤 상사는 날 춤추게 한다, DBR 128호 (2013년 5월 Issue 1), 2013.05.
정동일(2013.06.), 또라이 기질은 전염된다, 나쁜 리더십을 제거하라, DBR 130호 (2013년 6월 Issue 1), 2013.06.
정동일(2014.05.), [정동일의 '사람이 경영이다'] CEO라는 단어에서 리더십의 본질을 읽자, 조선일보 Weekly BIZ, 2014.05.17.
정동일(2019.03.), [정동일의혁신리더십] 세계적 CEO의 경제위기 극복 노하우, 세계일보, 019.03.18.
정동일(2019.05.), [정동일의혁신리더십] VUCA 시대와 전략적 사고, 세계일보, 2019.05.23.
정동일(2019.06.), [정동일의혁신리더십] 잡노마드 시대와 리더의 위기, 세계일보, 2019.06.07.
정동일(2019.06.), [정동일의혁신리더십] 위대한 기업엔 요란한 비전선언 없다, 세계일보, 2019.06.20.
정문섭(2012), 리더십보다 중요한 팔로워십, 중부매일, 2012.09.12.
정예지·이수정·김문주(2012), 변혁적 리더 대 진성 리더: 변혁적 리더십의 재조명, 경영학연구 제41권 제3호, 2012.06. pp. 539-573.
정우일 외(2017), 리더와 리더십, 박영사, 2017.01.
정인호(2015), CEO 3.0 버전의 리더십에 주목하라!, 월간금융 Vol. 733, 전국은행연합회, 2015.04.
제현주(2019), "리더십 빠른 속도로 노쇠화…밀레니얼 세대 주목해야", 조선일보, 2019.04.02.
조선일보(2018.04.), [WEEKLY BIZ] 왜 당신이 우리를 이끌어야 하죠? 왜 우리가 이곳에서 일해야 하죠?, 2018.04.21.
조선일보(2018.12.), 페이스북 수난시대...'美대선 데이터 스캔들' 검찰 기소당해, 2018.12.20.
조선일보(2019.06.), '베푼다'에서 '함께 즐긴다'로… 덕장의 의미가 달라졌다, 2019.06.22.
조영탁(2008), 빌 게이츠의 혁신, (사)한국리더십개발원 홈페이지의 리더십뉴스 가운데 CEO리더십, (available at koreanleadership.co.kr/home/leadership/bbs.php?id=cal), 2008.05.13.
조용현(2005), 상황적 리더십 이론의 확장: 변수와 분석수준 관점, 전남대학교 박사학위논문, 2005.08.
조 허시(2019), 피드포워드: 사람의 마음을 움직이는 미래형 피드백의 6가지 비밀, 박준형 역, 보랏빛소, 2019.06.30.
조홍식(2014), 미래 한국사회의 리더십, 2014 미래전략 포럼, POSTECH 박태준미래전략연구소, 2014.12.09.
중앙일보(2018.03.), 5000만 명 정보 샌 '데이터 스캔들' … 최대 위기 맞은 페이스북, 2018.03.21.
중앙일보(2019.06.), [서소문 포럼] 정정용 감독의 사마의 리더십, 2019.06.24.
팝스애드(2017), 실패하는 리더의 핵심오류(리더십 실패), (https://press17.tistory.com/158), 2017.11.21.
하미승(2018), 리더십 : 이론과 개발, 도서출판 윤성사, 2018.01.

한겨레(2019.06.), 정정용 리더십과 선수단의 투혼, 2019.06.10.
한국일보(2009.03.), [팔로어십, 리더십] <1> 팔로어십의 성공학, 2009.03.27.
한국일보(2019.06.), [U20월드컵] 권위·강압 대신 칭찬·배려… 정정용 리더십의 승리, 2019.06.12.
한국포럼(www.forumkorea.co.kr:8025), 현재, 그리고 미래의 리더십 개발.
한국프랜차이즈산업신문(2017.06.), KFCEO 15주차…"백전불패 리더십과 미래 변화 경영 4.0", KFN, 2017.06.12.
한민형(2008), 윤리적 리더십과 카리스마적 리더십이 조직몰입과 직무만족에 미치는 영향 비교, 경성대학교 석사학위논문.
한상엽(2005), 리더의 성공, 팔로워십에 달려있다, LG경제연구원, 2005.02.07.
한은석(2016), 실패를 돌파하는 Integrity 리더십, POSRI 이슈 리포트, 포스코경영연구원, 2016.06.30.
헤럴드경제(2019.06.), '이해 리더십' U-20 정정용 감독, 알고 보니…, 2019.06.05.
협업툴 플로우 공식 블로그(post.flow.team/leadership), 밀레니얼 세대-우리는 이런 관리자를 원한다, 2018.09.20.
홍기영(2015), 소통 리더십 강화하라, 매일경제, 2015.03.09.
황국현(2014), CEO의 소명의식과 진정성 리더십이 구성원의 조직유효성에 미치는 영향, 숭실대학교 대학원 경영학과, 박사학위논문, 2014.12.
황인경(2002), 서번트 리더십, 경영정보, LG주간경제, 2002.01.09.

Antonakis John, Cianciolo Anna T., Sternberg Robert J.(2004), The Nature of Leadership, SAGE.
Avolio, B. J.(1999), Full leadership development, Thousand Oaks, CA: Sage.
ba.kduniv.ac.kr/index.php?pCode=0401&pg=6&mode=fdn&idx=70...1, [PDF] 리더십 그리고 리더십이론.
Avolio, B. J., and Gardner, W. j.,(2005), Authentic leadership development: Getting to the root of positive forms of leadership, The Leadership Quarterly, 16, 315-338.
Bandura, A.(1986), Social foundation of thought and action, Englewood Cliffs, NJ : Prentice Hall.
Bandura, A.(1997), Self-efficacy: The exercise of control, New York: W. H. Freeman.
Bass, B. M. and Steidlmeier, P.(1999), "Ethics, character, and authentic transformational leadership behavior", The Leadership Quarterly, 10, 181-217.
Bass, B. M., Stogdill, R. M.(1974), Bass Stogdill's Handbook of Leadership: Theory, Research, and Managerial Applications (1st ed.), New York: Free Press.
Bass, B. M.(1985), Leadership and Performance beyond Expectations, New York : Free Press.
Bass, B. M.(1990a), Bass and Stogdill's handbook of leadership: A survey of theory and research, New York: Free Press.
Bass, B. M.(1990b), Editorial: An ancient subject, Leadership Quarterly, 1(3), 145-146.
Bass, B.M., & Avolio, B.J.(1990), Training and development of transformational leadership : Looking to 1992 and beyond, European Journal of Industrial Training, 14, 21-27.
Bass, B. M., & Avolio, B. J.(1993), Transformational leadership and organizational culture, Public Administration Quarterly, 17: 112-121.
Bass, B. M., & Avolio, B. J.(1994), Improving organizational effectiveness through transformational leadership, Thousand Oaks, CA: Sage.
Blanchard, Kenneth H., Patricia Zigarmi, and Drea Zigarmi(1985), Leadership and the One Minute Manager: Increasing Effectiveness through Situational Leadership, New York : Morrow, Print.
Bryman, A.(1992), Charisma and leadership in organizations, London: Sage.
Burns, J. M.(1978), Leadership, New York: Harper & Row.
Cattell R. B. and Stice G. F.(1953), The Dimensions of Syntality in Small Groups, Human Relations, 6, 331-356.
cfile28.uf.tistory.com/attach/19618D3451755D8C04CF02, 변혁적 리더십과 카리스마적 리더십의 공통점과

차이점.
Collins, R.(1989), Toward a neo-meadian sociology of mind, Symbolic Interaction, 12(1), pp.132.
Collinson D.(2011), Critical leadership studies, In: Bryman A, Collinson D, Grint K and Jackson B(eds), The Sage Handbook of Leadership, London: Sage, 179-192.
Colquitt, J. A., Scott, B. A., LePine, J. A.(2007), Trust, trustworthiness, and trust propensity : A meta-analytic test of their unique relationships with risk taking and job performance, Journal of Applied Psychology, 92: 909-927.
Conger, J. A. and Kanungo, R. N.(1998), Charismatic Leadership in Organizations, Thousand Oaks, CA : Sage.
contents.kocw.net/KOCW/document/2014/BUFS/HanChangsu/10.pdf, 제10장 카리스마적 리더십, 변혁적 리더십.
Das Narayandas & Mihnea Mold(2019), 리더십 개발의 미래, Harvard Business Review KOREA, 류아람 번역, 2019 3-4월호.
Dirks, K. T., & Ferrin, D. L.(2002), Trust in leadership: Meta-analytic findings and implications for research and practice, Journal of Applied Psychology, 87 : 611-628.
Fiedler, F. E.(1967), A Theory of Leadership Effectiveness, New York: McGraw-Hill.
Fiedler, F.E.(1971), A note on the methodology of the Graen, Alvares. and Orris studies testing the contingency model, Journal of Applied Psychology, 55, 202-204.
Gardner, W. L., Avolio, B. J., Luthans, F., May, D. R., and Walumba, F. O.,(2005), Can you see the real me?, A self-based model of authentic leader and follower development, The Leadership Quarterly, 16(3), 343-372.
George, W.(2003), Authentic leadership: Rediscovering the secrets to creating lasting Value, Jossey-Bass, San Francisco, CA.
Gill Roger(2006), Theory and Practice of Leadership, Pine Forge Press, 2006.02.08.
Goleman, D.(1995), Emotional Intelligence—Why It Can Matter More Than IQ, New York: Bantam Books.
Goleman, D.(1998), Working with Emotional Intelligence, New York: Bantam Books.
Graham, J. W.(1991), Servant leadership in Organizations: Inspirational and moral, Leadership Quarterly, 2(2), 105-119.
Greenleaf, R. K.(1970), The servant as leader, Indianapolis: The Robert K. Greenleaf Center.
Greenleaf Robert K.(2003), The servant-leader within: A transformative path (H. Beazley, Julie Beggs, & Larry C. Spears, Eds.).
Herminia Ibarra(2015), 진정성의 역설, Harvard Business Review Korea, 2015 1-2월호.
Hersey, P. & Blanchard, K. H.(1969), “Life cycle theory of leadership”, Training and Development Journal, 23 (5): 26-34.
House, R.J.(1971), A Path-Goal Theory of Leader Effectiveness. Administrative Science Quarterly, 16, 321-328.
House, R. J.,& Mitchell, T. R.(1974), Path-goal theory of leadership. Contemporary Business, 3 (Fall), 81-98.
House, R. J.(1977), Theory of Charismatic Leadership, In J. G. Hunt and L. L. Larson (Eds.), Leadership: The Cutting Edge : 189-269, Carbondale: Southern Illinois University Press.
House, R. J., & Howell, J. M.(1992), Personality and charismatic leadership, Leadership Quarterly, 3 : 81-108.
House, R.J.(1996), Path-Goal Theory of Leadership: Lessons, Legacy, and a Reformulated Theory, The Leadership Quarterly, 7, 323-352.
House, R. J., Delbecq, A., & Taris, T. W.(1997), Value based leadership: An integrated theory and an

empirical test, Unpublished paper.

Howell, J. M. and Avolio, B. J.(1992), "The ethicsof charismatic leadership : submission or liberation", Academy of Management Executive, 6, 43-54.

http://blog.daum.net/sangmyung-nutrition/4255321, 정주영(카리스마리더십 사례), 예쁜 유니의 천사, 2008.05.15.

https://blog.skhynix.com/2354 [SK하이닉스 공식 기업블로그 하이라이트], [직장생활] 리더십보다 팔로워십? 리더를 만드는 중요한 요소 '팔로워십', 2017.10.23.

http://modernservantleader.com/servant-leadership/fortunes-best-companies-to-work-for-with-servant-leadership/, Fortune's Best Companies to Work For 2011 with Servant Leadership.

https://pm200.tistory.com/22(햇살이 가장 따듯한 시간), 리더십의 종류: 서번트 리더십 vs 카리스마 리더십, 2015.12.07.

https://www.hansung.ac.kr/.../4?p..., [PDF] 카리스마 리더십 이론, 2016.05.02.

https://www.vingle.net/posts/1633103, 서번트 리더십 특징 및 사례: 타인을 위한, 타인에 의한 리더십, 2016.06.15.

https://www.12manage.com/methods_greenleaf_servant_leadership_ko.html, 서번트 리더십 : 요약 및 포럼, 12Manage.

Jasmine Vergauwe, Bart Wille, Joeri Hofmans, Robert B. Kaiser, Filip De Fruyt(2017), 카리스마, 지나치면 독이 된다, HBR 코리아, 노이재 번역, 2017년 11-12월호.

John Baldoni(2009), "How GM's Rick Wagoner Failed to Lead in a Crisis", Harvard Business Review Blog Posts, 2009.3.30.

Keller, R. T., & Szilagyi, A. D.(1976), Employee reactions to leader reward behavior, Academy of Management Journal, 19, 619-627.

Klimoski, R. J., & Hayes, N. J.(1980), Leader behavior and subordinate motivation, Personnel Psychology, 33, 543-555.

Kuhnert, K. W., & Lewis, P.(1987), Transactional and transformational leadership : A constructive/developmental analysis, Academy of Management Review, 12 : 648-657.

Kuhnert, K. W.(1994), Transforming Leadership: Developing People Through Delegation, Thousand Oaks, CA: Sage, 1994.

Leadership Center(2008), 리더십 이론 요약, https://leadershipcenter.tistory.com/7, Dr. Choi's Integral Leadership Center(iLC), 2008.07.17.

Lord, R. G., DeVader, C. L., & Alliger, G. M.(1986), A meta-analysis of the relation between personality traits and leadership perceptions: An application of validity generalization procedures, Journal of Applied Psychology, 71, 402-410.

Lowe, K. B., & Gardner, W. L.(2001), Ten years of The Leadership Quarterly : Contributions and challenges for the future, The Leadership Quarterly, 11(4), 648-657.

Mayer, R. C., Davis, J. H., & Schoorman, F. D.(1995), An integrative model of organizational trust, Academy of Management Review, 20, 709-734.

Mayer, R. C., & Davis, J. H.(1999), The effect of the performance appraisal system on trust for management: A field quasi-experiment, Journal of Applied Psychology, 84, 123-136.

Mayer, R. C., & Gavin, M. B.(2005), Trust in management and performance: Who minds the shop while the employees watch the boss? Academy of Management Journal, 48: 874-888.

Northouse, P.G.(2004), Leadership: Theory and Practice (3rd Edition), London: Sage Publications Ltd.

Podsakoff, P.M., Todor, W.D., & Schuler, R.(1983), Leader expertise as a moderator of the effects of instrumental and supportive leader behaviors, Journal of Management, 9, 173-185.

Podsakoff, P.M., MacKenzie, S. B., Paine, J. B., & Bachrach, D. G.(2000), Organizational citizenship behaviors: A critical review of the theoretical and empirical literature and suggestions for future research, Journal of Management, 26(3), pp.513-563.

Robert Bruce Shaw(2015), 리더십의 맹점(Leadership Blindspots), 토마스 안·벨라 정 옮김, 앰버리트, 2015.05.15.

Seiwert, L.(2014), Die besten Iden fuer erfolgreiche Fuehrung, GRABAL Verlag, Hamburg.

Seligman, M. E. P., & Csikszentmihalyi, M.(2000), Positive psychology : An introduction, American Psychologist, 55(1), 5-14.

Sharmir, B., House, R. J., and Arthur, M. B.(1993), The Motivational Effects of Charismatic Leadership: A Self-Concept-Based Theory, Organizational Science, 4, 577-594.

Shircy, R.,(2006), Authentic leadership creating healthy work environments for nursing practice, American Journal of Critical Care, May, 15(3), 256-267.

Smith, B. N., Montagno, R. V., and Kumenko, T. N.,(2004), Transformational and servant leadership: Content and contextual comparisons, Journal of Leadership and Organizational Studies, 10(4), 80-91.

Stajkovic, A. D., & Luthans, F.(1998), Self-efficacy and work-related performance : A meta-analysis, Psychological Bulletin, 124(2), 240-261.

Stel M., van Knippenberg(2008), The role of facial mimicry in the recognition of affect, Psychological Science, 19, 984-985.

Sully de Luque, M., Washburn, N. T., Waldman, D. A., & House, R. J.(2008), Unrequited profit : How stakeholder and economic values relate to subordinates' perceptions of leadership and firm performance, Administrative Science Quarterly, 53, pp.26-654.

Vroom, V.H.(1964), Work and motivation, New York: Wiley.

Weber, M.(1968), Economy & Society (vol. 1; originally published in 1925), New York, edminster.

Wright, Peter L.(1996), Managerial leadership, London: Routledge.

Yammarino, F. J.(1993), Transforming Leadership Studies: Bernard Bass' Leadership and Performance beyond Expectations, Leadership Quarterly, 4, 379-382.

Yukl, G., & van Fleet, D. D.(1992), Theory and Research on Leadership in Organisations, In M. D. Dunnette, & L. M. Hough (Eds.), Handbook of Industrial and Organizational Psychology, Vol. 3 (pp. 147-197), Palo Alto, CA: Consulting Psychologists Press.

Yukl, G.A.(2002), Leadership in Organizations: Fifth Edition, Upper Saddle River, NJ, Prentice-Hall.

찾아보기

ㅋ

ㅌ

ㅍ

ㅎ

기타

||| 저자 소개 |||

■ 이 종 호(李 鍾 昊)

< 학력 및 경력 >

- 고려대학교 문과대 영문학과(학사)
- 고려대학교 대학원 경제학과(석사)
- 고려대학교 대학원 경제학과(박사)
- 고려대학교 경제연구소 선문연구원 역임
- 고려대, 동국대, 숭실대, 홍익대, 인천대, 동덕여대 등 출강
- 현) 경민대학교 호텔외식서비스경영과 교수

< 저서 및 논문 >

- 《관광사업론》, (공저, 1998)
- 《관광경제학》, (역서, 2000)
- 《영문법의 이해》, (2002)
- 《e-세대를 위한 경제교실》, (2002)
- 《시사영어산책》, (2006)
- 《미시경제이야기》, (2009)
- 《거시경제이야기》, (2009)
- 《국제경제 및 산업정책 이야기》, (2009)
- 《공무원영어》, (공저, 2010)
- 《한국경제이야기》, (2013)
- 《알기쉬운 경제학①》, (2015)
- 《알기쉬운 경제학②》, (2015)
- 《알기쉬운 경제학③》, (2015)
- 《한국경제와 에너지》, (2017)
- 《기업가정신》, (2019)
- 〈환율과 수출가격〉 (1993)
  〈VAR 체계를 이용한 경상계정분석〉 (1994)
  〈호텔종사원 직무특성별 직무만족에 대한 수량화분석〉 (1998)
  〈호텔종사원 교육훈련에 관한 연구〉 (2000)
  〈한국산업의 국제경쟁력 패턴분석〉 (2001)
  〈신자유주의와 노동시장 유연화 논쟁〉 (2003)
  〈다국적기업의 M&A에 대한 중국의 제도분석〉 (2004)
  〈문화자원의 개발을 통한 지역활성화 전략〉 (2004)
  〈토지거래허가제의 정책효과에 관한 실증연구〉 (2007)
  〈노인복지서비스의 문제점과 개선방안〉 (2009)
  〈실리콘 밸리의 청년 지식기술창업 모형과 프로그램 분석〉 (2012)
  〈한·중·일 국제분업과 그 동인에 관한 연구〉 (2013)
  〈미얀마의 개혁개방과 글로벌 빅4의 진입전략 특성〉 (2014)
  〈유가변동에 관한 소고〉 (2016) 등 다수

리더와 리더십

2019년 10월 20일 1판 1쇄 발행

저 자 이 종 호
발행인 남 승 우

발행처 도서출판 상尙 학學 당堂
서울특별시 동작구 사당로9가길 6
TEL : 02) 595-1692~4
FAX : 02) 595-1394
E-mail : namdoo6@unitel.co.kr
신고 : 2-155호 (1968. 11. 29)

정가 28,000원

ISBN 978-89-6587-073-9 03320